U0498933

英国哲学史

〔英〕威廉·R.索利 著

段德智 译 陈修斋 校

商务印书馆
The Commercial Press
创于1897

2017年·北京

A HISTORY

OF

ENGLISH PHILOSOPHY

BY

W. R. SORLEY

CAMBRIDGE UNIVERSITY PRESS

1920

本书据剑桥大学出版社 1920 年版译出

译 者 序 言

本书据英国哲学家索利著《英国哲学史》1920 年剑桥版本译出。索利的这部书比较全面、系统、公允、简洁地追溯了大不列颠从开始以英文著述哲学时代起直至维多利亚女王时代终结止长达 300 年之久的哲学历史。其中不仅较为详尽地叙述了像培根、霍布斯、洛克、休谟、J. S. 穆勒、斯宾塞这样一些经验主义大师，而且对切伯里的赫伯特、剑桥柏拉图派、塞缪尔·克拉克、托马斯·里德、威廉·汉密尔顿、亨利·西奇威克、托马斯·希尔·格林及布拉德雷等理性主义哲学家也多有论述，此外，还广泛涉及了这个时期较为著名的伦理学家、心理学家、经济学家，如佩利、夏夫茨伯里勋爵、曼德维尔、边沁、哈特利、普赖斯、普里斯特利、亚当·斯密、马尔萨斯、大卫·李嘉图等，其中对边沁、亚当·斯密诸学者的论述尤为详尽。由于该书具有比较全面、系统、公允、简洁及知识覆盖面较广等诸多优点，所以在它问世之前或之后虽有不少同类著作，但它至今仍不失为一部好书，在英国乃至西方哲学史界享有一定声誉。阅读这样一部书，无论对于我国哲学史工作者（尤其是西方认识论史研究者），还是对于我国西方伦理学史、心理学史、经济学史研究者都会有益的。

威廉·里奇·索利（1855—1935）是英国 20 世纪上半叶虽说称不上第一流但也有一定影响的哲学家，在伦理学与形而上学领域都有所建树。他生于苏格兰塞扣克，1883 年成了剑桥三一学院的会员，从 1900 年起为剑桥道德哲学教授，一直到 1933 年他退休时为止。

在哲学上，索利是一个新康德—新黑格尔主义者。索利所处的时代，是西方资本主义向帝国主义过渡，新康德主义和新黑格尔主义在西方各国滋生流行的时代。索利深受新康德主义弗赖堡学派的影响，弗赖堡学派创始人威廉·文德尔班的哲学思想不仅在总体上而且在许多细节方面都给索利的观点打上了烙印。早在 1885 年，索利就出现了《自然主义伦理学》一书，激烈地批评了唯物主义，鲜明地表现了他的唯心主义立场。接着于 1904 年，他出版了《近代伦理学倾向》一书，名声大振。1918 年，他出版了他的主要哲学著作《道德价值和上帝观念》，系统阐述了他的新康德——新黑格尔主义的哲学观点。

在后面这部著作中，索利强调感觉经验是一切科学的出发点，认为伦理学应该从道德经验出发，应该以道德经验及其伦理解释本身作为我们对之进行形而上学思考之基础，而不应先行构建一种形而上学尔后再从中推演出伦理学结论，而道德经验中最本质的东西便是价值观念。索利步文德尔班后尘，强调了社会历史科学与自然科学间的差异，认为这种差异不仅表现在它们的研究对象方面，而且还表现在它们的研究方法和目的方面。就对象而言，社会历史科学重视价值，自然科学则漠视价值；就方法和目的而言，社会历史科学用的是一种个别化的方法，旨在描述一过去了的个别事例或具体事件，而自然科学用的则是一种普遍化的方法，旨在寻找自然界中的一般的因果联系。但是索利并没有停留在文德尔班的使人与物、价值与事实毫不相干、相互平行对立的"二元论"上。他指出，有两种性质有别的价值：一是工具的价值，一是内在的价值。前者属于物，而后者则只属于人。物可以在工具价值的意义上说是好的，只有人才能说内在地是好的。不过，索利并没有因此而走向他早年批评过的自然主义一元论或其他形式的一元论。因为在索利看来，它们都漠视价值，而价值与具有内在价值的人和自然事件一样为实在的一部分。索利努力沿着一条处于极端"二元论"和一元论之间的"中间道路"前进。他自信他在所谓伦理—神论的哲学中找到了解决办法。一个"人格上帝"的观念能够最好地满足所有种类的经验事实，因为这个"人格上帝"以其因果联系也以其至上的源泉是自然世界的创造者，也是各种不同价值的孕育者，正是这个"人格上帝"使万物充分组合，浑然一体，消除掉事实与价值间的"二元"分离。

在这部著作中，索利还讨论了恶的问题。索利承认，世界上有恶存在这一点为任何一种对终极问题的神学解决制造了困难。但是他又强调说，基于恶的存在的事实的各种反对意见并不是致命的，因为他在这里提供的这种神学解决并不是严格一元论的，上帝由于他的创造便限制了他自己，因为道德价值只有自由的人才意识得到，而这种自由的天资便既使善也使恶成为可能。索利强调说，在这样一个世界里，尽管恶可能并且确实出现，它还是比任何一个缺乏自由的世界为好，而且唯有如此才能为价值创造提供一适宜的环境。

索利同新康德主义弗莱堡学派及文德尔班的密切联系，不仅突出地表现在他重视社会历史科学，致力于伦理学和价值观念研究，也突出地表现在他对哲学史的浓厚兴趣上。正如文德尔班既是著名的哲学家，又是著名的哲学史家一样，索利对哲学史尤其对英国哲学史也多有研究。他曾在《剑桥英国文献史》上陆续发表了一系列有关论文，《英国哲学史》就是以这些文章为基础编写而成的。

《英国哲学史》这部书，不仅作为一般哲学史书有许多重大优点，而且作为一部国别哲学史书，也有许多重大优点。译者认为，就后一个方面而言，它至少有以下几点可资借鉴。

本书的优点首先就在于作者能以整个人类哲学思想的历史发展为参照系，准确地捕捉并着力地描述了英国哲学的主要民族特征。索利在该书结尾处满怀民族自豪感宣布："在所回顾的 300 年中，或许没有任何一个民族能够出示更多的具有第一流哲学水平、对人类思想进程有更加深邃持久影响的人物。"这些话听起来近乎狂热，想起来却也不无道理。诚然，就古代哲学而论，英国比起世界文明古国如中国、印度、希腊来，确实逊色得多。但是，就近代哲学而论，英国是堪称一哲学大国的。但是英国之所以在人类哲学近代史上占有重要地位，从根本上讲，正在于英国近代经验论的发展，正在于英国哲坛上相继涌现了培根、霍布斯、洛克、休谟、J.S.穆勒、斯宾塞这样一批经验主义哲学大师。在索利的心目中，他们正是近代英国哲学最卓越的代表，英国近代哲学正是通过他们对人类思想进程发生了深邃持久影响的。正是出于这样一种对人类哲学史及英国哲学史的洞见，索利不惜笔墨，着力阐述了这些哲学家的思想，这一点只要从该书的章节编目中即可看出。尤其值得称赞的是，作者努力揭示了这些哲学大师间的历史关联，从而为我们宏观地勾勒出英国经验论从培根、霍布斯到穆勒、斯宾塞的发展进程。在索利的笔下，培根、霍布斯是英国经验论也是英国近代哲学的"开路先锋"。洛克以培根和霍布斯为"楷模"，"对人类理智进行了系统的研究"，"提出了哲学研究的一个新部门"（认识论），"开拓了英国哲学的新道路"。休谟承认洛克在他之先就"试图把推理的经验方法引进到道德学科上来"，"开辟了由人类心灵的科学推导出一个哲学体系的道路"，但是，休谟"把洛克所开创的路线贯彻到底"，"在沿着这条道路前进的彻底性和首尾一贯性方面远远地胜过洛克"。穆勒的"逻辑学"不只是一种在英国变得通常习用的那个术语的有限意义上的逻辑学，"它还是洛克和休谟尝试过的那种认识论。整个说来由于它明确地涉及证明或明证问题而变得更加精确了；但是这个问题乃是休谟的问题的重现。""约翰·斯图尔特·穆勒的经验逻辑，与达尔文的观念，经斯宾塞把它们揉合成一个体系，给全世界的哲学打上了烙印。"由于对作为英国哲学主导线索的经验论的精心研究，索利在许多方面便不落窠臼，且入木三分。例如他不像一般西方哲学史学者那样，只满足于描述培根的经验主义新方法，而是突出地强调了培根认识论中的实践观点，指出，培根哲学中的一个主要观念便是"知识的实践目标。这是一个经常出现的思想，而且在他自己的心里还是最基本的；这是他在他自己的新逻辑与旧逻辑之间作出的首要区别，他还打算用它来表示他声称仅仅开了一个头的新哲学的特征"。他不顾许多西方哲学史学者把霍布斯简单地看作一位政治思想家的俗见，强调指出：诚然，霍布斯作为一个著作家的持久的声望主要是基于《利维坦》的，但《利维坦》之为一意义巨大而持久的著作，就正因为它不只是一本政治小册子。应该把生气和色彩归因于它写作的时代及一个给它以一部哲学杰作所具有的那种统一性的更大范围的机械唯物主义概念。在对洛克《人类理智论》的评介中，索利否定了一些西方学者关于其第 1 和第 2 卷的主要倾向是唯物主义的经验主义的而第 3 和第 4 卷是唯心主义的理性主义的意见，强调了洛克认识论体系中观念论、语词论与知识论的一致性。他写道："洛克的兴趣集中在一些传统问题上，即自我的本性、世界和上帝，以及我们关于它们的知识的根据。我们只有在《理智论》的第 4 卷即最后一卷才触及这些问题，但是，头三卷的探究是对这些问题探讨的准备，尽管这种探究也具有它自身的重要性。"再如，他明确地批评了休谟哲学的心理主义倾向，说"休谟是头足倒置的霍布斯"，谴责他用"我们现在所谓的心理学""代替"了"哲学"。所有这些，对于我们全面、准确、历史地理解和把握英国经验论，宏观地理解和把握英国近代哲学史都会有所启迪。

　　本书的另一个重大优点是它努力从史料本身出发，力求全面、客观地描述英国哲学的历史发展。"从原始史料去研究哲学史"，是黑格尔哲学史观的一项重要原则。看来，索利也是信奉这条原则的。他在该书出版序中开宗明义批评了那种从笔者设想的哲学观点出发剪裁哲学史料的写作方式，认为这样写出来的哲学史著作，其观点往往是主观片面的，易引起误解的。而他的这部书则要遵循另外一种写作方式，即同史料保持密切的接触，回顾审视历史上各种不同类型的所有主要哲学家，并从哲学家本人的哲学观点出发，尽力去掌握和表达他们思想贡献中的本质东西。基于这样一种见解，索利在这部著作中明确反对了库诺·费舍把整个英国哲学说成是经验论发展过程中的一个阶段的意见。在索利看来，英国近代哲学是一个复杂的系统，它虽然以经验论为主导线索，但也确实存在一理性主义传统。后面这种传统在这几个世纪期间由切伯里的赫伯特、亨利·莫尔、拉尔夫·卡德沃思、约翰·诺里斯、夏夫茨伯里、托马斯·里德以及许多其他思想家所维系。索利认为，这样一些哲学家虽未达到第一流水平，没有培根、洛克、休谟、斯宾塞显赫，但却是能为英国精神思辨洞察力作证的，因而仍应占去该书的相当篇幅。索利特别看重切伯里的赫伯特、剑桥柏拉图派和里德，分别用了一章或近乎一章的篇幅专论他们。他在谈到切伯里的赫伯特时指出："培根被人称作经验主义哲学或实在论哲学之父；赫伯特则影响了，并且在一定程度上还预示了理性主义或理智主义思想学派具有特征的学说。"他还指出，赫伯特虽然也和培根一样致力于方法论问题，但却"更深了一层"。"可以这么说，培根研究了明证的标准和规范，而赫伯特则试图去规定真理的本性和标准。"在谈到剑桥柏拉图派时，索利指出："对霍布斯令人满意的批评必须深入到他所采用的机械论哲学原理以及他所阐述的与那些原理相一致的人的本性的观点中去。这种更为根本的批评为一些剑桥柏拉图主义者，特别是为卡德沃思和莫尔所尝试。"索利还高度评价了托马斯·里德及以其为奠基人的苏格兰常识学派，说他们的常识哲学"是从总体上驳斥休谟哲学的最够格的尝试"。不仅如此，索利还进而批评了那种视经验主义哲学家的哲学思想纯然一色的片面观点，强调指出，即使那些最为典型的经验主义哲学家，"甚至连他们所传达的要旨，'经验主义'这个名词也穷尽不了。例如，把洛克说成第一个'批判'哲学家与把他叫作经验主义倡导者有同样充分的理由。"

本书的第三个重大优点是它努力以整个西方哲学波澜壮阔的历史发展为宏伟背景，把近代英国哲学描述成一个与西方各国哲学冲突交融，既包含大量哲学输出又包含大量哲学输入的开放系统。诚然，在索利这部书中，我们明显地看到了整个英国近代哲学，甚至它的经验主义和理性主义都经历了一个相对独立的历史与逻辑的发展进程，但是所有这一切都是以整个西方哲学波澜壮阔的历史发展为背景、为铺垫的。一方面，在这300年间，英国哲坛上相继涌现了一批出类拔萃的大哲学家，像培根、霍布斯、洛克、休谟、穆勒、斯宾塞等，对人类思想进程发生了深邃持久的影响。尤其是洛克，曾强有力地推动了欧洲大陆各国的哲学。"在法国，孔狄亚克和爱尔维修从洛克学说中引出了他们的观念；洛克及其自然神论者中的信徒的影响，在法国和德国启蒙时期都很突出；他的工作的一个方面则归结到休谟，并促进了康德对知识作出新的批判。"洛克之后，苏格兰哲学在法国也引起了反响。而且，后来到19世纪，J. S.穆勒的经验逻辑，与达尔文的进化观念，经斯宾塞把它们揉合成一个体系，"给全世界的哲学打上了烙印"。另一方面，英国近代哲学一开始就是以文艺复兴著称的"欧洲精神觉醒"为历史背景的，培根和霍布斯都"利用了他们那个时代的观念"。"那个时代的理智酝酿，其想象力的广泛范围，其对精神未来胜利的确信，都由培根表达出来了。霍布斯抓住了新科学的主要概念，并借助这个概念构造了一个体系。""在他们之后，英国思想界和一般欧洲思想界一样，处于笛卡尔的影响之下。"从这时起，大陆各国哲学对英国哲学的影响一度有所削弱，但是到了19世纪下半叶，康德和黑格尔的思辨理论又有力地席卷了英伦三岛。事实上，正是由于英国哲学与欧洲各国哲学的这种冲突交融，才使得英国近代哲学总处于生生不息的变化更新之中，英国近代哲学就像一条奔腾不息的大江，虽然其中也有缓慢滞进阶段，但是，"发展中从来没有过任何真正的中断，从来没有一刻思想已经死亡"。在一个时期，它"衰退萎缩了"，而在另一个时期，"却又显示出更加激昂的情绪、更广泛的旨趣和更有影响的思想家"。

　　毋庸讳言，由于作者的新康德——新黑格尔主义立场所致，本书也不可避免地存在着一些重大缺点。应该说，索利的哲学史观从本质上讲是非历史唯物主义的。诚然，作者在许多场合也从社会政治背景、自然科学发展、文化思潮激荡诸方面对一些哲学史现象进行了多方位的考察，作了些立体性的分析，但终究不能对决定哲学发展的"动因的动因"作出科学的说明。例如，在对霍布斯政治哲学动因的追溯中，虽然不无正确地批评了一些学者把它简单归因于霍布斯个人遭遇的种种意图，坚持诉诸他的时代，诉诸1640—1648年英国资产阶级政治革命，但是他没能在此基础上向前再跨进一步，因而还是不能对霍布斯政治哲学的终极原因和阶级属性作出科学的规定。再如，对于英国经验论从培根、霍布斯到贝克莱、休谟、斯宾塞，从唯物主义到唯心主义、不可知主义的过渡和转变，虽然作者也作了一些很有见地的"描述"，还看到并着力强调了自然科学（尤其是力学和生物学）对英国经验论（特别是对霍布斯、斯宾塞的哲学）的有力影响，但由于对决定这一过渡和转变的英国社会变迁（经济政治制度的变革）及其同英国近代哲学发展的关联缺乏历史唯物主义的考察，便始终没能对这一过渡和转变作出中肯和深刻的说明。诸如此类的问题，相信读者会用马克思主义的观点和方法作出实事求是、恰如其分的分析和批判，这里也就不一一赘述了。

译　者
1991 年 7 月

序

　　本书旨在追溯大不列颠从开始以来以英文著述哲学著作时代起直
至维多利亚女王时代终结止的哲学历史。

　　写哲学史有两种方式。一是从笔者设想的哲学观点出发；一是从
哲学家本人的哲学观点出发。根据前一种方法，哲学上的那些基本问
题在一开始便提了出来，接着指明确定和解答这些问题所采取的每一
步骤；凡与主要问题无关的东西，均置之度外，不管它们在一些哲学
家的心目中可能多么重要。根据后一种方法，将依主题依次显现给每
一哲学家的情况来处理它，那些明确的概念和清楚的争端将随着史实
的进展而逐渐呈现出来。这两种方法各有其长处也各有其危险。前一
种方法使著述集中在本质问题上，但它易于因强调某些特征而忽略其
他一些特征从而失去历史的比例关系。后一种方法同史料保持着密切
的接触，但是需要小心谨慎，避免宏旨要义为细微末节所淹没。

　　一般近代哲学史所包含的对英国思想的记述，就大部分而言，遵
循着前面一种方法；结果往往是片面的，易引起误解的，以致即使英
国读者也被引导到对他们民族哲学特征作出错误判断。另一种方法则
为本书所遵循。所有主要哲学著作家都受到回顾审视，他们的生平著
作均受到研究；而且还尽力去掌握和表达他们思想贡献中的本质
东西。

　　我充分地意识到完成这个计划有诸多困难，但是我尽力克服它
们。对生平著作的细节作了介绍，但这是用来解释和说明思想的。现
在鲜为人知的次要著作家也被论及，但仅对每人对这个主题所作出的
贡献给予简要评价为限；而且他们也被组合在一思想时期或思想类型

的主要代表周围。这些主要著作家在历史前后相续的章节中是中心人物。在贯彻这个计划时，对哲学本身的范围曾从多数著作家自己心中所赋予的较为宽泛的意义上加以理解。把哲学同神学、经济学和政治理论分割开来的界限并未明显地划出，或者毋宁说，允许它们在历史过程中变得越来越明显，恰如它们在前后相续思想家的心中渐次明显起来一样。

运用十分简洁精练的语言，便可能在一卷书内处理这个主题。大著作家实际上并未占去可能适合于他们的全部篇幅，但是至少努力使之保有一合宜的比例。然而，甚至这种说法也只是整个说来才是如此。承认早期的现在几乎被人忘却的哲学家的意义比对那些为当代和前面一个时代的哲学文献增辉添色的著名著作家作详尽说明似乎更加重要。关于后面这些著作家，所作的仅只是让人对他们作品的宗旨和结果有一个印象而已。现今在世的著作家很少提及，而且即使偶尔提及也只是出于理智所迫——唯恐遗漏掉他们会对 19 世纪末叶的哲学状况得出一错误印象。

这部书以现在这个样子呈现在读者面前，是以发表于《剑桥英国文献史》的一系列章节为基础的。北威尔士大学学院的吉布森教授校阅了清样，提出许多宝贵意见，谨此向他表示谢忱。

威廉·R. 索利

1920 年 3 月

目　　录

第一章　英国哲学的开端

中世纪的英国哲学 ……………………………………………（ 1 ）

　约翰·司各脱·伊里吉纳 ……………………………………（ 2 ）

　罗吉尔·培根 …………………………………………………（ 5 ）

　约翰·邓斯·司各脱 …………………………………………（ 6 ）

　奥卡姆的威廉 …………………………………………………（ 6 ）

文艺复兴和经院哲学的复活 …………………………………（ 7 ）

　约翰·凯斯；约翰·桑德森 …………………………………（ 7 ）

　埃弗拉德·狄格比 ……………………………………………（ 8 ）

　威廉·坦普尔 …………………………………………………（ 9 ）

物理科学：威廉·吉尔伯特 …………………………………（ 11 ）

第二章　弗兰西斯·培根

以英文著述哲学 ………………………………………………（ 13 ）

培根的生平和著作 ……………………………………………（ 14 ）

科学的复兴 ……………………………………………………（ 19 ）

培根的主要一般观念 …………………………………………（ 21 ）

　科学的统一 ……………………………………………………（ 21 ）

　知识的实践目标 ………………………………………………（ 22 ）

　人心导致谬误的诸多癖性 ……………………………………（ 22 ）

形式学说 ……………………………………………（24）

新方法 ………………………………………………（25）

　它的缺陷 …………………………………………（28）

政治与道德理论 ……………………………………（29）

培根的影响与重要性 ………………………………（30）

第三章　切伯里的赫伯特及其他人

赫伯特的生平和著作 ………………………………（32）

对真理本性的研究 …………………………………（33）

　心灵活动 …………………………………………（34）

　共同概念学说 ……………………………………（35）

宗教的比较研究 ……………………………………（37）

柏拉图与亚里士多德的影响 ………………………（37）

　戴维斯；福瑟比；黑克威尔 ……………………（37）

　布鲁克勋爵的神秘主义 …………………………（38）

自然法学说 …………………………………………（40）

　决疑论者；杰里米·泰勒 ………………………（40）

　政治与法律理论：约翰·塞尔登 ………………（41）

第四章　托马斯·霍布斯

霍布斯的生平、著作与论战 ………………………（43）

　他的科学概念与政治机遇 ………………………（47）

　文体与思想 ………………………………………（52）

　他的主要著作 ……………………………………（54）

关于整个实在的机械论 ……………………………（56）

　心理学理论 ………………………………………（56）

　人的自然状态 ……………………………………（59）

自然法 ………………………………………………………（60）

国家主权与教会 ………………………………………………（60）

《利维坦》的特征 ………………………………………………（62）

对霍布斯的批评 …………………………………………………（63）

哈林顿及其《奥克安那》 …………………………………（63）

从前想象的社会共同体：莫尔的"乌托邦"与培根的"新大

西岛" ……………………………………………………（64）

罗伯特·菲尔默爵士 ………………………………………（66）

克拉伦登；布兰姆霍尔；丁尼生；伊查德 ………………（67）

第五章　剑桥柏拉图派

该学派的特征 …………………………………………………（69）

惠奇科特及其影响 ……………………………………………（70）

亨利·莫尔 ………………………………………………………（71）

生平和著作 …………………………………………………（71）

接受的影响：柏拉图；笛卡尔；玄秘主义 ………………（72）

机械论的界限 ………………………………………………（73）

知识的本性：天赋观念 ……………………………………（74）

精神实体的本性 ……………………………………………（76）

被创造精神的层次 ………………………………………（78）

伦理观点 ……………………………………………………（79）

拉尔夫·卡德沃思 ………………………………………………（81）

实在的精神本性，以及《真正理智的体系》中确立此本性

的方法 ……………………………………………………（81）

他的《永恒不变的道德》中所包含的认识论 ……………（86）

约翰·史密斯 ……………………………………………………（89）

纳撒内尔·卡尔弗韦尔 …………………………………………（91）

其他一些同代著作家 ·························· （93）

　约瑟夫·格兰维尔 ······················· （93）

　帕克；盖尔；波达奇 ··················· （94）

　理查德·坎伯兰 ························· （94）

第六章　约翰·洛克

生平与著作 ···································· （96）

　与斯蒂林弗利特的论战 ················ （100）

他的《理智论》的起源和问题 ············· （100）

　作为理智对象的观念 ··················· （102）

　它们起源于感觉或反省 ················ （104）

　知识中的普遍因素 ····················· （106）

　　实体观念 ···························· （107）

　知识与实在的关联 ····················· （108）

　知识的确实性 ························· （109）

　　道德知识 ···························· （109）

　　关于真实存在的知识 ················ （110）

关于政府的根据和界限的理论 ············· （111）

经济观点 ···································· （113）

宗教宽容学说 ································ （114）

神学观点 ···································· （115）

教学学说 ···································· （116）

对洛克的批评及洛克的同代人 ············· （116）

　约翰·萨金特 ························· （117）

　扎卡理·梅恩（？） ·················· （118）

　理查德·伯索格 ······················· （119）

　约翰·诺里斯 ························· （120）

第七章 贝克莱及其同代人

洛克的影响 ·· (122)

Ⅰ. 形而上学家 ·· (122)

乔治·贝克莱 ·· (123)

生平、著作与传教事业 ···························· (123)

其唯心主义的背景 ······························· (126)

作为有意义的或具有意义的观念 ·················· (126)

关于自然的观念论 ······························· (128)

精神的实在和"意念" ···························· (130)

阿瑟·科利尔及其非物质主义 ···················· (132)

Ⅱ. 自然神论者 ·· (133)

早期自然神论：查尔斯·布朗特 ·················· (133)

约翰·托兰德 ·· (134)

安东尼·柯林斯 ····································· (138)

马修·丁达尔 ·· (139)

伍尔斯顿；安尼特；查布；多德韦尔；博林布罗克 ······· (139)

其他一些神学著作家：惠斯顿；米德尔顿；沃伯顿 ········· (141)

Ⅲ. 道德学家 ·· (143)

塞缪尔·克拉克 ····································· (143)

其他理智主义道德学家：巴尔居；沃拉斯顿 ·········· (146)

夏夫茨伯里勋爵 ····································· (146)

弗兰西斯·哈奇森 ··································· (149)

伯纳德·曼德维尔 ··································· (150)

约瑟夫·巴特勒：伦理学与神学理论 ················ (150)

第八章 大卫·休谟

他的写作激情，生平著作及其第一部著作的重大意义 ········· (154)

他的"经验主义推理方法" ……………………………………（158）

印象与观念 ………………………………………………………（159）

"哲学关系"的分类 ……………………………………………（160）

　　事实与观念的关系 …………………………………………（162）

　　因果关系分析 ………………………………………………（162）

关于相信的理论 …………………………………………………（163）

他对怀疑论结果的解释 …………………………………………（165）

道德理论 …………………………………………………………（166）

对神学的批评 ……………………………………………………（167）

政治与经济观点 …………………………………………………（168）

第九章　亚当·斯密及其他人

Ⅰ. 亚当·斯密 …………………………………………………（171）

　其著作生涯的两个时期 ………………………………………（171）

　以同情为基础的伦理学 ………………………………………（173）

　社会与经济哲学 ………………………………………………（173）

　　　詹姆斯·斯图尔特爵士的著作 …………………………（174）

　　　斯密的经济推理方法 ……………………………………（174）

　　　个体的自然努力及财富的自然增长：经济和谐 ………（176）

Ⅱ. 其他著作家 …………………………………………………（178）

　休谟提出的问题 ………………………………………………（178）

　大卫·哈特利 …………………………………………………（179）

　亚伯拉罕·塔克 ………………………………………………（180）

　理查德·普赖斯 ………………………………………………（181）

　约瑟夫·普里斯特利 …………………………………………（182）

　威廉·佩利 ……………………………………………………（183）

第十章 托马斯·里德及其他人

对休谟的答复 ·· （186）

  坎贝尔；贝蒂；奥斯瓦尔德 ······························· （186）

  里德对观念论的批判 ·· （187）

  里德的自然实在论 ·· （188）

    暗示学说 ·· （188）

    常识原则 ·· （189）

杜格尔德·斯图尔特 ·· （190）

托马斯·布朗 ·· （191）

第十一章 边沁与功利主义学派

功利主义学派 ·· （194）

边沁的生平与著作 ·· （195）

詹姆斯·穆勒的影响 ·· （197）

边沁对布莱克斯通的批评 ······································ （198）

功利原则 ·· （200）

  定量的功利主义 ·· （200）

  政治与伦理标准 ·· （202）

享乐的计算 ·· （204）

  间接计算 ·· （205）

功利主义的法令 ·· （206）

对边沁的评价 ·· （208）

  其政府理论与活动 ·· （209）

  其宗教与教育观点 ·· （211）

戈德温与马尔萨斯 ·· （211）

马尔萨斯工作的意义 ·· （212）

功利主义经济学：大卫·李嘉图 ·············· （213）

詹姆斯·穆勒的工作 ·························· （215）

第十二章　维多利亚时代

Ⅰ. 引言 ···································· （218）

思辨兴趣衰退时期 ·························· （218）

Ⅱ. 威廉·汉密尔顿爵士及其他人 ·············· （219）

汉密尔顿的声望 ···························· （220）

他给英国哲学以新的方向 ···················· （220）

他对逻辑形式的新分析 ······················ （221）

贝恩斯；汤姆森；德·摩根；布尔 ·········· （222）

他的知觉哲学 ······························ （223）

他的有条件者的哲学 ························ （224）

H. L. 曼塞尔 ······························ （226）

Ⅲ. 约翰·斯图尔特·穆勒及其他人 ············ （227）

穆勒的理智发展 ···························· （227）

他对边沁和柯勒律治的评价 ·················· （229）

逻辑理论 ·································· （230）

其思想前辈：怀特利；赫谢尔；休厄尔 ······ （231）

归纳推理理论 ···························· （232）

关于外界和自我的理论 ······················ （233）

伦理理论 ·································· （234）

社会与政治学说 ···························· （235）

J. F. 斯蒂芬的批判 ······················ （236）

经济理论 ·································· （236）

对终极问题的态度 ·························· （237）

穆勒观点的反响：杰文斯 ···················· （237）

穆勒的信徒：乔治·格罗特；贝恩；罗伯逊 ……………… （238）

英国实证主义：康格里夫；布里奇斯；哈利森 …………… （239）

Ⅳ. 理性的和宗教的哲学家 …………………………………… （240）

约翰·格罗特 ……………………………………………… （240）

莫里斯；纽曼；马蒂诺 …………………………………… （241）

Ⅴ. 赫伯特·斯宾塞和进化哲学 ……………………………… （243）

斯宾塞的生平与著作 ……………………………………… （243）

他的哲学观点 ……………………………………………… （244）

不可知论者 ………………………………………………… （245）

对生命、心灵和社会的解释 ……………………………… （245）

他的个人主义 …………………………………………… （247）

乔治·亨利·刘易斯 ……………………………………… （248）

托马斯·亨利·赫胥黎 …………………………………… （250）

莱斯利·斯蒂芬 …………………………………………… （251）

社会科学中的历史方法 …………………………………… （251）

梅因；克里夫·莱斯利；白芝浩 ……………………… （252）

Ⅵ. 亨利·西奇威克与沙德沃思·霍奇森 …………………… （253）

西奇威克的哲学和伦理学著作 …………………………… （253）

霍奇森的经验分析 ………………………………………… （255）

Ⅶ. 唯心主义者 ………………………………………………… （257）

康德之后的思辨的影响 …………………………………… （257）

詹姆斯·弗雷德里克·费里尔 …………………………… （257）

詹姆斯·哈奇森·斯特林 ………………………………… （257）

托马斯·希尔·格林 ……………………………………… （260）

威廉·华莱士 ……………………………………………… （262）

爱德华·凯尔德 …………………………………………… （262）

弗兰西斯·赫伯特·布拉德雷 …………………………… （263）

Ⅷ. 其他一些著作家 ·· (264)

亚历山大·坎贝尔·弗雷泽 ························· (265)

西蒙·萨默维尔·劳里 ····························· (266)

詹姆斯·沃德 ······································ (267)

罗伯特·亚当森 ···································· (268)

第十三章　回顾

英国哲学的一般特征 ································· (270)

比较年表 ··· (275)

参考文献 ··· (324)

索引 ··· (377)

译者再版后记 ·· (388)

第一章　英国哲学的开端

从 8 世纪末，约克的阿尔奎因应诏到查理大帝宫廷时起，直到 14 世纪中叶，在那些对欧洲哲学发展作出贡献的著作家中，有一个不列颠籍学者的几乎连续不断的序列。这个序列中最重要的人物是约翰·司各脱·伊里吉纳，索尔兹伯里的约翰，黑尔斯的亚历山大，罗伯特·格罗塞茨特，罗吉尔·培根，约翰·邓斯·司各脱，奥卡姆的威廉，以及托马斯·布拉德沃丁。他们以拉丁文写作；并且由于共同使用拉丁语言而享有共同的文化、论题与读者。他们与国际学术界共同具有这一切。在科学与哲学方面，从来不曾像在文化的其他部门那样强有力地打上民族特征的烙印，而且它们的影响花费了更长的时间才使人们感受到。一位中世纪哲学家在不列颠出生或居住，几乎只具有传记意义；试图追溯它对他的著作的观念与风格的影响，就容易流于猜测与武断。他的工作属于一种传统，仅仅轻微地受到民族差异的影响；它是哲学史的一个部分，而不是特别地属于不列颠的。因此，在这种情况下，要表示出不列颠学者构成其一部分的那个运动的特征，表示出他们的观念对后来科学与思辨发生了影响的一些方面的特征，只要用一般的说法就够了。

中世纪的哲学，首先是试图把知识系统化。用来进行这种综合的工具是在亚里士多德的逻辑概念和方法中找到的。其材料则由关于古代哲学与科学的现存资料，从当代经验获得的东西，以及宗教教义组成。在这样收集到一起的、由不同成分组成的大宗材料中，宗教学说被赋予超越一切的地位。神学所提出的主张是以由教会权威解释的启示为根据的。另一方面，哲学属于理性领域，这是一个与信仰领域有别的领域；但是，哲学结论必须与神学学说协调一致，这样，它就逐渐地被看作是神学的婢女，而且这一特征也变成了经院方法的特征，在它的衰落时期又成为反对它的常用的根据。与此相关的是另外一个并且是较为有利的特征。为了接受和解释神学学说，这个时期的思想承认精神生活事实的独立价值。《圣经》与教父所教导的东西受到内在经验的证实。在经院哲学家们的具见苦心的博学与辩证的诡谲中，不乏这种较为深刻的思想气质，而且这种气质在中世纪的神秘主义中达到了充分的发展。因此，用一位近代历史学家的话说，就是"人们开始认识到，精神世界正像物质世界一样，是一种实在，人的真正的家安在精神世界中。这就为对精神与物质进行较之于古人所可能作的研究更加彻底的研究作了准备。然而，首要的是为人类生活赢得了一个经验领域，这个经验领域，在最严格的意义上，是它自己的所有物，任何外在的力量都不能够渗透其间。"①

中世纪的神秘主义与经院方法的一些先兆，这两个方面，都可以上溯到伊里吉纳。他似乎约 810 年生于爱尔兰，而在大约 30 年后启程去法国。秃头查理任命他主持巴黎宫廷学院（*Schola Palatina*）。看来，他同爱尔兰或英国并没有任何进一步的联系，并且约于 877 年在法国去世。很可能是由于这位国王的庇护，他才得免于异端嫌疑通常所要招致的更为严重的后果。他的著作 1050 年和 1225 年受到了教皇权威官方的谴责。伊里吉纳是经院哲学的先驱者，但他本人并不是一位经院哲学家。他之成为他们的先行者，不仅在于他的辩证方法，而且还在于他承认基督教《圣经》及教父是最终的权威。但是他承认这一点时很谨慎地作了防范，断言真正的权威与真正的理性实际的冲突

---

① 霍弗丁：《现代哲学史》，第 1 卷，纽约，1900 年，第 6 页。[本书脚注以阿拉伯数字为序者系作者原注，以星号为序者系译者注。全书同。——编者]

是不可能的；而且他又十分自由地处理一个学说的字面意义，同时依自己的方式解释这个学说的精神实质。他对神秘主义思想的发展产生了甚至更加重大的影响。他的主要著作《论自然的区分》（De divisione nature）的基本概念及最后结论，其色彩本质上是神秘主义的；而且，他由于翻译了伪狄奥尼修斯的著作，便使得人们有可能进入这个宝库，中世纪神秘主义者的许多观念都是从这宝库获得的。这些著作最初是在 6 世纪前期分别听到的；即使在那个非批判的时代，它们也没有被毫无疑问地接受；但是，它们不久就作为雅典大法官狄奥尼修斯的真作而获得普遍认可，这位雅典大法官听过圣保罗在玛斯山上的演讲后表示"忠于"圣保罗，* 他还被认为成了雅典的主教。在被认为是他的著作里，包含着运用新柏拉图主义观念对基督教学说所作的解释。这对伊里吉纳本人以及后来的中世纪思想，都产生了强烈的影响；这种影响很久以后到文艺复兴时期才由于对柏拉图和新柏拉图学派的研究而有力地增强了。

伊里吉纳的著作是以把整个实在区分成四个等级开始的，这实在的四个等级就是：能创造但却不能被创造的实在，既能被创造又能创造的实在，能被创造但却不能创造的实在，以及既不能创造也不能被创造的实在。这最后一等并不只是一种非存在。它大体上可以说是表示区别于现实者的潜在者；就最终的分析来看，它就是万物力求达到的目标或目的，在其中它们可以找到归宿。因此，它就是作为目的因的上帝，正如这区分中的第一等不能被创造的创造者是作为动力因的上帝一样。上帝因此既是万物的开端，又是万物的终点，万物从他开始，又回归于他。从这不能被创造的创造者产生出原型或理念，其中

---

　　* 玛斯山为古希腊雅典最高法院所在地。玛斯山意即"战神山"，与希腊人所谓阿瑞斯山相当，由罗马人称"战神"为"玛斯"，希腊人称"战神"为"阿瑞斯"差异所致。据《新约全书·使徒行传》第 17 章载，使徒圣保罗曾到雅典玛斯山上布讲基督新道，遭到大多数听众的讥消和非难，但也有几个表示信从，皈依基督教。雅典大法官狄奥尼修斯就是这很少几个人中的一个。

包含着要被做成的一切的永恒不变的理由或根据。这个理念世界是被创造的，然而却是永恒的，随它而来的是个体事物的创造。它们的始发因包含在神的"逻各斯"（或"圣子"）之中，从这些，由于神的"爱"（或"圣灵"）的力量，自身不能创造的被创造事物的王国便产生出来了。上帝是从无中，也就是说，是从不可言喻的神的本性中创造出这个世界的，神的本性是人和天使都不可理解的。这个过程是永恒的，在上帝那里，"见"并不先于"行"。任何事物也不能在上帝之外存在："创造物存在于上帝之中，而上帝以一种绝妙的不可言喻的方式在创造物中被创造出来，显示他自己，不可见者使他自己成为可见的，不可理解者成为可理解的，隐藏者成为显露的，未知者成为已知的。"① 因此，在上帝作为创造者、作为目的因超越万物的同时，他又在万物之中。他是万物的开端、中点和终端。他的本质是不可理解的，"上帝他自己也不知道他是什么，因为他不是一个什么"。因此，一切运用到上帝身上的表达方式都只是象征性的。严格地说来，我们甚至不能把本质归于他，因为他是超本质的；我们也不能把善归于他，因为他是超越善的。

　　伊里吉纳受到柏拉图的影响要比受到亚里士多德的大些。他对后者著作的了解只限于几篇逻辑论文。亚里士多德的大部分著作到了后来才为经院哲学家所获知，而这主要地是通过从阿拉伯译本转译的拉丁译本，而阿拉伯译本又是从叙利亚文版本译出的。新的亚里士多德的影响之开始为人清楚地感受到，大约是在伊里吉纳时代之后 3 个世纪的事了。黑尔斯的亚历山大据说是知道亚里士多德全部哲学并用它服务于基督教神学的第一位经院哲学家。亚里士多德的形而上学和物理学著作开初曾受到教会怀疑的检查，但后来便被明确地采用了，而且他在哲学方面的权威还成了经院正统中的一项。13 世纪的那些大

---

① 《论自然的区分》，Ⅲ，18，施鲁特，1838 年，第 238 页。

体系，尤其是经院思想最持久的纪念碑，圣托马斯·阿奎那的《神学大全》都是以他的学说为基础的。

但是，意见一致并不能完全地或长时期地保持，有三位英国经院哲学家应当被认为属于圣托马斯最重要的反对者之列（即使不说就是最重要的话）。他们是罗吉尔·培根，邓斯·司各脱与奥卡姆的威廉。

罗吉尔·培根，约生于 1214 年，卒于 1294 年，在时间上是上面提到的三位中最早的，而且也是他们中最伟大的与最不幸的。他在一个那时其权力正处于鼎盛时期的和他格格不入的制度的阴影笼罩之下生活与写作着。他遭受到迫害和长期囚禁；他在普通人中当时是作为一位炼金术士与巫师著名的；他的著作听任置之一旁不予付印达几个世纪之久；只有后世的学者才能够鉴赏他的重要意义。他的学识似乎是无与伦比的；他读希腊文的亚里士多德著作，对那时风行的拉丁译本嗤之以鼻；他了解阿拉伯科学家的著作，这些人的见解比一切其他同代人的知识先进得多。看来他自己并不曾作出人们过去常常归于他的那些有独创性的科学发现，但是他却透彻地掌握了他那个时代的科 6 学与哲学中最好的东西。当然，在他的著作中也有许多可称做经院哲学的东西，但是他关于科学方法的见解却显然是近代的。他的方法论被拿来同他的更加出名的同姓人弗兰西斯·培根的作比。他同弗兰西斯·培根一样，坚决地拒绝科学问题上的一切权威；同他一样对知识抱着一种广博的看法，并试图对科学进行分类；也同他一样把自然哲学看作最主要的科学。他们两位之间的差异也是同样显著的，且足以把这位更老的哲学家的优点明白地表现出来。他是一位数学家；而且，实际上，他把数学证明看作推证的唯一类型。再者，他看出了为弗兰西斯·培根未充分认识的科学方法中两个步骤的重要性。这两个步骤是：把基本规律演绎地运用于特殊事例，接着用实验证实这些结果。有人曾说，"罗吉尔·培根极其接近于，确乎比任何一个在先的著作家以及任何一个后来的直到最近时期的著作家都更加接近于达到一种令人满意的科学方法论。"①

邓斯·司各脱（1265？—1308年？）的工作滋扰了曾为圣托马斯所肯定的那种信仰与理性的和谐一致，而这种和谐一致正属于正统经院哲学的本质。"司各脱主义"在经院中成了"托马斯主义"的对立面。司各脱本人在宗教信仰方面并不是信异端邪说的，他不主张信仰与理性间的对抗；但是他批判了神学领域中一切理智论证。主导学派也不曾试图用理性来证明像三位一体或道成肉身这样一些基督教特有学说的正当性（例如，像伊里吉纳曾经做过的那样）。这些都作为信仰的奥义加以接受，只有通过启示才能认识到。但是，某些学说，诸如上帝存在，灵魂不死，从无中创造世界，却被认为容许有理性证明，因此而属于"自然神学"。对后面这些学说的论证遭到了司各脱的批判。他否认自然神学的正当性，除了他承认见到上帝显现的某种境界可以通过理性达到，尽管这需要由启示来增强。为了限制理智能力，司各脱高扬了意志的意义。信仰是对权威的自愿服从，而它的客观根据正是上帝的绝对意志。

在邓斯·司各脱的学生奥卡姆（卒于1349年？）的手里，神学与哲学、信仰与理性之间的分离变得彻底了。他承认有对上帝存在的概然论证，但是又主张凡超越经验者都属于信仰这个一般论题。这样，他就在一个基本问题上既与托马斯主义破裂，又与司各脱主义破裂。他否认理念或共相的真实存在，而回复到以唯名论著称的学说上来，他成了唯名论的最大代表。没有显出必要性的东西，就不要设定。共相仅仅作为概念存在于各个人的心中；虽然它在不改变意义的情况下，能表示诸多事物中任何一个。唯一的实在是个体事物，一切知识都起源于经验。奥卡姆的政治著作同样是值得注意的，在其中，他捍卫了世俗统治者的独立权力，反对教皇对这种权力的要求。他的哲学

① R.亚当逊：《罗吉尔·培根：中世纪的科学哲学》，1876年，第33页。

学说有许多信徒和反对者；但是他是大经院哲学家中的最后一个，因为他的批判摧毁了经院哲学前提的根基。

奥卡姆死后两个多世纪，只有一个重要著作家能够看作是属于英国哲学家之列。这个著作家就是约翰·威克里夫（卒于 1384 年），他的情况是依据经院路线，先写了一段时期的哲学著作，尔后才从事他的神学与宗教活动。在他之后，接踵而至的是一个漫长时期的空白。文艺复兴时期的领袖人物，在哲学与科学两个方面，都是属于大陆的；而且，尽管他们的观念影响了英国学术界与文学界，对哲学著作的影响却姗姗来迟。关于宗教改革运动的神学论战也没有导致对知识与信仰根据的任何新的探求。亚里士多德学说依然控制着各大学，至少就逻辑学说来是如此，甚至在传入新的"人文主义"研究之后，也还是如此。

16 世纪后半期，亚里士多德主义经历了一个学术复兴，虽然它的支持者，在各种情况下，都被怀疑具有亲罗马天主教的倾向。牛津圣约翰学院的约翰·凯斯（1568 年获学士学位）（据说）因此而放弃了研究员职位，结了婚，并被大学允诺在他的家里讲授逻辑学与哲学。1589 年，他获得了医学博士学位，在同一年，又成为一名索尔兹伯里的供职教士。他死于 1600 年。在 1589 年与 1599 年期间，他出版了 7 部论述逻辑学、伦理学、政治学与经济学的书（亚里士多德主义教科书）。他的《据亚里士多德一般伦理学对道德问题的思考》（*Speculum moralium questionum in universam ethicen Aristotelis*）是经大学名誉校长累斯特伯爵推荐牛津新出版社印行的第一部书。剑桥三一学院的研究员（1558 年获学士学位）约翰·桑德森，1562 年被任命为该大学的逻辑学讲师，但是就在同一年，由于其学说可疑，他的研究员资格便被褫夺了。1570 年，他成了拉丁《圣经》英译本（Douay）的一名研究者，被委任为罗马天主教会神甫，继而又被任命为兰斯英语学院教授。他死于 1602 年。他的唯一的为人所知的著作是《辩证法原理第四卷》（*Institutionum Dialecticarum libri quatuor*），1589 年在安特卫普、1594 年在牛津出版。

大约在 1580 年，一场关于新旧逻辑优劣的激烈论战在剑桥各学院的两个研究人员埃弗拉德·狄格比与威廉·坦普尔之间展开了。他们两个在学术身份上都较桑德森或凯斯年轻，但是他们发表著作却早些。狄格比于 1571 年初获得文学士学位，又于 1573 年初成为圣约翰学院的研究员，这在弗兰西斯·培根作为大学本科生进入三一学院前不久。此后不久，他开始作逻辑学公开讲演。培根听过这些讲演，这一点，我们虽无确证，但是可能的。如果培根的确听过他的讲演的话，这些讲演就可能是激起他的方法论兴趣的媒介，而且，它们也可能同时在他心中唤起一种批判精神，而导致对亚里士多德哲学的不满，依他自己所说，他最初是在剑桥学到这种哲学的。

狄格比的经历是一波三折的。他被怀疑具有"腐败宗教"信仰，他由于藐视权威而在他自己的社会中树敌。1587 年 12 月底，以他不按时照章对公家缴费这一名义上的理由，他的研究员职位被惠特克褫夺了，惠特克是该学院的院长，一位坚定的清教徒。但是，狄格比似乎已经有了处于高位的朋友。他诉诸柏弗莱大法官和大主教惠特吉夫特。由他们下令，一个委员会受命调查解除他的职务的原因，结果，狄格比于 1588 年 5 月 28 日复职。但是，就在这年年底，他似乎又离职了，至于如何离职，我们不得而知。① 很可能，他遭反对的真正原因——他的不冷不热的新教信仰使他觉得还是审慎些离开大学为好。狄格比在他那个时代，以他作为一个演说家的雄辩，他在学派争辩中的技巧以及他的学识而出名。然而，他的学识比起从他仅仅援引一长串权威的名字所表现出来的要少得多。这些权威往往摘自劳伊克林 *

---

① 所有可以查明的事实都首次为 R. F. 司各特汇总在《鹰》（圣约翰学院院刊）1906 年 10 月号第 1—24 页上。

* 劳伊克林（1455—1522），德国人文学者。

的《论玄思术》（*De arte cabbalistica*，1517），这部著作中虚构的人物 10
有时就被作为实际的著作家来引述了。狄格比以真正的经院精神写
作。对他来说，亚里士多德的学说就是权威，与这些学说不一致的，
便是异端。同时，他自己的亚里士多德主义，染上了神秘主义的神学
色彩，这主要是受之于劳伊克林。狄格比的主要著作《分析理论，通
向推证科学的道路》（*Theoria analytica，viam ad monarchiam scientia-
rum demonstrans*），发表于 1579 年。第二年接着出版了两本书，一本
是叫作《论两重方法》（*De duplici methodo*）的对拉穆斯的批判；另
一本是对坦普尔为拉穆斯方法的辩护作的答复。他还是一篇短论《游
泳术》（*Dearte natandi*，1587）与一本英文的《切勿夺取教会的生计
与财产的劝戒》（1589）的作者。

坦威廉·坦普尔 1573 年从伊顿公学转到剑桥王家学院；依正当的
程序，他成了后者社会的一名成员，不久就从事逻辑学教学。从大约
1582 年起直到大约 1585 年，他任林肯文法中学校长。随后，他又成
了腓利普·锡德尼爵士（他之出版拉穆斯的《辩证法》（*Dialectica*），
就是献给这位爵士的）的秘书。这位爵士去世后，他曾担任各式各样
的秘书工作，他还曾服务于埃塞克斯伯爵，那时，这位伯爵由于失宠
而被迫离开英国。直到国王詹姆斯即位后，他似乎才回国。1609 年，
他被任命为都柏林三一学院院长，几个月后，又成为爱尔兰大法庭的
长官（master of chancery）。他 1622 年受封爵士，1627 年 1 月去世。

坦普尔的重要哲学著作属于他的早期生涯。他在剑桥是狄格比的
学生，并且以对他老师的才能与名声、对他已投身到英国的哲学研究
的新生活的热烈赞赏之词从事写作。但是，他自己已在拉穆斯的逻辑
方法中，找到了更加卓越的推理方式，那时，这种推理方式在这个国
家中刚为人所知。当拉穆斯不足 20 岁时，他就由于对亚里士多德学 11
说的有力反对而轰动了巴黎大学；他已经使他自己跟加尔文派教徒结
盟。他作为圣巴托罗缪之夜的受害者而了结了他的一生。新教学校因

此而倾向于支持他的体系，在他的体系中，逻辑，作为演讲术，被吸收到修辞学中，并且被赋以实用特征。实际上，阿夏姆*在1552年的一封信中，后来又在他的《教师》（*Scholemaster*，1570）中表示了他不赞成上述观点。但是，早在1573年，我们就听说它在剑桥受到辩护。① 而在1574年，当安德鲁·梅尔维尔从日内瓦回国并被任命为格拉斯哥大学校长时，他"使他完全致力于教授这个国家先前没有听说过的东西"，② 而拉穆斯的《辩证法》便代替了亚里士多德的《工具篇》（*Organon*）或大不列颠其他各大学通用的经院手册。坦普尔由于发表了一系列著作，他作为拉穆斯学说的阐述者与辩护者不仅在国内而且也在大陆出了名；而且，无疑地，也是由于他的活动，剑桥才在17世纪前叶赢得声誉成为宣传拉穆斯哲学的主要学校。③ 坦普尔1580年以一篇致狄格比的《劝诫》（*Admonitio*）开始了他的著作活动，这篇论著使用了法克西思克斯·米尔达普塔斯·纳瓦锐努斯（Franciscus Mildapettus Navarrenus）这个笔名，④ 旨在捍卫拉穆斯的单一方法。其他一些关于同一题目的反对狄格比和斯特拉斯堡的皮斯卡托的论战性著作是于1581年和1582年接着写出来的。1584年，他出版了拉穆斯《辩证法》的一个注释本，同一年他还发表了一个由他自己作序的对亚里士多德简单与复杂物体产生学说的抗辩，这个抗辩为敦克尔德的詹姆斯·马尔丁所作，那时他是都灵的一名教授。这两部书准是属于该大学出版社经柏弗莱大法官重新颁发特许证后这一年

---

* 罗吉尔·阿夏姆（1515—1568），英国学者及作家。

① 摩林杰：《剑桥大学》，Ⅱ，第411页。

② 《詹姆斯·梅尔维尔日记》，爱丁堡，伍德罗学会，1842年，第49页，参见 T.麦克里：《梅尔维尔生平》，第Ⅰ卷，第73页；A.格兰特爵士，《爱丁堡大学史》，第Ⅰ卷，第80页。

③ 见摩林杰：《剑桥大学》，Ⅱ，第412页。

④ "纳瓦锐努斯"宣布这位作者忠于拉穆斯，拉穆斯曾受教于纳瓦尔的巴黎学院；"法兰西思克斯"可能不是指别的，只是指这个学说的法国起源地；"米尔达普塔斯"这个词的意思不清楚。

出版的第一批著作。

在思想明晰与论证精巧方面，坦普尔远胜过狄格比。在他们之间论战的更加特殊的论点方面——也就是认识的方法是双重的，即从殊相到共相与从共相到殊相，还是只有一种推理方法，即从共相开始的推理方法——真理并不完全在坦普尔一边。他的方法也和物理科学上所用的归纳法并无任何共同之处。尽管它在理论上有弱点，他所推荐的逻辑却有明白与实用的好处，且摆脱了传统体系的复杂化的琐细微妙。培根知晓狄格比和坦普尔的著作是极其可能的，虽然我们不能确证这一点。然而，他们对他的影响准是主要在于激发了他对方法问题的兴趣。他们并没有预想到他的归纳理论。

当各经院正忙于这些问题时，剑桥圣约翰学院的研究员（1561）、皇家医学会会长（president of the Royal College of Physicians，1600）威廉·吉尔伯特忙于对磁学实验进行勤奋系统的研究，结果发表了第一部重要的英文物理学著作《论磁铁，或磁性物体》（*De Magnete, magneticisque corporibus*，1600）。吉尔伯特自己和后来的培根一样明确地表示，期望通过纯粹的思辨或通过一些空泛的实验达到认识自然的目的都是徒劳无益的。他实际上并没有任何一种归纳理论；但是，他意识到他正在提倡一种"新的哲学思维类型"。* 他的著作包含了一系列精心划分了等级的实验，其中的每一个设计出来都是为了回答一个特殊问题，同时，先把较为简单明显的事实陈列出来，对它们的研究经由井然有序的诸阶段而导致对那些较为复杂精深的东西的研究。培根极不重视吉尔伯特的这部书是件憾事，因为对在其中实际运用的方法的细心分析就可能使他防范一些错误。吉尔伯特被人称作"第一

---

* 吉尔伯特（1540—1605）曾表示，他的著作是献给那些"不在书本中而在事物本身中寻求知识"的人，即属于新传统的人，他把坚持旧传统的学者称做"坚持错误的庸人"。

个真正的物理学家与第一个可信赖的有方法的实验家"。① 他还是磁学和电学理论的奠基人，他把电叫作"电力"（*vis electrica*）。他借助于他的把地球看作具有两极的大磁石的概念解释了磁针的倾斜性；他捍卫了哥白尼的理论；并且在他对物体引力的讨论中，有一种万有引力学说的暗示。他还达到了把大气看作仅扩展到距地球表面几英里，在此之外除了空的空间什么也没有的正确观点。

与吉尔伯特的水平完全不同的是培根的两个较年轻的同代人。罗伯特·弗拉德，牛津大学毕业生，在他那个时代是位知名人物。他遵循帕拉塞尔士*，为罗斯克鲁社团会员**辩护而攻击哥白尼、吉尔伯特、开普勒和伽利略。他的著作以幻想思辨而不是以科学方法而著称。纳撒内尔·卡彭特，牛津埃塞特学院研究员，在他的《自由哲学》（*Philosophia libera*，1621）中攻击亚里士多德的物理学理论。威廉·哈维的著作是属于培根死后那个时期的，虽然他于1616年就已经宣布他发现了血液循环。

---

① K. 拉斯威茨：《原子学说史》，1890年，第1卷，第315页。

* 帕拉塞尔士（1493—1541），瑞士炼金家和医生。他摈弃了人体健康由血液、黄胆汁、黑胆汁和黏液四种组织体液决定的传统医学观点，提出人体本质上是一个由汞、硫、盐三要素组成的化学系统的学说，力图把医学和炼金术结合成所谓"医疗化学"。

** 罗斯克鲁社团会员，即自称系17—18世纪流行的一种秘密结社的会员，此秘密团体有各种秘传的知识与力量，并宣扬宗教的神秘教义。

第二章 弗兰西斯·培根

英语可以说是由培根 1605 年发表《学术的进展》首次变成哲学文献表达工具的。胡克的《教会政体》虽先它 11 年发表，但却属于神学而不属于哲学。威廉·鲍德温的《论道德哲学，包括贤人嘉言钞》（1547）的性质，由它的题名充分显示出来了；而理查德·巴克利爵士的鲜为人知的题为《论人的幸福，或他的至善》（*Summum bonum*）（1598）的论文，主要由经过加工的轶事趣闻组成，并不包含任何道德哲学性质的内容。然而在 16 世纪，已经开始用英语著述逻辑学著作。1552 年，托马斯·威尔逊发表了《推理规则，包括逻辑术》（*The Rule of Reason*，*conteining the arte of logique*）。要是他在这门学科上以土语发表作品真的使这位作者为罗马宗教裁判所判处囚禁，则这种革新在那个时代是不无危险的。他的榜样为拉尔夫·利弗在较为安全的情势下仿效，他在其《正确地叫作智术的推理技术，教授一种完善的论证和争辩法》中，不仅用英语写作，而且还用英文引申语汇取代传统术语，例如用 "foreset" 与 "backset" 代替 "主体（subject）" 与 "属性"（predicate），用 "inholder" 与 "inbeer" 代替 "实体"（substance）与 "偶性"（accident），用 "saywhat" 代替 "定义"（definition）等等。这种尝试从来未曾被认真地对待过。要过很长一段时间，英语才变成逻辑学书籍的通常用语。在 16 世纪，同样地在 17 世纪，大学的要求使得用拉丁语对于这个目的几乎是必要的。

培根的前辈，无论是在科学方面的还是在哲学方面的，都使用学者共同的语言。他是用英语写作了一篇重要科学或哲学论文的第一人；甚至他也对英语的未来缺乏信心。① 在《学术的进展》中，他考虑到一个特殊的目的，即他希图得到支持和合作，以便推行他的计划。他把这部书仅仅看作一项更大计划的准备。那些意欲构成其复兴科学宏大计划之部分的著作是以拉丁文写成的。但是传统思想界已为在文艺复兴中产生出来的力量所削弱。在这些力量中，日益增长的民族意识逐渐导致了民族文化风格的较大分化，导致了甚至适于主要乃至唯一地引起学术界兴趣的诸学科中运用民族语言。尽管培根可能以拉丁文作为表达他的哲学的工具更加喜欢得多，但他自己的行为却使他成为这个运动的一位领袖；而且事情也很凑巧，他所阐述的思想模式与英国精神的重实际和实证的成就密切相关。这样，培根就并非完全正确地被人们看作不仅是英国哲学的创始人，而且是英国哲学精神特殊性格的代表。

弗兰西斯·培根是掌玺大臣尼古拉·培根爵士的由其继室安尼所生的两个儿子中的次子，安尼系安东尼·库克爵士*与伯利勋爵的姨子的女儿。他 1561 年 1 月 22 日出生在伦敦的约克府。1573 年 4 月，他与他的哥哥安东尼一起，被送到剑桥三一学院读书，在那儿，他一直待到 1575 年圣诞节（只是有大约 6 个月不在，这期间此地瘟疫流行）。对他在剑桥的学习，我们知道得甚少，或一无所知；并且总会容易过分强调此后很久为培根第一部传记的作者罗利提出的说法，说他在离开这所大学之前，就"开始厌恶亚里士多德的哲学；这不是由于这位作者本人的无价值，他总是把一切高尚品性都归于他，而是由于其道之不结果实。"1576 年，他为父亲所派，随同英国驻法大使埃米亚斯·波利特爵士前往法国，培根作为他的随员直到 1579 年 2 月由于尼古拉爵士突然去世才回国。这件事对他的生涯产生了不幸的结

---

① 《信件与生平》，斯佩丁编辑，第 7 卷，第 429 页。
* 曾任爱德华六世的老师。

果。他的父亲曾拨给他以购置地产的一笔钱并没有授权给他，他只继承了其中的五分之一。他因此而不得不指望操律师业谋求收益，指望塞梭家族勉强惠予擢升。1582 年，他取得律师资格，1584 年进入国会，连续担任每届国会下院议员，直到他成为掌玺大臣为止。但是，公职于他却迟迟不来。女王曾为他在国会的一篇早年的演说所冒犯，在那篇演说中，他曾批评了宫廷的提议；而塞西尔家族也总显得毋宁是任人唯亲，而不是与人为善。他所追求的目标绝不是无价值的，也并非为他的才智所不及；但是他追求它们的方式并不总是高尚的。他给伯利、* 索尔兹伯里和白金汉写了许多信件，为他的事业请命；他请求的文体简直不能完全用那个时期的书信方式来说明。1589 年，伯利把在星法院的一个年俸为 1600 镑的职位**的承继权给了他，但是，这件事，直到 1608 年才成功。从大约 1597 年起，他被正式任用为女王法学顾问。1604 年，他被国王詹姆斯任命为他的常任法律顾问（ordinary counsel），薪水为 40 镑，培根把这看作是他的首次晋升。他 1607 年被委任为副检察长，1613 年，为掌玺大臣，1618 年，为大法官。1603 年，他受封为爵士，但是，使他感到懊恼的是，他是与其他 300 个人一起受封的；1618 年，他受封为维鲁兰男爵，1621 年，又被封为圣亚尔班子爵。几周之后，说他曾在自己的法庭里接受起诉人的贿赂的指控被人拿来在新召开的国会下院里反对他；这些都被提交到上院审讯；根据他自己的供认，他被定罪，并被判决剥夺其一切公职，囚禁于伦敦塔内听候王命，罚金 4 万镑，被排除在宫廷的范围之外，不得任国会议员。*** 囚禁只延续了几天，罚金也为了培根的利益而转嫁给了受托人。排除在宫廷范围之外的禁令不久也解除了；但

17

---

  * 伯利，培根的姨父，曾任英国财政大臣。

  ** 即御前会议秘书一职。

  *** 关于这件事，培根自己说道：他是 50 年来英国最公平的法官，但对他的判决也是近 200 年来国会中最公平的判决。

是，尽管苦苦恳求，培根还是永远不准再任国会议员。

这些年来，培根在日理万机的法律与政治工作之余，从未忘却他的更加宏大的抱负。1597 年，他出版了他的《论说文集》第一版，1612 年第二版（增订版），1625 年第三版（补充完整版）也相继问世。《学术的进展》于 1605 年出版，是向国王詹姆斯的致词，《论古人的智慧》（*De Sapientia Veterum*）于 1609 年，《新工具》（*Novum Organum*）于 1620 年也先后出版。贬黜后，他住在哥罕堡，这住所是他因其兄安东尼 1601 年去世继承来的得自父亲的遗产，他在那儿专事著述。《亨利第七本纪》于 1622 年，《崇学论》（*De Augmentis Scientiarum*）于 1623 年出版，《新大西岛》写于 1624 年。在他临死时，他还在忙于写《林木集》（*Sylva Sylvarum*）；他于身后留下了关于他宏伟但是未竟的计划的许多草稿和零星片段。培根 1606 年与阿丽丝·芭南结婚，她是一位市参议员的女儿。他死于 1626 年 4 月 9 日，由驱车外出时走出车外为进行雪的防腐性能的实验受寒所致。*

培根复兴科学的计划，他自己从来没有充分地尽力实施过，该计划也从来不曾被别人认真系统地遵循过。而且，在他的个人经历中，也有一些事件依然含糊不清。但是，要对他的哲学和生平形成一个判断，材料却并不缺乏。我们也不能期望摆脱争论的范围。但是，可以有把握地说，斯佩丁的毕生努力已经把一件事弄明白了。蒲伯**的著名隽语——培根是"人类中最睿智、最机敏与最卑鄙者"，与麦考莱***短论中那些同样熠熠生辉的精辟言论都不能认为符合事实。培根并不是一个怪物；他的性格与才华都不能通过置于尖锐对立的方式加

---

　　* 培根在《论死篇》中曾表示他希望"在热烈的搜求中静静的死去"，他的死可谓成全了他的愿望。

　　** 蒲伯（1688—1744），18 世纪初期英国著名诗人。

　　*** 麦考莱（1800—1859），英国历史学家、评论家、诗人及政治家。他也断言，培根"是人世间最聪明而又最卑鄙的人"。

以解释。生平与哲学是同一颗心灵的展现，而我们必须期待一个方面对另一方面有所启发。正是由于这个缘由，就有必要尝试着对培根性格作出一个估价，并且触及一下其经历中若干有争议的事件，尽管对这些问题不能详尽地讨论，几乎只能限于指出结果。

在一个大约写于 1603 年的、显然意欲用作他的一部大著作之序的片段①中，培根宣布了指导着他终身的抱负；我们没有任何理由怀疑他的叙述的实质上的精确性。（他开始说）相信他生来就是为了给人类服务的，他自己开始考虑他的天性使他最适合从事什么样的服务。他看出，实际的政治家带来的效果"只扩展到狭隘的空间，延续短暂的时间；反之，发明家的工作，虽然不那么壮观和显赫，可到处都感受得到，并且永远持续下去。"而且，他认为他的天性注定他去追求这个目标。"我发现最适于我的莫过于研究真理；因为我的心灵敏锐和多才，足以觉察事物的类似性（这是主要之点），同时它又很坚定，足以盯住与分辨出事物之间的比较微妙的区别；因为我天生就有求索的愿望，怀疑的耐心，思考的爱好，慎于判断，敏于考察，留心于安排和建立秩序；并且因为我这个人既不爱好新事物也不羡慕旧事物，憎恨一切欺骗行为。所以，我想我的天性与真理有一种亲近与关联。"因此，他的首要目标便是那将扩大和建立人类对自然的统治的知识。但是，出身和教育曾把他引到为国家服务的方向，而"一个人自己的国家对他有权提出一些特殊的要求。"因为这些缘由，他便寻觅国家公职；而为祖国服务可以说是他生活的第二个目标。最后，他又说，"我并非不抱有希望（宗教的状况在那时并不景气），如果我获得国家公职，我就还可以做一些有益于人们灵魂的事情。"因此，据培根自己所述，他认为他自己生下来为人类服务就是通过献身这三

①　《〈论自然的解释〉序》（*De interpretatione naturae prooemium*），《著作集》，第 3 卷，第 518—520 页。这段与其他各段摘自拉丁著作集中的引语的译文都包含在已经使用过的埃利斯与斯佩丁合编的版本中。

个目标来落实的：发现真理，造福他的国家，改革宗教。而在这三个目标中，第一个在他的思想上总是占着最高的位置。约在1592年他写给伯利的信中说："我承认我有一些广大的思想方面的目的，犹如我有一些适度的公民社会方面的目的一样：因为我已经把一切知识当作我的研究领域了。"①

计划之如此宏伟，既是这个时期的精神的特征，也是培根个人的特征。但是，与此相伴随的是对那时所理解的精确科学的方法与原理的准备之不充分，而且常常还有对细节把握之不完全。如果说后面这种缺陷可以在他的理智工作中找到的话，那么，这在他的实践活动中就更加明显了。把这一特征同他最遭人非难的一些行为联系起来，并非出于幻想。他终生都未曾摆脱掉财务上的困难；而当他身居高位时，又维持着豪华的生活方式，对他的家庭支出没有进行过任何有效的节制。当人对他提出受贿的指控时，他大为震惊，但是，他并没有作过任何辩白。可能真的如他所说，他从来不曾让被告的馈赠影响到他的判决；他的任何一项判决似乎也不曾因此而予以颠倒。同样可能为真的是，培根只是沿袭了他那个时代的习俗，虽然关于这一点，难于得到证据。但是，他自己也明白，一个法官"两次受酬"（"twice paid"）不正当，"两次受酬"这个用语引自他的《新大西岛》，在那里，是用来表示温和指责的。而他在自己的行为中，却并未注意提防这种不正当行径。就主要方面而论，他很可能是一个既能干又公正的法官。但是，他过分地执着于他的公职，他也曾过分地渴望获得它；而要抗拒下面这个结论的证据几乎是不可能的，这结论就是，至少有过一次②，他听任宫廷宠臣白金汉影响他的判决。在另外一个问题

---

① 《书信与生平》，Ⅰ，第109页。
② 见D.D.希思（《培根著作集》编辑之一）的信，培根的《书信与生平》，Ⅶ，第579—588页。

上，即在对埃塞克斯伯爵审判问题*上，培根的行为被人谴责得有点太过分了。他曾经从埃塞克斯手上获得的利益，并没有成为当需要他参加起诉时他袖手旁观的充足理由。埃塞克斯的谋叛对国家曾是一种实际的危险，并不只是发发脾气而已。由于此案控告得很糟，诉讼不要失败就很必要；而培根的干预并不只是可见谅的，因为可以论争说保护国家利益，使私人友情与感恩的要求服从于国家利益是他的职责，尽管这对他个人的境遇来说是一出悲剧。同时，也必须承认审判 21记录并不能使人想到他感觉到了这出悲剧。依他要把这起控诉案追究到底的方式来判断，私人因素似乎只是轻微地影响到他。而这或许是他的特点。他能够高度热情地献身于观念与事业。他的哲学著作受到前者的激励；而他关于公众事务的著作则显示了一种献身于公益的精神和政治智慧。但是，在私人感情方面，他似乎生性冷漠，不易为联合与分隔人类的爱或恨所动。

培根计划把他的"科学的伟大复兴"分六个部分展开。他列举如下：（1）"科学的分类"；（2）"新工具"，或"关于解释自然的指导"；（3）"宇宙的现象"，或"一部作为哲学基础的自然的与实验的历史"；（4）"理智的阶梯"；（5）"新哲学的先驱或预测"；（6）"新哲学"，或"能动的科学"。在这些部分中，最后一个部分当是未来时代的工作；第四与第五两个部分，只写出了序言；前三个部分已以相当可观篇幅的著作阐述出来了，尽管在它们的任何一个中，原计划没有一个完全落实。它们全都打算以拉丁文写成。《学术的进展》，在

---

　　* 埃塞克斯伯爵，即罗伯特·德弗罗，伊丽莎白女王的宠臣。他与培根交往甚深，培根曾给他以许多忠告，他也曾坚持要送给培根值1800镑的一笔财产。但是最后，埃塞克斯走上了叛国的道路，被判罪斩首。培根作为女王的法学顾问，积极参加了对埃塞克斯的起诉，致力于推翻想把谋叛说成是比较可以原谅的犯罪行为的种种理由。培根后来谈起此事时说道，"关于那件案子和审讯过程中我作的一切，都是出于我对女王和国家职责和义务的，在这样的事情上，我是绝不为世界上的任何人而表现虚伪和胆怯的。"

很大程度上包括第一部分的范围（ground），本不是作为这计划的一个部分写出来的；但是，在计划中代替它的位置的《崇学论》，就实际情况而言，几乎只是《进展》的一个扩充了的拉丁译本。培根最后一部著作《林木集》，属于第三部分，是用英文写出的。

22　　培根，如他自己所说，是把全部知识作为他的研究领域的；他所关心的与其说是科学的特殊部门，毋宁说是原理、方法和体系。为达此目的，他首先评论了知识的现状，详细研究了它的缺陷，指出了对它们的补救办法。这是第一部书《科学的进展》和《崇学论》的主旨。在第二部书中，他继而逐项叙述了他的科学分类。在其分类中他所由以开始的原理是心理学的："人类学术的各部分与作为学术根基的人的理智相关联：历史相关于他的记忆，诗歌相关于他的想象，而哲学则相关于他的理性。"然而，对这些部分的细分却是以对象的不同为基础的，而不是以所使用的心理官能为基础的。历史被分成自然史与人类社会史。教会史与文学史被看作属于后者（尽管在《进展》中被作为是并列的）。诗歌被认为"不是任何别的而只是虚构的历史"，且细分为叙述的、描写的、暗指的或寓意的。但是，培根主要关心的是这三大类学术中的最后一类。

　　他说："在哲学中，人类的沉思或者深入到上帝，或者环绕着自然，或者反思或复归于人自身。由于这几种不同的研究，便出现了三门知识：神的哲学、自然哲学、人的哲学或人文科学。因为一切东西都打上了上帝的能力、自然的差异、人的效用这三重特性的标志和烙印。"但是，因为这三类学问全都产生于一个共同的根源，而且一些观察材料和公理也是为这一切所共同的，所以，包容这些知识的就当构成"一门普遍的科学，名曰第一哲学（*Philosophia Prima*）或原初的、总括的哲学。"在这三门哲学中，培根最重要的思想是关于自然哲学的。他的基本观念之一是通过它的一分为二表达出来的；这两个部分是"研究原因与产生结果；思辨的与实行的；自然的科学与自然的智虑（Natural Prudence）"。他还更加精细地把自然科学分成物理学与形而上学。这后一个术语并不是在其传统的意义上使用的，它也不是培根所谓总括哲学的同义语，总括哲学是关于各门科学所共有的公理的。物理学与形而上学这两部都是关于自然客体的：物理学研究它们的质料因与动力因，形而上学研究它们的形式因与目的因。因此，"物理学是位于自然史和形而上学之间的中项或距离上的中点。因为自然史描述事物的多样性；物理学，研究事物的原因，但却是研究事物的易变的与各别的原因；而形而上学，则研究事物的固定不变的原因。"在精心阐述这个观点时，培根再度把这已全面考察过的范围（ground）包括进《新工具》中。

　　《新工具》就它的文体与它所传达的观念的重要性来看，都当列为培根最重要的著作。培根写作它十分用心。罗利告诉我们，他所看到过的培根年复一年亲笔重写的这书的草稿不下12个。如它最后发表的那样，它的堂皇的词令是它所包含的先知式的预言的合宜工具。扦进材料的箴言加深了主要观念给人的印象，而没有严重干扰论证的线索。如果我们想要论证培根的训教与影响，我们首先就必须去求之于它。如果我们在某些主要观念与他自己的关于自然和自然研究真正方法的较为特殊的概念之间作出区别（他自己从未作出过这种区别）的话，则上述那种理解就会容易达到了，他比任何人都使这些主要观念给后代思想留下了更加深刻的印象。

　　在那些主要和一般的观念中，有两个已经指出。其中之一就是相信科学的统一性。他的科学分类不仅考虑到它们的差异，而且也考虑到它们的本质的统一。他说："各门知识就像相会在树干上的一棵树的诸多树枝一样（这树干在它自身分出树枝之前，要完整连续地生长一段）。"它们应被当作"毋宁是标明分野而不是划分开、分割开的片段"。①

———————

① 《崇学论》，Ⅳ，ⅰ；Ⅳ，ⅰ；《著作集》，第1卷第540、548页。

他的第二个主要观念是知识的实践目标。这是一个经常出现的思想，而且在他自己的心里还是最基本的；这是他在他自己的新逻辑与旧逻辑之间作出的首要区别，他还打算用它来表示他声称仅仅开了一个头的新哲学的特征。他以值得铭记在心的话强调了这一观念："占有材料不仅是思辨的幸事，而且也是一切操作的力量和人类真正的事业与财富。因为人只是自然的仆役和解释者，因此，他所作的和所了解的，就只是他在事实上或在思想上对自然过程所见到的那么多；过此，他就既不知道什么，也不能作什么。因为因果链条不会为任何力量解开或弄断，除非服从自然，自然也不会接受命令。因此，这两重对象，人的知识和人的力量便实际地结合为一；而操作失败正是由于对原因的无知。"①

培根的目标是要建立或恢复人类对自然的统治。这种统治依赖于知识。但是在人心里，存在着一些使之倾向于无知与谬误的知识障碍。关于人类心灵固有的导致谬误的癖性的学说是他的又一个基本思想，这些导致谬误的癖性，他称之曰"假相"（*idola mentis*），即把人的心灵引入歧途的影像或幻象。"假相"这个词来自柏拉图又与柏拉图的"理念"恰成鲜明对照；而且它强调人类心灵的假相与神的心灵的观念之间的不同，人类心灵的假相是曲解与错误表现实在的抽象物，而神的心灵的观念是"造物主自己在实在上的印记，这些印记是以真正而精妙的轮廓线条加盖与显现在物质上的"。② 培根长期思考着这个学说；他在《学术的进展》里作了陈述，然而在《进展》里，却没有提到这四种假相的最后一种；"假相"学说是他在《新工具》里首次完整地提出来的。

在后面这部著作中，区别出四种假相：种族假相、洞穴假相、市

①《新工具》，"著作分类"（distributio operis）。
②《新工具》，Ⅰ，第 124 页。

场假相、剧场假相。在这些生动形象的标题下，培根发挥了既显示出创见又显示出洞察力的学说。在他关于种族假相的论述中，其创见是显而易见的。种族假相是人的心灵本身所固有的且属于整个人类种族的骗人的癖性。他说，理智就像一面失真的镜子，歪曲了事物的性质，改变了事物的颜色。因此，它就设想了世界上存在着比它所发现的为多的秩序和规则，例如当它把圆周运动归于天体时，就是如此；那些与它的先入之见相一致的例证要比那些与它的先入之见不一致的例证更使它感动和激动。它是不安定的，不能够安息在一个界限内而不企图向前推进超出这个界限，或者说它不能够安息于一条终极原理而不去寻求它的原因；它"不是干燥的光，而是有意志和感情灌输在里面的"；它依赖于诸感官，而它们却是"迟钝、无力和骗人的"，它"动辄喜作抽象，并且喜欢赋于飘忽不定的东西一种实体和实在。"洞穴假相不属于种族而属于个人。它们起因于他的特殊的结构，也为教育、习惯和偶然事件所变更。因此，有些心灵易于注意差别，另外一些心灵则易于注意类同，而这两者虽然道路相反却都趋于谬误；再之，致力于某门特殊的科学或理论也可能给一个人的思想染上某种色彩，以致一切事物都依它的见解加以解释。市场假相是那些起因于语言运用的假相，它们是一切假相中最麻烦的。"因为人们相信他们的理性能支配语词；但是，同样真实的是，语词也反作用于理智；正是这种情形使哲学和科学流于诡辩，变得无力。"最后是剧场假相，它起因于"哲学体系和乖谬的推证规则"。在这一点上，培根把"错误的哲学"分为诡辩的、经验的和迷信的三种。他在详述这种假相时，对亚里士多德的怀有敌意的判断可能打了点折扣；* 他对吉尔伯特不甚赞赏，更是一件憾事；但是，归根到底，他的下面这个观点是健全

---

* 培根承认亚里士多德"在他的《论动物》的书中，在他的《问题集》和其他论著中，也常常讲到实验"。文中所谓"打了点折扣"，可能指此。

的，这观点就是，不管是"用范畴构造世界"，还是把一个体系建立在"少数狭隘暧昧实验"的基础上，都是错误的。

对谬误的源泉与种类的这种批评直接导致了对达到培根称之为自然的解释之真理的"适当有序过程"的说明。这个过程是精心设计出来并被精确规定了的；它依据着对自然构成的一种特殊观点。这种观点与这种方法的细节都没有对科学进步产生重大影响。但是，构成它们两者基础的，则是关于对自然客观态度的重要性以及系统实验的必要性的更一般的观念；培根实际上不是这个一般观念的首创者，而是它的最卓越、最有影响的阐述者。在自然研究中，一切先入之见都必须置之不理；我们必须提防仓促的对自然作"预测"的意向，因为"自然的精妙要比论证的精妙胜过许多倍"。人们必须回到个别的经验事实上去，从它们通过逐渐的不间断的上升而达到一般真理。"我们必须从基础本身重新开始"，因为"进入自然王国和进入天国的大门一样，一个人只有像小孩子一样（*sub persona infantis*），才能走进里面去的。"①

这些富有成果的一般观念并没有穷尽培根的学说。他盼望着很快创建一种新哲学，这种新哲学由于它对实在的完整说明，也由于它的结果的确定而区别于旧哲学。他的新方法似乎给了他一把打开自然奥妙的钥匙；而这种方法难免倾向于把一切人的理智能力变成平等，②以便表明凡谨慎耐心地遵循这种方法的人都能够发现真理，并运用它去卓有成效地工作。

培根说："认为真正的知识是根据原因得到的知识，乃是一种正确的看法。"但是他理解这种看法的方式是有意义的。他采用亚里士多德的做法，把原因分成四种：质料因、形式因、动力因和目的论。

① 《新工具》，第 1 卷，第 68 节。
② 同上书，第 61 节。

物理学研究动力因和质料因；但是这些，如果离开它们同形式因的关系，"就只是轻微的、表面的，并且如果对于真正的、能动的科学有什么贡献的话，这种贡献也是微乎其微的"。对于其他两种原因的分析研究属于他称之为形而上学的自然哲学那个部门。"但是在这些原因中，目的因，除掉涉及人的行动的那些之外，与其说是推进了科学，毋宁说是破坏了科学，"而且"形式因的发现也是令人失望的"。① 然而，如果要理解自然、支配自然，就必须研究形式。因此，《新工具》第 2 卷便以下面这条箴言开头："在一个既定物体上产生和加上一种新的性质，乃是人的力量的工作和目的。发现一种既定性质的形式……乃是人类知识的工作和目的。"

那么，培根所谓的"形式"又指什么呢？他对这个问题作了许多回答，然而其意思却不完全容易把握。形式并不是某种精神性的东西，它不是一个观念，也不仅仅是一种抽象物；它本身是物理的。按照培根的见解，自然中除了个别物体之外，没有任何东西真实地存在。但是，"实体的形式"被弄得很复杂，以致它们的研究，如果还有可能的话，也必须被推迟到对那些较简单一类的形式的研究作出之后，这些较简单的形式也就是那些实体所具有的性质的形式。② 这种形式就是这些性质的条件或根据：它的存在决定着相关性质的存在；如果它不在了，这个性质也就随着消失了；再者，真正的形式把一定的性质从许多不同事物所固有的某种存在的源泉或本质里面推导出来。③ 因此，这种形式似乎由一个属加种差（*per genus et differentiam*）的定义表述出来。然而，这种解释却为另外一个形式与规律同一的解释所补充。他说："当我讲到形式的时候，我所指的不是别的，正是

28

---

① 《新工具》，第 2 卷，第 2 节；参见《著作集》，第 1 卷，第 364 页，第 4 卷，第 360 页。

② 《崇学论》，Ⅳ，4；《著作集》，第 1 卷，第 365 页。

③ 《新工具》，第 2 卷，第 4 节；参见福勒版本，第 2 版，第 54 页以下。

支配和构成简单性质的那些绝对现实的规律和规定性，所谓简单性质，如热、光、重量就是，它们存在于各种物质和能够接受它们的一切主体中。因此，热的形式或光的形式和热的规律和光的规律乃是同一的东西。"① 再者，"一物的形式就是此物本身，而事物与形式的区别不过是表面的与实在的、外在的与内在的之间的区别，或者说，是一物对于人来说与一物对于宇宙来说之间的区别。"②

物理宇宙的复杂性归因于以可感性质显现给我们的有限数目的形式的各种不同的结合。如果我们认识了一种形式，我们就知道必须做些什么来把那种性质加到一既定物体上。由此便产生了培根理论的实践性格。这里也把一个以他的思辨学说为根据的观念，也即把那个关于形式在数目上是有限的观念的意义明白地表示出来了。它们可以说是自然的字母表；当理解了它们时，全部语言就变得明白了。哲学并不是对一个永远后退的目标的无限的奋力追求。只要遵循适当的方法，它在不久的将来即可望完成。

29 这种新方法导致确实性。培根几乎像蔑视三段论一样，蔑视旧的归纳法，这种归纳法是从很少几个实验就进到一般规律。他的新归纳法是要通过渐次增加一般性的诸多步骤向前推进，而且它还应当以详尽无遗收集例证为基础。收集例证就是培根所谓自然史的工作，他努力提供了必要的例证收集的样板。他始终承认，要完成这些例证收集工作必须有其他工作者的合作，而且这项工作将花费时间。他对这项工作的宏伟性的感受似乎是随着它的向前推进而加深的；但是，他从未意识到，自然的恒久发展过程使详尽无遗的收集例证这样一件事成为不可能。

在收集到必要的例证之后，归纳法便可以正确无误地运用了。因

---

① 《新工具》，第 2 卷，第 17、13 节。
② 同上。

为，在这个性质（或可感性质）在场的地方，这形式总是在场，而在这个性质不在的地方，这形式也不在，而且，这形式是随着性质的增减而增减的。例证的第一表将由这个性质存在于其中的实例组成，这就是所谓本质和具有表。接着而来的是那些与上述实例极为类似然而这个性质却不在其中的例证，这就是所谓接近中的缺乏表。第三，是一个由这样一些例证组成的表，在这些例证中，这个性质可以在不同程度上找到，而这就是程度或比较表。真正的归纳便从这里开始，它也就在于对那些在这些方面同研究中的性质并不一致的各种性质的"拒绝或排斥"。非本质的被排除掉；而只要我们的例证是完全的，我们关于不同性质的诸多概念是适当的，这种排除就会以力学的精确性进行。然而培根看到，这种方法比这种说法所提示的更加错综复杂，这特别地由得到关于简单性质的健全真实概念的最初困难所致。① 所以必须提供帮助。首先，他将允许理智尝试着根据所得到的例证的力量来解释自然。这种"解释的开端"，在某种程度上，起到了假设的作用（否则就不见于他的方法），得到了"第一批收获的葡萄"（First Vintage）这个古怪的称号。然后，列举了培根提出来在 9 个项目下论述的别的助力：优先的例证；归纳法的支柱；归纳法的矫正；根据主体性质改变研究方法；优先的性质（也就是，什么应该最先研究，什么应该最后研究）；研究的界限（也就是宇宙间一切性质的纲要）；应用于实践；研究的准备工作；公理上升与下降的阶梯。只有这些项目中的第一项的计划才被落实了。《新工具》的其余部分致力于讨论 27 种优先的例证，而在这里能够找到他的许多最有价值的提示，例如他对"孤立例证"与"决定性例证"的讨论，就是如此。

虽然这种新方法从来未曾得到全面阐述，但是，对它的价值还是可以形成一个判断的。尽管它所依据的一般观念有其重要性和真实

30

---

① 《新工具》，第 2 卷，第 19 节。

性，但它还是有两个严重缺陷，而对于这两个缺陷，培根本人也不是没有觉察到。它没有为研究者借以工作的概念的可靠性和精确性提供保证，而且它还需要一个完全的例证收集，而这就事情的本性说是不可能的。与上述缺陷联系在一起，并且是由这些缺陷产生出来的，是培根对假设的真实性质与作用的误解，以及他对演绎法的谴责，而一切科学进展都离不开假设，演绎法是实验证实的一件必要工具。科学的发现与证明的方法并不能被归结成《新工具》第 2 卷中的那个公式。

尽管培根志趣广泛，在科学领域更其如此，但他自己并没有作出过任何新的发现。他的意见有时显示了洞察力，但是也显示了与他的不妥当的一般自然观点相联系的概念的某种粗糙性。在《新工具》第 2 卷中，他始终以考察热的形式或原因这个例证来解说他的方法。他允许自己达到的作为研究"第一批收获的葡萄"的成果，显示了这种洞察力与粗糙性的结合。他得出了热是运动的一种特殊情况的结论。把热与热的属区别开来的种差是：它是一种扩张的运动；在物体自身具有一种向上运动的情况下，它扩张的方向是朝向物体周围的；它是物体中较小的部分的运动；而且这种运动是物体精细的（但不是最精细的）微粒的一种迅速的运动。他自己的这个或其他方面的研究，都没有得到明确的结果就被放弃了。他的科学知识也不足，在精确科学领域尤其如此。他期望由伽利略的望远镜增长天文知识，但是他对凯普勒的工作似乎一无所知。他不知道纳皮尔的对数发明与伽利略力学理论上的进步；而他对哥白尼理论的判断，* 在这种理论正为伽利略和凯普勒进一步证实的时候，却变得更加敌视了。① 他自己科学素养

---

　　* 哥白尼在 1543 年发表的《天体运行》一书中，提出了日心说的假说，培根否认这种假说，批评它只依靠数学而不考虑物理学，称之为一条"公牛标本"，并以此为论点，企图说服大家，科学应全面地向前发展（天文学应同时依靠物理学和数学），而不应该仅仅在一个方面发展。就中表现了培根经验主义的片面性。
　　① 参阅斯佩丁：《培根著作集》，第 3 卷，第 511、725 页。

方面的这些缺陷与他所推荐的方法细节方面的某些奇特之点紧密相联。这两点加在一起，就可以解释他的同代人哈维的嘲笑了，哈维说培根写哲学就像一位大法官。也不难理解为什么以后多数科学家虽推崇他为实验方法的始祖但又对他的具体学说默不作声不予理睬。他的方法并不是那种科学实验室的方法。当被研究的对象仅能如它们发生在自然界中那样直接地被观察到时，就必须赋予培根所坚持的穷尽无遗的事实列举以更大的重要性。例如，达尔文就曾有记载说，当他开始他的研究时，他是"根据真正培根的原理去工作的，在没有任何理论的情况下，大规模地收集事实"。① 但是，培根没有认识到，在这类研究中，这种列举也必须有一个观念或假设作指导，而这个观念或假设的正确有效是能够为事实所检验的。他忽视了科学想象的作用，而科学想象却正是他自己充分具有的一种能力。

　　根据培根的见解，"人的知识和人的力量结合为一"，并且他强调这个学说把兴趣引到了他对实践原理的讨论上。然而，他的伦理与政治理论的观念从来没有系统地或完整地阐述过。除《论说文集》以及他的一些应时作品外，它们还可以在《学术的进展》的第 2 卷、《崇学论》的第 7 卷、第 8 卷中找到。他的关于个人与公众事务的意见充满了实践的智慧，这类意见中多数通常被称为是"关于世俗名利"的。他对人的普通动机并没有存在幻想，他认为，"我们大大地蒙恩于马基雅维里及其他人，他们写的是人们做了什么而不是人们应当做什么"。不太经常地论及基本原理，但是它们也并非被完全忽视。表现出了宁取积极活动的生活而不取沉思静观生活的偏爱，因为"人们必须知道，在人生这个剧场上，只有上帝和天使才能保观众的地位"。亚里士多德喜爱沉思生活的理由仅仅考虑到个人的善。但是，"善的典型或纲领"显示出一种两重性："一方面，由于一切事物本身是一

①《查尔斯·达尔文：自传一章中所述的他的生平》，1902 年，第 40 页。

个总体或实体；另一方面，由于它又是一个更大物体的部分或成分；
而后一个方面的地位更高，更有价值，因为它倾向于保存一种更加一
般的形式。"① 这样，培根就把与许多论争相关的关于个人和公众的
善之间的区别引进了英国的伦理学。但是，他并没有对这种善的性质
作哲学的分析。

33

　　关于培根对政治理论的贡献，我们也得给以类似的评论。对细节
问题虽有许多讨论，但是对基本原理却仅仅只是提及而已。"统治术"
被说成是包括三项职责：帝国的保护，帝国的幸福与繁荣，以及帝国
的扩张；但是，只有最后一项被讨论过。培根主张世俗权力的独立，
同时为英王君权辩护；尽管如此，他的国家理想并不是专断的统治，
而是法律的统治。在《进展》中，他注意到，"法律上写出来的一
切，不是作为哲学家写出来的，就是作为法学家写出来的，都不是作
为政治家写出来的，就哲学家来说，他们是为想象中的国家制定想象
中的法律；他们的言论犹如众星，由于它们太高而放出微弱的亮光。
至于法学家，他们根据他们生活在其中的国家的情况来写作，写的只
是什么东西被承认为法律，而不是什么应当成为法律。"他继续说到：
"在自然中有某种正义的源泉，从那里，一切民法溪流般地产生出
来。"他在《崇学论》第 8 卷中又转到这个题目上，这部书是以一连
串关于普遍正义的箴言收尾的。在这些箴言中，一切世俗权威都被说
成是依靠着"最高统治权力，宪法结构与基本法律"；法律并不仅仅
保护个人的权益；它还扩展到"与这个国家福利有关的一切事情上"；
它的目的是，或者应当是公民的幸福；"那些意义确定、诫命公正、
实施方便、符合统治形式，在那些生活于其下的人们身上产生德行的
法律，就可以被认为是好的。"

---

　　① 《崇学论》，第 7 卷，Ⅰ；《学术的进展》，Ⅱ；《著作集》，第 1 卷，第 717
页；第 3 卷，第 420 页。

　　培根对"人的哲学"的贡献，在重要性上，是不能与他在自然哲学方面的改革工作相提并论的；他对道德科学的影响后来才使人们感受到，虽然，这与他在自然哲学方面的影响正相类似。他常常恳求帮助以推行他的新哲学；但是，不论是在自然科学、道德科学方面，还是一般地在哲学方面，他都没有创立一个学派。属于培根死后这个时期的哲学著作，仅仅显示了他的影响的些微形迹。他的才华为人承认，他的一些特殊论点，也不时地为人们所引证。但是，他的主要学说却普遍地被人忽视了。任何一种新的逻辑学都不曾依据他的《新工具》所描述的那种模式。逻辑学论著的作者或是沿习传统的经院方法，或是采用拉穆斯所倡导的它的变种。甚至连密尔顿的逻辑学，也以拉穆斯的逻辑学为基础，没有注意到培根的革命。哈维对他的工作的不利的评价，上面已经引述过了。霍布斯，一度做过他的秘书，也似乎不曾受到过他的任何重大影响。然而，正是一些居主导地位的思想家，如莱布尼茨、休谟和康德这些人，才最充分地承认培根的伟大。他对理智进步的真正贡献并不在于科学的发现，或哲学的体系；也不依赖于他的方法的所有细节的价值。但是，他具有发现的洞察力，列举例证来说明问题的种种学问，以及咄咄逼人的雄辩，调整人心对世界的态度和一些规范性原理，这些原理一经掌握，就会变成持久的财富。他比任何人都更多地有助于把理智从先入为主的概念中解放出来，并指导它对事实进行无偏见的研究，无论是对自然、对心灵的事实，还是对社会的事实都是如此；他证明了实证科学的独立地位，而且就主要的而论，他在近代思想史上的地位即归因于此。

第三章　切伯里的赫伯特及其他人

正值培根忙于他的复兴科学计划之际，他的较年轻的同代人爱德华·赫伯特也在研究同一个问题。但是，这两个人除去他们自夸的不依赖传统以及他们对方法问题都感兴趣外，很少有什么共同之处。他们的思考结果分道扬镳。培根被人称作经验主义哲学或实在论哲学之父；赫伯特则影响了，并且在一定程度上还预示了理性主义或理智主义思想学派具有特征的学说。

爱德华·赫伯特，是威尔士贵族中那一姓氏的一支的代表，诗人乔治·赫伯特的兄长，他1583年3月3日出生在什罗浦郡的艾顿，1595年被录取为牛津的大学学院学生，1599年结婚，并且一直住在牛津到大约1600年，约在那一年，他迁至伦敦。国王詹姆斯继位后不久，他受封为巴斯爵士。从1608年到1618年，他的大部分时间是作为军事冒险者在大陆度过的，在战役、追击或决斗间隙，他间或也寻求与学者交际。1619年，他被任命为驻巴黎大使；1624年被召回国后，国王詹姆斯赏他以爱尔兰贵族爵位。1629年，他又作为切伯里的赫伯特男爵被册封为英吉利贵族。内战的结果出其所料。但是由于其站到国会一边，最终还是保住了他的财产。1648年8月20日，他死于伦敦。

他的著作涉及历史、文学和哲学。他关于白金汉公爵远征雷岛（Rhé）的记叙，他写的亨利八世的历史，都是以博取皇家欢心的观点写出来的。后者1649年发表；前者的拉丁译本1658年出版，英文原本直到1860年才问世。他的文学著作——诗集和自传，具有高得

多的价值。诗集由他的儿子 1665 年发表，自传为贺瑞斯·沃波尔
1764 年首次付印。他的哲学著作给了他思想史上独特且有趣的地位。
他告诉我们，他的最主要著作《真理论》（De veritate），是在英国开
始的，并且"在那儿写出了它的所有主要部分。"他曾经把手稿交给
胡果·格劳修斯，格劳修斯劝他发表。但是，直到这种劝告为来自上
天的标志认可（他认为是如此）时，他才使这部著作付印（巴黎，
1624）。他在第 3 版（伦敦，1645）上加了一篇短论《论谬误的原
因》（De Causis Errorum），一篇题为《俗人的宗教》（Religio Laici）
的专论，以及《〈僧侣政治〉的附录》（Appendix ad Sacerdotes）。1663
年，他的《论异教徒的宗教》（De Religione Gentilium）——一部现在
所谓比较宗教的专著出版。对其宗教观的一个通俗说明 1768 年以
《一位导师与其学生之间的对话，切伯里的爱德华·赫伯特勋爵著》
为题发表；虽然客观证据不足，但却可能出自他的手笔。

　　在思辨思想家中，赫伯特并非名列前茅；但是，他作为一个哲学
家的主张是值得注意的。他和培根一样，也致力于方法论问题；而
且，他的研究虽没有对哲学意见产生多少效果，但却更深了一层。可
以这么说，培根研究了明证的标准和规范，而赫伯特则试图去规定真
理的本性和标准。笛卡尔此后不久谈到这个问题，把它束之高阁，对
于赫伯特，他说道："他考察了真理是什么。但就我自己说来，我从
未怀疑过它，因为据我看来，它似乎是这样一个概念，它是超凡地明
白的，以致人们不可能不知道它。"[①] 赫伯特给他自己提出的问题涉
及知识的条件；这对后来的思想有关系，虽然它起因于传统观点。在
下一个世纪末，康德说到，他自己的新观点起因于对那个"我们的一
切认识都必须与对象一致"的意见的摒除，而这个意见迄今为止都一

----

　　① 见 1639 年 10 月 16 日的一封信，载《著作集》，亚当与坦尼里合编，第 2 卷，
第 576 页以下。

直为人们所假定。它实际上曾是一个流行的学说。知觉被认为是一"心理步骤"（passio mentis），这一心理步骤是由以其影像（或者，用笛卡尔和洛克使之习见的术语——观念）印到心灵上的对象的活动引起的。赫伯特和康德一样坚决地排斥了这种观点，虽然他并没有预示康德的革命，假定"对象必须与我们的认识一致"。

身心间的区别尚未被笛卡尔的二元论尖锐化而达到对抗的地步。人是心灵和躯体的复合，而且按照赫伯特的说法，在他身上的全部被动的东西是躯体,① 尽管躯体本身也不是纯然被动的。然而，心灵是绝不会被动的。它起作用而不是被作用的。② 事物并不作用于它，只是被置于它的活动领域之内。③ 尽管如此，它需要一种偶因或对象的存在，来唤起它的活动，甚至它的最高级活动也是如此。④ 赫伯特的表述前后不很一贯，因为对心理活动的唤起本身也就是对心灵的一种作用；但是，或许他也可以诉诸存在于官能与对象之间的和谐一致来为他的学说辩护。因为，他的基本概念就在于此，而他的基本概念是既不同于认识必须与对象一致的传统观点，又不同于对象必须与认识一致的康德的观点的。心理官能提供一个与存在着的对象类似的形式;⑤ 而另一方面，这对象既不经历性质的变化也不产生一种性质，而是仅仅可以说是进入了这官能的视野。这整个过程只有假定了世界与人心之间的和谐一致，才是可以理解的。在这种和谐中，人的躯体，由外部世界的质料制成，并且包含着通向意识"内庭"的感觉器官，构成结合的纽带。

赫伯特真理本性的学说依赖于这个和谐概念。他说："真理是对

---

① 《真理论》，第 3 版，第 72 页。
② 同上书，第 91 页。
③ 同上书，第 95 页。
④ 同上书，第 27 页。
⑤ 同上书，第 95 页。

象与它们相似官能间的某种和谐。"① 他把真理分成四个种类或四个
等级：事物的真理；现象的真理；概念的真理；理智的真理。它们似
乎是排列成上升的阶梯。第一种并不排除其他各种。最后一种则包括
了所有前面各种，它是它们所包含的各种"符合一致"中的"符合
一致"。真理的条件也被拿来解释谬误的可能性，因为谬误的原因就
在于事物与理智之间的中介阶段。一切谬误的根源都是由于混乱（即
由于官能与对象的不适当的连接），而只有理智才能揭示出这种不适
当的连接，因而消除谬误。

他所达到的学说被概括成七个命题；② 而所有这些命题都依靠着
下面这个假定，这个假定断言，心灵与事物不仅在它们的一般性质方
面，而且在它们的类的差别、属差和种差方面都相一致。每个对象都
是与某种心理能力或官能同源的，而且相应于对象中的每一差异都有
一不同的官能。赫伯特并不打算说明自然，而他的心理学也只在有关
于他的真理学说时才被提及。但是，很明显，存在着的官能不能少于
存在着的事物的差异。官能被他定义为一种内在的力，这种力把一不
同的把握方式展现于一不同对象；③ 官能还被他讲成是"有生命的辐
射"（*radii animae*），它知觉对象，或者毋宁说它知觉由对象散发出
来的相互类似的影像。这些影像可能为同一个感觉器官所传导，然而
却为不同的官能所把握，如形状和运动就是这种情形。④ 因此，便有
无数的官能；但是，它们如此众多却使人想到，赫伯特定然不曾像现
代"官能心理学家"那样，把它们看成同等独立的。它们可以说只是
心理活动的各种样式；当不同种类的对象被带到心灵面前时，心灵便
以各种不同的方式活动，始终显示出它的与对象相似的认识能力的一

39

---

① 《真理论》，第 3 版，第 68 页。
② 同上书，第 8—12 页。
③ 同上书，第 30 页。
④ 同上书，第 78 页。

个方面。

反省心理活动的各种不同样式，我们可以把这些官能排列成四个等级：自然本能，内感觉，外感觉以及论述或推理。这些能力并非各不相关；而且，虽然赫伯特可能有时曾讲到它们本身，但是在他的著作中也可以找到另外一个学说。根据这个学说，全部心理官能都被看作是多少不等地由理智赋与活动的，而理智本身就是普遍的神的天道在人身上的一种显示。他说："我们的心灵就是神性最高级的影像和范型，并且因此在我们心中是真的和善的无论什么东西都最高程度地存在于上帝中。把这种意见贯彻到底，我们就相信，神的影像也把它自身传递给躯体。但是，像在光的传播中，离开光源愈远，其明晰性的损失就愈大那样，那在我们的活的自由的统一体中明白地照耀着的神的影像，首先把它自身传达给自然本能或它的天道的共同理性，然后再扩展到无数内部的和外部的官能（类似于个别对象），终止于阴影与躯体，而有时似乎可以说是退到物质本身中。"①

"自然本能"这个词选得很糟糕，但是要明白赫伯特所谓自然本能的意思也并不困难。特殊地说，它就是那些可以说是构成一切经验的基础并且属于理智本身的本性的"共同概念"（他这样称呼它们）的产地。这些共同概念中有些无须推理能力或理性官能的任何协助便可形成。别的一些则只有借助于推理能力才得以完善。前面一类是通过某些证验或标志来识别的。而这些证验中有些是逻辑的（如独立，确实性和必然性）；别的一些则是心理学的（如时间在先与普遍性）。那被他说成是"自然官能的最高法则"②与"真理的最高标准"③的，则是那最后指名的标志或"普遍同意"。

赫伯特这样诉诸普遍同意使他成了常识哲学的先驱，也使他遭受

---

① 《真理论》，第 3 版，第 70 页。
② 同上书，第 60 页。
③ 同上书，第 39 页。

到洛克力陈的批评，洛克指出，根本不存在任何一条能够使这种验证得到满足的真理，也没有什么东西这样地确实无疑，这样普遍地被认识，以致它不曾为某些人所不知或否认。如果说那些他可借以说明某些共同概念在经验结构中被预先假定的验证有过任何使用的话，他也使用得很少，因此也便没有完成那关于认识的理论，有时他对这认识论是具有一明白观点的。

共同概念既是理论上的，也是实践上的，既产生科学基本原理，也产生道德基本原理。但是，他并没有打算对它们作出全面的说明，而把他的研究限制在宗教的共同概念方面。他作为一个思想家的直接影响首先当归于他的著作的这一部分，因为它决定了英国自然神论运动的范围和特征。他认为，宗教的共同概念如下：（1）有一个至上的神；（2）这个神应当受到崇拜；（3）与虔敬相结合的美德是神圣崇拜的主要部分；（4）人们应当忏悔他们的罪恶，并且转身离开罪恶；（5）奖赏与惩罚，在此生与来世，都是出于上帝的善与正义。这五条包括了真正天主教会的全部教义，也就是说，包括了理性宗教的全部 41 教义。* 它们也构成了在人们"倾听那贪婪狡猾的修会"之前就存在的原始宗教。与这"五条"相反的就是反乎理性的，并且因此是错误的。那些超乎理性但并不反乎理性的东西可能是出于启示。但是对启示的记载本身并不就是启示而只是传统说法；传统说法的真实性依赖于讲述者，并且永远只能是概然的。

单行本著作《论异教徒的宗教》，是专用于证实现在所谓比较宗教领域的这些成果的。就这部著作来说，可以为赫伯特正当地提出要求，认为如果他不是在对各种宗教比较研究后作出系统努力的第一人的话，也是作出这种努力的首批学者之一。但是，他并没有关于信仰

---

* 洛克在《人类理智论》"没有天赋的实践原则"、"关于思辨的和实践的两种天赋原则的一些其他考虑"两章中曾集中批判了赫伯特的上述五条。请对照阅读该书第1卷第三、四章。

的历史发展的观念，而且，他把一切现实的宗教（就它们超出他的五条而言）都简单地看作是纯粹和原始的理性崇拜的堕落。

宗教和科学一样有力地刺激了哲学思想，而且它还易于更加直接地导致对终极问题的研究。它是切伯里的赫伯特的思辨著作的主要兴趣所在，而且在别人的一些著作中，上述兴趣甚至更加显著。1599年，约翰·戴维斯爵士发表了他的哲理诗《认识你自己》（*Nosce Teipsum*），其中，关于灵魂本性的观点以及对灵魂不死的论证"阐述在两首挽诗里"。这位作者利用柏拉图的也利用亚里士多德的观念，发挥了一套精神哲学，在其中，灵魂被认为类似于宇宙秩序：

> 因为自然把她的规律写进人的心中；
> 把真理颁布给智慧，把善颁布给意志，
> 它实行谴责，否则就原谅一切人，
> 按照每一思想或实践，善的或恶的。
> 并且，因此，这灵魂在地上万物中就得不到任何满足：
> 智慧，寻求真理，从原因上升到原因，
> 而不得到最初原因，就绝不罢休；
> 意志，寻求善，找到了许多中间目的，
> 但是，不得到最后的目的，就绝不停留。

42

同样的影响也导致神学家中有人从事哲学性质的工作，这种作品通常是以经院方式传述的。在索尔兹伯里主教马丁·福瑟比的《论沾染无神论的人》（*Atheomastix*，1622）中，他主要依靠圣托马斯·阿奎那的一套来论证上帝存在，并且主张有关于上帝存在的"自然的先有观念"。萨里副主教乔治·黑克威尔的题为《关于上帝的能力和天道的辩护或宣告》（1627）一书，触及到了哲学，但其性质并不是真正哲学的。培根之被提到，是因为他"把实践与思辨混合与调和得可以携手并进"的……"高尚有益的努力"；但是，他的新方法并不曾说及，虽然在关于"逻辑的进步"一节中提到了拉穆斯和卢利。关于真理讨论也没有任何超出普通老生常谈的意见：它没有显示出对切伯里的赫伯特的研究有任何知识，而且对布鲁克勋爵也几乎没有提出什么观念。这部书的真正价值在于下面这样一个事实，即这位作者的眼光转向未来，而不是转向过去。它精心设计了一套论证来反对认为世界历史就是一部从较早时期的黄金时代逐步蜕变退化的记录这样一种观点。如扉页上所说，它是"对关于自然永久普遍衰退的通常谬见的考察和谴责"。

更加重要得多的是布鲁克勋爵的著作，在他身上，清教徒的气质是与神秘主义结合在一起的。富尔克·格雷维尔的亲族和养子，第一代布鲁克勋爵罗伯特·格雷维尔生于 1608 年，1628 年进入国会。在内战中，他充任国会军队的一个将军，1642 年取得了开尼顿的胜利，1643 年 2 月，攻占斯特拉福城，而几周后在攻击里奇费尔德时阵亡。他是一位热忱的清教徒，1641 年写了《一篇披露英国施行的主教制度本性的论述》，其锋芒所向，直指主教们的政治权力。同年，他的哲学著作《真理的本性》出版。在这部著作中，他拒绝在哲学与神学间作出区别。他问道："除神学外，还有什么是真的哲学？而如果它不是真的，则它就不是哲学。"他仅仅诉诸理性和反省来回答他所提出的问题。但是，他的方法不同于切伯里的赫伯特论述同一题目的方法；他的方法较少逻辑性与彻底性，而较多神秘主义。他的著作的编者说，他已"深深地潜入先知的神秘主义中了"。他也熟读了思辨的尤其是新柏拉图主义的著作。

柏拉图主义的复兴已经影响了英国文化界；其影响可以从托马斯·莫尔爵士的著作中以及戴维斯的《认识你自己》中见到，而且它还给埃弗拉德·狄格比的亚里士多德主义着了色。但是，布鲁克是以创始的论著介绍基本观念的第一位英国人，这些基本观念于同一世纪的后期，在剑桥柏拉图派的著作中结出了更为成熟的果实。实在的统一性与万物从上帝流出这两个学说支配着他的思想；他认为有关真理的诸多困难在我们看到理智、灵魂、光与真理全是一个时，便都解决了，因为整个存在都只是来自上面东西的唯一流出物，只是在我们对它的把握中它才分化各异。信仰和理性只是在程度上不同，而不是在性质上不同。知识和情感只是真理出现在我们眼前的不同形态："我们认识什么是好的，我们就是什么；我们理智的活动是一种结合活动。"这位作者继续解释说，万物的一切差异，甚至空间和时间本身，都没有实在性，而只是对我们理解力的显现。因此，整个物理世界就

44 只是现象的；其中，没有什么真正的存在，也没有任何真正的原因，虽然"当你看到一些东西先于另外一些东西时"，"把一件东西叫作原因，而把另外一件叫作结果"，这也未尝不可。在这些话中，已经找得到贝克莱唯心主义和休谟因果理论的预兆。布鲁克宁愿像一个预言家，也不愿作为一个已经证实了他的学说的连贯性与恰当性的逻辑学家，来表述他的学说。但是，他具有预言家的眼力，这种眼力给了他勇气，"因为如果我们知道了这种万物为一的真理，该是多么令人振奋！我们该有多么恰如其分的勇气，来从事任何活动，预计到（re-incounter）任何偶发事件，知道痛苦与幸福之间的区别，这现在还使我们十分困窘的，除了在头脑中就没有任何存在。"

那些论述道德义务细节的多数哲学著作家通常是依赖自然法学说的。属于这类道德学家之列的，可认为有威廉·珀金斯，《一只金臂环》（*Armilla aurea*，1590）（1660 英译为《一条金链》）以及《良心案例大全》（1608）的作者；威廉·埃梅斯，一个加尔文派神学家，他写了《论良心及其公正与堕落》（*De Conscientia et ejus jure vel casibus*，1630）一书；以及林肯郡主教罗伯特·桑德森，他不仅写了一

部拉丁文的《逻辑学撮要》（牛津，1615），而且还写了许多别的著作，包括《论签约者的义务》（*De juramenti promisorii obligatione*），（1647）和《论道德义务》（*De obligatione conscientiae*）。前一部著作据说曾为查理国王在其囚禁期间译成英文。挪利其主教和讽刺作家约瑟夫·霍尔，是《美德与罪恶的特征》（1608）和《良心实际案例的分辨与裁决》的作者。但是，以英文写出的这类著作中最主要的著作，而且或许也是由新教神学家所写的论决疑法的最重要的论著，就是杰里米·泰勒的《对怀疑的疏导》（*Ductor Dubitantium*，1660）。这位作者在复辟后不久出版了这部书，并把它题献给国王，他欣喜地写道："现在我们的职责是站在向阳的一面。"他自称开辟了一条过去人迹未至的道路。他不愿意收集良心的个别实例，因为它们是无限的；但是，他试图提供一种道德神学的一般工具，凭藉这工具的规则和尺度，"灵魂的向导就可以决定那些将被带到它们面前的个体了。"这部著作以把良心描述成对神的法的反省开始，这所谓神的法是"永恒之光的光明和光辉，神的尊严的一面毫无瑕疵的镜子，以及上帝的善的影像。"它进而描述了被引来接触到行为问题时的个体良心的特征；它转而又研究了一般法及神的和人的特殊法的本性。它以讨论善与恶的本性和原因收尾。这一切就构成了一部关于基督教伦理学的包罗万象的论著。这部论著无疑地是以传统的经院学说为基础的，但是它又坚定地坚持道德的内向性，并且以非常丰富的具体例证作了说明。

只是在一个很小的程度上，历史学家、法学家和政治学著作家约翰·塞尔登的著作才归入这种工作范围。他的论著《论叙利神》（*De Dis Syris*，1617），他的《什一税史》（*Historie of Tithes*，1618），以及他的其他大部分著作都在这种工作的范围之外。但是，就其论及自然法而言，他着手研讨了对他和哲学家们是共同的题目。在他的《论领海权》（*Mare Clausum*，1653）中，他坚持两条意见反对格劳修斯：首先，根据自然法，海洋并不是为一切人所共有，而是也和土地一样能属于私人主权或为私人所有的；其次，大不列颠国王对作为不列颠帝国个人的与永久的属地的四周海洋，拥有最高主权。作为他那个时代以及此后很长时期的通例，他把自然法与国际法等同起来。这种等同从他的著作《论与希伯来法规并列的自然法与国际法》（*De jure naturali et gentium juxta disciplinam Hebraeorum*，1640）的题目中便可窥见。但是在这儿，他所考虑的并不是那个调整国家与国家关系的法律或习惯，而是对一切人都是共同的自然法和道德法，它独立不依于实际制定的神的与人的法律。他以在他那个时代无与伦比的渊博学问，在道德义务这个题目上回溯了犹太人的看法，而与此同时，又提出了他自己关于自然法的观点。他与大多数法学家一致认为，法律需要一个权威来颁布，因此理性不能成为法律的源泉。与此同时，他又承认上帝曾把某些道德法则印在一切人的心中。

46　对于这些以及类似题目的思考，在霍布斯创造性精神的推动下，很快就开始了一个新的阶段。在讨论他的著作之前，还可以提一下两个别的著作家。凯内姆·狄格比爵士，在生活与文化的许多部门都值得注意，他也是一位哲学家，曾写了一篇论灵魂不死的论文（1644）。1655 年，享有精通古典学者盛名的托马斯·斯坦利出版了第一部以英语写出的《哲学史》。

第四章　托马斯·霍布斯

托马斯·霍布斯 1588 年 4 月 5 日出生在与威尔特郡的马姆斯伯里毗连的维斯堡镇。他的父亲是一个英国国教的教区牧师（奥布里①这样告诉我们），"是伊丽莎白女王时代无知的'约翰先生'（Sir Johns）之一，只能读得懂教堂的祷文和布道词，不重视学问，因为不知其味"。他的母亲出身于自耕农家庭。对于她，除了她害怕西班牙无敌舰队的故事外，我们一无所知：那时，到处都听到这支舰队逼近的谣传，她的恐惧导致了她的第二个儿子的早产。正如他此后很久所写的那样："她生了一对孪生子——我自己和恐惧。"霍布斯的漫漫一生是在入侵的恐怖中开始的，而此后他又饱尝了内战与动荡不定的政府统治的折磨，因此，当他能够回顾 80 多年的生涯时，是在那样的情况下用了上面那个说法，是很有意义的。寻求和平与信守和平，依他的观点，成了基本的自然法；而这位哲学家自己（用他自己的话说）便是一个"有女人胆量的男人"。"首先是逃避"内战的威胁，尔后，当法国政府提供的保护似乎较共和国为少时，他便很快地返回英国。但是，这些事件对他的生活和学说的重要性有时被人夸大了。在危险的威胁触及他之前，他已经年逾 50，而且，到那时，他已经完成了一部纲要式地包含着他的哲学本质特征的著作。在那使霍布斯适合就座于最伟大近代哲学家之列的准备阶段的漫长岁月里，他自始至

----

① 约翰·奥布里（1626—1697）：《当代名人书信与生平……》，1813 年；《传略》，A. 克拉克编，1898 年。

48 终过着受到庇护的有闲暇的生活，而且也不应当假定，无敌舰队的梦打扰了他的安宁。他的教育是由他的叔父，马姆斯伯里的一个殷实商人和市参议员资助的。当他还不足 15 岁，被送往牛津莫德林学院学习时，就已是一个很好的拉丁和希腊文学者了。这所大学的研究那时正处于低潮。而后来的改革也没有影响到他对它们的低下的评价。然而，他似乎学习了亚里士多德的逻辑学和物理学，因为它们在那时还被教授着，虽然他更喜欢到文具商店"面对着地图发呆"。1608 年，在他离开牛津后，就成了哈德威克的卡文迪许勋爵（此后又晋升为德文郡伯爵）的大儿子的伴从，而他同卡文迪许一家的联系一直持续到他离开人世（虽然也不无间断）。通过这种联系，他获得了开展他自己工作的保证和闲暇、旅行的机会，以及政治与学术界人士的欣然接纳。

霍布斯在其一生中，曾三次带着学生旅行大陆。他的首次旅行开始于 1610 年，其间，他访问了法国、德国和意大利，学会了法语和意大利语，获得了经验，但是还不曾意识到他毕生的工作。回国（日期不确定）后，他与他的年轻勋爵一起在哈德威克和伦敦安顿下来。他的有关秘书事务的职责很轻，因而他自己便着手努力要成为一名学者；由于他获得了可供他自己使用的社会和书籍，他并不"需要大学"（他这样说）；他阅读了希腊和拉丁的历史学家和诗人的著作，使自己学会了明白准确的拉丁文体。他首次发表的著作可为这些研究作证，它是一部修昔底德*《伯罗奔尼撒战争史》的英文译本，1628年寄出出版，但在几年以前就译出来了。他与培根、切伯里的赫伯特，本·琼生以及那个时代别的主要思想家相识，也属于这个时期。关于他同培根的交往（很可能在 1621—1626 年间），除了奥布里告诉

---

* 修昔底德（公元前 460—前 395 年），希腊著名史学家，向被尊称为"历史之父"。《伯罗奔尼撒战争史》是他的未竟巨著。

我们的东西外，我们知道得甚少——他把培根的一些论说文译成拉丁　49
文，间或，当培根"在戈勒姆伯里令人惬意的散步中"思索和口授
时，他就带着纸笔记下培根的思想。"这位勋爵常常说到他喜欢霍布
斯先生记下他的思想甚于任何人，因为他理解他所写的一切。"然而，
并没有什么证据说明他们的谈话与严格的哲学问题相关；也看不出，
到那时为止，哲学兴趣在霍布斯心里已成了主导的东西。他确乎从来
不曾当过培根的学生；而且，试图把他的哲学溯源于培根哲学（人们
不时地这样做①），也是一个错误。他们一致反对中世纪精神，两个
都试图精心设计一个包罗万象的计划；"经验主义的"这个含混的用
语可能也适用于他们两个；但是，霍布斯不太重视实验②，他的体系
在方法、气质、规模方面都与培根大相径庭。只有一个重要之点对于
他们两个才是共同的，这就是，他们都接受了机械论；而就这个理论
而言，也有充分的内在与外在的证据说明，霍布斯并不是受惠于培
根，而是直接受惠于伽利略的。

　　在第一代伯爵死后两年，霍布斯的学生和朋友也于 1628 年去世；
他的儿子和继承人是个年仅 11 岁的男孩；他的遗孀并不需要秘书的
帮助；因此，在这个家庭里一时并没有霍布斯的职位。1629 年，他
带着他的新学生再度前往大陆，1631 年结束第二次旅行，回国负责
这位年轻伯爵的教育。对他的这几次旅行，所知很少，但是他的生活
的这一阶段由于他开始研究几何学与他开始致力于哲学这样两件事而
值得注意。关于前一件事，没有理由怀疑奥布里所说的故事，他这故
事对霍布斯的早年教育与他后来多年的论战这两个方面都有所揭示。
"当他研究几何学时，他已年届 40，而且也事出偶然。在一位绅士的　50

---

　　① 例如，库诺·费舍尔就曾这样做过，参见其《现代哲学史》，周年纪念版
（Jubilaumsausg），第 10 卷，海德堡，1901 年，第 355 页。
　　② 《英文著作集》，莫尔斯沃思编，第 4 卷，第 436—437 页；第 7 卷，第 117
页。

图书馆里……欧几里得的《几何原本》摊开着,而在这摊开的书页上,正是第一卷命题 47。这样,他就读了这个命题;他说:'By G——','这是不可能的!'于是,他就读了对它的证明,而这证明又指示他回头读另外一个,他也读了它;他就这样依次读了下去(et sic deinceps),最后,他信服了这条真理。这使他爱上了几何学。"大约也就在这个时候,或者在此后不久,他的哲学观点开始成形。在他的手稿中,有一篇《基本原理短论》①,该书一向被推测属于 1630 年,而不能比这更晚。它表明,这位作者阅读欧几里得著作留下的印象极深,致使他采用了几何学的形式(此后不久也为笛卡尔所运用)来表达他的论证。它不仅进一步表明了他已经把运动概念作为解释万物的基本概念,而且也进一步表明了在解释活动与知觉时,他还没有放弃关于种的经院学说。

当霍布斯安排他的第三次大陆访问时(这次访问从 1634 年延续到 1637 年,由年轻的德文郡伯爵陪伴),他已经被人认为属于哲学家之列了。在巴黎,他是梅森的挚友,梅森是包括笛卡尔和伽桑狄在内的学术团体的中心人物。在佛罗伦萨,他同伽利略举行了晤谈。有一个 1633 年 1 月的较早的记载,说到霍布斯在伦敦各商店搜寻伽利略的《对话》②,结果一无所获,因为为数不多的存货已销售一空。而现在,他似乎已经达到了这样一种观点,即运动不仅是解释物理世界的基本概念,而且人和社会也能够根据同样的机械理论加以解释。在他返回英国后,他以出版为目的,写了关于他的新理论的一个概要,题为《自然的与政治的法学原理》。这部著作以他已经牢牢掌握的物理学说为基础,但只是详细地论述了人的心灵和社会秩序的原理。他的译著修昔底德《伯罗奔尼撒战争史》的序,已经表明他对后面这个

51

---

① 参见霍布斯的《法学原理》,托尼斯编,1889 年,第 193—210 页。

② 即《关于两种世界体系的对话》(*Dialogo dei dui due massimi del mondo*),1632 年。

问题的兴趣，通过强调这位史学家优先称誉君主制政府，也表明了他自己是倾向于这种政治立场的。在他的《法学原理》的献辞（日期为 1640 年 5 月 9 日）中，霍布斯说道：他的目标在于仿照数学模式使关于正义和一般治术的学说归结为"理性的规则和绝对无误性"。他后来说到，这卷书是他在短期国会期间写出来的"英文短论"。他说："这篇论著，虽然未曾付印，但是许多先生都有它的手抄本，这引起了对作者的许多议论；而且如果不是陛下解散了国会，当时就该已给他带来生命危险了。"这篇论著始终未经霍布斯发表过，直到 1889 年以前，它也未作为一个有关联的整体出版，尽管 1650 年，很可能经他同意，它的前面 13 章，曾以《人的本性》为题发行，这卷书的其余部分作为单行本著作《论政治物体（国家）》（*De Corpore Politico*）发行。1640 年 11 月，当长期国会开始显露出活动迹象时，霍布斯便避难法国，在那儿他羁留了 11 年之久。

　　这些年在许多方面都富于成果。从一开始，他就同梅森以及那群常去他的修道院的著名科学家不断交往。不久，属于皇党的其他英国移民继他之后也到了巴黎，其中就有纽加塞耳侯爵，是卡文迪许家的一员，霍布斯尚未发表的《法学原理》曾奉献给他。通过他的影响，霍布斯被任命为威尔士亲王查理的数学教师，亲王是 1646 年抵达巴黎的。他在流亡宫廷的职位由于宫廷牧师成员的怀疑，最后被弄得不可能担任了；但是，查理的友情在后来的年月里，在王权复辟后，对他很重要。由于纽卡斯尔侯爵希望听到一个问题的两个方面，自由意志问题在霍布斯居住在法国期间就同德锐主教约翰·布兰姆霍尔讨论起来了，尔后两人之间又出现了有点刻毒的论战。更有意思的是紧接着他抵达巴黎后的另一场文字通信。那时候，梅森正在征集学者们对即将出版的笛卡尔论著《关于第一哲学的沉思》（*Meditationes de prima philosophia*）的意见，1641 年 1 月，霍布斯的诘难准备就绪，寄送给他在荷兰的这位伟大的同代人。这些，连同笛卡尔的答复，后来当

52

论著出版时，便作为《诘难》之三出版了。接着就是关于《屈光学》（Dioptrique）的更进一步的通信，《屈光学》是同笛卡尔的著名的《方法谈》于 1637 年一起发表的。笛卡尔并没有发现他的两位批评家的一致；但是，他对这两者都不赞成。实际上，就关于《沉思》的主题而言，这两位哲学家的思想是在如此不相同的世界中运行，以致相互理解几乎是不可能的。对笛卡尔说来，心灵是最初的确实性，是独立于物质实在的。而在另一方面，霍布斯已经确定运动为基本事实，而他的独创性则在于他试图不仅用它来解释自然，而且还用它来解释心灵和社会。在他与笛卡尔通信两三年后，霍布斯把一个关于他的物理学观点的摘要和一篇《论光学》（Tractatus Opticus）的论文投寄给由梅森出版的著作集。

　　至迟到 1640 年霍布斯住在巴黎伊始，他已经使他自己的哲学工作计划臻于成熟。它拟由三部论著组成，分别论述物质或物体，人的本性与社会。他说，他本来打算以这个顺序论述这些题目，但是他的国家正由于统治权利与臣民的正当服从，战争逼近的真正前兆诸问题而达到沸腾状态，而且如他所说，这个原因也使这个体系的“第三部分成熟起来，并要我来摘取这一部分”，于是《论公民》（De Cive）这部书，1642 年在巴黎出版了。因此，霍布斯的第一部政治出版物是直接由那个时期的动乱引起的。好像只印了一个小规模的版本。伽桑狄曾谈到，要获得一本很不容易，又当作者允诺一个新的增订版 1647 年要在阿姆斯特丹由厄尔泽维出版社印行时，伽森狄曾表示满意。在这个版本中，把这部书说成是一个哲学体系第三部分的文字，应出版商的要求，从扉页上撤去了，而添加了一篇作者用来解释他的计划的序言。这部书既是一部哲学论著，又是那个时代的一本政治小册子；但是，直到 4 年以后，那时稳定的政府似乎已由共和国重新建立，他才亲自把书译成英文，以《政府与社会哲学入门》为名在伦敦出版。同年，即 1651 年，在伦敦也看到了他的最重要的著作《利维坦》出版了，而他自己也返回了英国，因为英国现在可望给这位哲学家比在法国以更加安全的庇护，而在法国，他怕那里的教士，并且，他也不再受英国流亡宫廷余党的青睐了。就《论公民》而言，特别是就《利维坦》而言，政治形势使之与早期论著中所显示出来的相较，细目更其充分，言词也更其热情奔放。特别是，教会权力方面要求独立或要求指导所引起的危险，提供了更广泛地来讨论宗教题目的机会。早在 1641 年，他就发表意见说，"在宗教权力与国家权力之间"的争论，"近来在世界上比任何别的事情更多地在基督教世界的所有地区都成为内战的原因"，因而主张"一切教会的行政管理都依赖于国家和这个王国的权力，舍此，就不可能有教会的统一"。这对于任何一个教派，都不是惬意的学说，而且，在他的《利维坦》所包含的神学讨论中，还有多得多的引起他们惊恐的东西。但是，复辟之后，在致国王的献词中，他能够声称，所有这一切都是"谦恭地向那些掌握着教会权力的人们提出来的"，坚持认为他并没有提供任何冒犯的根据，"除非它赞同使教会权力完全地依赖国王权力；我希望陛下将认为这既不是无神论，也不是异端"。

54

　　霍布斯漫长一生的最后 28 年，是在英国度过的；在那儿，他不久就回到他的过去的学生德文郡伯爵的府中，伯爵在他之先就归顺了共和国，而且，当国王回国时也和霍布斯一样地欢迎国王。霍布斯回国后的一两年间，住在伦敦，忙着完成他的哲学体系，被长期延宕了的他的体系的第一部分《论物体》（De Corpore）1655 年发表，第二部分《论人》（De Homine）也于 1656 年发表了。后一部著作很少包含或者没有包含什么霍布斯不曾说过的重要东西；而前一部著作则论述了作为他已经建立起来的富丽堂皇建筑物之基础的逻辑学、数学和物理学原理。在许多年以前，适值他 40 岁年纪，偶然地首次见到欧几里得《几何原本》时，一个新的世界就展现在他的面前了。他已经决计,他自己的哲学要摹拟数学的确实性。在他的第一篇论著的献词中,他就已经把数学称作一门"没有论战和争论"的学问。然而,当我们想到他的所有主要论点如何成了论战的引子,而充斥他生命最后 5 年和 20 年并使之大伤脑筋的正是那些关于一切题目中最确定的题目的争论,就感到实在太奇怪了!

《利维坦》的作者几乎不能指望逃避论战,而且他也没有为此作出任何努力。在这部著作中所提出来的人的本性的观点,成了连续几代各种论争哲学特别喜爱的战场;它的政治理论不适宜取悦于两个党派中的任何一个;而对它的宗教学说,当教士们再度得势时,他们也会有话要说的。他同布兰姆霍尔关于自由意志问题的争论是他在巴黎的日子里开始的,也已经记录在案了。但是不容忘记的是,1654 年,8 年前为答复这位主教的论证而写就的《论自由与必然》的小册子,由这本小册子落入其手中的一位无名氏发表了。布兰姆霍尔不怀疑霍布斯在出版问题上的清白,但在下一年,以有些尖刻的人身攻击和对争论问题充分激烈的方式作了答复;而这又导致霍布斯在 1656 年发表的《关于自由、必然和偶然的若干问题》中进行精心答辩。

然而,此时,论战的暴风雨已经在另一个领域爆发了。霍布斯只忆得他学生时代的牛津大学的状况,很少考虑到那里已经改变了的风尚和对研究的改革。在专门讨论"黑暗王国"的《利维坦》的第四部分,他借机宣布了对大学的评价:它们是教皇权力的堡垒;它们的哲学只是"亚里士多德式的东西";对于它们,"直到最近",几何学都只是一种"魔术"。但是,牛津从霍布斯可以藐视它的学术的时代以后,已经改观。特别是,其间所创办的萨维利(Savilian)讲座,由两个名人主持着,他们是塞思·沃德和约翰·沃利斯,而沃利斯是一位第一流的数学家。他们都被公认为这门科学的大师,而霍布斯对

这门科学看来只是一位卓越而非专注的业余爱好者，化圆为方法[*]的 ⁵⁶
最大耽迷者。争论开始时是相当温和的，在一个由沃德反对另一个批
评者的为大学所作的辩白中，霍布斯被他在一个附录中提及。这件事
发生在 1654 年；但是第二年，霍布斯很炫耀地在《论物体》中发表
了自己的数学发现。这个机会那时被沃利斯抓住了，他在几个月内，
就准备好了一个答复，在其中这些自以为是的证明被驳得体无完肤。
从此时起，小册子的战争喧嚣不已。霍布斯执着地坚持了他的意见，
如果它们的根据较为可靠的话，这倒是完全值得赞赏的。他足够勇敢
地把战争推进到敌人的阵营内部，虽然结果令人遗憾，而且他也敢于
同别的对手如罗伯特·波义耳交战，但是也没有取得略好一点的战
绩。详尽地追叙论战①，似无必要，但是它却附带地产生了具有重大
个人意义的文献——以 1662 年所写的致沃利斯的信的形式，为他自
己的声誉作的一份辩白^{**}。

　　除了这些以及相关的论战外，更加严重的麻烦威胁着这位哲学家
后来若干年生活。复辟后，他受到国王很好的接待，这位国王以同他
谈话为乐。但是他在教士中有一个敌人；他的看法是臭名昭彰的；把
他的看法同身居高位人物中显示出来的道德放纵联系起来，是容易
的；而且，大瘟疫和大火灾之后，新近发生的灾祸使得人们的心情很
敏感，他们的意愿都欢迎有一个替罪羊，在这样一个时刻，霍布斯
是有不小危险的。针对着渎神作品的议案^{***}竟然为下院在 1667 年 1

---

　　[*] 化圆为方即求作一个正方形，使它的面积与一个已知的圆的面积相等。这是从
古代流传下来的数学"难题"之一。
　　① 关于这场论战连续诸阶段的明晰而值得称道的概略在克鲁姆·罗伯逊关于霍
布斯的专著（1866 年）中有所论述。然而，还应当补充说，托尼斯（《霍布斯》，
1896 年，第 55 页，第 2 版，第 230 页）认为罗伯逊在他关于论战的报道中对霍布斯
过分苛刻了。
　　^{**} 即《霍布斯先生对其忠诚、宗教、名声与举止的思考》。
　　^{***} 该议案诬陷霍布斯和托马斯·怀特的著作触怒上天，是 1666 年伦敦特大火灾的
起因，禁止他们继续做研究工作和出版工作。

月通过了，而《利维坦》正是议案中提到的两部著作之一。这个议案
57 从来未尝经两院通过；但是霍布斯却大为惊恐。据说，他变得更加合
乎规矩地进教堂参加圣餐礼了。他还研究了关于异端的法律，还在这
个题目上写了一短篇论文，证明没有一个法庭能够审判他。但是他还
是不准备再出版关于宗教问题的作品来引起公众的良心激动。《利维
坦》的一个拉丁文译本（包括一个使其神学与尼西亚信条＊符合的新
加的附录）1668 年在阿姆斯特丹出版发行。然后，同一年代起的其
他一些著作，包括关于《异端》的小册子，对布兰姆霍尔攻击《利
维坦》的答复，以及《狴罕莫司：英国内战起因史》，都受阻不得付
印。大约就在同一个时期，他还写了《哲学家与一个英国习惯法学者
的对话》一书。他的以挽歌诗体写成的《教会史》（*Historia Ecclesias-
tica*）大约是他从 80 岁高龄时开始写的。当其 84 岁时，他用拉丁诗
体写了一部自传。看来，高龄和论战都不曾使他倦怠。虽然论战有了
最后一言——他 90 岁时发表了《自然哲学研究》（*Decameron physio-
logicum*），但是他在老年时又转向了曾是使他首先获得灵感的文学以
求慰藉和消遣。1673 年，他发表了 4 卷《奥德赛》押韵四行诗体的
译本。1675 年，当他最后一次离开伦敦时，他已经完成了《伊利亚
特》和《奥德赛》两个译本。其后，他同卡文迪许家一起住在他们
在德比郡的一个别墅里。1679 年 12 月 4 日，他死于哈德威克。

　　霍布斯是那些以他们的文风著称犹如以他们思想的独创性著称的
一连串英文著作家之一。培根、霍布斯、贝克莱和休谟——仅只提到
这些最伟大的人物——必须算在语言大师之列，不管在什么地方，语
言都是被看作传达某种意义的工具。而且在任一情况下，文风都有其
58 适合于思想和时代的个性。培根的文风展示了表明人心要研讨和征服

　　＊ 325 年，罗马皇帝君士坦丁在尼西亚控制召开了第一次帝国范围内的大型基督
教会议，制定了一系列教会法规和信条。尔后，于 381 年，君士坦丁堡宗教会议将这
些信条修订成所谓《尼西亚信经》。

的那个新世界的丰富的想象和联想；它所具有的不是魔法的魅力，而是发现的魅力；更大的精确性与节制想象力是不适合培根这样一个如此巨大的探险事业的先锋的。贝克莱的乐曲般的滔滔雄辩是对全神贯注于一个明白的洞见以及能够阅读上帝在世界形式和事件中的语言这样一个灵魂的表现。休谟以旁观者的冷静和清醒写作，专心致志于传达他的意义的技巧的完美，但是对它的重要性并没有抱什么幻想。霍布斯不同于所有他们三人，而且，就他自己的独特方式来说，是至上的。没有过多的想象或联想，虽然这两者当需要时便都可随手拈来。有警句，但并不作为警句而警句的堆砌。有讽刺，但它始终受到节制。他的著作从来不以装饰品来作装潢。每一项装饰品都属于论证的结构。绝没有一个多余的词，而恰如其分的词始终是抉择过的。他的材料是属于最简单的；而且它们构成了一个活生生的整体，为一个伟大的思想所指导，为献身一项伟大事业的激情所点燃。

奥布里告诉我们有关他工作方法的一些情况。"他读过许多书（如果人们考虑到他漫长一生的话），但是，他的思考要比他的阅读多得多。他总是说，如果他和别人读得一样多，他就会仍旧继续和别人一样无知。他写作（《利维坦》）的方式是这样的。他常常边散步边思索，他手杖头里带着一支笔和一个墨水瓶，他的口袋里总是装着一个笔记本，一旦一个新的想法迸射出来，他就立即把它记入笔记本里，否则就可能失去。"这种对观念和短语的谨慎谋划始终为下面这一主导目的所支配，这就是要通过推证使人信服。从一个典型段落即可窥见他是如何使用这种方法的。在讲到思想的无计划地成串出现时，他说："然而在心灵的这种杂乱的排列中，一个人可以常常知觉到它的这种途径，以及一个思想对另一个思想的依赖。因为在谈论我们目前的内战问题时，有什么能够看起来比问（有人曾这样问过）一枚罗马钱币的价值是多少更文不对题吗？然而，在我看来，其间的连贯性是显而易见的。因为，关于这场战争的思想导致把国王交付给他

的敌人的思想；而这种思想又产生了把基督交出去的思想；由此又产
生了 30 枚钱币的思想，而 30 枚钱币正是那次叛卖的价格，因此，也
就很容易跟着想到那个心怀恶意的问题 *；而所有这一切都发生在一
瞬间，因为思想是急速的。"这里的举例说明打动了国内人们的心。
这种讽刺打击了他最憎恶的党派；而且这最后四个词使整个问题一锤
定音了，并把谈话带回到正在讨论的问题上。注意力被吸引住了，而
不是弄转向了，结果，这些句子出现在其中的这单独一段可以被看作
是开创了那导致联想理论的思想路线，这种联想理论在英国心理学中
长期占着主导地位。

　　要理解霍布斯哲学的基本概念，他的拉丁著作《论物体》的各个
部分必须牢记在心；但是，他作为一个著作家的持久的声望却基于下
面这三部书：《法学原理》，《政府与社会哲学入门》（《论公民》的
英译本）和《利维坦》。这三部书中的第一部是关于那种他后来尽力
完成和运用但从未作过实质性改变的大胆而富于独创性理论的一个概
要，这个概要轮廓明晰，而且是以坚定的笔触勾勒出来的。与后来的
著作相比，它包含着较少的例证说明和警句，但是，无论是在明晰性
还是在信心方面，它都不比它们中的任何一部逊色。导致它以两个片
段（这两个片段是被任意地互相分割开的）发表的环境，曾经妨碍了
对其重大意义的普遍承认。直到《论公民》为众所周知，《利维坦》
准备付印以前，它也从未披露于世。后两部著作在风格上稍欠严格：
它们具有来自"红亮的炽热煤块"的光辉，（据说）这就好像是霍布
斯讲话时他的眼睛闪闪发光。《论公民》限于政治理论；但是，他关
于人类生活和社会秩序的全部观点都包含在《利维坦》中。

---

　　* 这里读到的例子涉及基督教《圣经》中所说耶稣的门徒犹大以 30 枚钱币出卖了
耶稣的故事。这种发端于霍布斯的心理联想主义，后来为洛克、休谟、哈特利、汉密
尔顿和 J. S. 穆勒所发展，对近现代心理学的产生和发展产生了重大影响。

　　《利维坦》的扉页描绘了它的宗旨。扉页上半部在前面位置画着　60
一座用墙围着的城镇，上面有很高的教堂尖顶；后面，一片土地逐渐
升高达到一座小山，从山上浮现出一个腰部以上的男人的半身像；他
的头上戴着一顶王冠；他的右手挥着一把利剑，左手抓着一只权杖；
他的铠甲由众多人像组成，这些人的脸都朝着他，像是在祈求。在扉
页下半部，书名两边各画着一个城堡和一座教堂，一顶公爵冠和一顶
主教冠，一门大炮和一道闪电，战争的工具和论战的武器，一片战场
和一场学院争论。这一头到那一头刊写着下面这个铭文——"根本不
存在超越现存国家的权力"（*Non est potestas super terram quae compare-
tur ei*）。这就是"伟大的利维坦"的计划，"或者，毋宁说（更为虔
诚地说）"这就是那个霍布斯打算描绘出它的产生和权力的"有死的
上帝的计划"。

　　利维坦的形象支配着整部著作，霍布斯再三申明在绝对统治和社
会混乱之间没有任何抉择的余地。他的自然状态的耸人听闻的画面，
与最高权力所建立的和平与秩序恰成鲜明对照，无疑反映了那个时代
的动乱与情绪。但是，它也不仅仅是《在最黑暗的英国与出路》的
17 世纪的版本。霍布斯的整个哲学远远不只是由于对国内骚动的恐
惧而希望设计出足以遏止这种骚动的政治理论。《利维坦》之为一部
意义巨大而持久的著作，就正因为它不只是一本政治小册子。应该把
生气和色彩归因于它写作的时代；但是，另外一种力量，一个给它以
一部哲学杰作所具有的那种统一性的更大范围的概念，也有助于它的
铸成。

　　这个基本概念以及这位作者的所有最引人注目的观念都能在 1640
年完成的那部论著中找到，那时，政治动乱虽然迫在眉睫，但是到那
时为止，尚无任何个人危险的威胁。在逻辑性和明晰性方面，后来的
著作都没有超过这部早期论著，虽然它不能给人对实在的同样恒定的
印象。它像是哲学家们有时写给政治家们以便把他们行业的原理教授　61

给他们的教科书；而且它也没能完全逃脱这类努力的通常命运。在霍布斯着手写作它之前，一个哲学基本概念已经在他心里扎了根；而他之得到这个概念应归功于新的机械理论，尤其应归功于伽利略的学说。他逐渐认识到，运动是唯一的实在；一切别的东西都只是想象，"我们头脑的产物"。他现在还没有，或者实际上是后来也没有像例如笛卡尔正在做的那样，完成一个关于物理宇宙的机械理论。但是，他有一个即使是不可能的也是更加大胆的计划。笛卡尔把他的机械论限制在有广延的世界，主张精神存在的独立性，认为后者在一切事物中是最确实的。霍布斯并没有这样限制他的新概念的运用。他认为，他能从外部运动过渡到"人的内部运动"，并且由此而过渡到主权和正义。这就是他自己的说法，而这也与我们在别的方面所知道的东西吻合。机械论和心理学都不是用来支持既定政治结论的事后想法。它们都深深扎根在霍布斯的心里。诚然，所期待的过渡并不能合逻辑地作出，而霍布斯后来也发觉有困难。但是，当国内的骚乱迫使他动笔，并导致他来精心炮制其伦理和政治学说时，他却发现这种学说与他的宇宙观所由之开始的那个观念是和谐一致的。政治理论的外在的与机械的特征，标明了它的非实在性，但是它也证明了支配着他整个哲学的概念是统一的。

依照霍布斯的看法，一切事物"都只有一个普遍的原因，这就是运动"。但是，对于他，亦如对于他那个时代的别的著作家一样，"运动"并不仅仅是一个抽象概念；它包括着团块的或微粒的运动。他就这样从论述抽象运动的几何学不中断地过渡到了物理学，进而又由此过渡到了道德哲学；因为"心灵的运动"具有物理的原因。通过这种综合方法，由原理向前推进，我们就可"逐步达到构成国家的原因与必然性"。他心目中始终保持着这种方法，这使他的理论得到了统一性。但是，他从来没有执行过详细地运用这种方法这项不可能完成的任务。他承认，还有别的更加易行的方法。"因为心灵运动的原因，不只通过推理认识到，而且也可以通过每个肯费力观察自己内部那些运动的人的经验认识到。"他"只要考察一下他自己的心灵"，就会发现"人们的欲望以及他们心灵的情绪如果不受某种力量约束，它们就会永远互相攻战"。霍布斯认为，通过采用这种方法，他就能诉诸每个人的经验来证实他的学说的真理性。

《利维坦》分四个部分，它们各自讨论人、国家、基督教共同体和黑暗王国。首先谈到的是人，因为他具有利维坦的材料和制造者这两个方面；而在开始，他只是单独地被作为一个受外部力量作用的个体事物来考察。"因为在人的心里没有一个概念不是最初完全地或部分地由感官产生的。"各种不同的外部运动在我们之中产生了各种不同的运动；而且，实际上也没有任何别的东西。"但是，它们对我们的显现都是幻影"，虽然这个词通常只限于指"衰退的感觉"。这样产生的思想一个接着一个发生，按照一种秩序，有时候是受一种"热情的思想"所支配，有时候则不是。由于"最高贵的和最有益的语词的发明，思想就得到了名称，由此，社会和科学便成为可能，谬论也是如此。因为语词是聪明人的计算器，他们确实是只用它们来计算的；但是，它们也是蠢人的货币。"推理只是计算。加和减是它的程序；逻辑就是"计算法"。到此为止，人被看作仿佛只是一个有思想的存在物。但是，他也是能动的。为对象对感官的作用所引起的内部运动成了对外部世界的反作用；而这些反作用全都具有向着"帮助生命运动"，也就是帮助个体保存的那些事物的倾向性，或离开相反性质事物的倾向性。因此，我们对某些东西就有爱好或欲望，我们就被说成是爱这些东西，我们就把它们叫作善。同样地，我们对某些别的东西抱有反感，我们憎恨这些东西，而把它们叫作恶。快乐是"善的显现或感觉"；不快是"恶的显现或感觉"。从这些定义出发，霍布斯进而把人的整个情感的和能动的性质说成是互相连贯的一整套自私之心。下面这段典型摘要出自《法学原理》：

　　把人的生活比作一场赛跑，这种比较虽然不能对每一点都适用，然而却这样好地适合于我们这个目的，以致我们由此既可以看到又可以回忆起前面提到的几乎所有的感情。但是，我们必须假定这场赛跑除了成为优胜者没有别的目的，也没有别的锦标；而在其中：

　　努力向前，是欲望。

　　疏忽懒怠，是耽于声色。

　　在背后端详他们，是荣誉。

　　在前面端详他们，谦卑。

　　由于回顾而退却，虚荣。

　　被人抓住，遭人憎恨。

　　转回身，悔悟。

　　在呼吸，希望。

　　疲倦了，失望。

　　努力超过下一个，竞争。

　　要取而代之或推翻，妒忌。

　　决心突破预知障碍，勇气。

　　突破一个意外的障碍，忿怒。

　　轻而易举地突破，宽宏大度。

　　由于区区障碍而退却，懦弱卑怯。

　　突然跌倒，是哭的意向。

　　看见别人跌倒，是笑的意向。

64　看到一个我们不愿其落后的人被别人甩在后面，是怜悯。

　　看到一个我们不愿他胜利的人走在前面，是愤慨。

　　紧紧盯住另一个人，是爱。

　　这样对他继续盯下去，是慈善。

　　因为匆忙而伤害了自己，是耻辱。

不断地被人甩在后面，是苦难。

不断地超过前面一个，是幸福。

而离弃跑道，就是死。

霍布斯不得不以某种方式从这种自私的个体的竞争中推导出道德和社会秩序。然而，在自然状态中，没有一条生活竞赛的规则，甚至也没有最强者的规则，因为霍布斯认为，人的官能之间差异甚微，至少"最弱者也有足够的力量杀死最强者"。因此，为了获利，安全和荣誉（这是权力的标志），每个人都欲求一切可以保护他自己的生活或使之富裕的东西，而且事实上"每个人"生来"都有占有一切东西乃至相互占有别人的躯体的权利"。因此，人的自然状态是一种战争状态，在这种状态中"每个人都是每个人的敌人"。在这种状态中，正如他自己所指出的那样，没有工业、知识、艺术、社会的一点余地，而只有"连续不断的恐惧和身遭横死的危险；因而人生孤独、贫穷、险恶、残酷和短促"。在这种状态下，也没有正确与错误，我的与你的之间的任何差异；"而暴力和欺诈在战争中便是两条基本德性"。

在讲到这种普遍战争状态的历史实在性时，霍布斯显得有所迟疑不决。但是，这一点或许并不是根本性的。本质的东西是关于人的本性的观点，这人性像这样构成，以致使每个人成为他的邻居的敌人。这种观点也并不完全是新的；他并不是对"黄金时代"的第一个讽刺者。他的独创性在于他在描绘它的无政府混乱状态时贯彻始终的态度以及他借以使这种状态的悲惨本身导致社会秩序的惊人技巧：无政府混乱状态的自由立刻地并且永远地产生了权力的桎梏。这种过渡是通过社会契约实现的，社会契约对于中世纪哲学家和法学家来说是一种很熟悉的工具。只要这种自然状态延续下去，生活就是没有保障的和悲惨的。人不能改善这种状态，但是，他能超脱这种状态。基本的自然法是寻求和平，信守和平；而从这条法律中又引申出第二条法律，即为和平计，一个人在别人自愿放弃他对一切事物的权利时，他也应当自愿地这样做。道德学家的一切自然法就都从这两条法律中推导出来了。

霍布斯说，自然法是不可改变的和永恒的，而这样一种说法是符合传统观点的——但也有一点很大的差异。沿袭更加陈旧理论的胡克曾经说道：“自然法绝对地约束着人，甚至当他们是人的时候就是如此，虽然他们从来没有确定任何伙伴关系，在他们之间也从来没有过任何正式协议。”这不是霍布斯的观点。他实际上说的是：“自然法是作为内部法令（in foroi nterno）约束人”，但是这只简单地意味着“它们约束着愿它们发生的一种欲望”；另一方面，它们并不总是“作为外部法令（in foro externo）束缚人，也就是说它们并不总是使之实现。”“因为如果他要是谦让、温顺，履行他所允诺的一切，在竟没有一个别的人这样做的时间和地点，他就只能使自己成为别人的牺牲品，而与倾向于自然保存的一切自然法的根据正相反，招致他自己的某种毁灭。”按照霍布斯所定义的，自然法，就它涉及的而言，与自然权利一样是利己主义的。后者是“一个人为了保存他自己的天性，亦即保存他自己的生命，当他自己愿意时，得以运用他自己的权力的那种自由”。而且，自然法是“由理性发现的戒律或一般规则，它禁止一个人去做对其生命有破坏性的事情，放弃保存其生命的诸多手段，而且也禁止他忽略他认为其生命可借以得到最好保存的东西。”一个是肯定自由，另一个则加给义务。但是被允诺的东西与所要求的东西，对每一个人来说，都同样是他自己的保存。正义、感激等等都属于霍布斯的自然法；但是，它们的权威并不是绝对的；它是严格地以别人也愿服从它们为条件的；而这就需要一个诸多意志的协议——一个契约。再者，契约也需要一种权力来实施它们：“凡对任何一方不履行职责有所担心害怕之处，相互托付责任的契约就是无效力的”；

而获得这样一种公共权力的唯一方法，就是所有的人都把他们的权利交付给一个人，或由一些人组成的会议，并且"在那些与公共和平与安全相关的事务方面"，都把他的行动看作是他们自己的。这个人或会议将因此而具有全体大众的"人格"。他们已相互缔结协议成为他的臣民。但是，这个统治者自己是不在契约的管束之下的：他只享有权利而不承担任何义务。

由此便合乎逻辑地得出了统治权是不能受限制、被分割或被剥夺的结论。国家在平时与战时的行为以及相互反对的臣民的权利都由这位统治者决定。他是唯一的立法者，最高的统治者和至上的法官。不管统治权在于一个人还是在于一个会议，这都是适用的。霍布斯始终强调君主政体较之政府其他形式的优越性。但是他从来不曾认为这种优越性能有他声言他的一般理论所具有的那种推证的证明。有这样一件轶事说，在离开巴黎之前，霍布斯对爱德华·海德*（后来成了克拉伦登伯爵）说他就要发表《利维坦》了，因为他"已打算回国"。如果他在讲克拉伦登所报道的这个意见时态度认真的话，那么，他就准是提到了这部著作以之结尾的"回顾与结论"，他在其中讲到，在那个时代，可以合法地作出对征服者的服从。这部著作一点也没有更改他早期关于君主政体优越的观点。

一人不能事两主："混合的政府"就不再是政府；教会权力也不 67 能独立于世俗权力。"每个人都是善行和恶行的法官"，"一个人无论做出什么违反其良心的事情都是罪恶"，这些学说都是有煽动性的，而且也都是与公民社会相抵触的。由于生活在一个国家里，一个人就把法律看作他的良心。这些见解似乎是要用来补充政治理论使之完满的，现在也很少有读者骥图进一步探求这个问题了。但是，霍布斯的国家自称是一个基督教共同体。他必须表明宗教在国家中所占有的地

---

* 爱德华·海德（1609—1674），英国政治家和历史学家。

位，而且也必须揭露出那些导致宗教权力遮盖了国家的观点的错误。他的理论就是被推向了极端的国家万能主义（Erastianism）*。内心生活——对信教的人来说是宗教的真正发源地——收缩到了一点；而它在学说和宗教仪式中的外在表现被说成是依赖于统治者意志的那种秩序的一部分。霍布斯能够为了他的目的征引《圣经》；他预示了近代圣经批评的一些成果；他有关于上帝、三位一体、赎罪以及最后审判的理论——而所有这些理论都是同他的一般原理协调一致的。他关于上帝的学说，用近代的话说，是不可知论的。我们归于上帝的诸多属性仅仅表明了我们尊崇他的一种心愿："我们对他是什么毫无所知，而只知道他存在。"在这一点，霍布斯沿袭一些中世纪神学家营造出来的所谓消极属性的学说。但是，他的三位一体的学说确乎是他首创的。它"实质上是这样的：上帝始终是同一个，他就是摩西所表现的那一位，就是他的化身圣子所表现的那一位，也就是信徒们所表现的那一位。"再者，这个上帝的王国是一个通过盟约或契约建立起来的真正的王国：这个契约是由摩西制定出来的，它为扫罗**当选为王所打破，为基督所恢复，又为信徒们正式宣布。但是，这个基督王国"并不属于这个世界"：它属于普遍复活后出现的那个世界；"因此，他的代理人（除非他们是国王）也不能以他的名义要求人们服从。"

有两件事特别地与这种理论相对立。一方面，存在着狂热，这种狂热或是由对所谓上帝精神的亲身启示或是由对《圣经》的个人解释的要求产生出来的；另一方面，又存在着被组织起来的宗教权力方面要进行统治的要求，这两种要求在霍布斯时代都很强烈，而他却试图通过批评来破坏它们的基础。他说，没有任何一个论证能使人确信上

---

* Erastianism，原义为瑞士神学家托马斯·伊拉斯塔斯（Thomas Erastus）（1524—1583 年）的学说，主张宗教当受国家的支配。

** 扫罗为以色列人的第一个国王（约公元前 1020—1010）。他曾经统辖以色列—犹太部落战败了异族侵略者——腓利士丁人。

帝曾直接地对某个人讲过话，"这个人（由于是一个人）可能弄错，而且还可能撒谎。"至于《圣经》，得由作为唯一立法者的统治者来说哪些书是真作，因而对它们解释的权力也必须属于他们。在构成霍布斯所谓黑暗王国的一切弊端中，最大的弊端是由"现时在地球上战斗的教会就是上帝的王国"这个荒谬信条产生出来的。由于这种错误，不仅罗马的，而且长老会的教士都是宗教黑暗的制造者，而且还侵犯世俗权力。只有罗马教会在它的工作中才是彻底的。要求对全部基督教世界统治权的教皇，已经抛弃了真正的上帝的王国；他在异教罗马的废墟上建立起了他的权力。因为"罗马教皇的职位不是别的，只是已经灭亡了的罗马帝国的幽灵，戴着皇冠坐在它的坟墓上。"

霍布斯的《利维坦》整体地看，具有两个特征给它打上了天才的烙记。首先，它是一部具有极大想象力的著作，表明人类生活和社会的整个结构是如何由简单要素建立起来的。其次，它还以非凡的逻辑连贯性而著名，以致在思想中几乎查找不到缺乏连贯性之处。诚然，社会秩序，依霍布斯对它的表述，产生了一种人为的印象，但是这几 69 乎不是一个当受诘难的缺陷，因为表明那种它借以构造出来的人为性，以及表明与机械论的任何抵触都包含着危险，正是他深思熟虑的目标。同样真实的是，自然状态和社会契约都只是冒充事实的虚构；但是，即使对这种诘难，也可以从他的理论范围内作出回答。这种谬误在于他的前提，而不在于他的推理。如果人的本性确像他所表述的那样，是自私的和无政府主义的，那么道德和政治秩序就只能通过对它的约束产生出来，兴隆起来，而情况也就会如他描述的那样，只能在完全不安全和绝对权力之间两者择一。但是，如果他对人的观点是错了的话，那么，他的思想的整个结构就瓦解了。当我们承认个人离开他的社会起源和传统便既不是实在的也不是可理解的，社会的因素影响着他的思想和动机，那么，在自我和他人之间的对立就变得不十分重要了，霍布斯主义的这种截然对立的两者择一也就失效了，而且也可能把道德和国家看作是表现人的活动的理想和领域，而不是简单地看作控制人的桀骜不驯的感情的锁链。

　　霍布斯在世时就出现的对其政治理论的最有力的批评，包含在詹姆斯·哈林顿 1656 年出版的《奥克安那》（*Oceana*）中；这种批评有效地获自作者自己的建设性的学说。他是在关于一想象中的国家的一幅图画的薄薄面纱的掩饰下提出这种学说的。这种手法在那个时候是相当常见的。英国的莫尔和培根，意大利的康帕内拉①都曾遵循古代的模式描绘出一个理想国家，而莫尔和培根这两个还都把这种理想国家放在西方某个不为人所知的岛上。托马斯·莫尔爵士的《乌托邦》（*Utopia*）发表于 1561 年，而拉尔夫·罗宾逊的英译本发表于 1551 年。这部著作是一部政治传奇。文艺复兴的精神在这位作者写作《乌托邦》时，仍然是新颖的，而且，这也使他想象出了一个可以遵从旧秩序的新世界，而且由于这种遵从便可避免它现存状态的各种邪恶。在这部著作中，没有对这国家的性质进行哲学分析的任何意图，而只有一个对献身于社会福利事业的政府和人民的描写。最高权力在君主手里，但是他和一切其他行政长官都由人民推选产生；而这部著作的趣味就在于对人民生活的描写。他们痛恨战争，把它"看作是一件非常残忍的事情"，而他们"对于荣誉，没有像对于在战争中得到的荣誉那样蔑视的"。他们过着一种和平、自由、正义、平等的生活。没有工业的或宗教的压迫，而是，工作和享受都一视同仁地成为一切人所共同具有："在别的地方，他们依然讲国家，但是每个人都取得他自己的个人所得。在这里，在没有什么东西是私有的地方，公共事务受到认真地尊重……没有任何东西斤斤计较地分配，也没有

---

　　① 《实在哲学》（*Realis Philosophiae*），4 卷本［含《太阳城》（*civitas solis*）］，1623 年。

穷人或乞丐。虽然没有人占有任何东西，然而人人却都是富翁。"

培根的寓言《新大西岛》（1627）只是一个未完成的片断，而且很少具有使莫尔的传奇扬名的那种魅力。它的趣味在于对所罗门宫的描述，这可以看作是培根的公家资助科学的理想。我们获悉"勋爵阁下也认为在现在这篇寓言中已经构成了一个国家的法律或其最好的状态或模式的框架"；但是，遗憾的是，他更喜欢论述自然的历史，结果，对他的理想社会的政府，我们不知道任何东西，而对人民的社会特征，也知道得甚少，虽然他详谈了他们风俗的高尚与他们服装的华美。

哈林顿的《奥克安那》是一部不同类型的著作。它完全没有《乌托邦》甚至《新大西岛》的那种富于想象力的性质。它的许多地方 71 读起来就像是一篇政府文件或收支预算一览表。它的指向现行世事这一点，从艺术欣赏的目的来说，是掩饰得太浅了。"奥克安那"当然就是英国，而那位阿肯勋爵（Lord Archon）作为他的典范贯穿全书，奥利佛（Oliver），则遍布英国政府。在奥克安那的所有会议上，他总是最后致词，而他的演讲很长，要说服人，也令人厌倦；他甚至离开本题去草拟世界的历史。当这位作者给这部著作加上传奇形式时，他很可能是欠考虑的。他对政治有真正的洞见，因而能够看出一些霍布斯眼力不及的东西。他从来没有忘记这样一个重要事实，即政府在社会生活中仅只是一个因素。他认为，政府的形式将是随财产分配而定的："在那些有财产不平等的地方，必定有权力的不平等；而在那些权力不平等的地方，就一定不会有共和国。"这个共和国在它的基础和它的上层建筑两个方面都应当显示出平等。前一个方面应当由一个限制着一个人所能占有的地产总额的土地法来保证，以便没有处于少数人或贵族范围内的一个人或若干人能够靠他们占有土地来压制全体人民。哈林顿通过从国王、贵族到平民的地产均势的渐次改变解释了这个国家的政府的新近变化。上层建筑方面的平等将藉行政长官的轮换或继任获得，而这种轮换或继任是由抽签赋予人民的那种选举权来保证的。这样就构成了下面三个层次："参议院辩论与提议，人民决议，行政长官执行。"哈林顿在他的《政治箴言》中强调了区别这些层次的必要性，在那里，他说："人民会议离开了参议院不可能是明72智的"，而"参议院离开人民会议就不会是诚实的"。他认为这样正确组织起来的国家绝不能偏离它的原则，而且在其中也没有任何一条"致命的原则"。然而，他所提出的这种宪法缺乏坚实的民主，也符合那个时代的精神。伟人的作用得到承认："一个医生的国会绝不会发现血液循环，一个诗人的国会也绝不会写出维吉尔的埃涅阿斯。"*因此，伟人在时代混乱时着眼于得到统治权是正当的，以便他可以正确地处置它们，建立起法律的统治；这部书以他的要像阿肯勋爵那样生活的声明收尾。贵族阶层或绅士们也有他们的地位："有一些事情，首先是在国家的组建上，其次是在国家的管理上，最后是在军队的领导上，……似乎只是专门适合于绅士的天才的。"和密尔顿一样，哈林顿也主张宗教问题上的良心自由，虽然他不承认"天主教的、犹太人的或偶像的"崇拜。然而，与密尔顿不同，他并不把国家从宗教领域排除出去："一个国家不是别的，只是这民族的良心。而如果一个人的个人良心的信念产生出他个人的宗教的话，则这种民族良心的信念就必定产生出一个民族的宗教。"

罗伯特·菲尔默爵士也属于霍布斯政治学的批评者，虽然他的声誉当归因于他自己受到洛克批评这一情况。他像霍布斯那样强烈地主张绝对权力学说，而且还和他一样认为受到限制的君主政体就意味着无政府状态；他曾于国王查理时代，在这些题目上著书立说。但是，他不愿意承认这种权力依赖契约，因而在他的《政府起源》（1652）

---

　　* 埃涅阿斯是古罗马诗人维吉尔（公元前70—19）的代表作史诗《伊尼德》的主人公。

中，攻击了霍布斯，也攻击了密尔顿和格劳修斯。他自己的观点是在他的《族长论：论国王之自然权力》中提出来的，这部书直到1680年，亦即在他死后27年才首次发表。菲尔默绝非没有批评的洞察力。他看到，一切人都是生而自由和平等的学说在历史上并不是真实的，它因此而不是使普遍同意成为政府起源的好的根据。他说："新近的著作家不加探究地从阴险狡猾的经院学者们那里接受了太多的东西，这些经院学者们，定要把国王猛贬到教皇之下，认为最稳妥的手段莫过于将臣民抬举到国王之上。"他认为"一个大家族，就主权而言，就是一个小君主国"，而霍布斯也曾经说过同样的话；但是，菲尔默却把整个王权都追溯到孩子们对他们双亲的服从上，这是自然的又是神圣的法令。绝不会有一个比亚当所具有的对整个世界的统治权更加绝对的统治权。而国主们正是亚当的继承人。为了发挥这个论题，这位著作家岔入了一个比贝拉明或霍布斯所想到的一切东西都更富于幻想的历史见解，他自己也就交出了一件洛克批评的易得的战利品。

克拉伦登伯爵爱德华·海德，也可算作霍布斯政治理论的批评者。他的《霍布斯先生书中关于教会和国家的危险有害的谬误之一瞥》（1674）是反对《利维坦》中的悖论的，但是它却完全缺乏建设性的批评。

德里主教，后来迁升为阿玛大主教的约翰·布兰姆霍尔，是霍布斯批评者中最有力最坚持的批评者之一。他的第一部著作是为王权辩护的（1643）。后来，他又忙于同霍布斯讨论意志自由，那时候，他与霍布斯两个都在法国。当论战重新开始并变成公开的时候，他写了《对于从在先与外部必然性获得的人类行为的真正自由的辩护》（1655）。霍布斯作了答复，而布兰姆霍尔接着于1658年以《对霍布斯先生的申斥》回敬，《申斥》还有一个叫作《捕捉利维坦这条大鲸鱼》的附录。在这个比这部论著其余部分更加著名的附录中，他攻

74　击了霍布斯的全部宗教和政治理论，引起了霍布斯对后者的抱怨，霍布斯指出，这位主教"把从我的《利维坦》中摘录出来的各种不同的句子拼凑到一起，这些句子在《利维坦》中是明白严格地受到过证明的，而他却离开它们的证明，离开他们相互依赖的次序而把它们摘出来；还称它们是无神论、渎神、不敬神，颠覆宗教，以及诸如此类的别的东西。"

　　有两位喜爱论战的年轻著作家，可以与布兰姆霍尔一起提一下。未来的坎特布雷大主教托马斯·特尼森，是那些偏偏要试试用他们的武器"来轰击霍布斯钢盔"的年轻好战的教士之一。在《霍布斯先生信条之考察》（1670）中，他收集了许多霍布斯确信的论断，把它们放到一起以便显示出它们相互间的不一致。后来成为剑桥圣凯瑟琳学院院长的约翰·伊查德，在 1672 年和 1673 年发表的两篇对话*中，也采用了类似的手法，在他的批评中，很少显示出智慧和学识。

　　这些著作家是在许多对哲学没有作出自己独立贡献的霍布斯早期批评家中最值得注意的。他们的批评与其说涉及原理，毋宁说涉及结果。对霍布斯令人满意的批评必须深入到他所采用的机械论哲学原理以及他所阐述的与那些原理相一致的人的本性的观点中去。这种更为根本的批评为一些剑桥柏拉图主义者，特别是为卡德沃思和莫尔所尝试。由于他们对古代世界柏拉图与他们自己时代笛卡尔的精神哲学作过同情的研究，他们是适合于承担这项任务的，而对这两位思想家，霍布斯并不赏识。

---

　　* 即《霍布斯自然状态学说之考察：菲劳特斯与蒂莫泰之间的对话》（1672）与《霍布斯先生一些意见之考察：菲劳特斯与蒂莫泰之间的第二篇对话》（1673）。

第五章 剑桥柏拉图派

"剑桥柏拉图派"这个称呼是指 17 世纪中后期在剑桥享有盛名的一群宗教思想家。1663 年访问剑桥的吉尔伯特·伯内特说他们是阻止英国教会"完全丧失国民对她的尊敬"的一帮人。他说："这些人一般地说来属于在一些神学家领导下形成的剑桥派，他们的领袖是惠奇科特、卡德沃思、威尔金斯、莫尔和沃辛顿诸博士。"别的一些名字如约翰·史密斯、纳撒内尔·卡尔弗韦尔、乔治·拉斯特、爱德华·福勒以及西蒙·帕特里克，通常也包括在这个名单里。但是，把威尔金斯算作他们之列，并无任何合适的根据。他是一位牛津人，复辟前曾担任过为期一年的剑桥三一学院院长职务；他以一位科学家①和皇家学会奠基人之一而闻名，但是他的神学倾向似乎和剑桥学派的那些人不一样。

上面列举的著作家并不全是柏拉图主义者，甚至也并不全是哲学家。致使把他们说成是一个学派和得到一个共同称号的，首先就在于他们的宗教态度。他们因此也被叫作"自由放任的人"。他们出现于劳德的高教会派体系权势日隆之时，兴盛于长老派与独立派统治期间；而王政复辟也几乎不曾打扰他们。他们没有站到任何现存党派一边；正是由于所有党派的信任，他们才被允许在这所大学继续工作。唯有惠奇科特在复辟期间失去了他国王学院（King's College）院长的职位，到一个他受不到打扰的教区隐居。他们的学说同等地远离卡尔

---

① 威尔金斯是《论实在字符与哲学语言》（1668）的作者。

文主义和高教会主义。他们避免了流行神学的诡谲精巧，反对轻信和狂热（或者自称得到个人灵感），认为真正的宗教必须与理性的真理和谐一致，强调宗教中道德与精神的因素。

　　本杰明·惠奇科特（1610—1683）被看作是这一运动的创始人。伯内特说，他"极力鼓励青年学生阅读古代哲学家著作，首先是阅读柏拉图、塔利和普罗提诺的著作。"在这所大学里，他的从前的导师也责备他把柏拉图和普罗提诺置于福音书之上，把理性置于圣灵之上。伯内特的说法是在他写作的那个时代很久以后提出来的，因而不能被看作是有力的证据；而同时代人的批评则指出了一种常常与精确性失去联系的神学意向。惠奇科特把他的学生的研读引进柏拉图的甚至哲学的渠道究竟有多远，是大可怀疑的；而且，他也不像是把他自己说成是一位哲学家。但是，他鼓励了一种与那个时代的流行观点比起来较为合乎理性合乎精神的关于基督教学说的观点。较为出名的剑桥柏拉图主义者（莫尔显著地除外）都是他在伊曼努尔学院作导师期间（1632—1644）的学生；二十年（1636—1656）来，他每周都在三一教堂讲演，在那儿，这所大学的成员一般都是成群结队地听他讲演。

　　1698 年首次出版的一些布道、演讲和箴言就是这些演讲遗留给我们的一切，它们几乎构成了他的思想的唯一记录。它们很少含有像他的追随者填得满页都是的柏拉图哲学家们的参考文献，要把一个哲学体系塞进对它们的理解中是徒劳无益的。但是，它们表明了一种把精神的宗教同理智的反省结合在一起的心理状态，这在那个动乱时代，绝非很普通，而是非常罕见的。他认为（这毕竟很接近柏拉图主义者的主要学说），"宗教就是把神的生活输入人的灵魂"；而人的心灵为了能够接纳它就必须摆脱任何情欲："只要人的心灵不镇定自若、安详肃穆、平静无波，就没有宗教的真正的特有的效果。""宗教的最重要的作用是心理上的与理智上的。"它排除轻信和"狂热"。惠奇科特以使我们想起霍布斯①为了阐述另一完全不同的世界观所使用的那些话，写道，"如果你说你有一条来自上帝的启示，那么，我必须也有一条来自上帝的启示才能够相信你。"上帝实际上在人的心灵中启示他自己要比"在除此之外的世界上的任何部分为多"；但是，这种启示不能够与人类的普遍理性相冲突。他不支持个人的"狂热"，也同样地不支持团体的权力。"教会的意旨不是一种规范，而是一种受规范的东西。"启示也不能扩展到神学学说的错综复杂的问题上："真理存在于一个很小的范围与狭窄的场所。"然而，有一个问题是不可变更的，是最终的，而这就是宗教的道德部分；对神学的个别学说无论可能有什么样的争论，它都依然是确定的和有约束力的。他说："我不愿意为一种可疑的学说或不确定的真理而破坏确定的仁爱法则。"

所有这一切，都可能很少有什么哲理。但是，它却教导了一种很好地适合于作为哲学反省的基础并且给哲学反省以刺激的学说。至少它揭示了剑桥柏拉图主义者所呼吸的空气的氛围。在这种气氛的鼓舞下，他们着手工作建立一个将可驳斥和取代霍布斯的自然主义的思想体系；构成他们体系的主要学说源于柏拉图学派。这些著作家中最重要的是莫尔、卡德沃思、史密斯和卡尔弗韦尔。

亨利·莫尔，是林肯郡一乡村绅士的儿子，1614 年生于格兰瑟姆，曾先后受教于伊顿公学与剑桥基督学院（Christ's College）接受教育。他是 1631 年 11 月，亦即在密尔顿离开前 6 个月进入基督学院的，他在学院里安了家，一直到他 1687 年去世。甚至当他还是大学本科生的时候，他就说过："关于自然的与神的事物的知识于我似乎是可以想象得到的最高的快乐和幸福。"他没有参与任何公众事务，

---

① 参见本书第 68 页（见本书边码。——编者）。

未受干扰地度过了内战、共和国和复辟时期。但是，他对涉及精神生活的一切，都有浓厚的兴趣，追随着那个时代的科学研究乃至神学争论。他的父亲在神学上是个加尔文派；但是，他似乎从未接受过这种信条，他早就发现了柏拉图学说与他的学派的密切关系。他还直接地受到了笛卡尔著作的吸引。在他的第一部出版物（《柏拉图的灵魂之歌》，1642 年发表，后来又收入他的 1647 年出版的《哲理诗集》）中，他宣称自己是柏拉图和普罗提诺的信徒；而他致笛卡尔的第一封信（日期为 1648 年 11 月 7 日）对这位近代著作家也表达了近乎同样的钦佩。他是一位多产作家，并且一再地回到他的著作上去，添加序言和附注，但在修订或缩写方面，却做得很少，甚至没有干过。他的主要著作是：《无神论的消毒剂》（1653），《神秘的臆测》（*Conjectura Cabbalistica*，1653），《胜利者的狂热》（*Enthusiasmus Triumphatus*，1656），《灵魂不死》（1659），《神性的巨大奥义》（1664），《伦理学手册》（*Enchiridion Ethicum*，1666），《神学对话》（1668），《条顿哲学批判》（*Philosophiae Teutonicae Censura*，1670），《形而上学手册》（*Enchiridion Metaphysicum*，1671）。1662 年，他发表了《哲学著作集》，此后又出版了他的著作集的拉丁文译本：1675 年出版了《神学著作集》（*Opera Thelogica*），1679 年又出版了《哲学著作集》（*Opera Philosophica*）（两卷本）。

79　　莫尔的思想根源于基督教；但是也有其他影响对它的形成起作用。首先是柏拉图的影响：莫尔或许是能够在严格意义上被称作剑桥柏拉图主义者的最早的著作家。再者，还有笛卡尔的影响，笛卡尔的著作据说由于基督学院一位资历较深的研究员的宣扬，几年前在剑桥就很出名了，此人在大陆曾会到过这位作者。① 此外，还必须提到源于可在"玄秘"（Occult）一词下集合到一起的那些经验的作品和记

---

① 参见 J. 巴斯·摩林杰：《剑桥大学》，Ⅲ，第 606 页。

载的影响。在这些影响中，柏拉图的影响最持久，虽然神秘主义的影响似乎有所增加，而笛卡尔的影响有所减弱。

莫尔把基督教看作是"完全合乎理性的"，他还认为在他的《神性的奥义》中就已经证明了这一点。他的哲学著作的计划"并不是使哲学神学化，而是要通过驳回反对有神论和灵魂不死的论证来建起环绕神学的外层篱笆或外部堡垒"，他的"把柏拉图主义与笛卡尔主义相互交织"亦当归因于这个目的。这两个方面都有助于反驳霍布斯加印在世界上的那种唯物主义。柏拉图已经给了宇宙一个精神的说明，而笛卡尔在阐述机械论时也表明了机械论不能超过的界限。

在致笛卡尔的信中，莫尔的钦佩是以最热烈的言词表达出来的：他说，除非是柏拉图的哲学，没有一个哲学能这样有力地反对无神论。但是，他却有两点反对意见，一是对笛卡尔把广延与物体等同起来表示反对，一是对禽兽是自动傀儡的观点表示反对。他心里对后面这种学说很反感。他倒宁愿承认所有动物不死，如果这是唯一抉择的话。这两点反对意见都涉及机械论的范围，但是，前者在这两者之中要更加根本些。笛卡尔在他的答复中主张：真正的广延只有在物体中才找得到，他还进一步主张，物体如果不定义为有广延的东西，那它就必须定义为可感觉的东西，也就是要通过它与我们的关系来定义，这就丧失了它要被看作是一独立实体的权利。这个讨论由此便进展到了无形体的广延问题——莫尔把它归之于上帝、天使和人的心灵，然而，它的可能性却为笛卡尔所否定。后者主张，上帝的无限并不在于他的"到处存在"，而在于它的能力。莫尔对此答复道，上帝的能力是上帝本质的一种样式，所以，如果上帝的能力无处不在，上帝也就无处不在。这种通信由于笛卡尔去世而被打断。

这个讨论与机械论的界限有关。笛卡尔的二元论给出了一个决定这些界限的完全精确的方法，但是它却导致了动物只是机器的悖论。莫尔则由试图在别处来划清这个界线开始，但是他逐渐地明白过来，要划这种界限不能通过把实在分成两个不同部分，其中一部分是被机械地决定的，而另一部分则不是。他的同代人霍布斯也看到了同样一回事。他们两个人都放弃了二元论：霍布斯以对整个实在作出机械论的解释开始，而莫尔则以"在整个宇宙中没有纯粹机械的现象"① 这个结论收尾。

尽管有许多横生枝节与很多重复，莫尔却在致力于迈向一个关于整个世界的唯灵论观点。他说，并没有一条一般原理把他的作品与其他"自由地合乎理性地写成的"作品区别开来。然而，他制定了一条"庄严的规则"："除非我们对一命题的诸名词已有了确定不变的理解，且勿对这个命题的真理性作出判断。"对此，他又添加了一个警告，这就是，"想要任何东西都能证明，则将一样东西也证明不了。"但是理性本身需要一种借以进行运用的东西。依据他的观点，存在着"一种比理性本身更加高贵更加内在的原则，如果没有这原则，理性就会踌躇畏缩，或至少只能达到一些卑微琐屑的东西。"他把这原则称作"神的睿智"——虽然它具有"这样一个隐蔽的本性"，致使他对如何给它命名都犹豫不决。它由于神的精神的作用，比理性还要优越，因而要接受神的精神就需要纯洁人的精神。这种直觉的洞察力（如果它可以这样称呼的话）此后为理性本身的精确方法进一步证实。所以，他把它说成是"真理的一种更加内在、简明和全面的展现，它甚至是先于理性的，这理性后来才根据最精确的考察证明它自己于一切方面在最重要的理论中都是最坚实最完满的。"②

莫尔为天赋概念或天赋观念的学说辩护。他认为，这个学说为人怀疑，是因为人们把思想的"外在的诱因"误作它的"充分的或主要的原因"。"外在对象与其说是我们知识的第一个产生者或灌输者，

---

① 《神学对话》，1668 年，"致读者"，第 X 页。
② 《哲学著作集》，总序。

毋宁说是我们知识的提醒者。"① 他举例说明了他的意思："通过外感官展示给灵魂一个圆的图形；灵魂就立即承认这是一种图形，并且能够即刻添加上知道如果它是完满的，从它的某一点向圆周引出的一切线段都必定完全相等……但是任何一物质主体都是不可能表明这种精确性的；因此，就只能是她自身之内具有比物质能够摊开在她面前的更充分更精美的关于事物的知识。"再者，关系的概念或观念，如原因，结果，整体与部分，相似与不相似，"都不可能是任何一个外部物质对象的印记；它们只能来自灵魂自身内部，只能是人类理智的自然的装备。"② 这些天赋观念不是可感觉的而是可理解的，是"我们自己的考察可感觉对象的样式"；它们包括"许多逻辑的、形而上学的、数学的以及一些道德的概念"。③

在对灵魂不死论证的前面列举了一系列公理。其中之一是决定真理的仅有官能是"共同概念，外在感觉与明显的不容否认的推证"。共同概念被定义为"凡是明知*为真的东西，也就是说，凡是对所有的人，他们的理智乍一见就基于对这些词语的明白知觉而无需任何进一步的议论或推理就认识到是真的东西"。另外一条公理就是"主体，或者一件东西的赤裸裸的本质或实体，对我们任何一个官能来说都是完全不可设想的"。因此，一件东西的直接属性是不可推证的；再者，如果某种能力、特性或作用被发现与一个实体不相容，则与之相容的另外一个实体必定存在。

莫尔关于上帝存在的第一个论证是从他把知识看作依赖灵魂自身本性的观点引申出来的。我们具有一个关于一绝对完满的存在者的观念，也就是具有一个精神实体的观念，这个精神实体是永恒的，在本

---

① 《无神论的消毒剂》，第 1 卷，第 5 章。
② 同上书，第 1 卷，第 6 章。
③ 同上书，附录，第 2 章，§5。
* 原文为 noematically，源出希腊文 noema，意即"概念"，现罕见，其意本文中已作了解释，故译作"明知"。

质与善方面无限的，全能，全知，必然地自行存在的。这不是一个偶然的与专断的概念，它对于灵魂是必然的和自然的，因此据自然之光它就是真的。莫尔并没有混淆本质和存在；但是他认为，有一个观念，虽然只有一个，本质与存在在其中是不可分离的。在这个方面，他尤效安瑟伦；但是他在证实在此种情况下本质确实包括存在这一点并不比安瑟伦更成功些。他还意识到，存在并不是一种圆满性或任何一种性质这一点已经被人们指出来了；而且他还试图用存在比非存在好这个论证来对付这个诘难。①

这个本体论论证受到宇宙论和目的论诸多变种证明的支持，亦即受到来自把上帝的观念灌输到灵魂里的目的因，来自良心，来自心理感情，来自外部自然现象这诸多证明的支持。在这些项目下，有了包括从诸天的秩序到行星的信号的对世界的概括；而这以后接着是莫尔收集来的一些鬼怪故事，他用作精神存在的实在性的证据。全部证据都进一步证实了下面这个论题："世上诸多事物的外部现象十分忠实地支持着我们自己心灵中存在有天赋原则这一无可否认的断言。"②

上帝被莫尔定义为"精神的实体"。上帝的完满性表明他不能是物质的；非物质实体的存在还进一步为由于物质不能自身运动而需要一个运动的原因，为需要借以解释"世界上这种运动的秩序与奇妙后果"的理由所证明，当然也为出现鬼怪幽灵等事的存在所证明。③ 莫尔留心于解释他的所谓精神的意义。按照他的观点，一切实体都是有广延的。物质是一种由相互间"可分解的"（discerpible）的各部分组成的实体；然而它的终极微粒却是"不可分解的"（indiscipible），虽然它们可以进行理智上的分析。这些不可分解的微粒是没有形状的，"像无限大没有形状那样，无限小也就没有任何形状"，虽然这两者都

---

① 《无神论的消毒剂》，附录，第 4 章，第 1 节。
② 同上书，第 3 卷，第 16 章。
③ 《灵魂不死》，第 1 卷，第 11—13 章。

是有广延的。再者，物质是不可入的，没有任何一颗物质微粒能和另外一颗微粒在同一个地方。因此，物体可以定义为"一种不可入的和可以分解的实体"。如果我们发现（如我们所做的）有些能力或属性与这些不一致，则它们就必定属于另一种不同的实体———一种"可入的和不可分解的实体"。而这就是精神。①

　　莫尔努力把这个概念弄明白。他认为，只能期望"人们的灵魂，一切理智等级中最低级的糟粕"，② 会被精神和理智事物弄得迷惑不解。他们的想象力是这样的模糊，以致甚至"他们在其中辗转打滚的"物质概念也似乎是不可想象的和矛盾的。然而，精神的概念却既不是矛盾的，也不是不可想象的。在就其是有广延的这一点来说，精神与物质是一样的，但是，仅仅在这一点上才是如此。一精神性存在者的广延绝不蕴涵着可分性或可分割成各部分。它只蕴涵着那些"自我收缩和扩张的绝对能力"，以及"对物质的穿透、运动与变化的相对能力"。他对此作了举例说明。"根据已知的光学原理，假定有一个光点，从之辐射出一个光环。这个光环与精神的本性很相似，它是漫射的和有广延的，然而却是不可分的。"因此，在这里就有一种扩张的象征，其中表明精神实体的中心本质"扩散到了一个第二实体"。再者，这束来自亮点的光线可能会遇到一种障碍，它们就会在不失去它们的品质或存在的情况下，从那里反射回到这闪光的中心。而这就是自我收缩的一个象征。人的灵魂在行使这些能力中受到限制：它是这样密切地与它的尘世间的躯体结合在一起，以致它既不能从这躯体的任何一个部分抽回它自己，也不能在它之外去施加压力，除非生命的链条被解散了。

　　在他的论著《灵魂不死》的序中，莫尔曾推荐在大学里阅读笛卡

---

① 《灵魂不死》，第 1 卷，第 3 章。
② 《无神论的消毒剂》，附录，第 3 章，第 1 节。

尔的著作，以便"学习哲学的学生能够在物质的机械能力的精确范围方面受到彻底的训练，弄清楚它们将达到什么范围以及它们达不到什么范围"。他的根本观点是，没有什么东西是纯粹机械的。机械论（可以这么说）是自然的一个方面，但是它不能单凭它自身解释自然中的任何东西。上帝并不单纯地创造物质世界，把它置于机械规律之下。还有精神弥漫于整个物理宇宙。这种遍在的精神，并不是上帝自身，而是"自然精神"或者（用个古老的术语）世界灵魂（anima mundi）。它是"一种无形体的实体，但是没有感觉和评判力（animadversion）"，它把一种"塑造力"（plastical power）施加到物质之上，"通过指引物质的轨道和它们的运动，在世界上产生出不能只被分解成机械力的现象"①。可以说它要对整个自然做一个植物灵魂对这棵植物所做的事。而它进一步要做的事就是"每当灵魂离开躯体时就按照他的等级和价值来安顿她们，并且因此独立担当'神圣天道伟大的总经理（quarter-master-general）的工作'"。②

莫尔把从属的精神分成四个主要种类：生殖形式（λογοι σπερματικοί），这些被创造的精神把精制的物质恰当地组织成为生命和增殖体，是这种或那种植物所特有的；禽兽灵魂，除植物所固有的能力外，还具有感觉能力；人类灵魂，同上述各种能力一起，还有理性（它的可塑的或生殖的部分分散到全身，但主要地居住在心中，它的知觉部分则位于大脑）；以及那些驱动天使的载体或赋予这些载体以活力的灵魂，这些灵魂不能像人类灵魂一样出生在一个尘世的载体里。他还谈到"其他一些种类的精神或非物质实体，如 νόες 和 ενάδες"，柏拉图主义者曾写到过这些；但是，他对他们的那些思辨置之不理，以为它们"虽然精巧却很少有用和可靠"。

① 《灵魂不死》，第 3 卷，第 12 章，第 1 节。
② 同上书，第 3 卷，第 13 章，第 10 节。

对于灵魂不死，莫尔并没有依靠根据它的不可分解性的形而上学论证：他的创造学说许是在这样一种论证的道路上设置了困难。他的推证依赖于上帝的真实，正义，尤其是善。一个人的心灵必须对道德有同情才会感受到这种论证的充分力量；"而最高尚最宽宏大度的心灵将会最坚定地确信灵魂不死"。① 伴随着灵魂不死而来的是灵魂的先在；这个学说也是"上帝的智慧和善的必然结果"。② 但是，灵魂 86 绝不是完全与物质分离的：因为它因此就会越出世界之外，"整个宇宙让物质或物体填塞得很厚实，以致在其中找不到最小的空隙"。在死亡时，灵魂离开了它的尘世的躯体，但是只居住在空中，它从那里可以再次进入一个以太的或天上的躯体中。在那空中载体里，例如恶魔就住在那里，灵魂并不能完全免除死亡，但是，在天上的载体里，它就是完满的和完全的，也就是说，它超越了其支配领域与苦难和死亡相应的恶的原则能及的范围。灵魂向上的进步，依赖于道德的发展；莫尔对此给了一个详细的描述，尽管只表明他的假设是可以理解的，而不是"思虑着事情是否会恰恰如我所述"。对于导致化成肉身的下降道路——如果这是一条下降的道路的话——他没有告诉我们任何东西。

莫尔说他自己是不会"沾染一点点迷信色彩"的。所谓迷信，他大概是指从宗教仪式中寻求拯救的心态。当传闻的事实记录在案，似乎证实了他对世界的唯灵论观点时，他确乎是轻信的。一切种类的幽灵鬼神故事他都欢迎，都体现在他的严肃的哲学论证中。他给它们提供明证——要检验它们不再是可能的了。必须记住，并不是只有他一个人相信：他属于一个历史上复归的时代，在这个时代中，人们的心灵热切地转向反常的现象以为达到事物真理的向导。

---

① 《灵魂不死》，第 2 卷，第 18 章，第 12 节。
② 同上书，第 2 卷，第 12 章，第 7 节。

87　他的《伦理学手册》是一套基本沿袭传统路线但又带有一些创新特征的伦理学教科书。他在三部书中一般地论述了幸福和德性；论述了各种美德，它们被区分成基本的美德与派生的美德；论述了藉以获得美德的方法，这最后一部书里还包括一个对意志自由学说的辩护。他认为，美德并不是一种习惯而是一种能力———一种理智控制情欲的能力。他对情欲的论述是基于笛卡尔的论述的，只是进而表明了它们同善和恶的关系。既然情欲在考虑和选择之先，则它们就是来自自然，并且因此也就是来自上帝；因此如果它们是遵循着自然法的话，则它们就是善的。这种法是"神法的耳语"，其声音在理智状态下听得最明白最清楚。因此，情欲不仅从属于自然而且也从属于正确的理性。正如一件东西的本质为理智所理解，（例如）一个三角形就是正确理性设想它所是的那样，在伦理学中也就是如此。存在着不可改变的善和恶的观念，心灵就作出关于它们的判断。存在着一些原初的道德真理——伦理学的公理。在莫尔的论述中，这些在性质方面多半是形式上的，虽然它们也包含有对义务（对自我，他人，上帝和美德本身）的分类与一条关于"金科玉律"*的主张。善被定义为一个有意识的存在物感到愉快、舒适与谐和并且对它的保存有益的东西。同时他又认为，主张凡令人愉快舒适的东西因此都是善的，而且这就是人的行为的尺度，那不过是发疯。①

　　莫尔的伦理学公理学说使他在英国伦理的理智主义传统的创始人中占有一席位置。由于他的"良知官能"（boniform facculty）学说，他也被认为开了"道德感"学派的先河。就某些方面而论，这正是他对伦理学的最有特殊意义的贡献；但是，如果认为他的表述里包含着良知官能类似于感觉而不是类似于理智的意思，那就是误解。诚然，

---

* 金科玉律，即《圣经》中所说欲人施于己者，己必施于人。
① 《伦理学手册》，第1卷，第5章，第7节。

他说过，绝对为善的东西"为正确理性所判定，但是它的风味和甜美却是为灵魂的良知官能所知觉"，只有通过这种官能，我们"才能品尝到那种只在它里面绝对是好的和绝对令人欣喜的东西"。但是，它并不像感觉一样，比理智低级，是理智的材料的供应者。毋宁说，它是超理智的。莫尔说："一切严格地被这样称呼的道德的善，都是理智的和神圣的；所谓理智的，是就它的本质和真理都为理智所规定和认识而言；所谓神圣的，是就它的甜美由于我们借以依恋上帝（最纯粹最绝对的善）的神圣官能而被最舒适最有效地享受到而言。"① 因此，良知官能简言之似乎就是在他的《哲学著作集》序中所讲到的"神的睿智"的伦理方面。和神的睿智一样，它也不是每一个人都承认的，因为有些人是对上帝和神圣事物毫无感受的；而且由于这个原因，他的论著便打算来表明理智是自身就承认道德的基本原理的。

　　拉尔夫·卡德沃思，被普遍地看作是剑桥学派的领导成员，他出生于 1617 年，1632 年开始住进伊曼努尔学院，前此一年，莫尔（比卡德沃思大 3 岁）进入基督学院。他不久就赢得了作为一位学者和教师的很大声望。1644 年，他成了克莱尔学院院长，1645 年，为希伯来文钦定讲座教授（professor of Hebrew），1654 年为基督学院院长，在那儿他一直住到 1688 年去世。他与莫尔理智上的关系是非常密切的；但是，他们的生活方式却不同。莫尔是一位隐退的学者，他一本接一本地写作和出书，出新的版本、写新的序言以及加大量的注释，尽管他生活闲散，对书本的文体形式不讲究。另一方面，卡德沃思却陷于他的学院事务与他的教授职责，而且还受咨询于公众事务。他早期发表的东西不多，而且也不是哲学性质的著作。但是，他准是一位不知疲倦的工作者，这一点既由他死后留下的大批手稿也由他生前发

---

　　① 《伦理学手册》，第 1 卷，第 5 章，第 1 节。

表的那一部哲学著作显示出来。

这部著作就是《真正理智的宇宙体系》，其中第一部分（这是完成的唯一一部分）1678 年出版。它是那个时代学术成就上一座令人注目的丰碑。它尽管十分庞大，却显示出一个以宏大方式实行了的成体系的计划。这是旨在思想的学问；而且，尽管读者可能容易陷入歧途，随着它博学的旁生枝节而离开本题，但是也会觉得这位作者自己是牢牢地抓住了他的论证的缰绳的。卡德沃思的目标，和莫尔的一样，就是要确立实在的精神本性。霍布斯的使唯物主义复兴，以及这种理论对道德生活的影响，都为他的努力提供了机会。霍布斯需受到驳斥；但是霍布斯是一种古代理论的近代倡导者；必须去追溯唯物主义的古代渊源，而唯物主义的错误也应当在它的本源上受到揭露。笛卡尔给了物理世界一种机械论的解释，也在这个程度上重复了德谟克利特的错误。卡德沃思没有看到的是，笛卡尔和霍布斯两个都抓住了一种不依赖于传统观念的研究方法，而仅仅靠用博学来对付他们只能是浪费精力。有人主张，古人总比近代人更接近真理的源头一些，健全的学说应当到过去寻找。这种观点得到了教会传统的支持，尽管卡德沃思没有采用这种观点，但它的影响却可以在他的方法中看得出来。同时，依据近代标准判断，他的历史方法（对莫尔的同样也可以这样说）本质上是非批判的。凡在历史材料大量堆砌之处，要弄清楚整部著作中具有价值的要素就很困难。

当卡德沃思开始动手写作时，他只考虑到"一篇谈论自由和必然的文章"。但是，他看到这包含着其他一些问题——它实际上包含的问题如此之多，以致他从来不曾达到预期的主题。他打算驳斥的宿命论有三种：首先是唯物主义的和无神论的宿命论，他称之为"德谟克利特的宿命论"；其次是"有神论的但是非道德的宿命论"，它把一切事物都归之于上帝，而使善与恶之间的区别仅仅依赖予专断的规定；第三，是有神论的宿命论的另一种形式，这种宿命论虽然承认上帝的道德属性，但是却没有给自由留下任何余地，"而且因此在世界上就没有任何分属个人的或报应赏罚性质的公道正义。" 对卡德沃思说来，下面三种学说构成了真正宗教的本质：上帝存在；善的永恒性；人的自由。这三件东西，他必须加以辩护以反对上述三种形式的宿命论；而对于每一种他曾打算专用这一煌煌巨著中的单独一卷加以讨论。但是只有第 1 卷——反对无神论的一卷完成和发表了。

德谟克利特之前的古代原子论者（卡德沃思认为他能证明是如此）是有神论者，相信物质实体也相信非物质实体。他的这种说法的根据是很有趣的，因为它表明了什么东西可能被认为是历史证据。根据斯特拉博*的看法，毕达哥拉斯在西顿**同一个名叫摩萨斯的人的继承者举行了晤谈，并把他们的学说传入希腊。这个摩萨斯生活在特洛伊战争之前；他是一个西顿人，或腓尼基人——闪族的一支；他的名气与摩西有些相似，——因此，他可能就是摩西。他的学说——这位古人的或 "摩萨斯的" 哲学——有两个部分："原子物理学（physiology）*** 和神学或灵学"。德谟克利特 "由于倾向于无神论" 而采取了前者，抛弃了后者；柏拉图则采取了相反的方针。

卡德沃思考察了极力反对有神论的种种论证，他的考察是精心的，细致的和无偏见的。他还区别了无神论的四种形式："物感论的或阿那克西曼德的"，这种无神论据性质和形式从物质引出万物；"原子论的或德谟克利特的，这种无神论据原子和形状从物质引出万物"；"宇宙构成论的或斯多葛的"，这种无神论认为万物起源于 "一种有

91

---

　* 斯特拉博（公元前 63？—公元 24？），希腊地理学家。
　** 西顿，即古腓尼基之首都。
　*** "Physiology"，现在的意义是生理学，但这里似以取其字源的意义为好。该词按其字源意义，是指关于 "自然"（Physis）的学问，与 Physics 实是同一意思。

塑造力的或有秩序的但没有感觉的自然"；以及"物活论的或斯特拉
托 * 的"，这种无神论把"某种有生命的生机盎然的但却丝毫没有动
物性、感觉和意识的自然"归于物质本身。卡德沃思的学问自然地受
到他所在时代的机会的限制，这就无怪乎他认为一切无神论者都是唯
物主义者或者（如他称呼他们的）"形体主义者"，认为他们都染上
了"恐灵症"，或"一种对心灵或非物质实体的毫无理性又不顾一切
的憎恶"。但是，他也显示了不把唯物主义局限于原子论或机械论的
见识。他对物活论与有塑造力的自然的理论的讨论由于说出了一切无
神论的解释精神生活的关键困难而饶有趣味。关于有塑造力的自然，
他有一个很长的附录。他认为，它是一种实在，不过不是作为取代上
帝的实在，而是作为上帝从属工具的实在——上帝是一种无形实体，
是体现在自然中的神的技艺。它为目的而活动，但是并没有意识到
这些目的，它按照完善的理智印在它上面的法则"命定地和同情
地"工作着。它的事情就是井然有序地安排物质，但是它"生气勃
勃地和魔术般地"工作着，而不是像人的技艺那样，机械地工
作着。

　　卡德沃思对有神论的积极论证以设定"必然永恒地有某个自身存
在的东西"作为其序言。最初，他似乎采用了本体论的论证："关于
上帝的真正的和适当的观念，最简短言之，就是这样，即一个绝对完
善的存在物；因为唯独对它必然存在是属于其本质的，也是可以对它
进行推证的唯一的东西。"① 但是，此后他更加充分地探究了这个问
题。他看到，可用这样的主张来反对这个论证，即它只表明"如果有
一个绝对完善的东西，则它就必定必然地存在而不能是偶然地存在；
但是，并不能由此得出结论说，必然有这样一个完善的存在者存在"。

---

　　* 斯特拉托（？—前269），古代"物理学家"，亚里士多德的亲炙弟子，逍遥学
派的重要代表，深受德谟克利特的影响，放弃亚里士多德的目的论原则。
　　① 《真正理智的宇宙体系》，1845年，第1卷，第307页。

然后，他尽可能好地写下了站在另一边的观点，但又认为要以此来说服许多无神论者是不大可能的，所以，都把这个问题留给"明智而公正的读者"。① 然而，他还有一个他自己的论证，它属于同一个类别，大体上有如下述：鉴于上帝的观念不包含矛盾，则上帝至少是可能的；同时这个观念之中包含着必然存在；而由这两个前提（如果不是仅仅由后面一个前提的话），就可得出结论说，上帝实际地存在。"一个完满的必然存在的存在者，根据对它的非存在的赤裸裸的假定，它的曾经存在比之于它嗣后的能存在也不会更加可能；因为，如果它虽然不存在但却可能曾经存在，则它就不会是一个必然存在的存在者"。"一个必然存在的存在者，如果它是可能的，它就存在"。②

　　卡德沃思并不单单依赖这个论证。这整个世界在他看来就是为上帝提供了证明。他同样地论述了"无中生有"问题和自然中设计的标志问题。他把着重点放在解释运动的需要上（借机仔细分析了对万物的机械解释），尤其放在解释生命和心理现象的需要上。他主张，如果除物质外没有别的实体，那就既不会有运动，也不会有理智活动和意志，"一切都会是一团死物，也不可能有什么东西渗透入另一件东西"。③ 这种非物质实体的观念并非出于经院哲学家们的"本质"。这些之所以被称为永恒的，并不是由于它们本身是实体，而是因为关于它们的知识是永恒的：存在着一个理解它们的永恒的心灵，别的心灵都分有它。④ 感觉论与唯名论也遭到摈弃。"正义和非正义在自然中要比硬和软有更大的实在性。存在着一个存在者的序列，这序列以上帝居首位而以无生命的物质收尾"。⑤ 但是，就我们认识的序列说，上帝并不是最初达到的。对上帝的知识是"先于一切别的科学的知

①　《真正理智的宇宙体系》，第 3 卷，第 39—41 页。
②同上书，第 49 页。
③同上书，第 225 页。
④同上书，第 3 卷，第 226 页。
⑤同上书，第 412 页。

识"，这种观点有一种对它虔敬的外表似乎可取；但是它是自我破坏的。全能本身也不能改变真理的本性。真理不是被制造出来的，而是存在着的。"神的意志和全能本身对于神的理智并没有任何统治权：因为如果上帝仅仅凭意志来理解，那他就一点也不能理解"。①

卡德沃思的历史见识并不能和他的学问等量齐观，他把渊博的学问浪费在试图说明异教的多神论背后也有种对唯一上帝的信仰上，与此相联系，他致力于柏拉图的三位一体与基督教的三位一体的冗长比较，所谓柏拉图的三位一体，就是如普罗提诺所说的，太一*、心智和灵魂这"三种神圣的本体"。它们在它们的某些发展中相互对立，但是本质上却是一个；而且既然柏拉图的学说很可能"最初导源于一种神圣的或摩西的希伯来神秘主义哲学"，② 这也就不足为奇了。然而，这对卡德沃思却是一条危险的根据。论战者在他对这个观点的说法中发现了异端，而忽略了他这本书中的建设性的论证。人们认为，由它之不能很好地为人接受而生的失望同他不能完成他的原初计划有些关系。

当莫尔受劝出版一部伦理学教科书时，卡德沃思抱怨这计划闯进了一个他已据为己有的领域。他说，他自己已经有了一个"关于善与恶或自然伦理学的计划"。他在这里谈到的可能是指近千页的《道德的善与恶》的手稿，这个手稿从来不曾付印；或者也可能是指一部较短的著作《论永恒不变的道德》，这部著作是作者死去43年后于1731年出版的。这后一部著作是以伦理学的概念开头和收尾的，但是它的大部分篇幅讲的却是属于认识论的问题。这部著作对认识论是一个引人瞩目的贡献，而且，就其表述形式而言，它也相对地摆脱了博学的枝节问题。

94

---

① 《真正理智的宇宙体系》，第3卷，第33页。

* 太一，原文为"monad"，亦可译为"单子"，"单元"。

② 《真正理智的宇宙体系》，第2卷，第340页。

卡德沃思从道德的特性出发，坚决主张它们不是相对的和武断的。但是，这种见解完全是一般的而不限于道德。"事物之为它们所是不是由于意志而是由于本性"。上帝能够使一事物存在或不存在；但是，他不能使它不同于它的本性或本质。没有什么东西能够是没有一本性的，而且万物的这些本性或本质都是不可改变的。然而，这并不是说，事物是不依赖上帝的；但是，它们却是依赖或分有他的永恒的不可改变的智慧，而不是依赖他的纯粹意志。① 在这部著作中，作者包括了他已经涉及过的大片园地，但是他继续重新探究了作为"心灵本身内在能动活力"的认识本性。他的基本看法是，"事物借以得到理解和认识的可理解的形式并不是由外面被动地印在灵魂上的烙印和印象，而是从它自身内部生气勃勃地伸展出去或者能动地发挥出来的观念"。因此，知识并不是对出生前已经认识了的某些东西的回忆，但是，它确实包含了经验的"预知"。认识或理解的能力并不是从感觉中获得的；而且它还蕴含了理智的对象。因为感觉的对象是个别的有形事物，理解的对象则是事物的可以理解的"缘由"或事物的理由，而且它们本身也不是别的，只是在认识的心灵的情状。这样的东西就是如正义、义务、真理、原因等等概念；某些命题，例如"没有什么东西能够同时既存在又不存在"，也是如此。我们对这些东西是不能够形成任何影像或幻影的；它们是不可能导源于感官知觉的。这不同于自然对象（如"玫瑰"）的一般观念。它们包含着理智和感觉这两个方面的因素："这里有某种其理自明的东西与某种幻觉的东西混在一起的复杂情况。"

在天赋观念中，有一些是非相对的，如智慧、知识、真理等；其他一些则是相对的，如原因、结果、手段、目的、顺序等，包含着心灵的比较活动。这两类中没有一类是起源于感觉的，虽然感觉也可能

---

① 《论永恒不变的道德》，第 1 卷，第 3 章，第 7 节。

是"它们借以唤起的外在的诱因"。尽管它们是理智的情状，它们并不只是理性的或主观的东西（"entia rationis" or subjective）（在这个术语的近代意义上），这是由于下面两层理由：首先是因为一个理智的情状总是某种本身是实在的东西的一个情状，而且在这东西中有比物质或物体更多的"实存"；其次，是因为它们对我们之外的东西是有效的。因此，例如技艺和智慧都会在自然和人类生活中产生出实在的和重要的结果；而关系则不论是在自然的还是在人为的事物的真正本性或本质中都是"配料"。因此，还可以得出结论说，一个合成事物的观念不能是被动地印在心灵上，而只能"为理智的巨大结合能力所把握"，用康德的语言我们可以说它需要理智的综合活动。

卡德沃思讨论的一些部分，非常接近近代理论，例如关于知觉的空间与概念的空间的区别的理论。他指出（莫尔也曾指出过这一点），感觉并没有呈现给我们精确的直线和圆。可见的现象只能够是引起心灵能动地形成直线或圆的精确的"可理解的观念"的诱因。他还涉及了把感官知觉与"神的语言"作类比的想法，这想法后来被贝克莱发挥了。他说："自然可以说是以感觉的外部对象同我们谈话"；而 96 "灵魂则通过一种神秘本能，……理解自然的语言……知觉和认识到许多其他事物"。

他还说："知识不是开始于个体事物而是终止于个体事物……如果我们像上帝一样地认识，则我们就能够通过共相来认识或获得知识。"只有事物的可理解的本性或本质才是确实知识的对象。如果形式地考察，它们就只存在于心灵中，但是它们也还是具有它们自己的不可改变的本性。如果所有的有限事物和心灵都毁灭了，数学的与其他的真理也都将依然存在——存在于上帝的心中。一个无限的心灵因此便必然地存在，他"总是实际地把握着他自身、万有的本质与它们的真理；或者毋宁说，他就是万有的理由、本质和真理"。

但是，对卡德沃思，亦如对笛卡尔一样，出现了我们如何区别真理与谬误这个问题；而且他们的答案也很相似。* 理智的直接对象存在于心灵自身中。我们不能用外部事物来衡量它们。我们也不能查看存在于永恒的神的理智中的它们的原型。真知识的标准是明白的可理解性。"凡明白地设想到的东西都是实存和真理。"但是，对卡德沃思，和笛卡尔不同，谬误不是起源于意志的偏向，而是起源于模糊或混乱：谬误是一种非实在，因此便不能被明白地设想，因为"全能本身也不能使非实存变成实存"。

这条结论也适用于道德的基本原理。道德的善与恶，正义与非正义都表示在被这样称呼的事物中的一种或是绝对或是相对的实在性；它们都具有不能为意志或意见改变的本性。而且这些道德原理存在于无限永恒的心灵中，"它们的本性是道德的第一规则和范例"。卡德沃思用这条结论确立了道德的"永恒的不可改变的"性质；他根本没有研究它的详细运用。

约翰·史密斯，或许是剑桥团体中最引人注目的人物，生于1618年，死于1652年。他是北安普顿郡一个小农的儿子，1636年进了伊曼努尔学院，1644年成为王后学院研究员。他是一位学者（有"活图书馆"之称）和一位独立的思想家，而且他还有教师的情感交融与演讲的天赋："表达他的心思和构思一样妥贴喜人。"他短促忙碌的一生没有给他时间写作一部哲学论著；他的作品中全部幸存的就是1660年出版的一卷本的《论说文集》。塔洛克评价它们说，它们是"冷静严密地推理，同时又富于灵感的"。① 这部论说文集共含10篇论文；而它们的主要论题，就哲学方面看，就是："获得神圣知识的真正道路或方法"，"灵魂不死"，"上帝的存在和本性"，"真正宗教的优越和高贵"。它们于任何时候都是在学院附属教堂布道的值得注

97

---

* 参见笛卡尔《形而上学的沉思》中"沉思第四：论真和假"。
① 《17世纪英国的理性神学与基督教哲学》，第2版，第2卷，第135页。

意的讲辞，但是特别地适用于 17 世纪中叶。史密斯利用柏拉图、普罗提诺和普罗克洛的观念来解说基督教生活和基督教学说。他的著作到处都是对这些大师的征引。他是这样一个鲜明的甚至是爱好争论的柏拉图主义者，以致他告诫他的听众反对亚里士多德，因为他"磨灭了这块古代形而上学神学的神圣纪念碑"，他还反对亚里士多德的"后来的解释者"，说这些人"有时并不了解亚里士多德的意思和意图，就如他们不了解亚里士多德这样严重败坏了的这更加古老的哲学一样"。

史密斯是一个基督教的柏拉图主义者，而且属于这个类型中最优秀的榜样。吸引他的主要地不是理念论，而毋宁说是对整个生活和实在性的精神性解释，他在柏拉图和普罗提诺这两个人那里都找到了这种解释。而且他把这种思想表述得较之莫尔或卡德沃思更加简洁。他的征引确乎多。但是，它们却始终用来说明他自己的思想。而他的口吻，那个时代流行神学哺育出来的听众听起来纵然有吸引力，也准会感到奇怪。他说："得救不是别的，只是对神的本性的真正分有。"天堂并不是我们身外的东西，幸福也不是与心灵和上帝的真正结合有别的任何东西，这种结合是以心灵对上帝的善的神秘感觉和以爱报答上帝实现的。上帝应当在一个人自己灵魂的内部觅求。而善的生活就是"人的灵魂的感觉概念和基本原理"。史密斯远不是主张人类完全堕落的学说。这些基本知识原理可能模糊起来，但是它们并不会轻易泯灭。而且知识可以由谈论而过渡到类似感觉的直接性："先前仅仅是很好地建立在可靠原理之上的信仰的东西（我们的科学可能就是这样的东西），现在变成了直接所见（vision）。"

论灵魂不死的作品包含着他的最完全的论证。它从设定"实体性的与不可分的东西绝不会毁灭"开始，然后继续下去，首先是推进到对灵魂与躯体作出区别。我们的躯体概念永远达不到我们对作为"在我们之内的进行思想、理解、议论和推理的某种东西"的心灵的概念那样明白。心灵的所有活动都明白表示出来它的本性区别于躯体。史密斯（继普罗克洛之后）列举了知识借以使这种区别渐次明白起来的四个等级。首先是对可感觉印象的单纯知觉，这里没有任何理性；然后是关于意见的知识，在这种知识中，印象被与我们比较模糊的观念作对照；第三种是议论或推理，这一点以数学为例证；而超出这些的，是第四种知识，"对永恒真理的纯粹直觉，这永恒真理始终如一，既不会上升也不会下降，而是始终稳稳地垂直站立着，并且以柔和温存的光充满了灵魂的整个地平线"，因此给"人的灵魂中的某种持久稳定的本质"以明证。灵魂"在它的零碎个别的概念和理解中"分有"时间，而在其综合稳定的沉思中分有永恒性"。一旦达到这高高 ⁹⁹ 的奥林匹斯山*之巅，这灵魂就不再"怀疑是否昏睡的长眠此后将强占它"，而是"紧紧可靠地抓住它自己的不死并且以永恒的眼界观察它自己"。因此，在知识的阶梯中，每一个等级都纠正着低于它的那些等级，通向较高一级的觉解，直到在对永恒真理的意识中，这灵魂不再能够怀疑它自己的永恒性。

就纳撒内尔·卡尔弗韦尔其人而论，很少为人所知。甚至他的生辰死期都不确定。他 1633 年入伊曼努尔学院，这是惠奇科特成为导师之后的那一年，因此比卡德沃思低一年，而比约翰·史密斯高三年。他的《论自然之光》于死后 1652 年发表，据说那时他已死去一两年了。尽管他在这座新思想学派的真正神殿中受到教养，但他却没有完全分受它的信条。他几乎不能算作一个柏拉图主义者。与莫尔不同，他没有与灵魂先在的学说妥协，甚至拒不接受理念论。布鲁克勋爵的神秘主义对他也是不相容的；他并不赞同矛盾因素的合一；他赞同地征引了 1643 年由约翰·沃利斯以《经过证明的真理》为题发表

---

* 奥林匹斯山，在希腊东北部，古代神话中为众神所居之处。又译为天堂。

的对布鲁克的批评。卡尔弗韦尔也不能算作"自由放任的人"。他对加尔文主义并且整个说来对清教精神坚定不移。但是他同他的教派中的过激分子关系很疏远，对于他们，他写道："如果你只表示要造一个三段式，那他们就立刻贬低它为世俗学问。"他说："教会依赖于真正的理性比依赖某些伪造的传统要更加完全些。"他写这部书的目的，就是要表明信仰和理性之间的真正关系："给信仰以充分的范围和自由，也给理性以正当的界限和范围。"他说："这是最先出生的，而另一个则得到上帝的赐福。"下面两个命题概括了他的学说："（1）全部道德律都以自然普遍之光，即以理性之光为基础；（2）在与理性之光相反的福音的奥义中，什么也没有。""自然法属于理性而不属于感觉，它对有理性的创造物是本质的。理性之声颁布这种法；它的约束力和有约束力的德性部分地在于命令本身的卓越和公正；但是它们主要地依赖于上帝本身的最高主权和权威，设计和支配着他的创造物的福利，并把有理性的族类推进到其存在应有的完满性。"正如阿奎那所认为的，自然法是永恒法的摹本，而"这种永恒法实际上与上帝本身并无什么不同"。对自然法的这种看法并不完全是新的，甚至在英国也是如此。胡克已给了一个本质上相同又是从类似的源泉中得出来的学说以经典的表达。但是没有一个人对这个学说的本质有一个比卡尔弗韦尔更明白的观点。他绝不倾向于一切知识起源于感觉的理论，然而他也绝没堕入神秘主义。他的理论是一种纯粹的和崇高的理性主义，虽然他认为我们的理性需要更充满的信仰之光的照明。他的文体于这个题目是相称的，虽然或许充满了过多的旁征博引，有时是喜好雄辩；说这部书"就它的思想的宏大与和谐而言，就它用以颂扬理性的奔放热情而言，近乎一首诗"，[1] 这也几乎不算过分。

---

[1]　塔洛克：《理性神学》，第 2 卷，第 411 页。

　　约瑟夫·格兰维尔与剑桥学派的某些成员，尤其是与亨利·莫尔有密切的联系，但是他自己是在牛津受教育的，而且他也不是一个柏拉图主义者。然而，他赞同他们的许多论点。笛卡尔的新哲学吸引了他，他称之为"最好的哲学"，反之，他又一味地批评依然统治着牛津各学校的亚里士多德主义。他还赞同剑桥柏拉图派神学那种宽宏明智的气派，这使他们有别于清教神学家们的流行态度。格兰维尔的心灵对于那个时代一切有影响的东西：新科学，人类文化，争论中的哲学和神学诸多学说都很敏感。结果是不信一切独断体系，加上思想的一定开放——准备接受来自四面八方的光。他的第一部而且也是他最著名的一部书是《独断无益》（1661），以及同一部著作的修订本，1665 年以《科学的怀疑，即自知其无知乃通向科学之路》为题发表。这部书是题献给皇家学会的，他是 1664 年成为该学会会员的。

　　在哲学上，格兰维尔声称自己是一个探求者。他论述了我们知识的缺陷，甚至像灵魂与身体的本性一类最接近我们的事物的知识的缺陷：他认为理性是受情绪左右的，因此，"对于好讼世界的大多数自命为真理的争论都只不过是一个人的情感与另一个人的情感的相互发泄。"他的谴责首先是指向亚里士多德学派的教条，而这使他卷入了同"博学的托马斯·怀特先生"的论战，怀特是都埃的一位教士，是凯内尔姆·狄格比爵士和另一名大部头著作作者的合作者，这位作者用一部以《认识，或正当排除争议的怀疑和怀疑者》（*Sciri, sive scep-tices et scepticorum a jure disputationis exclusio*）为题的拉丁论著答复《独断无益》。就在格兰维尔对这位作家的回答中，他把他的怀疑主义定义为一种"研究方式，这种研究方式并不是持续不断地默诵哲学家们的著作和意见，而是到自然大书中去寻求真理"。皇家学会实现着培根预示的所罗门之宫的方案，已采用了这种方法，而且"与从亚里士多德在希腊开张营业以来一切使用概念方法的哲学家相比"，已经做

101

102 出了更多的改善有用知识的事情。格兰维尔本人在他的《反对狂热盲信的神学与自由哲学》的论文中鼓起勇气写了"《新大西岛》的续篇"。他的思想开放与他对权威和感觉是我们在这些问题上的唯一证据的确信使他相信超自然的现象。他认为"一切时代的证据"证实了它们的实在性。他不相信他称之为"现代撒都该派"*的独断主义。对他来说，"在其他方面机智、坦率的人们，竟陷于幻想，以为没有像狐狸精或鬼怪幽灵一类的事情，真是咄咄怪事。"

这个时期的别的著作家显示了新观念的影响。牛津主教塞缪尔·帕克既批评了霍布斯也批评了笛卡尔，他的论笛卡尔主义的论著曾由都埃的安托万·莱格朗 1675 年在英国出版，莱格朗是方济各会修道士与英国传教团的一名成员。西奥菲勒斯·盖尔在他的《异教徒的法庭》（1669—1677）中，把一切古代学问和哲学都追溯到希伯来《圣经》。约翰·波达奇写了许多著作，其中的神秘主义受到雅可布·波墨的影响。

1672 年，由理查德·坎伯兰（他后来成为彼德巴勒主教）发表的《论自然法》（*De legibus naturae*）的论文远不止批评霍布斯一个人。它提出了一种以自然法为基础的道德学说，这种学说伴有对霍布斯观点的一连串批评。坎伯兰把自然法看成是能够从物理和心理现象（它们本身起因于上帝的意志）的观察中推导出来，同时他又把自然法看成是指出"一个主要是促进公众福利的理性行为者的可能的活动"。"善"被他定义为"那种保存或扩大与完善任何一个事物或若

103 干事物的官能的东西"，但是，他又把这个词当作幸福的同义语使用。

---

* 撒都该教为古代犹太教的一个派别，该派否定死人复活，灵魂存在，来世和天使。

他认为"生命的法则"和"计数的技巧"一样明白，下述命题被认为必然地是真的：（1）"所有理性存在者的善比这集合体的任一部分的同类的善更大，也就是说，它确实是最大的善"；（2）"在增进这整个集合体的善的过程中，也就包括了和增进了诸个体的善"；（3）"每一个别部分的善都需要把不同所有物导入和放进有助于公众幸福的事物以及理性行为者的服务中"。这部著作整个说来，其风格是滞重的，其哲学分析是脆弱无力的，其论证是混乱的。但是，它的坚决主张人的社会性，以及把公众福利看作道德至上原则的学说，都预示了下一个世纪很多伦理思想所采取的方向。

第六章　约翰·洛克

　　总的说来，洛克可被看作是英国哲学方面最重要的人物。其他一些哲学家在天资方面胜过他；他没有霍布斯那样的综合的理解力，也没有贝克莱的思辨的独创性和休谟的精明，但在坦率、睿智和敏锐性方面，则是无人能超过他的。这些品格使洛克博得了其同胞的欢迎，而他的广泛旨趣，更使他的同胞乐于接受他的哲学。他是一位医师，始终留意于新的知识，他是政治家们的顾问，一位自由事业中的受难者，同时还是一位业余神学家。他的经济学、政治学和宗教学论著表述了他所在时代最合宜的观念，即那些即将成为主导的观念。他是大革命终结时期的哲学家，一到革命终结，他就回国发表了他在流亡时期已准备就绪的著作。他的巨著《人类理智论》看来也好像只是在揭示他所谆谆教诲的关于诚实、自由和宽容诸训条在人类心灵中的根据。当人们意识到，这同一部《理智论》，以其"历史的平实的方法"，竟给予欧洲哲学以新的方向并为心理学提供了新的基础，几乎是会感到震惊的。

　　洛克 1632 年 8 月 29 日生于萨姆塞特郡一个叫灵顿的乡村。他是一位乡村律师和小地主的儿子。他父亲于内战爆发后，在国会军队中任过骑兵队长一职。洛克在此后很久，即在随着国王复辟而来的暴风雨短暂平息时期写道："我一察觉到自己活在世上，就发现自己处于暴风雨中。"但是，政治的不安定似乎并未严重地干扰他的教育进程。1646 年，他进西敏寺学校*读书，1652 年，他作为一名低年级学生

---

　　* 该校由英国国会主办。

转到牛津基督教会学院。在那儿，他有一个长达 30 多年的住所（尽管他曾长期离开过此地），一直延续到 1684 年英皇下令褫夺其大学研究员资格为止。这所大学规定的研究科目并不合他的旨趣，他宁愿从笛卡尔而不是从亚里士多德那里学习哲学，但是，他显然还是使学校当局满意了，因为他于 1659 年曾被选为大学高级研究员，而在随后的三四年，他还参与了学院的导师工作。在一个时期里，他好像曾考虑到可能以担任圣职为生，但 1666 年他却谢绝了一个擢升他的提议，而且就在同一年，他获得一项特准，使他能在不担任圣职的情况下保有其大学研究人员资格。我们获悉，大概就在这同一个时期，他的兴趣在于实验科学，并于 1668 年当选为皇家学会会员。他早期的医学研究，很少为人所知。他准是没有修正规的医学课程，因为他未能获得医学博士学位。直到 1674 年，他才获得医学学士学位。翌年 1 月，他在基督教会学院的身份由于被指定为学院两个医学研究员资格获得者之一而合法化。

　　他的医学方面的知识和医术的偶尔实践，导致 1666 年结识阿什利勋爵（此后，从 1672 年起，为夏夫茨伯里伯爵）。这种偶然开始的结识对洛克的生涯产生了直接的影响。在没有断绝同牛津联系的情况下，他成了夏夫茨伯里家庭一员，并且似乎很快就被看作在处理家务和政务的所有问题上不可缺少的人物。洛克通过高明的手术使这位政治家免遭丧生；他还为夏夫茨伯里伯爵的嗣子安排了合宜的婚姻，护理这位夫人分娩，并指导对她儿子的抚养及教育，此后她的儿子以《论性格》一书的作者而著名。他还在公众事务（商业的和政治的）方面协助夏夫茨伯里，并随他到政府部门任职。当夏夫茨伯里 1672 年被任命为大法官时，洛克为他管理圣俸的秘书，翌年，又被任命为他的驻贸易部秘书。1675 年，由于那个时候，夏夫茨伯里被贬，洛克的公职生涯便暂告终结。

　　洛克的身体向来孱弱，苦于伦敦的气候。因而一经摆脱公务，便

106

离开伦敦以求身体康复。10年前，作为第一次荷兰战争期间英国派驻勃兰登堡选侯处的大使沃尔特·瓦奈爵士的秘书，他曾首次出国旅游和受任公职。当1666年初返回英国时，他谢绝了一个到西班牙继续任职的提议，而再次到牛津安顿下来；且旋即听从夏夫茨伯里劝告而在伦敦度过了他的大部分时间。1675年他一摆脱公职，便到法国南部寻求温和宜人的气候，进行从容舒适的旅游，并在蒙彼利埃住了好几个月。他在这个时期写的日记充满了对游览胜地、风俗习惯和制度惯例等的详尽细腻的描述。其中也包含着后来在《人类理智论》中成型的许多思考的记录。他于1679年返回英国，那时，他的恩主夏夫茨伯里伯爵再次获得短期公职。虽然他似乎与夏夫茨伯里后来的计谋无关，但怀疑自然地落到了他的头上，他感到去荷兰避难是谨慎稳妥的。在夏夫茨伯里出逃和去世之后不到一年，即在1683年8月，他果然逃亡荷兰。即使在荷兰，在一段时间里，他依然有应英国政府要求而遭到缉捕的危险；他不时地从一个城镇搬迁到另一个城镇，隐姓埋名，暗中出访他的朋友。他羁居荷兰时积极从事各种政治活动，与那些正在准备着英国革命的人们为伍。这在给他从事著述活动的闲暇和提供朋友间的友谊这两个方面至少是具有同等价值的。特别是，他与菲立·范·林保赫结下了亲密无间的情谊，林保赫是抗议派教士的领袖、学者和自由主义神学家，洛克《论宗教宽容的信》（*Epistola de Tolerantia*）就是题献给他的。这封信是洛克于1685年写就的，虽然那时并未发表；同时，在他1689年2月离荷兰返国之前，《人类理智论》似乎已臻于完成，而《理智论》的摘要1688年已在勒克莱尔*的《各国书讯》上发表。

新政府承认他对自由事业的贡献，要他出任英国驻柏林或维也纳

---

　　* 勒让·勒克莱尔（1652/57—1736），瑞士新教神学家，阿姆斯特丹神学院教授，《各国书讯》（1686—1693，共25号）的发起人和筹备人。他曾将洛克《人类理智论》的摘要译成法文，并将它发表在《各国书讯》上。

的大使。但是洛克并没有追逐公职的热望，同时他还担心他的身体，他早年在德国的经历使他惧怕"冷空气"和"热饮"，于是这个高职便被谢绝了。不过，他还是在国内担任了一些较不显要的公职。1689年5月，他被任命为上诉法院的官员，而在1696到1700年期间，他是负责贸易和殖民事务的官员，年薪为1000镑。虽然公务把他长期地召回城市，但是他还是能够定居在乡下。1691年，他接受劝告，在埃塞克斯的奥梯斯的弗朗西斯爵士和马萨姆夫人府中安了永久性的家。马萨姆夫人是剑桥柏拉图主义者卡德沃思的女儿，洛克曾明确表达了对他那种自由主义神学的不断增长的同情。而思想上的亲密关系增进了他与在奥梯斯的这个家庭的情谊，他一直同他们住在一起，直到1704年10月28日他去世。

除了《理智论》摘要和其他几篇投给《各国书讯》的较不重要的文稿之外，洛克在1689年回国前，不曾发表过任何著作，那时，他已57岁了。但是多年的思考和准备使他现在能够迅速连续地出版多卷书稿。1689年3月，他的《论宗教宽容的信》拉丁文版在荷兰发表；同一著作的英文译本（由威廉·波普尔译）随即在同一年发表，而这个译本的修订本于1690年出版。继这部著作发表而来的论战，在洛克方面，导致了《第二封信》，接着是《第三封信》分别于1690和1692年发表。1690年2月，洛克的题为《政府论两篇》的著作发表了，同年3月，为人久盼的《人类理智论》出版了*，这是一部从1671年起他就一直在断断续续地著述的著作。这部著作立即得到了成功，并导致了大量抨击和答辩的文献。学院里的青年研究人员

108

---

* 马克思在《神圣家族》中在高度评价了培尔的历史功绩之后，接着指出："除了否定神学和17世纪的形而上学之外，还需要有肯定的、反形而上学的体系。人们感到需要一部能够把当时的生活实践归结为一个体系并从理论上加以论证的书。这时，洛克关于人类理性的起源的著作很凑巧地在英吉利海峡那边出现了，它像一位久盼的客人一样受到热烈的欢迎。"（《马克思恩格斯全集》，第2卷，北京：人民出版社，1965年，第162页）

竭力想在大学里介绍这部著作，而上层家族的头目们则召开秘密会议，设法查禁它。对于一个批评者，洛克曾给予详尽的答复。这人就是伍斯特主教——爱德华·斯蒂林弗利特，他在其《对三位一体学说的辩护》（1696 年）中曾攻击过洛克的新哲学。这位主教心目中主要注意的是从《理智论》的学说中得出的神学结论，这结论与其说是洛克自己，倒不如说是托兰德在《基督教并不神秘》中得出的；至于对哲学问题本身，这位主教似乎并不感兴趣。但是，他的批评却引起人们对于《理智论》一个最少令人满意（虽或许也是最有启发性）的学说，即《理智论》对于实体观念的解释的注意；并且也使人们对于"观念的新道路"一般表示了怀疑。1697 年 1 月，洛克在《致伍斯特主教的一封信》中予以答复。5 月，斯蒂林弗利特回答了洛克这封信，8 月，洛克写好第二封答复信。斯蒂林弗利特 1698 年再次答复，而浩克的第三篇长信 1699 年发表。这年后期，主教去世，论战结束。《理智论》第 2 版 1694 年问世，第 3 版 1695 年问世，第 4 版 1700 年问世。其中第 2 版和第 4 版含有重要的增补。《理智论》的节本，1696 年由牛津耶稣学院的研究员约翰·温出版。在《理智论》第 4 版问世后不久，它便被译成拉丁文和法文。后来的各种版本包含着许多修订，这是由作者与都柏林三一学院的威廉·莫利纽克斯往来通信所致，莫利纽克斯是洛克新哲学的忠实信徒，洛克对他怀有热诚的友谊。这些年间，在通信者和奥梯斯的来访者中有艾萨克·牛顿爵士 * 和安东尼·柯林斯。柯林斯是邻近地区的一位青年乡绅，后来在当时的学术论战中扬名。

在洛克的巨著《理智论》出版后的几年里，他还忙于其他一些感兴趣的事。新政府的财政困难致使他 1691 年出版《论降低利息和提高货币价值的后果》一书，而关于后面这个问题即提高货币问题的

---

* 从 1690 年起，牛顿开始和他通信，讨论《圣经》、宗教信仰及科学诸多方面的问题。洛克也曾以《保罗书》注释寄请牛顿提意见。此外，1702 年，牛顿还登门拜访了 70 岁高龄的洛克。

《再论》*，4 年以后出版。1693 年，他出版了《教育漫谈》，这部著作是以他致一位朋友的信件为基础的。1695 年，他的著作《基督教的合理性》及批驳某些异议的对基督教的合理性的《辩护》先后问世，接着在两年后又写了第二部对同一著作的《辩护》。洛克对宗教问题始终有着浓厚的兴趣，在其暮年，他的时间都花费在神学上。在他死后发表的著作中，有保罗使徒书的评注和《论神迹》，还有《论宗教宽容第四封信》的残篇。死后发表的遗著还包括《对马勒伯朗士神父"在神中看一切"意见的考察，评诺里斯先生的几部书》，以及短篇论著《论理智行为》，《论理智行为》是所有死后发表的遗著中最为重要的著作，它原本是打算作为《人类理智论》的一章而写的。

洛克开拓了英国哲学的新道路。斯蒂林弗利特看到了这条道路前面的危险，但是这条道路的发现却使洛克有资格享有盛名。强调方法，这确乎不是新东西。在这方面，他是以培根和霍布斯以及其他近代哲学先驱为楷模的。培根已做得较多，他在人类心灵的自然工作中发现了危险和缺陷，并设计出各种方法来矫正它们。但洛克则更进一步，他对人类理智进行了系统的研究，旨在决定别的东西，即知识的真理性和确实性，以及信仰的根据，而有关信仰的所有问题，人们是习惯于作出断言的。这样，他就提出了哲学研究的一个新的部门或一种新的方法，它现在已被人们称作认识论。在这个方面，他是康德的先驱，并且预示了康德所谓的批判方法。

我们有洛克自己关于这个问题在他心里如何萌生的说明。他所以设计新的道路，是因为他发现旧的道路阻塞不通。大概是 1670—1671 年冬，在伦敦他的住房里，五六个朋友在谈论"一个与此相去甚远的题目"。我们从与会另外一个成员那里获悉，这个题目就是"道德和天启宗教的原则"。但困难比比皆是，讨论并无进展。接着，

---

* 即 1695 年在伦敦出版的《再论提高货币价值》一书。

他又继续说道:"我突然意识到我们走错了路,并且想到在我们着手研究这种本性之前,必须先考察我们自己的能力,弄明白我们的理智适合或不适合处理什么样的对象。"出于朋友们的请求,洛克允诺书面整理出自己在这个问题上的想法,以备下次集会讨论之需,他原以为这只要一张纸就足够了。那时候,他对于他所提出的问题之宏大以及这个问题竟要花费掉他近 20 年工夫体会得太少了。

洛克的兴趣集中在一些传统问题上,即自我的本性、世界和上帝,以及我们关于它们的知识的根据。我们只有在《理智论》的第 4卷即最后一卷才触及这些问题,但是,头三卷的探究是对这些问题探讨的准备,尽管这种探究也具有(洛克也看出它具有)它自身的重要性。他的引论中的话清楚明白地表达了这个意思:"既然正是理智使人高于其余一切有感觉的生物,并且使人对于这些生物占到上风、加以统治,那么,理智这个题目就确乎值得我们花费精力加以探究,即使从理智的高贵性讲,也是如此。理智,和眼睛一样,它使我们看到并知觉到别的一切事物,却不注意自己。它如果要把自己放在一段距离之外,而使它成为它自己的研究对象,那是需要技巧和辛苦的。但是,在这条研究道路上不论有什么困难,不论有什么东西使我们陷于暗中摸索,我总确乎相信我们能够透射到我们心灵之上的所有光亮,我们对于自己的理智所能得到的全部知识,都不但会令人惬意,而且在探求别的事物时,也会在指导我们的思想方面提供很大的好处。"

洛克不愿意"对心灵进行物理的考察";他并没有关于心灵的本质以及心身关系的理论;然而,他并不怀疑,只要花费适当的苦心,理智也能和别的任何东西一样加以研究,也就是说,我们是能够观察到心灵的诸对象以及心灵作用于对象的诸方式的。理智的所有对象都被说成观念,而观念又被说成是在心灵中存在的。① 因此,洛克的首

---

① 参阅《人类理智论》,引论,第 2 节;第 2 卷,第 1 章,第 5 节,第 8 章,第 8 节。

要问题，就是追溯观念的起源和历史，以及理智作用于观念的诸方式，以便他可以弄清楚知识是什么以及知识所及的范围。对"观念"这个术语的这种广泛用法是从笛卡尔那里承继过来的。在近代心理学中与之最为切近的术语便是"表象"（presentation）。但是，严格说来，表象仅仅是洛克的观念的一种，因为他所说的观念除表象外还包括再现表象（representation）与影像，知觉和概念或意念。他对这个术语的用法与古代柏拉图的含义迥然不同，因此混淆二者的危险不大。由于它不仅在哲学的用语中而且在日常言谈中都是一个为人熟悉的词，这也适合于作者的目的。然而，其中也埋伏了一种他无法逃避的危险。在通常使用中，"观念"一词暗含有与实在性相对照的意思，由"观念的新道路"所引起的反对应当归因于那种它似乎使人们不相信知识即是对实在事物的知识的主张的怀疑。

《理智论》分4卷。第1卷驳斥天赋原则和天赋观念学说，其他各卷分别论述观念、语词和知识。第1卷以其竭尽那时能够查明的关于原始的、尚未开化的种族的观念和信仰的所有事实来论证这个问题的方式而值得注意。他说明了人类经验的多样性以及人心形成一般和抽象观念的困难，他嘲笑了那种认为这样一些观念能够先于经验而存在的观点。天赋观念学说以其最为极端的形式遭到抨击；但他看不出这种极端的形式与他自己关于所有观念起源于经验的观点之间有任何选择的余地。

洛克想规避对物质、心灵及两者关系的任何预先假定。虽然，不难看出，他所排除的这些概念又常常作为不速之客而再度进入心中，但是，他的心理学的特殊价值就在于他企图清除它们。它既不是从心灵开始，也不是从物质开始，而是从观念开始。观念的存在是无须证明的："每个人都意识到它们存在于他的心中，而人们的言词和行动也会使他相信这些观念也存在于他人心中。"他所探究的第一个问题便是"它们是如何进入心灵的"，他的接踵而来的事情便是说明它们

112

构成我们知识的全部材料。在其对前面一个问题的答复中，我们看得出传统哲学，或者毋宁说关于存在的普通常识观点对他的思想的影响。他说，我们的一切观念都来自经验。心灵没有天赋观念，但它却有天赋能力：它知觉、记忆和组合从外部获得的观念；它还想望、思考和欲求，而这些心理活动本身就是新的一类观念的源泉。因此，经验是两重的。我们的观察既可应用于外部感觉对象，也可应用于我们心灵的内部活动。前者是我们所具有的大多数观念的源泉，由于它"完全地依赖于我们的感官"，而被称为"感觉"。后者是"人人在其自身中就完全具有"的观念的源泉，它可称作"内感觉"；他名之曰"反省"。

这样就导致了洛克见解的独特性。没有与生俱来的"印在心灵上"的天赋观念，然而感觉印象却并非我们知识的唯一源泉。他说："心灵供给理智以观念。"① 这里并不含有在"心灵"和"理智"之间作出区别的意思，因此，这个句子就可以写成"心灵供给它自己以观念"。至于这些观念是什么，他并未留给我们疑点，它指出，它们就是"关于心灵自己活动的观念"。当心灵活动时，它便具有关于它的活动的观念，也就是说，它是自我意识的。因此，反省意即自我意识，其本身就被假定为我们知识的一个原初的源泉。此后，休谟和孔狄亚克都拒绝承认反省为观念的一个原初的源泉，而且他们两个都因此发现他们必须面对追索自我意识如何从一连串感觉中生长出来的问题。按照洛克的见解，反省是观念的一个原初的但并非独立的源泉。如果没有感觉，心灵就不会有任何东西来对它进行活动，而因此也就不会有关于它的活动的任何观念。"一个人开始有观念"是"在其开始有感觉的时候"。② 心灵活动本身并不为感觉所产生，但却要求感

---

① 《人类理智论》，第 2 卷，第 1 章，第 5 节。
② 同上书，第 2 卷，第 1 章，第 23 节。

觉提供加工的材料。

　　感觉所提供的观念"经过单纯而非混杂的诸感官而进入心灵";① 它们需要心灵活动把它们结合成为知识所必需的复杂的统一体。实体、样式和关系的复杂观念全都是心灵作用于简单观念的结合和抽象活动的产物，而这些简单观念是通过感觉和反省获得的，是没有任何联系的。因此，洛克的认识论有两个方面。一方面，知识的一切材料都可以追索到简单观念。另一方面，把这种粗糙材料转变成知识的过程是心灵的活动，这些活动自身并不能归结为观念。洛克白板（tabu-la rasa）、"白纸"② 和"暗室"的隐喻使他的批判者误入歧途，并使他的一些信徒想到一种与他自己的理论完全不同的理论。这些隐喻仅仅形象地表明了他那时手头上的东西。要是没有经验，就没有一个字写在心灵的"板子"上。要是不透过感觉和反省之"窗"，就不会有一缕光亮进入理智。没有什么观念是天赋的；除感觉和反省两者外，没有新的简单观念的其他源泉。但是知识是牵涉到关系的，而关系是心灵的作品；它需要复杂观念，而复杂观念是心灵形成的东西。简单观念并不是凭它们自身进入关系之中，形成复杂观念的。洛克并不与在他之前的霍布斯及在他之后的休谟和孔狄亚克一样，指望观念对于观念的某种不可解释的自然的吸引力造成这些产物。事实上，他的"观念的联想"的论述只是一种过后的思考，在《理智论》的早期版本中并未出现。

　　从我们由感觉或由对心理活动（当其发生时）的观察得来的简单观念开始，洛克有两点要说明：普遍的因素，亦即与知识相关的或知识所蕴含的一般概念；以及知识自称涉及实在性的要求。洛克十分详

114

115

---

　　① 《人类理智论》，第 2 卷，第 2 章，第 1 节。
　　② 这同一个隐喻也为胡克所使用，他在《教会政体》第 1 卷第 6 章中写道："因此，人的灵魂就如一部书似的，在开初，上面什么也没有，然而一切东西都可以印在上面。"

尽地讨论了前一个问题，而他论述的一般方法是足够清楚的。复杂观念是心灵通过结合和抽象的过程由简单观念生成的。要求他的事业尽善尽美是不公正的。但是，他的复杂精细的讨论留下许多未解决的问题，则是不容否认的。事实上，这正是他的一个伟大功绩。他以这样一种方式提出了许多问题，促使人们去进一步探究。诸如因果关系一类原则，对自然的知识离开它们就会是不可能的，就常常在对假定它们的诸根据不作任何探究的情况下便被默默地视为当然了。再者，解说普遍性的困难也通过把某些产物说成简单观念而被不适当地简单化了，虽然思想显然曾经对它们起过作用。

在这一点上，一个重大的前后矛盾在他对经验的原初材料的说明中变得明显了。事实上，甚至给那些纯粹个别者（感觉的"这个，这儿和现在"）命名，要不给它一点概括性的气味，也是不可能的。但是，在开始时，洛克却试图尽可能地接近它。（感觉的）简单观念以黄、白、热、冷、软、硬等等为例证。① 但到了第 2 卷末，② 却开列了一个很不相同的一览表：广延、坚实性和可变动性（来自感觉）；知觉力和原动力（来自反省）；以及存在、绵延和数目（来自感觉和反省两者）。这些都被说成是"我们的原初的观念"，而其余的，则被说成是"导源"于它们和"依赖"于它们的观念。一个例证一个例证地比较这两个一览表，是困难的；但是，我们可以举一个例子作示范。根据第一个一览表，硬是一个简单观念；根据第二个一览表，坚实性是原初的（因此也是简单的）观念，而硬将导源于它和依赖于它。显然，在制作前一个一览表过程中，洛克是在试图追索我们个体经验的原初材料；而在做第二个一览表时，他却想到我们的经验所依赖的以及他假定为我们的经验所揭示的客观实在。但是，他没有看到

① 《人类理智论》，第 2 卷，第 1 章，第 3 节。
② 同上书，第 2 卷，第 21 章，第 75 节。

这种差异。他似乎忘却了他的一切知识的起源当在个别中，在某些"单纯而非混杂"的东西中寻找的观点。因此，他无所踌躇地说①："若是有人问我，这种坚实性是什么，则我可以让他求教于自己的感官。他只要把燧石或足球置于两手中间，尔后努力捏合两手，他就会知道的。"但是，如果不在简单观念之外，再走很长一段路程，他就不会知道。在这种情况下，简单观念是某些肌肉的和触觉的感觉；因而当他说燧石或足球是坚实的时候，他是还用了其他一些手段来解释这些的（其中包括对外部对象和他自身机体的知识）。

　　他的样式学说也为忘却简单观念必须是真正简单的这个事实所影响。由是，他认为"空间和广延"是凭借视觉和触觉两者得到的简单观念②。一个人会因此而期望，空间的原初的和简单的观念就是在瞬间看到的特定的斑块或探索的肢体的特定的"感触"。但是，据说"任何不同距离或不同空间的一个观念都是"空间观念的"一个简单样式"。这里，简单观念再次不知不觉地被概括化了。他宣称从外部和内部感觉的纯粹殊例开始，并且来说明知识（必然是概括的）如何从这些殊例中引申出来。但是，在这样做的时候，他却假定了有一种一般的或普遍的因素，是在简单观念中就已经被给予了的。

　　在达到这样一步之后，他本来可望再进一步，把对个体事物的知觉看作简单观念实体的样式。但他并未这样做。实体是一个他认真地运用他自己的基本理论加以考察的观念（虽然也为"一般的实体"观念以及"特殊的种种实体"观念的起源所困惑③）；他的理论在这点上使他陷入的困难，既引起了批判，也对思想的进展富于成果。他承认实体是一个复杂观念，也就是说，它是通过心灵活动由简单观念做成的。于是，这个实体观念便标志着在"具有感觉"和"知觉到

117

----

① 《人类理智论》，第 2 卷，第 4 章，第 4 节。
② 同上书，第 2 卷，第 5 章。
③ 参阅《人类理智论》，第 2 卷，第 23 章，第 1—3 节。

事物"两者之间的差异。因此，它的重要性是明白的；但是对它的解释却一点也不明白。他告诉我们说，有一种"假定的或含混的实体观念"，加上（譬如说）"一种暗白颜色的简单观念，带有一定程度的重量、硬度、延展性和可熔性"，而结果，"我们便得到了铅的观念"。要是实体能够简单地被解释成理智对白、硬等等或一簇类似的感觉观念的结合，则困难就可以规避了。但是，这样地对事实置之不顾，并非洛克的作风。他看出，除这些感觉观念外，还需要别的某种东西。它们仅仅是被加到"那个假定的或含混的实体观念"上面的，这个实体观念在那里，并且"永远是首要的"。① 他坚持认为这观念是一个复杂观念并且是为心灵制造成这样的，但是，要说明造成它的那些材料，他就茫然若失了。我们不能够想象简单观念如何能够自身单独地存在，因此，"我们便习惯于假定简单观念确实存在于其中的某种基质，"这种基质，我们就称之为实体。在一处，他甚至在我们没有明白的实体观念和我们根本没有实体观念之间举棋不定②。它是"一个他不知其为何物的东西的假设"。这种即将表现出来的非确实性把它的暗影投到了我们全部的自然知识上。

118 　　因此，"观念的新道路"在用来说明知识的普遍性因素时是使人感到棘手的；在维护知识的实在性时，它甚至要面临更大的困难。而在后一种情况下，作者并未如此明白地看出这些困难。他的观点是，简单观念是实在性的验证和标准。凡是心灵提供给我们观念的东西都使观念离开事物的实在性更远一些；在变为一般的过程中，知识失去了与事物的接触。但是，并非所有的简单观念都具有同样的实在性方面的意义。颜色、气味、滋味、声音等等都是简单观念，然而在物体本身中并无什么东西与它们相似；但只是，由于它们不可见部分的体

---

① 参阅《人类理智论》，第 2 卷，第 12 章，第 6 节。

② 《人类理智论》，第 1 卷，第 3 章，第 19 节。

积、形相和运动，物体"具有一种在我们心中产生那些感觉的能力"。因此，这些便被称作"物体的第二性质"。另一方面，"坚实性、广延、形相、运动或静止，以及数目"，也被洛克看作是简单观念；而这些是物体的性质的肖像；"它们的原型确实存在于物体本身中"；因此，它们是"物体的第一性质"。① 在这个方面，洛克如果不是明示地便是暗含地割裂了而不是建立了简单观念和实在之间的联系。仅有的能的确有权被看作简单观念的观念却在事物中并没有与之相似的东西。别的一些观念无疑被说成与物体的性质相似（一种没有提供什么证明也不可能有什么证明的论断）；但是，这些观念要列为简单观念只有一种可疑的权利。洛克的主要倾向是要把实在与简单观念等同起来，但是，他有时又几乎达到涉及实在乃是思想的工作这么一个相反的观点。

在其《理智论》第 4 卷中，洛克进而运用这些成果，以便决定知识的本性和范围。由于观念是心灵的唯一直接的对象，知识就不可能是别的东西，而只能是"对于我们心中任何观念的联系和一致，或不一致和抵触的那种知觉"。据他说，这种一致或不一致有四类：同一或差异；关系；共存或必然联系；实在存在。这几类知识的每一类都提出了它自己的问题。但是广泛地讲，其中有一类区别可以被看作是基本的。就在其把知识限制在我们观念的一致或不一致的同一节里，他承认有一种超出观念本身而达到这些观念所具有的真实存在意义的知识。当所涉及的并未超出"心中"的观念时，所出现的问题都属于一个层次；当更进一步涉及实在事物时，另一个问题便出现了。上述各卷已经准备好了解决这两套问题的方法。

119

----

① 物体两种性质之间的与此相似的区别为伽利略、霍布斯和笛卡尔明确提出，其起源可追溯到德谟克利特；而"第一性的"和"第二性的"词语曾偶尔为罗伯特·波义耳应用于这个方面（见《形式和性质的起源》（1666），第 10、43、100—101 页）；参见《短论集》（1671），绪言，第 18 页。

当诸观念同时一起存在于心中时，我们就能发现它们的相互关系。只要它们不被看作代表心外的原型，就不存在知识确实性的任何障碍。"一切关系都归结于，并且最终都建立在我们感觉或反省获得的那些简单观念上的"；① 但是，"概括而确实的真理，只是建立在抽象观念的各种惯常性和关系上的"。② 洛克以这种方式为数学的确实性辩护：虽然这种科学有教益，它却纯粹是观念性的，它的命题也不适用于心外的事物。他还认为，"道德学也和数学一样，是能够推证的。"但是，尽管他的朋友莫利纽克斯再三恳求，他还是从未详尽地阐述过他的伦理学说。在第二卷中，他把道德的善和恶归结为快乐和痛苦，这种快乐和痛苦是作为奖惩由某个立法者加到我们身上的。因此，它们指向一个心外的源泉。但是，他的主张道德学可推证性的根据是因为道德观念为"混合样式"，因而是心灵的产物，它们的"精确的实在的本质……可以被完全认知。"他仅仅以两个例证来试图说明这种推证的道德学，而它们中的任何一个都不过是词语上的，都没有提供有关善或恶的任何信息。然而，这种学说由于显示了另一类型思想对洛克的影响而有其意义，在《理智论》里和在洛克的其他著作里，都有许多这种影响的痕迹。

知识所及的真实存在是自我、上帝和自然界。洛克说，对第一种，我们具有直觉的知识，对第二种，我们具有推证的知识，对第三种，我们具有感觉的知识。他进而解释了这种观点，并为之辩护。洛克认为，自我的存在是通过当下的直觉而认知的。和笛卡尔一样，他认为对这方面的怀疑是能够排除掉的。但是他不能指出自我如何能成为一个观念并且因此属于知识的材料。自我的观念不能来自感觉；而反省得来的简单观念，全然是关于心理活动的，而不是关于这些活动

---

① 《人类理智论》，第 2 卷，第 28 章，第 18 节；第 4 卷，第 12 章，第 7 节。
② 同上书，第 2 卷，第 28 章，第 18 节；第 4 卷，第 12 章，第 7 节。

的主体或原动者的。另一方面，当他有机会讨论人格同一性时，他便遵循他的观念的新道路，并且使之依赖于记忆。他的关于上帝存在的证明属于哲学家们称作宇宙论证明的那一种。它从思想着的自我或心灵的存在开始，进而由这种见解论证了理智第一因存在的必然性。洛克在未提出问题的情况下，就假定这条因果原理的有效性甚至超越可能经验的范围。采取重大步骤来对这条原理提出问题进行考察留给了大卫·休谟。

因此，关于自我和上帝，洛克并没有显示出任何独创性的观点。正是在其面对外界物体实在存在的问题时，他把观念看作理智唯一直接对象的学说开始发挥作用，并给自然科学命题蒙上了非确实性。事实上，他并不怀疑从一个感觉观念的出现到在我们心中引起这个观念的事物"在那个时候"的存在这种过渡。① 在这里，他认为，我们具有"配得上称为知识的一种确信"，② 虽然他也承认它"全然不如我们的直觉知识那样确实，也不如我们理性的演绎推论那样确实，这些演绎推论是运用于我们自己心中明白的抽象观念的。这类知识纯粹是感觉的；它并不扩展到我们感官运用于那时确实作用于它们的特殊对象所得的即时的证据之外。"③ 在这里，必然联系是超出我们所及的范围的。关于事物的任何论断，除有关它们直接呈现给感官的方面外，因而亦即自然科学的所有概括，都是不足以看作严格意义上这样称谓的知识的。"上帝已经把一些事物置于光天化日之下"；④ 但是，自然科学却并非这种事物；在那个方面，亦如我们在许多别的问题上一样，我们只有"概然性的微光"；不过，概然性对于我们的目的也足够了。这个清醒务实的说法标志着整个探究的结果："我们的那些

121

---

① 《人类理智论》，第4卷，第11章，第2节、第3节。
② 同上书，第4卷，第11章，第2节、第3节。
③ 同上书，第4卷，第11章，第9节；第14章，第1节。
④ 同上书，第4卷，第11章，第9节；第14章，第1节。

官能不适于达到存在的全部范围，也不适于达到关于事物的完善、明
白、包罗万象而毫无疑义的知识；但是，却适于使我们得到保存（这
些官能是存在于我们之中的），并且也适于谋生之用。"①

　　在洛克的其他著作中，他的实践兴趣找到了充分的机会。他涉猎
了吸引着那个时代注意力的大多数问题，而且给它们打上了他的思想
烙印。在《政府论两篇》中，他有两个预期的目的：一是驳斥如罗伯
特·菲尔默爵士所已提出来的绝对权力学说；二是制定一种调和公民
自由与政治秩序的理论。对菲尔默的批评是彻底的。他的亚当，以及
作为亚当后裔的国王们的绝对统治权的理论已经完全失去了人们对它
的兴趣；而洛克的论证只能说是太有效了：对这样一篇荒谬论文的详
尽答复本身也变得令人厌烦。没有直接提到霍布斯那部较能经久传世
的著作；但是，当洛克论证说君主专制制度使主权者与臣民仍然处在
人们相互间的自然状态中时，他心里想到的似乎是霍布斯的著作。

　　第二篇论著中详尽阐述的建设性学说，成了以后许多代社会和政
治哲学的基础。劳动是财产的起源和正当理由；契约或同意是政府的
基础，而且还决定了它的范围。这两个学说背后都存在着个人独立的
观念。自然状态不知道有什么政府；但是在自然状态中，也如在政治
社会中一样，人们服从于道德法，那是上帝的法律。人们是生而自由
并且权利平等的。凡是一个人"掺进了他的劳动"的东西都是他可以
享用的。或者，至少在人类生活的原始状态下是如此，在这种状态
下，有足够的东西给一切人，并且"整个大地都是美洲"（the whole
earth was America）。洛克看到，当人口繁衍而土地变得缺乏了时，就
需要超出那些道德法和自然法所提供的东西进行统治了。但是政府的
起源并没有追溯到这种经济的必然性上，而是追溯到另外一个原因

---

　　①　《人类理智论》，第4卷，第11章，第8节。

上。道德法始终有效。但是人们并不总是恪守它。在自然状态下，一切人都同等地有权惩罚犯法者：当人们为了更好地施行这种法律，同意把这种职权交给某些公职人员时，政治社会便开始了。因此，政府是通过"社会契约"建立起来的；政府的权力是有限的，而且它们也须包括相互的义务；再者，授权者也能够改变和取消它们。洛克的理论因此和霍布斯的专制主义一样，不是历史的。它在思想上为立宪政府提供了事实根据，它也是为它的依据那个时代的观念为"大革命的和解结局"进行辩护的目的服务的。

洛克论经济问题的著作不及他的论政府的著作重要。它们论述了由政治形势的需要提出的种种特殊问题。还没有企图使有关财富的事实分离独立出来，使之成为一门特殊学科。① 指导工商业被看作是政治家的本分；但是，在17世纪政治家们开始不像过去那样彻底地履行这项职责了。而同时由于国民生活的发展又展现了新的问题。美洲殖民地，东印度公司企业，爱尔兰的移殖，同荷兰和法国的贸易竞争，还有关于利率和货币的问题，在17世纪后半叶引起了一大批著作家的关注。洛克自己的贡献是由革命后新政府所面临的财政问题引起的。他对利率问题的思考表明了诉诸国家干预即将遇到的日渐增长的不利。他指出了当利率由法律规定时所产生的对贸易的种种障碍，他论证应支持他所号召的自由，用的是使人们联想到亚当·斯密的措辞，就是"货币的自然利息"。货币"转动着贸易的车轮"；因此它的道路不应受到阻塞。同时，他也不一般地反对国家对商业贸易问题的干预；重商主义者的语言对他也并不陌生。富有在于大量的黄金和白银，因为这些支配着全部生活设施。而"在一个提供不了矿藏的国家里，增殖财富只有两条道路：或是征服，或是贸易"。而对我们来说，贸易是唯一的道路；洛克谴责"近来几个王朝"听任其他竞争者

---

① 参见坎宁安：《英国工商业的发展》，第206节。

与我们一起进行海上贸易的"令人惊异的政治"。在《论降低利息和提高货币价值的后果》（1691）的结论部分中，洛克强调了币值标准恒常稳定的重要性；4 年后，他在他的《再论提高货币价值》中，为自己的观点辩护，反对财政国务大臣威廉·朗兹在《论整顿银币》（1695）中所提出的其中含有降低银币规格主张的诸项建议。

　　洛克为信仰问题上的宽容所作的辩护，已经成了经典。他的《读书札记簿》表明，早在他的第一封《论宗教宽容的信》发表前 20 多年，他对这个问题思想上就很明确了。其实，终洛克一生，这个题目都是四处为人讨论着的，并且对他有密切的影响。当他在西敏寺学校当学生时，国家行政长官在宗教问题上的权力就是在离他的宿舍一箭之遥召开的神学家会议上长老派信徒和独立派信徒之间热烈讨论的题目。而当他进入基督教会学院时，独立派的一位领袖约翰·欧文刚刚受任该院教务长职务。在此之前，就有过许多关于宽容的论证，但是它们都出自国内较弱小的党派。例如，杰里米·泰勒的《作预言的自由》于 1646 年发表，那个时候他那一边已经很不景气了。欧文则负有他是"他的党派最有势力时"主张宽容的第一人的声望。[1] 1649 年 1 月 31 日，他应召去下议院布道，他履行了这项任务，没有涉及前一天的悲惨事件；[*] 而只谈到那篇已经发表了的他附有关于宽容卓越讨论的布道辞。欧文也没有像密尔顿 10 年后在他的《论宗教事业中的政治权力》中站到那样高的立场上——断言"任何世俗权力在宗教问题上实行强制都不合法。"他声望极高，他这种身份确实是需要精细一点的。他认为，国家行政长官对教会负有责任，他应当给它的传教士们不仅作为公民而且也作为"真理"的宣传者以诸多方便和保

125

---

　　① W. 奥姆：《约翰·欧文传》，在约翰·欧文《著作集》之前，1826 年，第 1 卷，第 76 页。

　　* 指 1649 年 1 月 30 日英王查理一世于最高法庭判处为暴君、叛徒、杀人犯和国家公敌，应处斩刑之后，在白厅前广场上被当众处死一事。

护；另一方面，他又主张国家的或肉体的刑罚用作对纯粹精神上的犯罪的惩罚也是不适宜的。

洛克最后采取的立场并不完全和这一样。他从来就不是一个偏激的清教徒；他不喜欢各种精致的神学，犹如他不喜欢哲学的许多经院体系一样；而他在宽容理论上的最初尝试是与这样一种观点联系着的，这就是，在宗教中，"思辨性意见的条款应当是少而宽，而礼拜的仪式则应当是少而易。"他认为对得救必要的学说在约翰·欧文看来却似乎只是一种贫乏可怜的信条。而且他关于国家作用的观点也更加狭隘。他说："法律的事情不是提供关于意见的真理，而是要提供国家的以及每个个人的财产和人身的安全。"它是应当如此的。因为真理一经获准自谋出路，她就会干得很好。她极少得到，我担心她永远也不会得到有权势的大人物们的许多帮助，她极少为他们所知道，更难受到他们的欢迎。她之进入人心不是由法律教导的，她也完全不需要强力。谬误实际上是借助于外来的或借来的援助流行起来的。但是，如果真理不靠她自己的光进入理智，则她对任一借用的能够附加在她上面的暴力就会只是一个弱者。

依照洛克的看法，教会"是一个自由自愿的团体"；它的目的是对上帝的公众崇拜；这种崇拜的价值依赖于产生崇拜的信仰；"真正宗教的全部生命和力量在于心灵内在充分的信仰"。而这些问题是完全处于国家行政长官的管辖范围之外的。洛克因此（用后来的语言说）在宗教上是个自愿者，正如他在国家干预问题上是一位个人主义者。然而，他宗教问题上这种个人自由的学说有一个例外。扩展到其他一切人的宽容，拒绝给予罗马天主教徒和无神论者。而他在这个方面的前后矛盾常常受到严厉的责难。但是，很显然，洛克提出这个例外不是由于宗教方面的原因，而是以国家政策为理由的。他把罗马天主教徒看作是公众和平的危险，因为他表示效忠于一个外国君主；而无神论者之被排除在外，是因为根据洛克的观点，国家的存在依赖于一个契约，而遵守这个契约的义务，正如遵守全部道德法的义务一样，依赖于神圣的意志。

洛克的神学著作展示了他的其他著作已经使之为人熟悉的富于特征的性质。他在这些著作中对神学家们的传统置之不顾，就如他在《人类理智论》中抛弃了哲学家们的传统一样。他为了宗教学说探求圣经，就如他为了哲学要转向经验一样，而且他还遵循着一种同样率直的方法。洛克并没有提出《圣经》批判问题，像霍布斯已经涉及而他自己的追随者此后不久便提了出来的那样，而他所达到的结论；要不是充满了流行学说的话，是与基督教信仰一致的。同时，他的著作属于自由主义神学的历史，同跟着而来的自然神论有密切联系；它论述宗教就像论述任何别的一门学科一样，它解释《圣经》，就像解释任何别的一本书一样；而在他对宗教本性的看法中，他倾向于把宗教127 说成仿佛它几乎完全在于一种理智信念的态度——一种在 18 世纪进程中变得更加突出的倾向。

洛克的《教育漫谈》和他的《论理智行为》在教育理论的历史上占有重要地位，虽然在这里只能简单地提到它们。这门学科有权在他的思想中占据突出地位。他在心灵成长中强调经验使他夸大了，或许是过分夸大了教育的力量。他认为，"小孩子们的心灵就如水本身一样可以容易地转向这一边或那一边。"他低估了天生的差异："我们生而具有几乎能够做一切事情的官能和能力"；而且"在躯体中如此，在心灵中也是如此，实践使它成为它所是的那样"。沿着这种观点前进，达到了对教育的重要性及其广阔目标的深刻信念。它必须使人适合于生活——适合于世界，而不是适合于大学。知识教育并没有穷尽它；它本质上是一种性格的训练。

洛克有使哲学讲日常生活语言的才能。结果，在他的著作之后便有整套抨击和辩护的文献随之而来。在他的批评者中，斯蒂林弗利特最突出；他散发出一种论战气氛，他的能力也在许多领域中显示出来；他在理智辩难方面不是洛克的对手；但是他是一个可怕的反对者，洛克学说中的困难被他用不小的力量穷追到底。

那时曾引起一些轰动的另一位批评者是约翰·萨金特（1622—1707），他是一个改宗罗马天主教者，一位激烈的争论家。他在《科学方法》（1696）中主张，所有的推理都能归结为单独一种类型，所有的真理都是同一性命题；原因和结果实际上是同一的，对一个事实的认识就蕴含着对一切事实的认识。他认为，"万物是它们所是，为一切知识的基本原理"。① 他告诉我们，这部书在他知道洛克《人类理智论》之前就几乎写完了。"仓促一瞥"唤起了他的希望，但是这些都由于"更加充分的考察"而破灭；1697 年，他发表了《主张坚实的哲学，反对观念论者的幻想》。这部著作由两个部分组成：首先是若干作准备的前提，然后是对《人类理智论》各不同部分的一系列看法。萨金特的基本论点是反对洛克把观念看作一实在事物的代表或相似物而不是实在事物本身的观点。对于这个意义上的"观念"他将无事可做；我们必须谨防"幻觉"，谨防通过想象不是通过理性来推究哲理。他主张我们永远不可能有权利断言一观念与那实在事物相似，因为"那个所似的事物必定是不仅在这个观念之外，而且通过别的方法而不是通过这观念被认识到的，这除了通过存在于理智中的东西本身，不能有别的途径"。他把这个东西叫作"意念"（notion），而"意念就是存在于我理智中的那个东西本身"。他承认，人们会把这看作一条悖论，但是，"除非这个论点，和它是奇怪的一样，也确是真的，任何一个活着的人要认识任何东西都是根本不可能的。"因此，他将明确地提出这条悖论。"当我说'这块玻璃在橱窗上'时，……这块在橱窗上的玻璃本身必须也在我的心中"。但是当我们发现"这个自身同一的事物可以有自然的和理智的这两种存在方式"

128

———————————

① 参见亚当森：《逻辑简史》，第 147—148 页。

时，这条悖论便缓和了。事物在它们被创造前存在于神的理智中，并且一直仍在那儿存在着；一条类似的真理也适用于认识任一事物的灵魂：它"理智地就是那个事物"。我们因此可以说，意念就是这个作为理智的、被认识的事物；问题就在于是否这个理智上的存在或"在理智中的存在物"除了单纯"被认识"还有别的什么意思。萨金特 129 预示了由批判休谟的实在论者所提出的对表象知觉论的反对理由。但是，他没有采取他们的直接知觉理论，他也不曾满足于这种理论。然而他自己的学说却没有对知识作出解释。

在洛克的批评者中，还可以提到的有亨利·李、威廉·舍罗克、大主教金、约翰·布劳顿以及托马斯·伯内特（《圣土理论》[Sacra telluris theoria] 的作者）。另一个托马斯·伯内特，阿伯丁郡的肯奈人，就是通过他的居间中转洛克得到了莱布尼茨对《理智论》的《思考》的。莱布尼茨的《理智新论》（在其中，《理智论》的学说逐节地受到批评），当洛克突然去世时，就已经准备就绪可以付印了，但是由于这个事件，其出版便被无限期地延宕下去了。属于站在洛克一边的著作家有塞缪尔·博尔德、文森特·佩罗内特以及凯瑟琳·科伯恩夫人。值得注意的还有一部匿名著作，题为《关于感觉与想象的两篇论文。附一篇〈论意识〉》（1728），它一直被认为是扎卡里·梅恩①的作品。《论意识》研究了意识与自我意识的功能，而且照作者声称的，是对这个题目的首次独立的探索。《论感觉与想象》主张理智区别于感觉又区别于想象。他说，虽然"要表达一个感官知觉而没有某种理智的意念不知不觉地潜入"是不容易的，但是感官知觉和意

---

① 一个主要写作宗教著作的著作家，死于 1694 年。把这部书归于他的最后权威性根据（就我能追溯到的而言）是 R. 瓦特《不列颠藏书目录》（Bibliotheca Britannica）（1824）；但是，"致读者"序在我看来似乎意味着这部书不是死后出版的。诺厄·波特（宇伯威格的《哲学史》，E. T.，Ⅱ，第 368 页）提出它由梅恩的一个儿子所写；但是，提到的这个儿子并不取名扎卡里，看来，这个意见只是一种猜测。我所知道的这部书的唯一一本保存在大不列颠博物馆。

念有不同的特征，并且应归于不同的官能：前者提供了质料；后者则提供了我们知识的形式。

这个时期的其他两个著作家值得为了他们本身计再提一下。这就是理查德·伯索格和约翰·诺里斯。

伯索格在他自己那个时代声望并不大，后来又几乎完全为人忘却，直到最近历史学家对他的功绩才予以注意。他的主要著作《论理性与心灵本性》，1694 年出版，是题献给"为整个学术界公认的最伟大的理性大师之一"的洛克的。但是，他既不能算作洛克的追随者，也不能算作洛克的批评者。他的富有特征的学说被表述在一部早期著作《旧工具与新工具》（*Organum vetus et novum*）中，这部书是 1678 年出版的。他已经独立地接触到笛卡尔的改革；他已知道（虽然并不赞成）马勒伯朗士的著作；他也可能直接受到格林克斯的影响，当伯索格在莱顿*大学学习医学并于 1662 年获得医学博士学位毕业的时候，格林克斯正在这所大学授课。伯索格的目标是要调和经验的或机械论的方法与经院的方法。然而，他最引人注目的学说关系到知识中的主观因素，而这使他主张一切知识的相对性。笛卡尔和洛克关于第二性质说过的话被他推而广之。理智只能通过它自己的概念来把握事物：概念之对于理智，就像颜色对于眼睛，声音对于耳朵一样；整体和部分，实体和偶性，原因和结果都只是"在心里面设想出来的理性存在"，它们在理智以外没有任何真实的存在，就如在眼睛之外没有任何颜色，在耳朵之外没有任何声音存在一样。伯索格把一种新柏拉图主义的形而上学同这种彻底的相对主义学说结合在一起。他认为，只有精神，它驱动着一切，并且在一切中活动，既在人中也在自然中，自然精神并不是（如亨利·莫尔所教导的）一种无形体的实体，

130

---

* 荷兰西部一城市。

而只是上帝精神的"塑造官能"（plastic faculty）。

牛津圣灵学院研究员，贝梅顿修道院院长约翰·诺里斯，是一位声望大得多也持久得多的人物。他是一个论文、书信与诗歌的多产作家，也是他的名望所依赖的一部较长较系统的著作《论理念或可知世界》的作者，这部著作的第一部分 1701 年发表，第二部分 1704 年发表。在心理气质方面，诺里斯可以看作是洛克的对立面。他代表神秘主义来反对洛克批判的经验主义。但是，认为他缺乏有逻辑才能的明晰性也是一种误解。他是噜苏些，他的论证有时突然停止进入潜心的反思或转入诗体。但是，他总是从这些岔开的枝节回到正题，回到那已经重新得到活力并且已准备好依照它的逻辑要坚持到底的论证上去。尽管他与洛克不同，但是他们两个都展示了笛卡尔精神席卷欧洲思想界的有力影响。但是，洛克批判了笛卡尔哲学中较为思辨的因素；相反，这些却是最强烈地吸引着诺里斯的思想。他的研究过程，尤其是对柏拉图和圣奥古斯丁的研究过程，与他的心理气质都使他欢迎这种应归功于马勒伯朗士神父的笛卡尔主义思辨的（虽然是神秘的）发展。这个时候，马勒伯朗士在英国有许多追随者。《真理的探求》两个译本都在 1694 这一年出版；但是，诺里斯是采用他的观点的唯一出名的著作家；而他的重要性应归于下面这个事实，这就是他不是一个单纯追随者。他自己独立地发现了（人们甚至可以说，他实践了）这种理论。他在他的著作中考察了这种观念论，首先是就它本身，然后是就它与我们知识的关系。他认为事物的真正本性或本质（这区别于它们的存在）就是神的观念或"在神的本性中的存在的诸多等级"；① 他以这种理论来解释我们对事物的知觉。"一般地都承认我们之外的事物并不是直接地通过它们本身而是通过它们的观念被知

---

① 《论观念或可知世界》，第 1 卷，第 232 页。

觉到的。唯一的问题是：通过什么样的观念？或这些观念是什么？"他对这个问题的回答是，它们是神的观念，或者用马勒伯朗士的话说，"我们是在神中看到一切事物的。"①

---

① 《论观念或可知世界》，第1卷，第232页。

第七章 贝克莱及其同代人

英国思想在洛克死后的一段时间，在伟大著作家和重大运动这两个方面都富有成果。洛克本人的影响到处都感受得到。他探讨这门学科的新道路，他之摆脱经院传统术语，以及他把他的方法应用于人类感兴趣的广阔范围，都使哲学为反思著作家们普遍地更为重视，并且规定了为较伟大的心灵所接受的思想路线。思考主要转向三个问题——知识问题、宗教问题和道德问题。每个问题的探讨都导致引人注目的发展；而洛克对它们全都有影响，虽然其程度不等。贝克莱的唯心主义是直接由洛克的基本立场产生出来的；自然神论者的领袖们公开承认他们自己是洛克的门徒，尽管他们得出了与他不同的结论；道德学家的工作受洛克思想的决定比较地不那么充分，虽然他的伦理学观点或许极少远离他们的心胸。眼下这一章将遵循这种对问题的划分；它将相继地讨论形而上学家，自然神论者和道德学家。实际上，大多数著作家都并非把他们的兴趣局限于某一个问题上；他们在这儿的位置将不得不依他们的工作在不同部门的持久重要性来决定。严格的年代顺序在一定程度上也要牺牲掉。这样，考察塞缪尔·克拉克（虽然他在整个哲学运动中是位杰出的人物，而且还是最早赢得名望的人物之一）的著作将被延宕到这章的最后一节。

I. 形而上学家

乔治·贝克莱 1685 年 3 月 12 日出生在爱尔兰的基尔肯尼郡狄塞

堡，先后就读于基尔肯尼学校和都柏林三一学院，他是 1700 年入三一学院的，毕业后留校，开始作为学者*，随后作为研究员和导师，直到 1713 年 1 月。这些早年经历是贝克莱著述生涯中最值得注意的。1707 年，他匿名发表了两篇数学短文。** 1709 年，他的《视觉新论》发表，1710 年，他的《人类知识原理，第一部》发表；而那时，在 1713 年，他请假获准，离开学院，动身去伦敦，"印他的新书"——《海拉斯与斐洛诺斯对话三篇》，同时也为了"结识一些社会名流"。这三部书展示了鼓舞他的生活的新思想。他的《读书札记簿》（由坎贝尔·弗雷泽 1871 年发现和发表）的证据表明，当这种新思想抓住他时，他才刚刚 20 岁。贝克莱离开爱尔兰 8 年，在伦敦、法国和意大利（第二次访问时，他在那儿住了 4 年）度过了他的时光。在这期间，他很少从事著述工作；他其实在他的《人类知识原理》第二部方面取得了一些进展，但是手稿却在他的旅行中丢失了，而这部著作也就从来没有再续写下去；他的拉丁文著作《运动论》（De motu），1720 年他于回国途中写就，1721 年发表。他收集了西西里岛自然史方面的材料，但是这个手稿也丢失了；然而，他在意大利写的日记，以及许多信件依然显示了他对自然的美和艺术的鉴赏力。

他返回英国给他的精力以新的方向。国家继思辨狂潮之后正经历着一个衰退时期。贝克莱看到，民族衰退的真正原因在宗教的没落，社会精神的腐朽，以及风俗的普遍败坏。140 年后，马克·帕蒂森把这个时期说成是"一个其诗歌没有浪漫色彩，其哲学没有深刻洞见，其社会活动家没有性格的时代"。① 类似的判断构成了贝克莱 1721 年

134

---

　*　原文为"scholar"，亦可译作享有奖学金的学生、津贴生。1704 年，贝克莱获得文学士学位，1707 年获得硕士学位，当了有薪俸的研究生，这是爱尔兰给予学者的唯一奖赏。

　**　即《算术》与《数学杂论》，在都柏林出版。

　①　《论文与评论集》，1860 年，第 254 页。

匿名发表的《论如何防止大不列颠的毁灭》的要点。同一年，他回到爱尔兰，回到三一学院，并被推荐做德罗莫尔教长。公职吸引着他，因为它会给他以思考和从事慈善工作的闲暇；圣职推荐权的合法性问题出现了，* 他的希望受挫。贝克莱属于文人中性格最完满的人，但是，他的完满也不是不带色彩的。他精力旺盛地投身于对他自己权利的辩护，至少得到了一个延长诉讼的满足。1724 年，当这个案件依然悬而未决时，他被任命为一个有价值得多的肥缺——德里教区教长。他写道："据说年薪 1500 镑，但是我并不以使自己致富的眼光来看它。如果它方便于我的百慕大计划并使之受到欢迎的话，我就称心如意了。"

这个计划似乎早在大约两年前就已经抓住了贝克莱的心；① 他把他的财富和 10 年时间都用于这项事业。他的计划是要在百慕大建立一所学院，"有改革我们西部殖民地的英人风俗以及在美洲野蛮人中宣传福音这样两重目标"。贝克莱在伦敦住了 4 年，努力求得政府不甘愿给予的特许证和拨款，以及从怀疑的一代那里募集捐款；** 他不

135 得不常到宫廷，并且当着卡罗琳***王后（那时是威尔士王妃）的面同塞缪尔·克拉克每周争论两次。他倾听涂鸦社****才子们的取笑，然后十分雄辩热情地作了答复，"使他们全都一起站起来，热情地呼

---

* 贝克莱的德罗莫尔教长一职是经他的密友柏奇威爵士说项由爱尔兰总督获准的。但德罗莫尔主教坚持他自己的推荐权，因此引起了一场诉讼。

① "从我决定在百慕大岛度过残年到现在大约十个月了。我信赖天佑，在那儿我可以成为造福于人类的卑微工具。"1723 年 3 月 4 日致兰德的信，载《贝克莱和珀西瓦尔》，1914 年，第 203 页。

** 1725 年 6 月，英王颁发了设立百慕大学院的特许状，任命贝克莱为校长。1726 年 5 月，英王议院批准拨款 4 万镑作为建校经费。贝克莱也曾募得私人捐款 5000 镑。

*** 乔治二世之后，1723 年做了皇后。她做公主时，曾与莱布尼茨和克拉克通信，后来又邀请贝克莱和克拉克参加她的每星期聚会，喜欢听他们之间的争辩。

**** 涂鸦社（scriblerus club）1713 年由当时英国文坛上的名人斯威夫特、蒲伯等人组成，他们曾发表文章嘲笑当时文学中的虚伪趣味。这个俱乐部的成员不相信贝克莱的百慕大计划，并相约集会当面讥笑之。但与会者后来却都为贝克莱的慷慨陈词所折服。

喊‘让我们即刻同他一起出发’”；他卓有成效地游说国会的每个成员，以致在下院中只有两人投反对票；甚至沃波尔*也资助这项计划，虽然他暗中决定政府的拨款永不支付。百慕大成了时髦，而贝克莱则被当作偶像受到崇拜。但是，他舍不得花费时间，最后——仅得到沃波尔的拨款将予支付的诺言——1728年偕同他的新婚的妻子从格林威治出海了。1729年1月，他在罗得岛的纽波特登陆。他在那儿滞留了将近三年，徒劳地等待政府去履行它的诺言。英国政府从来不曾兑现这项诺言，他也从来不曾到达百慕大，他的学院也从来不曾建立起来。但是，他在美国哲学的早期成就上打上了他的烙印。他对物质世界的解释改变了乔纳森·爱德华兹**的思想，爱德华兹是新英格兰的形而上学家和神学家；而对他这次访问的回忆一直珍藏在美国人的心里。新世界也刺激了贝克莱的想象力，并且导致一组《关于美洲栽培技巧和学问之展望》的诗。他的诗句中有一行——“帝国的路线取道向西方”——被人看作是预言；但是，他的观念并不是地区性的；它就是所谓“在自然本性指导和美德统治的地方”，较好的道德必将伴随较好的时代。

贝克莱回到英国后，在伦敦停留了两年多；著作活动的一个新时期开始了，那时他加入了那个年代的论战。在他的家庭隐居在罗得岛时写就的《阿尔西弗朗，或渺小的哲学家》（1732）中，他把他的一般原理应用于反对自由思想家而为宗教辩护。1733年发表了他的《视觉理论，或视觉语言之辩释》；下一年，他发表了《分析学家》，在其中，他批判了新的数学见解***，在他看来，这种见解与一种数学

136

---

* 沃波尔（1676—1745年），英国大政治家，系辉格党领袖，为乔治一世及王后迦罗林所信任。他善于理财，为英国自由贸易及近代殖民政策奠基人之一。

** 加尔文派神学家，当时美国著名的哲学代表。1754年曾出版《意志自由》一书。他主张唯心主义的非物质论，比较接近贝克莱的哲学。

*** 指牛顿与莱布尼茨发明的微积分。贝克莱在《分析学家》中具体地指出了他们在使用无穷小量这一概念时存在的矛盾。

的世界观有联系。这个把战火推进敌人领域的大胆尝试，引起了另一个方面的许多小册子。在同一年，贝克莱作为克罗因主教回到爱尔兰；从此以后，他的著述工作就被分为社会改革问题与宗教思考问题两个方面。改革方面的著作以《提问者》（1735）为代表，这是一部充满深刻意见的著作；在《西里斯：一连串哲学思考》（1744）中，这两个问题结合在一起了，这部著作以详述焦油水的医药效能开始，而以展示一种唯心主义结尾，在其中，洛克的口吻让位于柏拉图的口吻了。《包含着几篇短文的杂辑》发表于 1752 年 10 月。前此两个月，他离开了克罗因，他可能在牛津度过了他的残年。1753 年 1 月 14 日他死在那儿。

当贝克莱把他的唯心主义投向不表示同情的世界时，他已阅读过笛卡尔和马勒伯朗士的著作，而且对柏拉图的哲学也感兴趣。他还熟悉数学家和自然哲学家的著作，并且怀疑他们理论中的唯物主义倾向；但是，他的思想是在洛克的影响下形成的，洛克的《人类理智论》得到都柏林学术权威的承认比得到英国各大学学术权威的承认都要早些。在贝克莱进入三一学院的那个时间以及此后十年，院长是彼得·布朗，布朗后来成了科克的主教，他是《人类理智论》的一位研究者和批评者。他已经由于《致托兰德的答复》（1697）而引人注目。他的更有独创性的著作《人类理智的过程、范围和局限》在长时间间隔之后，于 1728 年发表。而那部简称为《神圣类比》的著作，是 1733 年发表的。这两部书都与贝克莱后来的工作有关，因为在前一部著作中提出的我们关于神的知识的理论，在《阿尔西弗朗》的对话之一中受到批评，布朗又在《神圣类比》中答复了贝克莱的批评。洛克用观念来说明知识，当他的这个原理应用到心灵上时，布朗就不能接受了。他认为，心灵和躯体并不是以同样的方式认识到的。实际上，我们有关于我们心灵活动的观念，是因为这些活动同躯体有联系；但是心灵（不论是神的还是人的）却只能通过类比来认识。贝克莱在以后抨击了这种观点；但是在他自己的理论中也显示出一种困难——一种他看出来了而没有完全解决的困难。然而，也没有充分的证据说布朗对贝克莱的早期思考有过什么直接的影响。

贝克莱的理论脱颖而出时如果不是全副武装，也是完全成熟了的。甚至在他的《读书札记簿》中，也已无所踌躇地提到"我的学说"，"非物质的假设"。只有人存在："一切别的东西与其说是存在，毋宁说是人存在的方式。"他知道"大部分人将会反对我"，他将被唤作年轻人，暴发户，冒牌学者，自负；但是他的信念并不动摇："牛顿视为当然地设定他的原理，我要推证我的原理"。最初，他并没有向世界显示全部真理。《视觉新论》只论述了一点，即视觉对象与触觉对象的关系。莫利纽克斯曾经给洛克提出了这个问题，是否一个天生盲人，如果他恢复了视力，能够只通过视觉就把一个立方体和一个球体相互区别开来，他先前通过触觉就认识了这两个东西。莫利纽克斯以否定的方式回答了这个问题，洛克表示赞同他的解答，并赞赏他的解答显示出来的洞见。关于这个问题的答案，贝克莱与他们是一致的，但是他却是出于一个更加基本的理由。如果广延是一个为视觉和触觉共有的观念（如洛克所认为的），那么可见的正方形就必定和可触知的正方形是同一个东西，或者有某种共同的东西。因此，这个天生盲人，他一旦被造成能看，就能够区别可见的方和可见的圆，并且把这种区别同已被触觉所认识的方和圆的区别等同起来。如果他不能这样做，则是因为可见的对象与可触的对象之间并无什么共同的东西。这就是贝克莱的观点。他说："如果我可以这样说的话，视觉和触觉的对象造出了两套迥然不同的观念……一个被治疗得适合于看的天生盲人开初不能通过视觉获得距离的观念：太阳和星辰，那些最遥远的对象和较近的对象，似乎全在他的眼中，或者毋宁说在他的心中。"

138

《视觉新论》的大部分专用于解释一个对象的距离借以被看见的那种显而易见的直接性。全部本质就在于两个命题——视觉的对象（或观念）与触觉的对象并无什么共同的东西，以及视觉和触觉的联系是"武断的"，而且只有通过经验才能学会。这种联系是武断的；但它又是有规则的恒常的。我们所见的东西使我们联想到我们可以期望去触和握的东西。整个可见世界——这在他的《视觉论或视觉语言》中被进一步强调——由一套符号组成，这些符号就像语言，其目的是要传达一种意义；虽然和语言中的词一样，它们既不与那个意义类似，也不产生那个意义，与它也没有任何必然的联系。在运用视觉指导我们活动的过程中，我们解释着上帝的语言。

贝克莱《视觉新论》的一些细节按照对感觉的现代研究是需要修正的。但是这并不使它作为在英语中的心理学分析的最光辉部分之一的功绩失色。它的一个更加严重的反对理由是这位著作家把他反对抽象的战争推进得太远了。诚然，如他所主张的，视觉和触觉并不具有能够从这两者中分离出去变成一个独立表象的共同因素。他对这类抽象观念的驳斥是完全正当的。但是，这不同的感觉无论就起源、就功能看，都是不无联系的，而反省是可以发现它们过程中的一些相似性的。贝克莱过分仓促地断定这种联系是武断的，因为它们内容上有显著差异，还因为一个不能称作原因另一个不能称作结果；而且他也过分轻易地由这种武断的联系推断出神的意志。他从来没有像密切注意感觉和想象那样注意知识中的概念因素，而且在他的早期著作中，几乎完全忽视了概念因素。

《视觉新论》并没有展示出贝克莱心中的一切。它局限于它的题目，局限于视觉对象与触觉对象的关系，而且它也没有考察关于后者通常所持有的观点。此后一年，贝克莱在《人类知识原理》中充分地展示了他的思想。这本小册子，那个时候被人谈论得较多而为人阅读得却甚少＊——它花费了24年才出了第二版——是对欧洲思想进程有过批判性影响的著作之一。就这个方面而言，它的重要性可以与洛克的《人类理智论》和休谟的《人性论》相提并论。贝克莱所采取的新颖步骤是简单、便捷而且容易的；当采取了这一步骤时，它就以一个新的观点把整个世界展示给我们了。洛克曾经说过，知识的一切对象都是观念，而他因此就在为他假定由观念所代表的事物的实在性作辩护方面有很多困难，实际上在他之前，笛卡尔在这方面也曾遇到过困难。贝克莱是通过否认这种区别来解决困难的。观念就是事物。"认为房屋，山河，一切可感觉的对象都有一种自然的或真实的存在，这种存在与它们被理智所知觉的截然不同，这实际上是一条奇怪地流行于人们中间的意见。"但是，这条意见只需要指出它所包含的矛盾 140 就成了问题；因为这些对象就是我们通过感官知觉到的事物，而除了我们自己的观念外我们知觉不到任何东西。他满怀信心地立即过渡到下面这个主张："有一些真理对于心灵是这样地接近与明显，以致一个人只要睁开眼睛就可以看见它们。我认为下面这条重要的真理就是如此，这就是，天上的星辰，地上的山川，一句话，组成宇宙宏伟构架的万物，均无心外的实存；它们的存在就是被知觉或被认识。"

　　因此，关于物质事物，下面这个简单的短语就表达了贝克莱的思想："它们的存在就是被感知。"它们的存在是一种被动的、从属的存在。能动的、独立的存在只能够属于心灵或人。他从来没有从这种立场上退却、动摇过，虽然在他早期和晚期的观点之间有许多差异。他看到，既然观念的存在就在于被知觉，所以心灵也就必须被看作是在知觉的。"存在……就是被知觉或知觉"（*percipi or percipere*）是他最

＊当时英国学术界对《人类知识原理》反应冷淡，人们不愿意认真地阅读这部著作，以为只要知道贝克莱否定物质存在就够了。一些人甚至讥笑他这样标新立异是神经错乱，应予治疗。

早的说法之一；而且，既然人们可能睡觉，或可能变得不省人事，所以他一开始是愿意接受"人们在一天中常常死去或处于被消灭状态"这个结论的。但是，这种解决法似乎太危险，很快就被放弃了，因此他主张"灵魂永远在思想是一个清楚明白的结论"。既然没有物质的实体，也就不能有物质的原因。物质事物，由于是我们的观念并且是完全被动的，它们相互之间就不是作为原因与结果而仅仅是作为符号与被标志的事物相关联的。我们学会了理解它们的集合，因此一个观念使我们想到在先前的经验中随着它而来另外一些类似的观念；而进一步的经验证实着这种预觉。因此，我们所谓的自然律简单地就是关

141 于感觉观念出现在我们心中的有秩序的关联这样一种陈述。他努力证明，哲学家们称之为这些观念的原因的物质实体，是一种没有意义的和自相矛盾的抽象物。一些观念——我们称之为想象的观念——是由个体心灵构成的；但是，感觉观念或可感事物的观念，虽然它们只存在于心灵中，但它们并不是由我的心灵或由任何别的有限的心灵造成的。因此，必定有一个"遍在的永恒的心灵，它认识并且包容万物，而且以这样一种方式，也根据他自己制定出来的我们称做自然律的这样一些规则把它们展示在我们的眼前。"

　　贝克莱的著作，在很大程度上，具有介绍、辩白和论战的性质。他解释了他的新原理，为之进行了辩护，并且以奇妙的论证手段和语言的美，以出自热烈信念的力量把它应用到当前的争论上去。在《希拉斯》和《阿尔西弗朗》中，他以一种在英国哲学文献中从来没有更胜过他的精妙技巧写成的对话的形式摆出了他的观点中包含的各种困难，再又展示了它们的胜利的解决。但是，他并没有把他对实在的精神性说明构造成一个体系。他总是只回答一种反对意见而不去把他的回答对他哲学的其他部分有何意义都随之揭示出来。他和洛克一样，以断言我们知识的一切对象都是从观念开始；他把观念分成三类：感觉观念，关于心理活动的观念，关于记忆或想象的观念。那么

（我们可以问）关于自我，关于其他有限精神，关于上帝，关于自然律的知识属于哪一类呢？当他以一个发现者的全部热情写作他的《人类知识原理》时，贝克莱似乎并不曾想到这个问题。但是，他在《希拉斯》中提出了这个问题，而且还说，在反省中，我们具有关于作为能动存在者的自我的直接知识，并且从那一点推导出关于其他有限精神和关于上帝的知识。这种知识，以及我们关于自然律的知识，都不是通过观念的，他把这种知识叫作意念。因此，我们不仅具有关于可感事物、心理活动及回忆得起或想象得到的对象的观念，而且也具有关于心灵和关于规律的意念。当他出版《人类知识原理》第二版时，这个术语再次被使用；但是他没有看出需要修正这部著作的第一个句子，这个句子宣布人类知识的一切对象都是观念。观念和意念在知识中如何相关联，我们并不能从他那里得到。但是，这是清楚的：观念是惰性的和转瞬即逝的，通过意念我们才能认识到真实宇宙的永久能动的力。

142

贝克莱站在思想上的十字路口，虽然他几乎没有意识到它们的歧异。一方面，一切知识都是观念的，一切观念都属于他所列举的三种中的这一种或那一种，他的这些原理导向一个观点，它不仅把物质实体，而且也把心灵以及规律在自然中的支配作用排除在认识之外。有时，尤其是在他的《读书札记簿》中，他似乎濒于得出这个结论，因此而近乎预示了休谟。后来，他把它只看作要加以防范的东西。他不能够想象观念可以说是自身支持的。它只是就它在"心灵中"而言才存在：心灵是真正的实在，唯一的动因；观念只存在于心灵中，或是存在于有限的心灵中或是存在于无限的心灵中；而自然律是无限心灵在我们心中产生观念的那种秩序。精神的动因，精神的实在因此是他的基本思想；而在他的最后一部哲学著作《西里斯》中，这种思想是从对经验医学和旧式生理学的反省中形成的。他的唯心主义不再受洛克知识起源于感觉的传统支配，而与柏拉图的唯心主义相似。这部著

作充满了对古代和近代新柏拉图学派著作家的评论，不如他早期著作
143　简朴明快；对他的理论的系统发挥依然阙如；但是几乎每一页就不无
意义深长的见识，而他到处都忠实于他的事实借以开创的对真理的
洞见。

　　1713 年，即在贝克莱的《人类知识原理》出版后三年，靠近索
尔兹伯里的朗夫玛拿修道院院长阿瑟·科利尔，发表了一部题为《宇
宙的键盘》（*Clavis Uuiversalis*）的著作，自称是"对外部世界的非存
在或不可能性的一个推证。"科利尔生于 1680 年，和贝克莱一样，似
乎也在早年就已经形成了他的结论，因为他说过是"在 10 年停顿和
深思熟虑之后"，他才决定把他的论证公布于众。他的结果几乎与贝
克莱的相同；但他是从另一种途径达到它们的。他似乎没有受到过洛
克的影响；笛卡尔、马勒伯朗士和诺里斯是他特别喜爱的著作家；在
他们的著作中有足够的东西提出这个问题。科利尔的文风坦率简朴；
他一点也没有贝克莱的想象力或雄辩；他并没有坚信他使普通人站到
他的一边了，他也没有把他的成果应用到当前的论战上去。但是，他
对他的观点的真理性和贝克莱有着同样的信念；他的论证也明白地表
述出来了。它们常常与贝克莱的相似；虽然更多地利用了传统形而上
学的讨论。在这些论证中，最值得注意的是来自哲学思想的二律背反
的论证。被设想独立于心灵的外部世界，在广延上曾被人认为是无限
的，也曾被人认为是有限的；同样好同样确实的理由能够给予这两者
中的任何一个。同样地，它"既是有限可分的，也是无限可分的"。
但是，一个事物是不能具有两个矛盾的属性的。外部的物质因此便不
存在。

II. 自然神论者

在英国神学中，18 世纪前半期是自然神论者论战的时期。通常被一起归入自然神论者的著作家有查尔斯·布朗特、约翰·托兰德、安东尼·柯林斯、马修·丁达尔、托马斯·伍尔斯顿、托马斯·摩根、托马斯·查布、彼得·安尼特及小亨利·多德韦尔。博林布罗克和第三代夏夫茨伯里伯爵也被认为属于自然神论者，他们不同于其他人，很少注意神学论战的细节，而且他们相互之间在哲学旨趣和重要性方面也不相同。

查尔斯·布朗特的著作属于 17 世纪的最后 25 年。他接受了切伯里的赫伯特勋爵的"五个论点"。① 这就标志着他是一个自然神论者，而他也不拒绝这个称号。在他的《宇宙灵魂》（*Anima Mundi*，1679）中，他为这种自然宗教体系辩护，同时也强调了异教比较起来有其优点。他的《伟人是以弗所书中的戴安娜》（1680）是一篇抨击教士权术的檄文。在同一年，他翻译了《菲洛斯特有关泰安努斯生平的最初两卷书》。这部书每章前面都有译者所写的"说明"，在其中，很容易找到对基督奇迹和基督神性学说的抨击。他说："信仰就像一张白纸，你可以写上这个奇迹，也可以写上那个奇迹"；反之，他自己的基督教却是全部建立在理性基础之上的。布朗特 1693 年因为与他已故妻子的妹妹结婚一事受阻而自杀。两年后，他的《杂著集》（包括《理性的启示》）由他的门徒查尔斯·吉尔登出版。吉尔登既为他的老师的学说也为他的自杀辩护；但是，此后不久，他自己由于读了查尔斯·莱斯利的《自然神论者简便易行的方法》（1698），便转向了正统信仰。

---

① 见本书第 40 页。

　　就与布朗特相关的而言，这个论战可以到此收场了。因为尽管他博学多才，但却有几分属于独立从事写作的自由作家；在基督神学和圣经学问方面，他都不能与他的对手匹敌；他的批判和他自己的学说都显示了一种门外汉的观点。然而，在有才智的人士中，或许也在学者中有许多人赞同他的一般态度：莱斯利的答复是自然神论盛行的一个见证。而且在这个成功的答复出版前不久，出版了一部由一位新作者写的著作——托尔德的《基督宗教并不神秘》——由于这部著作，论战进入了新的阶段。在英国教会内部，罗马天主教的争论已经销声匿迹，新教的信仰已经坚定地树立起来了。讨论新教神学内容和根据的时机成熟了；接着就是大规模的对三位一体说的争论。在这点上，神学思考的首要刺激实际上来自教会内部，但又是来自专职神学家行列之外。洛克的《基督宗教的合理性》1695 年发表，划出了以后长时期为几乎所有论战者所从事的阵地。洛克直截了当地诉诸圣经：奇迹和预言使他的理性确信这些圣经的权威；同样的理性也被用来理解圣经所揭示的学说。他并不留恋前者——宗教的外在证据（如人们称呼它们的）。他的兴趣在信仰的内容上。同样的兴趣也支配着 18 世纪上半期的论战；只是到了后来，这个外在证据的问题才来到前列。然而，整个世纪，而且就论战双方来说，这个问题都是在理性法庭上辩论的。这场论战并不是在理性主义者与那些不相信理性的人们之间进行的。问题在于，在理性的基础上应当相信什么。而且正如克拉克、蒂洛森、巴特勒同托兰德与柯林斯及其后继者一样地诉诸理性，同样地，在正统派和自然神论者领袖人物之间也有另外一个一致点。后者在很大程度上也承认接受基督教信仰，无论如何，在争论的早期是如此。问题是关于它的内容：它的真正涵义是什么？它的主要学说的意义又是什么？

　　任何人要了解托兰德，尤其是要理解他的最早的和最著名的著作，就必须把这许多牢记在心。托兰德 1670 年出生在爱尔兰的伦敦德里附近。1722年死于伦敦附近的普特尼。他受到了各色各样的教育。他在爱尔兰上过学；又到格拉斯哥大学读书，在爱丁堡获得学位，后来到莱顿进行研究，并在牛津住过一段时间，在牛津他写出了《基督教并不神秘》（1696）这部著作。他一生坎坷，过着各式各样的艰辛生活，有时甚至生活无着。他是反对他的论战者们激烈抨击的对象；他们还求助于国家权力。他在第一部著作出版后，不得不离开爱尔兰，以逃避爱尔兰国会的拘捕，而在英格兰，有一段时间，他还是处于被人告发的危境之中。他忙于神学的也忙于政治的论战，为新教徒的继承权辩护，参加重要的使团（虽然是非官方的），为选帝侯夫人索菲娅和她的女儿普鲁士皇后所知，他的《致塞琳娜的信》（1704）就是写给这位皇后的。他还结交了一些有影响的朋友，莱布尼茨就是他的通信人之一。*

《基督宗教并不神秘》显示了洛克的影响，然而却是他的《人类理智论》而不是他的《基督宗教的合理性》的影响，《基督宗教的合理性》仅仅在托兰德的书发表一年前问世，似乎并不曾影响到它的论证。洛克的名字托兰德并没有提到过；但是，洛克关于知识就在于观念的契合的观点构成了他的论证的出发点。在开始的论述中，他常常采用洛克的话。但是在运用他的原理方面则更加富于进取性。洛克的目标在于表明基督教是合乎理性的；托兰德的目标则在于推证出没有什么反乎理性的东西，也没有什么超乎理性的东西能够成为基督教学说的一部分。在基督教学说中，没有任何神秘的东西。启示已经使以前是神秘的东西揭开了面纱。无论是谁要有所启示，都必须以可理解的语言来这样做，而这件事必须是可能的。所启示的东西因此也就不

147

---

* 索菲娅系汉诺威选帝侯之妻，1701年英国"王位继承法案"中规定的英国王位合法继承人。托兰德由于撰写《英国王位限制和继承的解释和维护》支持"王位继承法案"，颇得索菲娅赏识。1701年托兰德作为大臣出使汉诺威宫廷。索菲娅将托兰德介绍给她的女儿索菲娅·夏洛特（普鲁士第一位皇帝弗雷德里克之妻）。就在这个时期，托兰德结识了莱布尼茨，他们两人在这位皇后面前曾进行过多次讨论。

再是神秘的了。无论启示是来自上帝还是来自人，这都适用。这两种情况的唯一差别就是，一个人可能撒谎，而上帝则不会。如果没有观念，无论是信仰还是知识都不可能；而"如果所谓认识就是指理解所相信的东西，那么，我就赞同信仰即知识"。观念可能是不适当的，但是对神性和对自然我们都不得不满足于不适当的观念；甚至连一个"草芽"，它的实在本质也是认识不到的；我们只理解它的特性或属性；而且，上帝和灵魂也是以同样的方式被认识的。

托兰德是一位学者，并且自夸熟悉 10 多种语言。他也是一位神学家，能够在他的对手们自己的基地上来对付他们。这种兴趣支配着他的写作生涯；甚至他的政治著作也服务于新教，他的学识首先也是显示在基督教起源的领域。他自己的神学观点经历了各种不同的变化。他是作为一个罗马天主教徒长大的；16 岁时，他转而"热忱地反对教皇制度"；后来他与新教抗议派取得联系。当《基督宗教并不神秘》发表时，他自认为英国教会一员，赞同宽宏教派（或者如那时称谓的"低教会派"）。当他的书在爱尔兰国会大厦门口被焚时，他可能已经感到他的国教信徒身份不稳了。他后来的著作展示了这种身份的渐趋消失。

在一篇他对《密尔顿生平》（1698）的辩白《出类拔萃》（*Amyntor*，1699）中，他在答复一个对手时开列了一个关于早期伪基督教文献的长长的清单。他研究这类问题的兴趣后来又显示在《拿撒勒教 *；或犹太人的、外邦人的与穆斯林的基督教》（1718）中，他这部著作中所据的经文是附有阿拉伯文注释的意大利文手稿，这是他发现的。他误认为它是从阿拉伯文译出的译本，并认定它就是已轶失的巴拿巴福音书。后来的学术成就表明，他的这两个猜测都是错误的。

148

---

　　* 拿撒勒，系以色列北部一小城，耶稣之故乡。拿撒勒派是遵守摩西法律的早期犹太基督教的一派。"拿撒勒"的希伯来文字义是"持守某些教义教规的人。"

但是，他的发现却导致了在早期基督教会中犹太人基督徒和非犹太人基督徒之间的差异的一些值得注意的思考。他主张，前者，他们自己保持着犹太法律但是并没有把它强加给非犹太人，代表着"基督教的真正原初的计划"；他还宣布，他自己对拿撒勒这个概念要比对任何一个别的概念都较不反对。一个多世纪以后，他这样强调的这种差异在为 F. C. 鲍尔及其追随者所提供的对早期基督教史的解释中已成为基本的了。

在《致塞琳娜的信》的其他论题 * 中，有一个是关于斯宾诺莎的讨论，这或许显示了托兰德的思辨倾向。无论如何，莱布尼茨在1709 年 4 月 30 日给他的信中谈到，托兰德在他的几本书中都提到除宇宙外没有任何别的永恒存在这个看法，但是并没有对这种"有害的"错误作出任何驳斥。托兰德在他的答信中承诺在下一次信件中给这个论点一个答复；但是他似乎并不曾记住他的话。不管怎样，如果我们可以相信《泛神论》（*Pantheisticon*，1720）证据的话，泛神论是他最终达到的学说。这篇奇特的作品是匿名发表的，在扉页上印有"世界都市"作为出版地址。但是作者也没有费心隐瞒他的身份，因为序言署名为"雅努斯·朱留士·埃欧根尼修"。而伊尼斯·埃欧根或伊尼斯豪文是托兰德的出生地；雅努斯·朱留士这特别的名字是他受洗礼时起的为人所知的名字，直到一位明白事理的学校老师把它改成约翰为止。这本以拉丁文写就的小书，描述了一些（假定的或实在的）泛神论社会的仪式。它仿照祷告书的方式，给教堂会众答复，并且以红体字印刷。整个说来，它是一篇机智的讽刺短文，尽管十分粗俗。但是托兰德并没有获得任何好运；他遭到他的对手的严厉攻击，149

---

* 《致塞琳娜的信》包括 5 封信：（1）偏见的起源和力量；（2）在异教徒中灵魂不死的历史；（3）偶像的起源和异教教义的理由；（4）一封寄给在荷兰一位先生的信；（5）物质的本质属性是运动。其中，第四、五两封信是关于斯宾诺莎哲学的。

甚至当他把自己作为基督教辩护士时，也是如此；或许这使他得到了辛辣还击的满足。

因此，托兰德是以一个自由主义的或理性主义的神学家开始，而以一定形式的泛神论信条结束的。他的著作并不能使我们精确地追溯出这种观点变化的步骤；但是也没有证据证明他曾接受了通常所谓自然神论的基本观点，这种观点把上帝看作外在的造物主，他创造世界，把世界置于一些规律的支配之下，然后就单独丢下世界不管。①他与其说是一位自然神论者，毋宁说是一位自由思想家。也可以这样来描述洛克的朋友和信徒安东尼·柯林斯在其最著名的著作《论自由思想，由一个叫做自由思想家的学派的出现和发展所引起》（1713）中所持的立场。本特利在他的《评一部新近发表的论自由思想的著作》中对这部书的光辉批评使它博得了不值得羡慕的声誉。该《评论》容许不予答复。但是，它们在破坏自由思想家方面要比驳斥自由思想更成功些。或许这是本特利揭露这位著作家学问不严谨的唯一目的。但是，他并没有看到柯林斯趁机利用的语意暧昧。"自由思想"可以不指别的东西，只指运用理性。如果这就是柯林斯所主张的一切，则他的论点就没有什么分量，因为两派都自称他们是遵循理性的。就此而言，蒂洛森确乎与他一致，而实际上柯林斯也自称得到他

150 的支持。但是他也用这个词来包括一个"自由思想家派别"的态度或学说，对他们的主张或对这个词不只一个意义的任何迹象都不给以任何明白的说明。语意暧昧是与似乎规定着柯林斯著作的主旨的两重性

①　塞缪尔·克拉克（《论上帝的存在和属性》，第9版，第159页以下）把自然神论者分成四个类别：（1）一些自然神论者"自称相信一个永恒、无限、独立、理智的存在物的存在；……还教导说，这个至上的存在物创造了这个世界；虽然同时……他们又想象上帝本身根本和这个世界的管理没有牵连，一点也不注意，或者一点也不关心那里所做的事情"；（2）一些自然神论还承认自然界中有天道；（3）一些自然神论者进而还有关于上帝道德圆满性的意念；（4）一些自然神论者此外还承认人对上帝的义务，看到需要一个有奖惩的将来状态——但是有关这点的一切都只是"就它通过自然之光可以发现的而言"。

有关联的。这两重主旨之一是相信理性——一种他从洛克承继过来的信念。另一个就是怀疑和厌恶教士权术。这两重主旨由他最早的著作《论理性的运用》（1707）和《完善的教士权术》（1709）的题目就指示出来了。它们以一种与其说产生光不如说更多产生热的方式在《论自由思想》中结合起来了。柯林斯坚决持一种由理性建立起来的对上帝的信念；但是（虽然他有时用语谨慎）他对基督教信条却是一个心怀敌意的批评者。他的著作引起了一大批论战性的文献：他后期的主要著作《论基督宗教的根据与理由》（1724）在两年内就招致不少于 35 个答复。他还是一本叫作《对人类自由与必然性的哲学研究》（1715）小书的作者，这本小书是赞成对这个问题作必然论解决的，对此作了深刻的并且写得很清楚的论证。

　　从某些方面（而这些方面或许是最重要的）而言，整个自然神论运动中最有意义的著作是丁达尔的《基督宗教与创世一样古老：或〈福音〉是自然宗教的翻版》（1730）。它不只为理性的运用辩护，不只抨击基督教神秘主义。它是对那个时代流行哲学观点的杰出表述，也是这些观点同教会领导们所赞成的理性神学的一个比较。那时在不列颠哲学和神学界最著名的人物塞缪尔·克拉克说："上帝的意志始终使它自己按照万物的永恒理性而行动，"而"一切理性创造物也不得不用同样的永恒理性法则支配它们的一切活动。"舍罗克在宣讲一篇布道词时说，"福音的宗教是真正原始的理性和自然宗教"，它的箴言就是"宣布与创世一样古老的原始宗教。"丁达尔把这些摘录印在他的著作的扉页上；他自己的目的在于表明"自然宗教和外在启示就像两块符木一样，相互间完全符合，除它们的表达方式外，在它们之间没有任何别的差别"。丁达尔坚定地抓住了如克拉克、伍尔斯顿以及那个时代的其他神学家所教导的自然宗教诸原理。理性使我们相信上帝的存在和属性，相信道德的真理；上帝的善使他的任何一个创造物对他隐瞒他们的福利所必需的成为不可能。因此，基督教便不能取

151

代自然神论，虽然克拉克认为它能：它只能证实它。既然理性足以建立自然神论的真理，那么，基督教似乎就是多余的了。然而，丁达尔并没有明确地得出这个结论：当他写这部书时，他已年届七十，而他保有万灵学院研究员资格，中经政府的和个人信念的许多变故，直到他去世时为止。

其余的自然神论著作家只需要稍事提及。托马斯·伍尔斯顿是一个教父遗著研究的狂热分子，他的狂热在其后来的年月中似乎濒于精神错乱。他有两种感情——"爱教父与恨新教牧师"。① 随着他在剑桥研究员资格的褫夺，他更加仇恨新教牧师。他对教父的爱导致了他对圣经寓言式的解释。他在他的一系列《论说文集》（1727—1730）中把这种方法应用到新约圣经的奇迹上，嘲笑把它们作为实际事件的普通观点。大约与此同时，舍罗克在《证据的验证》（1729）中对奇迹在历史上的出现作了辩护；彼得·安尼特在《一个道德哲学家所考察的耶稣复活》（1744）中答复了这部著作，他这部书是以公开坦率的而非诋毁性的表达方式写的，这种方式在早期自然神论文献中很少见。托马斯·查布，是索尔兹伯里的一个不出名的商人，不卖弄学问和教养，发表了许多批判圣经观点主张与丁达尔相类似的观点的小册子。这个学说又一次为一名医生托马斯·摩根在《道德哲学家》（1737—1741）中所陈述。他基本上是追随克拉克和丁达尔的；但是，他也通过突出早期基督教中犹太化与普遍因素之间的对立复活了托兰德的研究。1742 年，亨利·多德韦尔（一个同名神学家与学者的儿子）出版了一本小册子《基督宗教不以论证为基础》，这是这个思想派别最晚的出版物之一。

博林布罗克和夏夫茨伯里同自然神论运动的关系与已经列举出来的那些著作家不同。博林布罗克并不是一位哲学家，虽然他的各种不

---

① 詹·亨特：《英国宗教思想》，第 2 卷，第 40 页。

同应时著作由马利特收集起来作为《哲学著作集》（1752）出版。但是，他表明了自然神论基本学说渗透到他们那个时代对观念感兴趣的显要人物思想中的方式；他做了很多事情来加强这种态度，扩大它的影响。伏尔泰认为他的看法是有重大意义的，而蒲伯*在《论人》中轮廓分明的诗句的浅薄的乐观主义应直接归因于博林布罗克。夏夫茨伯里作为一个自然神论者在一般人心中可以与博林布罗克齐名，他也可能对波普有所启发。但是，他对思想问题有深刻得多的见解，这将与以道德学家著名的那一批著作家一起受到考察。

　　自然神论者与国教教徒之间的界限并不总是划得很清楚的。在这两派的假定中有很多共同的基础；此外还有神学思想的一般酵素，那是不顾习惯界限的。后一个特征展示在数学家和神学家威廉·惠斯顿的著作中。他的著作与这场论战有关，但是又几乎不属于这场论战。惠斯顿是一个思想活跃富于创造精神的人物，这使他处于英国国教之外，但这却是按照他自己的方向，不同于托兰德或丁达尔。他反对理性主义，而且还是一个相信预言和奇迹的人。但是他却得出结论说，阿利安异端**代表了真正的和原始的基督教信条。他的观点在《原始基督宗教之复兴》（1711—1712）中充分地作了发挥；但是它们早已变得声名狼藉，而导致 1710 年他接任牛顿的剑桥大学教授职位被解除。他创立了一个会社，旨在促进如他所主张的真正的信仰，编了一套经过修订的礼拜仪式供会社使用；他就各种不同的题目进行写作，

---

　　* 蒲伯（1688—1744 年），18 世纪初英国著名诗人。他长于说理，诗风精巧隽俏，缺乏深厚感情，形式多用双韵体。

　　** 阿利安异端，是 4 世纪初由神甫阿利乌（Arius）在亚历山大创导的一个基督宗教教派。该教派反对正统的"三位一体说"，强调宣传耶稣基督的"人性"，把基督置于圣父之下，既贬低了基督的神性，同时也就否定了基督宗教教会的神性和权威。因此它被斥为异端，遭到迫害。

而它们并不全都是神学的。然而，他翻译的约瑟福斯 * 著作的译本
（1737）结果却比它的原著具有更加长久的价值。另一方面，科尼尔
斯·米德尔顿表明了一个国教牧师可以多么近地靠拢自然神论者的立
场。他陷入了论战，做了一些事情把新的历史精神灌输到这场论战
中。然而，他的贡献的整个倾向是批判的和破坏性的。他由于否认神
灵的口头启示而使自己与那个时代的大多数辩护士分开；他还以容许
有较广泛应用的方式考察和反对了基督宗教教会奇迹的证据。这个论
证包含在他的最重要的神学著作中，其标题为《对假定在基督宗教教
会中已存在了连续若干代的超自然权力的自由研究》（1748）。米德
尔顿除宗教之作为社会秩序保障外，很少考察到宗教内容。他的作品
154 表明兴趣正在离开内容问题，离开它所开始的东西，而趋向充分适合
于 18 世纪后期思潮的外在证据问题。

　　在自然神论者的对手中，两个最伟大的人物是塞缪尔·克拉克和
约瑟夫·巴特勒。他们对这个时期的思想所作出的贡献留在这章最后
一节讨论。至于其他人，有些已经提到；而多数只需要书目提要式地
提及；但是有一个名字在论战中出现得很多，需要作进一步的介绍。
威廉·沃伯顿由于他的学识，但更多的是由于他理智上的活力与机智
多谋给他那个时代留下了至今尚未为人忘却的印象。他生于 1698 年，
死于 1779 年。他由于在一个法律事务所受到过教养，在没有经受过
大学教育的情况下获得神职，而且随着几次其他职位的提升之后，
1759 年成了格洛塞斯特主教。他准备写几乎任何一类著作——只是偏
重论战。他写了《教会与国家之间的联盟》（1736）；为蒲伯《论人》
的正统观念辩护；编辑了《莎士比亚著作集》（1747）；发表了怀有
敌意的《博林布罗克勋爵哲学之考察》（1754），敢于写出《对休谟
〈宗教自然史〉的意见》（1757）。他的最著名的著作是《根据一宗教

---

　　* 约瑟福斯（37？—95 年），犹太历史学家。

自然神论者的原理对摩西神圣使命之推证》（1737—1741）。这部从未完成的内容广泛的著作，打算去对付自然神论者对《旧约全书》的诘难——摩西的书并不包含与来世生活相关的东西。这样一类诘难在较重大的自然神论者的著作中似乎并不显著；但是，它却适合于沃伯顿的目的，使他能提出一个精巧制作的悖论。他同意道德需要一种对来世生活中的奖惩的信仰来加以支持；他也同意摩西并不诉诸任何一种这样的信仰或教导任何一种这样的学说，虽然这在其他国家的古代作者中是很普通的。但是，他主张，正是这一点证明了立法者的神圣使命。自然法不足以支持道德；没有对来世生活的信仰，政府除非借助奇迹便不能维持。在犹太人中缺乏这种信仰因此便被看作一种证据，证明他们是处于上帝直接的天道支配之下，这天道是以自然法之外的手段起作用的。为这种显得矛盾的理论辩解给沃伯顿在许多题目上炫耀其学识和论战才能提供了充分的机会，这些题目的关联并不总是明显的。关于他的学问，本特利说过，他的"胃口大得出奇而消化不良"。他那种处理一个案例就赢得一分的才能，被人追溯到他的法律训练上；他自己那个时代的一位批评者把他的论战方法的更粗俗更粗暴的某些特征也归因于这同一个源泉。他对历史、哲学或宗教似乎并没有任何一点惹人注目的真知灼见。

155

Ⅲ. 道德学家

塞缪尔·克拉克并不是一个富于创始性天才的人物；但是他凭着智力逐步占据了英国哲学和神学的领导地位。他在几乎每一点上都触及到了那个时代的比较高深的思想。新的物理学，自然神论，三位一体学说的论战，圣经的和经典著作的研究，这一切都为他所从事。只是对洛克及洛克给出的许多问题的新转机，他从来不曾表明过他的立

场。他生于 1675 年，死于 1729 年。1697 年他发表了笛卡尔主义者
罗奥尔特的《论物理学》的加了注释的拉丁译本，由此便准备好了
（这正是他打算作的）接受牛顿的著作为剑桥大学教科书的道路；他
还翻译了牛顿的《光学》。1699 年，他与自然神论者的论战，以托兰
德的《出类拔萃》为题目开始。在 1704 年和 1705 年，他分别以
《对上帝的存在和属性的推证》和《论自然宗教的不可改变的义务及
156 基督启示的真理和确实性》为题讲了两个波义耳讲座的课程。他出版
了恺撒的《评注》（1712）版本和荷马的《伊利亚特》（1729），以
及许多《圣经》注释书籍。他的题为《〈圣经〉的三位一体学说》
（1712）的专论使它被控为阿利安教派，并招惹了与英国教士会议之
间的麻烦。1715—1716 年，他陷入了同莱布尼茨的论战，这场论战
是由莱布尼茨对牛顿把空间说成是上帝的"感官"的意见的评论引起
的，继而岔开扩展到形而上学的基本问题上，只是由于这位德国哲学
家去世才告结束。

　　克拉克的《波义耳讲座教程》可以有把握地看作他的最重要著
作。它们并不含有多少显然是新的东西；但是，对各个论点的编排以
及整体的逻辑连贯性都很杰出；它们几乎总是显示出格调的高昂和措
词的明晰，那是那个时期论战中常常缺乏的。克拉克把他的论证安排
成一系列命题，先陈述出来，尔后进行证明；但是，在其他方面，他
并不摹拟数学方法，像笛卡尔和斯宾诺莎已经做过的那样。他也不和
笛卡尔一样，仅仅依赖本体论论证。他从存在而不是从观念出发进行
论证：首先主张必须要有一种自身存在的存在者用来说明现存的万
物，然后再去说明必须属于这种自身存在的存在者的诸多属性。当他
得要证明理智和智慧属于这些属性之列时，他显然依靠着一条后天
（aposteriori）推理。整个论证（在这点上与洛克的相似）属于宇宙论
论证的变种。克拉克的体系被人说成只是一种逻辑性较弱的斯宾诺莎
主义；但是这种比较是浅薄的。一个突出的类似点，即把空间看作

上帝一种属性的观点，意味着这两个体系中有某些不同的东西；因　157
为克拉克并不把空间同物质等同起来。而他的论证方法也为承认自
由，为区别道德和自然留下了余地，这些对于斯宾诺莎是不可
能的。

克拉克的道德理论产生了更加深远的影响，而且比他的任一别的
学说都显示出更多的创见。他有一个观念，认为道德宇宙由道德关系
组成，而这些道德关系与组成物理宇宙的物理关系相似。在事物的纯
粹物理关系之外和之上，还有一些"事物的适宜性"。他说："有些
环境对有一些人适宜或适合，而对其他人不适合，这是建立在事物的
本性和人的品质基础上的，是先于意志先于一切任意的或独断的决
定的。"他对这些"事物的关系"举出许多例证加以说明；但是，
对它们的本性却没有作进一步的说明。"适宜性"、"一致性"、"适
合性"都是用来描述它们的"术语"。因此，它们不同于物理科学
所涉及的因果关系。它们指出了实在的一个不同的方面——道德方
面。但是，它们又都是以同样的方式即通过理性被认识到的。它们
本身怎样，它们也就怎样地呈现在一切理性存在物的理智面前。而
且，就它们是理智的而言，一切理性存在物都是用它们指导其行为
的。上帝是一个自由的存在者；但是，由于是有理性的，他能够违
反它们而活动这一点就是不可能的：因此，他必然地是善的。同样
的关系也应当决定人类的行为；但是，人的意志为他的情感和特殊
利益改变了方向，而且，他的理智也是不完善的，结果，道德的错
误便是可能的和很普通的。也由于这个缘故，道德义务需要宗教
支持。

因此，克拉克对一个古老学说作了新解释。道德不是任意的而是
属于宇宙的秩序这种观点在"自然法"理论中找到了习以为常的表
达；受到柏拉图唯心主义影响的卡德沃思坚决认为事物的本性或本质
是不可改变的，善与恶是属于这种本质的品质；克拉克还进一步认为　158

善是一个事物与另一个事物的一种适合性，或者毋宁说是一个人与一
个事物的适合性——一种同事物的本性一样永恒的关系。① 但是除对
这种适合性用各种不同的术语加以描述外，他对它并没有给予更进一
步的定义。它需要更加精心的表述，这一点由于他的追随者得出的某
些结论而变得明显了。约翰·巴尔居在《道德的善之基础》（1727—
1728）中对克拉克的观点作了辩护，以反对一个心理道德论者的新学
派的第一个人。然而，更早些时，威廉·沃拉斯顿在他的《自然宗教
概论》（1722）中，就曾给克拉克提出的道德理论的理智主义增辉添
色。克拉克所谓的"适宜性"被他解释为一种实际存在着的关系或性
质。他认为，一个错误的行为简单地就是在行动中断言一个错误命
题。因此，"如果一个人偷了一匹马，并且骑着马走开了，"他并不认
为这匹马是它所是，即另一个人的马；而"否认事物是它们所是，这
是违反我们本性的伟大规律即理性律的"。边沁对这点的批评几乎不
是一种讽刺："如果你要杀害你的父亲，则这就只是说他不是你的父
亲的一种特殊方式。"

159

夏夫茨伯里勋爵

更富有成果的伦理思想路线为克拉克的同代人，第三代夏夫茨伯

---

① 克拉克并没有提到洛克；但是他们两个似乎都受到卡德沃思的影响，而且他
们的观点也是可以比较的。他们两个都认为，（1）道德关系是直觉地把握到的；（2）
它们应当被设想为上帝的规律；（3）它们需要藉宗教的认可来加强。然而，他们解释
第二点的方式不同。洛克实际上讲到上帝和我们自己的观念是"我们责任的基础"；
但是他的道德规则的例证无论如何也不涉及上帝的观念（《人类理智论》，第4卷，第
3章，第18节）。而另一方面，克拉克却试图说明"上帝自己的本性和意志如何必定
是善的和正义的"，他还认为善与恶之间的差别是"先于一切法律的"（《存在和属
性》，第125页）——而洛克的道德的善恶的观念是依赖于与法的关联的（《理智论》，
第2卷，第28章，第5节）。他赞同洛克的说法，即道德知识与"事物本身的适合性
和不适合性"有关系（《理智论》第3卷，第9章，第16节），但是，洛克这种说
法——这些"道德的事物"，作为"混杂情状"，乃是"人所造成的"（《理智论》，第
3卷，第9章，第15节）——这理由并不能使他满意。

里伯爵开始研讨，他是洛克的恩主第一代伯爵的孙子，他自己是在洛克监护下受到教育的。他由于身体虚弱而不容许操紧张的政治生涯，他的妻子因此也主要地献身于理智上的爱好。在两三年不愉快的温切斯特学院生活*之后，他出国旅游，首先与导师一起到了意大利；在成年初期，他住在荷兰，在后来的生活中，他的健康状况再次把他赶到意大利。他是一位古代经典著作，尤其是柏拉图、爱比克泰德、马可·奥勒留著作的热心研究者，是一名为思想自由和政治自由而献身的人，一个艺术业余爱好者——同时也是一位哲学家和一位古玩通（virtuoso）。他的著作 1711 年以 3 卷本出版，题为《论人、习俗、意见和时代的特征》；经过细心修订和增补的第二版在他 1713 年谢世时已经准备就绪。包含在这几卷中的几部论著以前就已经发表过。其中最重要的《美德或善良品质研究》，1699 年由托兰德秘密地据一早期草稿付印，他曾经友好相待和资助过托兰德；** 《道德学家，一部哲学史诗》1709 年发表；《论狂热的信》1708 年发表；《论风趣与幽默自由》，1709 年发表；《独白；或对一位作者的忠告》，1710 年发表。在后来的版本中有两篇论文是遗著：一是《历史草图意念，或审判赫克勒斯***的画面》，1713 年发表；一是《杂感录》，1714 年发表。此后很久，一部题为《哲学养生》（Philosophical Regimen）的著作于1900 年发表；一卷本的《论形式的第二特征或语言》1913 年发表。夏夫茨伯里的文体差不多总是明白的，而且还有避免使用传统术语的重大优点；但是它润饰过分而常给人以矫揉造作之感——兰姆所说，

---

　　* 1683 年 11 月，他就读温切斯特学院时，由于刚刚去世的祖父为辉格党领袖，受王党迫害，他在学校里也备受歧视。

　　** 夏夫茨伯里曾是托兰德早期的政治庇护人与经济周济人。托兰德也曾为他写过一些政论文章。二人情谊甚笃。但由于托兰德在未征得夏夫茨伯里同意的情况下就发表了这部著作，从而失去了他与夏夫茨伯里的友谊。

　　*** 赫克勒斯是希腊神话中的大力士，为主神宙斯之子，力大无穷，曾完成 12 项英雄事迹。

是太"装绅士派头"了。它的装潢投合时人口味；但是《道德学家》的史诗却遭到近代人的冷遇，而"古玩通"的形象却使哲学家的形象黯然失色。

夏夫茨伯里被认为属于自然神论者之列，这或许是不无理由的，虽然他的处女作是剑桥柏拉图主义者惠奇科特布道录的一篇导言，而他至死都依然是一个国教教徒。他赞同那种为基督教与柏拉图和马可·奥勒留所共有的关于世界的唯灵论观点。他对精心安排神学论战，对近代宗教狂热都无兴趣。他更加憎恨用迫害来压制后者的方法；而且这还使他想到，要是让他们的荒唐行为遭到嘲笑，他们将会受到较好对待。他从来没有说过，嘲笑是真理的检验标准；但是他确实把它看作反对迷信的一剂特效药；而他举例说明这一论题的一些意见自然地也使一些人不悦。然而，他自己也不无狂热，这一点从他对于他的朋友、他的祖国的利益的关切，从他献身于他的真理观点看得出来。

对他来说，敌人就是行为的自私理论，他发现这种理论不仅存在于霍布斯的著作中，而且也以较为含蓄的形式存在于洛克的著作中。他自己的伦理学著作打算说明人类自然本性的体系并不指向自私。在人身上有与他自己的利益和幸福相关的情感；但是也还有指向他所属的人类的利益的社会情感（或者依他自己所说，叫作自然情感）；他努力要证明的是，在这两个体系之间并无抵触。人的心灵有一更高的境界。"一个理性创造物的自然情感"将容纳全宇宙，因而他将热爱存在于世界上的一切事物；因为，在对万物的宇宙设计中，"没有什么东西是多余的或不必要的"；"整体是和谐的，数字是完全的，音乐是完美的"。再者，人心本身与宇宙秩序也是协调一致的。人心中天生就有一种"正确与错误的感觉"，夏夫茨伯里称之曰"道德感"。正是由于他的道德感学说，他现在才最经常地被人们想起。在他自己的世纪里，他的著作享有盛名：贝克莱（在《阿尔西弗朗》中）是他的最激烈的批评者之一；莱布尼茨和狄德罗则属于他的最热烈的赞赏者。

　　道德感学说达到了直接的发展，在弗兰西斯·哈奇森手里尤其如此。哈奇森是个尤尔斯德出生的人，在格拉斯哥大学受过教育，1729年又回到那儿作道德哲学教授。在最著名的不列颠哲学家中，他是第一个担任教授职位的；而他的演讲被杜格尔德·斯图尔特说成是"非常有力地推动了在苏格兰传布分析讨论的兴趣与自由研究的精神，世界也受惠于他的演讲提供了18世纪中一些最有价值的东西"。哈奇森在他被任命为教授之前，就已经出版了两册书，一册是《我们的美善观念探源》（1725），另一册是《论感情和情感的本性和表现，并举例说明道德感》（1726），每一册都包含两篇论文。随后有逻辑学，形而上学和伦理学的教科书；他的《道德哲学体系》（1755）是在他死后出版的。夏夫茨伯里的观念以较有系统的形式再现在这些著作中，但是并没有他的形而上学基础，而带有一种向着对它们作心理学解释的越来越加强的趋势。哈奇森主张行善不计利害；他使道德判断与美学判断相类似；他详尽阐述了道德感学说，有时把它说成只是快乐或痛苦的一种新的源泉；他还把德性同普通的仁慈等同起来：他在这种向着普遍幸福的趋向中，找到了善的标准。在这方面，他历史上是功利主义者的先驱。在他的第一部著作中，他甚至运用了这个公式 162 ——"为最大多数人的最大幸福"，——这公式后来只是作了些微言词上的改变*而为边沁弄得出了名。① 他在试图形成一种关于快乐和

　　＊　"for"变成"of"（中文去掉"为"字）。

　　①　哈奇森：《探源》，第164页。虽然边沁认为并且说到（《著作集》，第10卷，第46章，第142页），他是从普里斯特利那里得到这个公式的，但是在普里斯特利著作集中找不到它，而几乎可以肯定它是取自贝卡里亚。贝卡里亚的话见《论罪行和惩罚》（*Dei Delitti e delle Pene*, 1764）是 "*la massima felicità divisa nel maggior numero*"，而这话在英译本（1767）中被译成"最大多数人的最大幸福"——这是边沁1776年首次使用的原话。贝卡里亚对哈奇森的依赖并不能确立起来。

痛苦的计算方面也开了边沁的先河。

　　哈奇森的第一部著作在扉页上被说成是为夏夫茨伯里辩护反对《蜜蜂的寓言》作者的。1705 年，一名住在伦敦的荷兰医生伯纳德·曼德维尔发表了一本约有 400 行的题为《发怨言的蜂箱，或恶棍转变的诚实人》的打油诗的小册子。这个小册子连同"道德德性探源"和对原诗的"评注"，1714 年合起来作为一本重新发表；1723 年又再加上了一些内容，全书标题为《蜜蜂的寓言；或私人的劣行，公共利益》。曼德维尔标志着对那种为自然神论者所共有的而夏夫茨伯里对之作出过哲学表述的过分随和的乐观主义的一种反叛；他还标志着对与流行道德相关的习俗惯例的反叛。但是，他没有很好地作出区别：习俗惯例和道德同样都是他的讽刺对象。他很机敏地察觉出围绕着工业体系的奢侈和罪恶，又很不正当地把它们误作它的基础。他回复到了霍布斯的人类本性自私的理论，但是并没有像霍布斯那样抓住秩序原理。曼德维尔把人看作各种感情的复合物，为各种变得最强烈的感情所支配，他还认为"道德的德性是谄媚与傲慢结合所生的政治产儿"。能力与这种观点借以发挥出来的粗糙结合在一起导致了许多不同于哈奇森的回答。贝克莱在《阿尔西弗朗》中作了答复；而威廉·劳也以他自己的方式，在一本杰出的小册子《评一部最近出版的题为〈蜜蜂的寓言〉的书》中达到了问题的核心。劳还由于发表《理性案件》（1731）使自己在自然神论的论战中扬名，《理性案件》是致丁达尔的一个答复，他在其中预示了以后不久为巴特勒所作出的论证方式。

　　约瑟夫·巴特勒，在他生活的最后两年（1750—1752）间为达勒姆主教，对纯粹形而上学没有作出任何贡献；但是他在那个时期的神学思想和伦理学思想这两个方面都享有最高的名望。他只发表过两部书，一部是一卷本的《布道辞十五篇》（1726），它（尤其是题为《论人类本性》的头三篇布道辞）表述了他的伦理学体系；另一部是

163

《自然宗教和天启宗教关于自然的结构和过程的类比》（1736）。这些著作不抱有任何追求文辞高雅的意图；只在偶尔有几节里，那通沉闷的风格才爆发出有节制的雄辩的火花。但是它们是深刻思想的结晶。其他作者的名字很少被提及；但是，他们的一切论证都受到了考虑。没有什么困难被放过，没有什么意见不穷根究底就予接受。有一种关于推理的力求完全和达到终极的气氛，这无需任何艳丽的辞令。

巴特勒的凝重的论证几乎不容许作一总结。然而他对万物作为一个整体的观点可以用"目的论的"这个词来表达。人性是一个体系或结构；广大世界也是这样；两者都指向一个终极目的或目标。这就是他的主要观念，它是得到夏夫茨伯里提示的，也给了他适当的评价；它使他能够从对霍布斯自私理论的驳斥中得出下面这条真理，即人的本性或结构适合于美德。这个对自私或无私的情感的古老论证被提到了一个更高的水平。他表明，冲动的特征或"特殊的情感"是要去寻求一个对象，而不是寻求快乐，而快乐是由所想望的对象的获得造成的结果。然而，人类的本性并不只是冲动；还有反省的原则，冲动的趋势借以受到评判，它们的价值借以得到估价。在这个层次上，自私是可能的；但是，自爱并不是行为唯一的反省原则；此外，还有道德感，或者依巴特勒喜欢叫它的，良心。要求统治或监督（这是个为夏夫茨伯里忽略了的论点），属于良心的真正本性；而且，虽然巴特勒竭力证明这两个原则支配的和谐，但是他还是把终极的权威归于良心。诚然，在一个经常被人征引的句子里，他承认"当我们在冷静的时刻坐下来时，我们不能给我们证明这一点（即道德的正直）或任何别的追求是正当的，除非我们深信它将有利于我们的幸福，或至少不与之相反对。"但是，即使我们无视是"让它允准"一语引进了承认，单这一句也几乎不足以证明下面这个主张是正当的，这主张就是巴特勒认为自爱的权威等于或高于良心的权威。这一节毋宁说是对那个时期自私精神的一个暂时的让步；而且，它应须依据他对良心的自然优越性这个习常的主张加以解释。他说，"主持和统治，出自人的机构和结构，是属于它的。""如果当它有权利时它就有力量，当它有明显的权威时它就有能力，则它就将绝对地统治世界。"

165 既然人性的本质以这种精神性的原则表达出来，巴特勒就能够证明人适合美德这种主张是正当的。但是在这里，他的伦理学可以说是几乎突然中止了。他没有进一步解释与理性和意志有关的良心的本性，或者以任何一种系统的方式从中得出道德的内容。在他的第一部著作中，为良心所称许的行为似乎与仁慈活动或目标在于公共利益的一类活动等同起来。但是，在作为《类比》的附录的《论美德》中，他又持另外一种看法。他认为，"在不研究在什么程度上和在什么意义上美德可以解析成仁慈的情况下，""我们就被造成来谴责说谎，无缘无故的暴力，不公正，去赞同对有些人的仁慈比对其他人的较为可取，这是从最可能产生过量幸福或苦难的行为的所有考虑中抽取出来的。"巴特勒并没有制定出一个体系；他不相信建立完满哲学的任何尝试，而决意接受概然性为生活的指南。

同样的基本概念和同样的局限性再现在巴特勒的更为著名的著作《类比》中。世界是一个系统——"一个体系，其中手段被用于完成目的，并且按一般规律进行下去"。它忽略了这样一个真理，这真理使人们想到遭受苦难的美德或成功的罪恶的个别例证是同"自然体制的智慧、正义和善"不一致的。在世界的体制和统治中，自然和道德的联系如此密切，以致形成了一个单一的体系，在其中"前者之构成和进行下去很可能只是为了有助于促进后者"。我们知识的不完全使详细地论证这一点成为不可能。但是，只要像自然神论者那样承认上帝是自然的创造者，则就能够表明，在宗教学说中，不论是在自然宗教还是在天启宗教的学说中，都不存在任何困难，只要这类宗教在论证的双方所共有的原则中没有一种与之平行的困难。这就是巴特勒的推理被导向加以详细确立的那种"类比"。它们这样详尽无遗，这样彻底，这样坦率，以致各个学派的批评家们都一致地把他的话作为这场重大的论战中的定论。

第八章　大卫·休谟

对于大卫·休谟和亚当·斯密，人们曾中肯地说道："在同一个时期，没有第三个用英语写作的人像这两个人中任何一个那样对人类意见产生如此重大的影响。"① 在同样的或同一种类的题目上，有许多别的著作家对思想文献作出过重大贡献；但是，休谟和亚当·斯密在他们著作的理智恢宏和影响深远这两个方面都鹤立鸡群。

休谟在他去世前几个月写就的《自传》的草稿中说道：他"很早就被从事著述的激情所支配，这是我一生的主要感情，也是我欢乐的伟大源泉"。另外一个休谟本人未曾见示于任何人而为他的传记作者②所发现和付印的早得多（1734）的文件，使我们明白地洞察到这种写作雄心和使它难以得到满足的障碍是什么性质的。这就是他自己对其动机和目标所作的说明："由于我们苏格兰的大学教育很少进一步扩展到语言以外，通常是在我们十四五岁时就结束了，所以，此后就听任我根据我自己的爱好来阅读，发现我几乎同样地喜爱推理和哲学的书籍与诗歌和文雅著作家的作品。了解哲学家和批评家的每一个人都知道，在这两门科学的任何一门中，都还没有已经确立的东西，甚至在最基本的问题上，除了无穷的争论，它们也很少含有什么东西。基于对这两个方面的考察，我意识到了我身上有一种正在增长着的胆识，它不是要我在这些学科方面顺从任何权威，而是引导我找出

---

① J. H. 伯顿：《大卫·休谟的生平与通信》，第1卷，第117页。
② 同上书，第1卷，第30—39页。

真理借以可望确立起来的某种新的媒介。在对这一点进行了许多研究和思考之后，终于在我快要 18 岁的时候，似乎在我面前展现了一个思想的新场景，这使我激动不已，还使我以青年人自然具有的热情抛却一切别的快乐或事情而专心致志于它。……在有时间和闲暇把我的燃烧着的想象力冷却下来时，我便开始认真地考虑我当如何在我的哲学探求中继续进行下去。我发现……每个人为了建立美德和幸福的系统都请教他的想象力，而不考虑每条道德结论都必须依赖的人类的本性。因此，我决定使这成为我的基本研究对象，并且使这成为我从中推导出批评和道德中一切真理的源泉。"这几段话不仅表明休谟的雄心完全是写作方面的，而且也表明他的写作雄心集中在哲学上，他相信他抓住了哲学问题的要害。写作雄心之为休谟的主要感情从来没有终止过，而且这也给他带来了声誉乃至优裕的生活。但是，他早期发现真理的热情似乎由于他的第一部也是最大一部著作的遭遇，或是由于他的论证所导致的理智上的矛盾，或是由于这两个原因结合在一起而衰减下来。在哲学方面，他从来没有从他的第一部著作《人性论》再往前作出任何实在的进展；他后来的努力只在于以一种更完善更通俗的写作形式表达它的论证，或在于减轻它的破坏性后果，以及把他的观念应用于经济学、政治学和宗教问题，也致力于在历史著作方面为他自己赢得新声誉。

　　他的经历除他的书籍出版以外很少包含有需要加以记载的事情。1711 年 4 月 26 日，他诞生于爱丁堡，是一个门第很高但财产不多的 ¹⁶⁸乡村绅士的幼子。他的"写作激情"导致他早年放弃法学研究；* 当他 23 岁时，他试着经商，作为对艰苦研究使他陷入的那种致病沮丧

---

　　* 其父为爱丁堡律师，他本人曾在爱丁堡大学学法律两年，辍学后，一直坚持自学法律。1729 年，当休谟 18 岁时，他才决然放弃法律，立志在哲学方面开拓自己的远大前程。

状态的救治，而且无疑地也作为谋生之道。但是，在布里斯托尔*一个商人营业所里待了几个月后，他便决意力求节俭以弥补他的资产不足。到法国定居时，主要住在拉弗来希，一个多世纪前，笛卡尔曾在那儿的耶稣会学校受过教育。但是，他从来没有提到过他同笛卡尔的这种联系；他正忙于别的思想；3年后，在1737年，他回国筹备《人性论》的出版；《人性论》头两卷1739年1月问世了。如果说这本书不是严格地如休谟所说，"是从出版社作为死胎生下来"的话，那么，它也很少引起人们的注意；它所得到的文化界的唯一反应就是完全没有意识到它的重要性。他大失所望，但却继续准备第3卷即《论道德》的出版。这一卷1740年问世；而在1741年，他发表了一卷本的《道德和政治论文集》，这书在1742年出了第二版，曾增补了一个第2卷。这些论文的成功满足了休谟的写作雄心，或许还与他的活动朝着他的见解的应用和大众化而不是进一步批判它们的根据这个方向大有关系。

　　大约就在这个时候，休谟多半住在贝里克郡的奈因维尔斯的父母庄园（当时属于他的哥哥）里；但是，他正在努力获得独立的收入：他两次想获得大学教授职位都失败了；** 他作为一位精神病患者青年侯爵的家庭教师，又过了令人烦恼的一年；1746年，他作为圣克莱尔将军远征团的秘书陪同他到了法国，1748年又作为使团的秘书到维也纳和都灵。下一年，《道德和政治论文集》第3卷出版了，还出版了《关于人类理智的哲学论文集》，这部《论文集》后来（1758年）又更名为《人类理智研究》，在其中以一种经过修订了的但是不完全的形式表述了《人性论》第1卷的推理。这部著作的第二版

───────────────

　　* 布里斯托尔为英国西南部一城市，当时为英国同西印度贸易的主要商港。
　　** 1744年，他企图在爱丁堡大学谋个教授席位，因资历浅、主怀疑论观点遭到拒绝。1751年，又积极谋取格拉斯哥大学逻辑学空缺教授席位，也因为有人指控他主张怀疑论、无神论而落空。

1751 年问世，在同一年又出版了《道德原理研究》（以《人性论》第 3 卷为基础），按照作者的意见，在他的一切"著作（不论是历史的，哲学的或文学的）中，它是无与伦比地最好的"。几个月后（1752 年 2 月），他出版了一卷本的《政治论文集》，他说，这是"在我的著作中初版就成功的唯一著作"。按照伯顿①的看法，这部著作"把休谟介绍给了大陆学术界"。该书 1753 年被译成法文，1754年又被人重译。1752 年，他出任苏格兰律师协会的图书馆管理员，这个职位使他的为数不多的收入稍有增加，使他能够从事他的历史著述。1753—1754 年，发表了《关于若干题材的论著与论文集》；这些包括了他的除《人性论》和《英国史》外的各种不同的著作，而且在几经变化后，1777 年的版本达到了它们的最终形式。在后来的版本中添加的新材料主要是 1757 年发表的《四篇专论》。这些专论的主题是宗教的自然史、感情（以《人性论》第 2 卷为基础）、悲剧、鉴赏。论自杀和论不死的论文原计划收入这一卷，却在出版前夕被仓促地抽掉了。

从 1763 到 1765 年这两年多，休谟担任了英国驻巴黎大使馆秘书，在那儿，他受到了宫廷和文化界的非常热情的接待。他写道："在这儿，我以美味佳肴为食品，以琼浆玉液为饮料，只呼吸香气，在花丛中散步。"1766 年 1 月，他由卢梭陪伴回到伦敦，他对卢梭以朋友相待，而几个月后，卢梭却以挑起文人间一起最著名的争吵来回敬他的款待。* 在这年年底前，他再次回到苏格兰，但是在下一年，又应召去伦敦作次国务大臣，直到 1769 年，才最后定居在爱丁堡。在爱丁堡他又参加了一个团体，与他离开的巴黎的那个团体相比它不怎么辉煌也没有什么创造性，但它却有它自己的特性。他的朋友中杰

170

---

① 《休谟的生平与通信》，第 1 卷 ，第 365 页。
* 指卢梭不久便猜疑休谟是图害他性命的阴谋的代理人一事。

出的有罗伯逊、休·布莱尔和其他一些牧师，这些人地位显赫并有文人的声望，还代表了一种宗教态度，这种态度在苏格兰被认为是"稳健主义",① 这并没有打扰休谟的宁静生活。他 1776 年 8 月 25 日去世。

死后，他的《自传》由亚当·斯密＊发表（1777），他的《自然宗教对话录》由他的侄子大卫发表（1779）。我们在此前 20 多年就听说过这些《对话》；但是，他在那时受人劝阻未曾发表，虽然他曾留心勿使它们遗失，并反复细心地修订了手稿。他的哲学活动可以说是以在 1757 年发表《四篇专论》告终，那时，他 46 岁。尽管有许多批评，他却不愿拖进论战；但是，在《论著和论文集》最后版本的一篇"公告"中，他有点生气地抗议对《人性论》的批评，说它乃是"作者从来没有承认过的少年之作"。

对他这部最早最重要著作的这种不承认作为休谟性格的一种展示是有趣的，但是，并不能影响其哲学的价值。如果他没有写出任何别的著作，只有这部书被人阅读过，则他的观念对一般文化界的影响就会小得多；但是，他之属于最伟大英国哲学家之列的要求并不会受到

171 严重的影响：应当承认，他已经把一条思想路线贯彻到底，而对后世的思辨所起的作用本质上也将会是它所已经是的那样。

休谟对他的研究方法是相当明白的。他承认洛克和其他人在他之先就已"试图把推理的经验方法引进到道德学科上来"。洛克还开辟了由人类心灵的科学推导出一个哲学体系的道路；但是，休谟在沿着这条道路前进的彻底性和首尾一贯性方面远远胜过洛克。洛克明确的目的是考察理智，以便他可以发现"理智范围的最终限度"。他不怀

---

① 关于由"稳健主义"衰落时期的一位译述家所下的"稳健主义"的定义，参见科伯恩勋爵的《日记》（*Journal*），第 2 卷，第 289—291 页。

＊ 休谟在病情日渐恶化、预感到不久人世时，曾委托亚亚·斯密处理他的手稿、信札。

疑知识能够表示心灵之外的实在；但是他希望去规定这种认识能力的范围。从一开始，休谟就以一种更加广泛的方式来设想这个问题。一切知识都是人类本性的一个事实或过程；因此，如果我们能够"解释人类本性的原则"，我们就将"实际上提出了一个完全的科学体系"。无疑这个说法是指向他早期的发现："真理可望借以确立起来的新媒介"，这个发现在他18岁时，就使他激动不已。当他说"一个完全的科学体系"产生于"人类本性原则"时，休谟并不是指万有引力定律或血液循环能够从对理智和情感的考察中发现出来。他的意思是说，当科学形成体系时，能够找得到表示它们特性的某些一般特征；而对这些一般特征的解释应当在人类的本性中寻找。因此，他的说法简要地可以归结于此，即心灵的科学，或我们现在所谓的心理学，代替了哲学，它本身就是哲学。

　　休谟通常正确地被人们认为已经把洛克所开创的思想路线贯彻到底。但是，在他的目标的宽宏，它的苦心经营的彻底性以及对他的任务的明白意识诸方面，都可以与霍布斯媲美，尽管霍布斯是一个对他的思想没有什么直接影响的著作家。因为休谟是头足倒置的霍布斯。后者用外部的或物质的世界来解释内在世界——生命和思想的世界，外部或物质世界的碰撞产生了我们称之为知觉和意志的运动。另一方面，休谟对外部实在不愿假定任何东西，只是用我们完全直接意识到的印象或观念来解释它。而且，像霍布斯看到万物处于机械规律支配之下那样，休谟也有一个普遍的联系原则。他说，"在这里"，也就是说在观念中，"有一种引力，我们会发现它在精神世界中具有和在自然界中一样的异常作用，而且还以同样多种多样的形式把它自己显示出来"。万有引力定律在观念联想律中找到了它的平行之物；像物质团块的运动用前者解释一样，后者也就用来说明心灵现象的集合。

　　在列举这些心理事实方面，他修改了洛克的学说。按照洛克的观点，知识的材料来自两个不同的源泉——感觉和反省。如果不假定一个精神世界和一个物质世界这两个世界相互对立地并存，上述观点就几乎不容承认。休谟则竭力避免任何这样的假定。他的原始资料完全属于一个种类；他把它们叫作"印象"，并且说它们起源于"不知道的原因"。观念区别于印象，是由于它们具有较低程度的"生动性和强烈性"。休谟作出概括说"每一个简单观念都有一个与它相似的简单印象"；因此，一个观念就是一个印象的"微弱的意象"；这种微弱性有不同程度："较为生动和强烈的"属于记忆的观念，较为微弱的属于想象的观念。再者，一些观念，以某种未经解释的方式，带着
173 印象的生动性和强烈性再现，或者，如休谟所说，"产生"了他所谓"反省印象"的"新印象"，他列举的这些新印象有感情、欲望和情绪。因此，反省是从感觉派生的，虽然它的印象也产生了新的观念。一切心理事实（用休谟的语言说，是一切"知觉"）都从感觉印象派生，而感觉印象则产生于不知道的原因。简单观念之区别于简单印象仅仅是由于它们的比较缺乏生动性和强烈性；但是这些较微弱的预料倾向于以一种与其相应印象的秩序有别的秩序自行组合。通过这种"观念的联想"就形成了关系、情状和实体的复杂观念。

这些就是休谟说明人类本性的原理；他必须用这些原理解释知识和道德；而这种解释同时也就应该是"一个完全的科学体系"。他充分意识到了这个问题。在知识中，观念是由别的关系而不是由支配着想象的那种"联想"联系在一起的；因而他就立即进而研究了"那些使对象容许比较的所有性质。"他把这些叫作"哲学的关系"，而且他还把它们安排在七个一般项目之下：相似，同一，空间和时间，量，性质的程度，相反，因与果。

一切科学的命题都被看作是表述这些关系中的这一个或那一个的。休谟认为这种分类是穷尽无遗的；而且至少它足以形成对他的理论的全面验证。既然我们除了观念和产生观念的印象就无所从事，那么，我们该如何解释关于这些关系的知识呢？休谟的研究并没有对这

个问题得出甚至使他自己满意的答案；但是，它提出了一个为每个后来的思想家都不得不正视的问题，而且它已使许多人采取了作者自己最后达到的怀疑主义的结论。

这些"哲学的关系"依他的分析分成两组。一方面，它们中的一些完全依赖于被比较的观念：这些有相似，相反，性质的程度，量或数的比例。另一方面，同一性、时空和因果诸关系则可以在相关观念无任何变化的情况下经受变化；因此，我们关于它们的知识就显示出明显的困难，因为它不能从观念本身推演得到。休谟对前面一类关系没有花费很多精力，在这类关系中，这种困难并不出现。他满足于沿着洛克的路线前进，认为具有推证确实性的普遍命题在这儿显然是可能的，因为我们只是在述说一种明显地在诸观念本身中显示出来的关系。他没有问这种关系究竟是不是一个新的观念，而且如果它是一个新观念的话，如何能够解释它起源于什么印象。他也没有对当一个观念成为一个普遍命题的主项时，归于这个观念的那种恒定永久的特性作出任何解释。

然而，他并没有遵从洛克，坚持数学是一门同时为可推证的和"有教益的"科学；注意到这一点是重要的。关于空间关系的几何学命题，以及我们的空间观念是"由可见可触对象的排列得到的"，"但除非当我们把空间或广延看作我们的视觉触觉（如触摸）的对象时"，我们"不会有空间或广延的观念"；而且在这些知觉中，我们永远得不到精确性："我们求助的依然只能是证据不充分难免有错误的判断，我们是依这些对象的显现作出这些判断，又用圆规或公测度对它们加以校正的。"因此，几何学便是一门经验的科学。它是根据仅仅近乎确切的观察建立起来的，虽然我们观察中的不同于常态的种种变态在我们形成的普遍命题中可能被中和了。休谟并未把这同一个学说应用到算术上，其理由（他的原理并没有证明这正当）是，算术的单位是些独一无二的东西。因此，他能把量和数算入他的第一类关系，而把代数和算术从他对几何学基础的精细分析的结果中排除出去。然而，在他的《人类理智研究》中，他没说出一句表明其有正当理由的话就放弃了早期他很细心很机敏地提出的观点，而把数学一般地看作推证性推理的伟大样板。在这部为了展示显著特征宁可牺牲掉全面性的较晚著作中，他讲的不是两类关系，而是"观念的关系"和"事实"；而且在每一个方面，他都试图从他的前提所导致的科学的普遍毁灭中拯救出一些东西。这部书的最后一段宣布了他的结论："我们如果相信这些原则，那我们在巡行各个图书馆时，将作出怎样大的破坏呢？我们如果手里拿起一本书来，例如神学书或经院形而上学的书，那我们就可以问，它包含着量或数的任何抽象推理么？没有。它包含着有关事实和存在的任何经验的推理么？没有。那么，我们就可以把它投到烈火中去；因为它所包含的，没有别的东西，只有诡辩和幻想。"

这段话虽然听起来令人吃惊和残酷无情，但主要地却以其有所保留而值得注意。把"神学或经院形而上学"谴责为幻想是容易的；它们长期以来就已是常见的把戏。但是，向数学或自然科学的可靠性挑战则完全是另外一个问题。休谟并不要让吹在剪了毛的羔羊身上的风温和些；但是，他却留心着不要让那风太粗暴地侵袭这羊群中强壮的阉羊。然而我们已看到，根据他的原理，数学是依赖于缺乏精确性的观察，自然科学则由于它是"关于事实的经验推理"而是依赖于因果关系的。

176   对这因果关系的考察，在他的这两部著作中都处于中心地位；而且，它对后来思想的影响如此之大，以致有时使他哲学中其他因素的重要性黯然失色。在他面前摆着一个洛克几乎不曾看穿，甚至连贝克莱对它也只有一个片面看法的问题。当我们说一个东西是原因，另一个东西是它的结果时，我们的意思是什么？而且，我有什么权利这么说？例如，我们在感官知觉中有火焰和热的印象；但是，我们为什么说是火焰引起热的呢？我们有什么根据断言它们之间有"必然联系"呢？这种联系并不能从对火焰和热的观念的任何比较中得出；因此，它必定来自印象；但是，并没有能够作为两个对象之间链环的"原因"或"因果关系"的分离独立的印象。那么，什么是这种联系的根源呢？使用《人类理智研究》的术语就是，既然原因不是一个"观念的关系"，那它就必须是一个事实，是一个印象。但是，它本身并不是一个分离独立的或简单的印象；因此，它必定应归于印象发生的那种方式。在我们的经验中，我们习惯于发现火焰和热结合在一起；我们恒常地从一个过渡到另一个；而且，这种习惯变得如此强烈，以致每当火焰的印象一出现，热的观念就继之而来。于是，我们把这种心理的或主观的联系误作一种客观的联系。必然联系不在对象中，而只在心灵中；然而，习惯于我们太强烈了，致使我们把它归于那些对象。

　　这就是对关于休谟最著名讨论的主要论证的简单表述。洛克归于物体的那些"能力"必须予以否定——正如贝克莱已经否定了它们那样。贝克莱所依赖的精神活动的意识，根据休谟的原理，同样是虚幻不实的。休谟说："如果我们先验地推理，任何一个东西都似乎能产生出任何东西。一粒小石子的落下说不定可以扑灭太阳，或者一个人的愿望也说不定可以控制诸行星沿着它们的轨道运行。"这种惊人之论严格地说并不比一条老生之谈好多少。没有一个哲学家曾假定说，关于确定对象的知识能够不通过经验而以任何别的方式得到。但是休谟的否定性批判比这要深刻得多。我们没有权利说，太阳的熄灭需要任何原因，或者，因果关系是一个于对象有效的原则；一切事件都是散漫的和分离独立的。我们有权断言的唯一联系就是一个观念同一个印象或同别的观念的联系——这就是所谓"观念的联想"的主观惯例。休谟关于因果关系的建设性理论就是解释我们是如何达到假定世界上有因果关系的，虽然实际上并没有别的，只有我们心灵中习惯的联想。

如果我们认可休谟关于印象和观念的基本假定的话，那要否认这个推理的普遍可靠性是不可能的。关于因果关系的任何论断——因此，自然科学的整个结构——简单地说，只是对某些心理过程的一种错误解释。一开头，休谟自己也曾把印象说成是起源于"不可知的原因"；诸如此类的一些说法对给他的理论的一个开头，并使读者跟着他走是必要的；但是，它们实际上是一些空话。经验只限于印象和观念；因果关系是一种由习惯即由我们知觉相关联的那种方式所产生的对印象、观念的一种态度。它的适用性仅限于我们的印象或观念范围；说到一个为既非印象又非观念的某个东西所产生的印象，对于除休谟外任何一个哲学家来说都可能有一种非常真实的意义；但是对休谟来说，它根本不能有任何意义。

对因果关系的讨论带出了休谟所主张的另外一个更加一般的学说，这就是他关于信念的理论。当我说火焰引起热时，我并不是指我178 自己心中的观念的联系；我是在表达对独立于我的心理过程的一种客观联系的信念。但是，休谟的因果关系理论却把这种联系归结为一种主观惯例。然而，某个别的不是火焰的印象，例如"冷"的印象，也可能先于热的观念。那么，我怎么不断言"冷引起热"呢？"冷——热"关联在我们心中可以与"火焰——热"的关联同样实在。前者怎么没有以后者产生的那种方式产生出信念呢？休谟会说，唯一的差异在于联想在前面那种情况下要比在后面那种情况下（在这一情况下，由于印象与印象的反复关联，联想已在进行了）较少直接性和恒常性，这样就导致一个较不生动和强烈的观念。因此，信念简单地说就只是一个与一当下的印象相联系的生动的观念。它属于我们本性的感觉部分，而不属于理性部分。然而，它标志着判断和想象间的基本区别。

无论如何，在《人性论》中，作者进而把他的原理应用于知识结构时，目标没有丝毫动摇，力量一点也没减退。在这个地方，追叙出他的精细而包罗万象的论证是不可能的；但是，它的结论是明白的。

他使用了与贝克莱并无二致的诘难，摒除了物体的独立存在，然后，他又以同样的一系列论证转而反对了自我的实在性："当我切近地体会我所谓的我自己时，我总是碰到这个或那个特殊的知觉，如热或冷，明或暗，爱或恨，苦或乐。我任何时候都不能抓住没有一个知觉的我自己，而且，除了这知觉我也观察不到任何东西。当我的知觉在一个时期内，例如在沉睡中，失去的时候，那么在这个时期内我便觉察不到我自己，因而真的可以说是不存在的。"① 根据休谟自己的说明，心灵只是知觉在上面经过、混合和溜走的舞台。或者，毋宁说完全没有舞台，只有一串印象和观念的连续杂乱的幻象。

　　休谟的目标是建设性的，但是，其结局，如他所面对的，却是怀疑主义的。而且，他还是一位真正的怀疑主义者；因为甚至对他的怀疑主义，他也不是独断的。他问道：为什么他应当同意他自己的推理？他回答："我拿不出我为什么同意它的任何理由，而只是感到要强烈地照那样的观点来考察对象的一种强烈的爱好。"然而，只有当"心灵的倾向"处于一定的方向之际，这种爱好才强烈；一顿饭，一场15字游戏，*都会使得这样一些思辨显得荒谬可笑；而且"自然"也足以"消除这一切怪诞幻想"。一年后，休谟在其《人性论》第3卷的一个附录里再次提到这种怀疑主义的死胡同；② 而且，在那儿，他还以非凡的洞察力，找到了他自己失败的原因。鉴于这一段常为人忽略，然而却是哲学史上一个最有意义的说法，是值得引证的："简言之，有两条原则，我不能使它们一致起来；我也没有能力去放弃它们中的任何一条，这两条原则就是：我们一切各别的知觉都是各别的存在，以及心灵永远知觉不到诸各别存在间的任何实在的联系。要是我们的知觉或者内在于某种单纯的个别的东西，或者是心灵知觉到它

179

---

① 《人性论》，第1卷，第4章，第6节。
* 15字游戏是一种双方各有15枚棋子，通过掷骰子决定行棋格数的游戏。
② 格林与格罗斯合编版，第1卷，第559页，塞尔比—比格编，第636页。

们之间的某种实在联系，这种情况就都不会有任何困难。至于我，我必须为作个怀疑主义者的特权辩护，承认这种困难对于我的理智来说是太严重了。然而，我并不自命要把这种困难宣布为绝对不能克服的。别人，或许我自己，经过更加成熟的思考，可能发现某个假设能够调和那些矛盾。"休谟本人似乎并没有进一步尝试解决这个问题。他的追随者也满足于在休谟的基础上来营造他们的体系，只稍事加上他们自己的改进，而没有克服或正视休谟看到并表达出来的这个根本困难。

他的分析的逻辑结果远远没有达到他预期从他的"新媒介"要导致的"完全的科学体系"；它不是导致重建知识，而是导致知识的怀疑主义的解决；而且，他也有足够的清楚洞察力来看清这种结果。从那以后，怀疑主义就变成了他的思想和著作的具有特征的态度。但是，他后来的著作却显示出了一种比之他的思想要导致的那种怀疑主义较不彻底的怀疑主义。甚至他的《人类理智研究》也显示了这种怀疑态度的减弱，趋向一种"缓和了的怀疑主义"，这与近代实证主义相类似，并且承认关于现象和关于数学关系的知识。

当他进而论述具体问题时，他的原则常常在削弱了的形式下被运用。但是，他的"新媒介"并没有完全被放弃：他总是求助于心理因素——印象和观念。这是休谟道德学说的特征。"这是一个事实；但是，这个事实是感情的对象，不是理性的对象。它就在你自己的心中，而不在对象之内。"① 由此也就产生了他关于美德的著名定义。他在《人性论》② 中说，"心灵的每一品质，只要一经察看就提供一种快乐，就被叫作有德的；正如凡产生痛苦的品质，都叫作恶的一

---

① 《人性论》，第 3 卷，第 1 章，第 1 节；格林与格罗斯合编，第 2 卷，第 245 页；塞尔比—比格编，第 469 页。

② 第 3 卷，第 3 章，第 1 节；格林与格罗斯合编，第 2 卷，第 348 页；塞尔比—比格编，第 591 页。

样”；或者，如他在《道德原理研究》① 中所说，美德是"一切给观察者以赞赏的愉快感情的心理活动或性质。而恶，则与之相反。"这样产生的赞赏或谴责的感情，在一切情况下都依赖于同情。同情别人的快乐和痛苦被休谟设定为一个终极事实；巴特勒和哈奇森的推理使他没有像霍布斯那样试图以一种精致形式的自私来说明这种同情；然而，根据他自己的前提，这种同情依然是不可解释的。在他的《道德原理研究》中，他与霍布斯的差别，甚至与洛克的差别比在《人性论》中更加清楚地显示出来了；他为不计利害的仁慈的实在性辩护；而且，这种道德上赞赏的感情被说成是"人道"，或是"一种为着人类幸福的感情"，据说是"自然使它在人类中成为普遍的了"。② 这种感情，也总是指向有助于那些观察到的人的或其他人的直接或间接的快乐的性质。因此，休谟在功利主义的世代继承中占有一个地位；但是，他并没有像哈奇森所已做过的那样，提出一种定量的功利主义。然而，他在自然的美德和人为的美德之间作了重要区分，自然的美德，如仁慈就是，它们立即就受到赞赏，并且具有一种产生快乐的直接倾向；人为的美德，以正义为其典型，在这儿，赞赏和产生快乐的倾向这两个方面都有在考察中的美德所支持的社会体系为中介。

　　休谟不仅通过他的思想的总趋向，而且也通过一些专门著作对神学产生了深刻的影响。这些著作中最重要的有包含在《人类理智研究》中的论"神迹"，题为《宗教的自然史》的专著，以及《自然宗教对话录》。论"神迹"最出名；它引起大量的反响，它同引起对这位著作家著作的社会关注也大有关系。它由一个简单但很机智的论证扩充而成，这个论证当他在撰写《人性论》时就想到过，但是说来也

181

---

　　① 附录，i；塞尔比—比格编，第 289 页；《人性论》，格林与格罗斯合编，第 2 卷，第 261 页。

　　② 《道德原理研究》，第 1 部分和附录 i，塞尔比—比格编，第 173、286 页；格林与格罗斯合编，第 2 卷，第 172、259 页。

182 怪，它与那部著作的原则并不一致。它把"自然法"看作是由齐一的经验建立起来的，而把"神迹"看作是对这些法则的违背，认为神迹的明证必然地低于建立"自然法"的"感觉证据"。不管这些见解可能在另外一种哲学理论上有什么样的效准，自然法以及与这些法则相抵触的神迹这两个方面的意义，都在这种分析下烟消云散了，照休谟的《人性论》中所作的这种分析，一切事件都被看作是"散漫的和分离独立的"。《宗教的自然史》包含着意义更加重大的思考。在这里，休谟在导致有神论的理论论证与宗教由以产生的实际心理过程之间作了区别。它"在理性中的基础"和它"在人性中的起源"并不是一回事；他通过把这后面一个问题分离出来而分别地论述它，向前迈出了重要一步。他认为宗教"起源于对生活事件的关心，起源于驱使人类心灵活动的连绵不断的希望和畏惧"；尤其是起源于"令人伤感的"而不是"令人惬意的"情感；而且，他还主张在信仰的历史发展中多神论先于一神论这样一个论点。

"这整个是一个谜，一个不可解释的奥秘。"对这部著作最后的思考就是如此。但是，在他的《自然宗教对话录》中作出了解答这个谜语的更进一步的认真尝试。这部小书包含着作者对这些根本问题的成熟观点。它是以他最完美的文笔写就的，显示出他对对话体的运用自如。虽然没有任何戏剧性对话的通常的场景，但却人物鲜明，推理清楚，并且始终妙趣横生。传统的论证受到了以后只有康德堪与比美的有洞察力并且直截了当的考察；但是，与康德不同，而且休谟如果不是更深刻便是更有直接洞察力地发现了在道德学领域中关于这个问题

183 的最严重的困难。这部著作的形式使对它作出解释成为不太容易的事情；而且，一些评论家也认为，不应当把休谟自己的观点与那些对有神论更极端的批评观点等同起来。休谟自己在这部著作的结尾处也说了同样的话。但是，他对宗教题材的惯常的嘲讽态度是造成解释困难的一个方面。《对话录》中所有发言人都被表现为是接受某一种有神

论信仰的；因而无须把这种表达方式简单地归于讽刺。这种论证的趋势是朝着有神论的模糊形式的——"宇宙秩序的某个原因或诸多原因很可能与人类理智有某种轻微的类似"；在一个值得注意的脚注里，作者似乎在为他自己采取这样一种见解的权利辩护："没有一个哲学上的独断论者否认，关于感觉和整个科学这两个方面都有困难，而且这些困难是在正常的逻辑方法中，绝对不可解决的。也没有一个怀疑论者否认，尽管对一切问题，甚至对常常完全有把握赞同的问题都有思考、相信和推理方面的这样一些困难，我们还是处于一种绝对必然性之下。"换言之，他的逻辑导致了完全的怀疑论；但是，正因为这些"困难"是不可解决的，他就要求一种漠视它们的权利，要求一种当需要行动和思考时就和别人一样行动或思考的权利。

由于这个原因，他的认识论对他的政治和经济论著很少有什么影响，尽管这些作品与他的伦理学和心理学观点密切相关。各种分离独立的论文在 1741 和 1777 年间以多种不同的本子出版；而在这期间，政治哲学受到了孟德斯鸠①和卢梭②著作的深刻影响。这些论文没有能够形成一个体系，而且在这些论文中经济学也还没有明确地与政治学分开；但是，在体系和特性这两个方面都提示了他对他置于论商业、货币和其他经济学问题论文＊之前的一般原则和一般推理的价值的看法。他说："当我们对一般题材进行推理时，只要它们是正当的，则我们的思考就几乎永远不会过于精细。"

他在这两组论文中，都不只是一个对流行理论和概念的敏锐的批

①　《法的精神》，1748 年。

②　《论科学和艺术》，1750 年；《论人类不平等的起源和基础》，1755 年；《社会契约论》，1762 年。

＊　贯穿于休谟这些经济论文的是他的货币数量论。他认为：货币是商品和劳动的代表，是决定价格的手段；商品价格由流通中的货币数量决定，流通中货币数量的增加必然引起商品价格成比例的上涨。这种理论虽然片面，但在当时却有反对重商主义的进步意义。

评者；他关于人类本性和历史的知识指导着他对形势的分析。学说的日渐明晰还可以通过比较他早期与后期的说法看出。在后来的版本中，他修正了他所接受的关于人们自然平等和社会起源于同意的传统学说。1777 年最早发表的《关于政府起源》的论文，既没有提到神的权利，也没有提到原始契约。社会的起源被追溯到家庭；而且，政治社会也被说成是"为了执法"建立起来的，虽然它的实际开端应当在战争加给人们的协和一致和秩序中去寻找。而在一篇早期论文中，他却说，"一部宪法只是在它能补救弊政的范围内才是好的。"他后来进而把它的倾向自由看作是标志着政治社会的完善，尽管在自由和权威（如果没有它，则政府就不能行事）之间的斗争必定始终存在。因此，他的政治思想倾向于限制合法政府活动的范围；同样地，在经济学上，他批评了重商主义者的学说，而且在许多方面预示了后代的分析经济学家的观点。然而，也许在这些论文中没有任何一篇比他去世前不久当收到一本《国富论》时写给亚当·斯密的信能更好地显示出

185 他对经济学原则的洞见了。在这封信中，他在对他朋友的成就热烈表达了赞赏和满意后，只作了一点批评——"我不能认为农田地租构成农产品价格的任何一部分，我认为农产品价格完全是由数量和需求决定的"——这意味着他自己已经达到了一种与通常和李嘉图的名字联系在一起的地租理论相类似的地租理论。

第九章 亚当·斯密及其他人

Ⅰ. 亚当·斯密

亚当·斯密 1723 年 6 月 5 日出生在克科第。* 他在格拉斯哥大学受过教育，在这所大学里，哈奇森是他的老师之一，1740 年他转到牛津继续接受大学教育，在那里，他从学期到假日连续住了 6 年多。和前一世纪的霍布斯以及在他自己那个时代后不久的吉本和边沁一样，说到大学的学习，他没有一句好话。他自己的贝列奥尔学院对它未来的名声没有给人多大指望：它那时主要以詹姆斯二世党**的中心而著名，而它的权威们没收了斯密的休谟《人性论》；但是它的极好的图书馆却使他能够致力于主要地是对希腊和拉丁文献的勤奋研究。在家乡待过几年之后，他又回到格拉斯哥做逻辑学教授（1751 年），第二年又调任道德哲学讲座。1759 年，他发表了他的《道德情操论》，这使他即时成名。1764 年年初，他辞去了他的教授职位，以便陪伴年轻的巴克鲁公爵访问法国，这事持续了两年多。

他经历中的这个变化标志着他著述工作上第二个也是更著名阶段的开始。他发现图卢兹***（他们最初定居在那里）比格拉斯哥乏味

---

　* 苏格兰东部一海港市。

　** 即以拥护 1688 年被迫逊位的英王詹姆斯二世为宗旨的詹姆斯二世党人的主张。

*** 法国南部一城市。

得多，因此便动手写一本书"以便消磨时光"。① 这很可能是最早涉及他成年时期的伟大工作。但是这并不标志着他开始对经济学感兴趣。由于传统，也由于他自己的偏好，他的格拉斯哥道德哲学讲座工作中就包含了对社会哲学的全面论述；也有证据说明他的一些最有特性的观点甚至在他定居在那里之前就已经写出来了。② 当 1765—1766年，斯密和他的学生在巴黎住了好几个月时，他被接纳加入了著名的"经济学家"（通常被认为是"重农主义者"③）学会。这个学派的领袖魁奈 1758 年已经发表了他的《经济管理的一般准则》和《经济图表》；而杜尔哥，他随即就努力把他们的一般原理引进国家政权，这时，正在写作他的《对财富的形成和分配的思考》，尽管这部著作在几年后才得以发表。斯密十分尊重重农主义者的工作，尤其是魁奈的工作；只因为死了，才使魁奈失去了《国富论》题献给他的荣誉。斯密受惠于这个学派的确切程度是个有争议的问题。但是有两点似乎是明白的，虽然它们有时为人们所忽略。他以在他们的著作发表前就已经达到的根据，和他们一样地反对重商主义而赞成商业自由；他并没有接受他们关于农业是财富的唯一源泉的特殊理论，或他们从这原理中得出的实际结论，即国家税收应当来自"单一的"土地"税"。斯密从法国返回后，同他的母亲和表弟在柯科迪安静地定居下来，致力于写作《国富论》，这部著作是 1776 年出版的。1778 年，他迁到爱丁堡做海关官员；他 1790 年 7 月 17 日去世。

　　撇开一些次要的著作，亚当·斯密是两部重要性不相等的著作的作者。这两部著作属于他生活的不同时期，其中一部属于教授生活时期，在这个时期，他可以看作是过着一个学者的普通隐居生活，另一

---

　　① 参阅约·雷：《亚当·斯密传》，第 179 页。
　　② 比较杜格尔德·斯图尔特：《亚当·斯密的生平和著作》，载《著作集》，第10 卷，第 67、68 页；《亚当·斯密讲演录》，坎南编，第 157 页以下。
　　③ 这个名词是由杜邦·德·内穆尔（1739—1817）发明的，他是这个学派较年轻的成员。

部属于晚期，在这个时期，他已经积累了有关人和事的较广泛的知识。而且，这两部著作在他们适于产生的一般印象也是不同的。根据早期的著作，同情，或社会感情，是道德的基础；而后一部著作的理想则是一个其中每个人都允准以他自己的方式追求他自己利益的社会制度，这位作者还温和地讥笑"为公众利益而贸易"乃是"矫情"（affectation）。然而，这种差别被过分地强调了；这种差别是表面的而不是根本性的，是由这两部著作的主题和方法的差异而不是由它们的基本观念之间的对立造成的。事实上，也可以主张，在伦理学专著中提出的个体中的社会因素，乃是那种公众利益和私人利益之间协调一致的观点的必要条件，这种协调一致的观点构成了《国富论》中所教导的所谓"自然自由"学说的基础。

《道德情操论》包含着先前不列颠道德学家已经详细考察过的许多领域。它对道德意识的各种不同形式和对象作了详尽分析。它是以虽然有点散但却流利畅快的文笔写成的；它充满了贴切的例证说明；而且整部论著都贯穿着一个主导观念。斯密的中心问题，和他的前辈们一样，是要解释道德的赞许和不赞许这个事实。他摈弃了关于有一种特殊的不可分析的"道德感"的学说，这种学说是夏夫茨伯里和哈奇森提出来的。和休谟一样，他把同情看作道德意识的基本事实；他还打算比休谟更确切地说明同情如何能够变成道德的验证。他看到它自身并不是一种充分的验证。一个旁观者可以富于想象地进入另一个人的感情态度之中，而这就是同情；但是，这并不是证明这个人的态度之正当。这位旁观者可能误解了境况，或者可能卷入了他自己的利益。由此看来，唯一地具有伦理价值的同情，就只是一个"公正的了解情况的旁观者"的同情。但是，这个公正的了解情况的旁观者，他对我们感情和情感的同情，就会是表明这些感情之为正当的充分理由，便不是一个现实的而只是一个理想的人；而且，事实上，当斯密说我们不得不使"人类的意见"诉诸"我们自己良心的法庭"——

"胸腔之内的那个人"时，他也是承认这一点的。斯密所制定的这种理论的重大优点，就是它承认社会因素在道德中的重要性，承认同情是这种社会因素借以发挥作用的手段。个体的人，在他看来，是个具有社会结构和倾向的生物。但是，他本性中的社会方面也不能夸大，如果人只有在社会中才能生存下去，那么，同样真实的是"每个人生性都首先和主要地热心于他自己的事"。这几点缓和了在他第一部著作中的学说和他经济理论中的"个人主义"之间的悬殊差别。

　　亚当·斯密常为人看作政治经济学的奠基人。这意味着是他第一个把诸经济事实分离独立出来，把它们看作一个整体，又科学地处理它们。但是在《国富论》出版前9年，已有另一部可以看作是在这些方面开了先河的著作出版，这就是詹姆斯·斯图尔特的《政治经济学原理研究》（1767）。斯图尔特是一个詹姆斯二世党人的苏格兰地主，1763年，他长期流放后从国外返回。他曾到广阔地域旅行，而他的著作也包含了对各种社会状况的观察和系统思考的成果；但是它在写作形式方面是没有什么优点的。它是作为"将国内政策的复杂利益归结为若干原则并形成一门正规科学的一种企图"呈现给公众的。它涉及"人口、农业、贸易、工业、货币、硬币、利息、流通、银行、兑换、社会信贷和税收"；而且，作者对科学方法也有一个明确的看法。他实际上讲到"政治经济的艺术"，使用了"政治经济"这个术语，而且是在与斯密于他伟大著作第4卷中在论述"政治经济体系"中使用"政治经济"的意义完全一样的意义上使用这个术语的。但是，这种艺术是政治家的事情；而在政治家背后站着"思索的人，他离开实践，从观察和思考中引出这门科学的诸原则"。斯图尔特并没有自称有一个体系，而只是自称"有一个对诸原则的明白推演"。然而这些原则本身却是从经验中得到的。他的第一章以这样一个主张开头，这就是，"我们发现人在一切时代，一切国家，一切气候条件下都一样地依据利己、方便、责任和情欲诸原则行动"。而在这些原则中，他所信奉的主导原则便是"利己原则"。从这点看来，这位作者的方法可以看成是演绎的，看成是类似于比斯密自己做的还多的斯密的后继者的方法。再者，他还承认这些结论，和它们由之出发的诸原则一样，都是抽象的而不可能适合于一切种类的社会条件，以致"每一个国家的政治经济都必定不同"。斯密注意斯图尔特的推证到什么程度，我们是说不出的；他没有提到过他的名字；虽然据说他说过他曾从斯图尔特的谈话中比从他的书中更好地理解了他的体系。

亚当·斯密并不是从一部论方法的著作开始的；他是一个解说的能手；他担心（或许是过分地担心）显露出卖弄学问的迹象。他开宗明义就入正题："每个国家每年的劳动就是向这个国家提供它每年消费掉的生活必需品和便利设施的原始基金。"这开场白暗示了流行的主题：财富不在于那些贵金属，而在于人们使用或消费的货物；而它的源泉或原因是劳动。在这个基础上，他建立了他的科学大厦；而且，虽然他对此什么也没说，我们还是能够追溯出那种他认为适合他的研究的方法的。我们可以把它简洁地说成是由历史的研究所核实和加强了的思考和推理。可以看到，后期的分析经济学主要原理在他的著作中已经表达或暗示出来了；但是几乎每个推论都用具体例证加以支持。互相敌对的学派因此便都把他看作是他们的奠基人，并且以他对原理的把握和对事实的洞见为证。他能把一个原因孤立起来，并把它的诸结果探究到底；而且如果说他有时容易在人类动机和社会条件的复杂情况中过分突出了它，这是因为能供他使用的事实并没有提示对他的学说须有必要的限定，尽管进一步的经验可能表明这些限定是必需的。

亚当·斯密把财富这个事实孤立起来，并使之成为一门科学的主题。但是，他是在这个事实与作为一个整体的生活的联系中来看这个事实的。他的推理是基于对人类本性和它的环境的观点上的，这两个方面是在劳动中会合的，劳动是财富的源泉，而且如他认为的，也是

191

商品价值的最后标准。在劳动的分工中，他看出了人们在工业进步中所采取的最初步骤。他对这个问题的论述已经变成了经典，并且已过于众所周知而用不着摘引了；更切题的倒是指出正是那种抓住本质的准确无误的本能，使他在他的第一章中集中注意力于这样一点，它如此明显，以致很容易为人们所忽略，然而它在社会发展中却普遍地具有深远的意义。劳动分工，根据斯密的观点，是"物物交换、交易和交流这种习性"的结果。但是，他对动机的分析比这更深一层；而就它们与财富相关联的范围而言，人类的动机似乎被他归纳为两个，即"追求眼下享受的感情"和"改善我们条件的欲望"，前者"要促进消费"，后者"要促进节省"。这两个方面都是自私的；而斯密经常依赖的正是利己的这两条动机，或关于一个人自己利益的观点。他设计了一个由很多人组成的经济共同体，其中每个人都在追求他自己的利益，而在这样做时，也就不知不觉地推进了公共利益，因此也就引起了一个并不属于他的意向的结果。他说："每个个体改善他自己条件的自己的努力，当容许自由和安全地施展出来时，便是一个十分有力的原则，以致它单独地在无任何帮助的情况下就不仅能够使社会得到财富和繁荣，而且也能够排除愚蠢的人类法律过分频繁地用以妨害它的活动的许许多多横暴障碍。"

斯密，和那个时代许多别的哲学家一样，假定存在着社会利益和私人利益的自然同一。如果每个人都关心他自己的利益，社会就会得到最好的服务，这是一条很适人意的信念；而且，在一个经济学家看来，这条信念或许是由国家管理工业就在于分配专利权和别的特权这样一种状况而生的不可避免的反应。在斯密的心中，这条信念也同下面这个看法密切相关，这就是，这种利益的同一性是由指引着人类命运的"不可见的手"的指导造成的。但是，这信念本身是不能证实的，而且后来的工业历史又否定了它。实际上，在他著作的许多地方，斯密本人都拒绝接受它的约束。他认为，土地所有者和工人阶级

的利益同社会的利益是很一致的，但是，商人和大制造商同社会利益
却没有这样的联系。他说："商人的利益在一些方面总是不同于社会
利益，甚至是和它对立的。"因此，利益的和谐并不是全面的，要说
斯密在《国富论》中已经放弃了他早期关于人类动机中有社会因素的
观点，那也是不公平的。他所坚持的东西毋宁说是，在财富的追求
中，也就是说，在工业和商业中，利己的动机占优势；在一些有名的
段落里，他所说的就似乎没有别的动机需要加以考虑了；但是，他承
认其力量是有不同的；而且，他认为也仅仅在"商人和大制造商"这
个社会等级中，利己动机才是自由发展的：他们敏锐地知觉到他们自
己的利益因而无厌地追求它；另一方面，在乡村绅士中，私利则为慷
慨所减缓，又为懒惰所削弱。①

　　斯密从人的本性和人被置于其中的环境引申出他的"财富自然增
长"的学说。生存是"先于便利和奢侈的"；农业提供前者，而商业
提供后者；乡村的栽培垦殖因此便先于城镇的增长；城镇实际上必须
依靠乡村的剩余产品过活；外贸出现得还要晚一些。这是自然的秩
序，而它是由人的自然倾向所推进的。但是，人类法规已经挫伤了这
些自然倾向，而且，"在许多方面，完全颠倒了"这种自然秩序。直
到亚当·斯密时代，管理工业还是几乎普遍地认为是政府职能的一部
分；对这种管理的原则和方法也不乏批评；例如，"贸易平衡"的理
论，这在重商主义者的学说中是重要的，就曾经为在他之前的休谟和
其他一些人考察和反对过。但是，斯密对国家在农业与国内外贸易中
试图借以管理实业的那种办法作了全面的考察；他认为，这些尝试完
全改变了出于其"自然渠道"的贸易进程；而他认为它们是全都一样
有害的。不管它是通过特惠还是通过限制而起作用，一切这样的制度
都"阻碍而不是促进社会朝着真正的富有和伟大进展；而且还都使其

───────────

　　① 《国富论》，第1卷，第11章，结论。

土地和劳动的每年产品的实在价值减少而非增加"。当一切这样的制度统统消灭掉时，"明白简单的自然自由的制度本身就自动地建立起来了"。①

亚当·斯密的观念和论证对后来一个时期在不列颠建立自由贸易制度是有影响的；而且，说一代经济学家认为他在这个问题上的观点是他享有盛名的最可靠的根据，这或许也错不了多少。他把自由看作是自然的，以与政府控制的人为性相对照；而"自然的"这个名词在他的一般推理中起到了意义含混的作用，改变着它的意义的色彩程度，但却总含有赞许的调子。在这方面，他只运用了他那个时代的语言——虽然休谟已经指出过这个词是会误人的。但是必须牢记在心，当他颂扬这"自然的自由"对贸易是最好的东西时，他并不是说，它在一切情况下对一个国家都是最好的东西。他看到了除了财富外还有一些别的东西值得拥有，而国家是其中有些东西的监护者。安全必定比财富更重要，根据这个理由，他就会限制自然的自由，这不仅为了保卫民族的安全，② 而且也为着一般地保护公民。③

Ⅱ．其他著作家

当我们回顾哲学问题的发展时，可能似乎是这样：休谟之后的哲学思想家，只有一件事值得去做，即如果可能的话就去答复他；而如果这不可能，就保持沉默。但是，这个问题对于他的同代人来说，并不完全如此明白。实际上，他自己的榜样也没有坚持到底。反而表明，甚至当对休谟把认识论归结成的那种矛盾置之不理时，在一些部门还是可以完成重要的工作。《人性论》出版后不久，出现了关于心

195

---

① 《国富论》，第 4 卷，第 9 章。
② 同上书，第 2 章。
③ 同上书，第 2 卷，第 2 章。

理学以及关于道德和政治理论的有价值的著作；也有相当多的对休谟的批评，其中之一既具有追溯休谟怀疑论的逻辑起源的洞见又具有阐明一种在其中同样的困难不应当出现的认识论的理智能力。

在心理学家中，最重要的位置属于大卫·哈特利，他是一名医生，有一段时间曾为剑桥耶稣学院的研究员，他的《论人，其构造、责任和期望》1749 年发表。先前 40 年哲学思想的突飞猛进为这位作家所忽视，也很可能为他所不知。他的这部书的整个第二部分，其中他提出了一种神学理论，可以说是过时了。他并没有提到贝克莱；他似乎从来没有听说过大卫·休谟。但是，这部书的第一部分或心理学部分却有两个显著的特征：它是生理心理学上的一个系统尝试，它以一种比休谟多得多地影响着詹姆斯·穆勒及其后继者的方式发展了观念联想理论。这种生理学说，牛顿在他的《光学》的一些段落里曾有所暗示。哈特利假定外部对象同感觉神经的接触在"居住在这些神经的细孔里的以太中"引起了"振动"；这些振动进入大脑，"无约束地蔓延到这整个含髓实体的一切方面"，结果就产生了感觉；进而，它们在它们之后留下痕迹，而这就是观念的起源，它们依靠于微弱的振动或"轻微的振动"的。推动的活动也以类似的方式解释。这种生理学观点是他关于心灵的整个学说，更特别地是他的观念联想学说的基础。就后一个学说而言，哈特利是在洛克的影响下提出来的；但是，他却公开声明把联想用作心理学解释的一般原理的意见来自约翰·盖伊，约翰·盖伊是剑桥锡德尼·萨塞克斯学院研究员，曾写过一篇论文＊（1731 年），用这个学说来解释道德同个人幸福的关联，这篇论文发表在埃德蒙·劳的《恶的起源》（大主教威廉·金著）英文译本的前面。哈特利对联想本身提出了一种生理学的解释，对它的

196

＊　即盖伊的《论善的原理和标准与感情的起源》。

诸规律给了概括的表述，并把它应用于心理生活的细节中去。他并没有像休谟那样，看出应用它来解释判断、同意或信念的特殊困难。

亚伯拉罕·塔克是一个与哈特利气质不同的心理学家。他是哈特利生理学说的坚定批评者，他还擅长于为许多英国著作家已经做过的那种内省分析。塔克是一位乡村绅士，他的主要职业就是对心灵的东西进行研究。他的思考的第一个成果是一部未完成的著作《意志自由，先见和命运》（1763），以爱德华·瑟奇的笔名公之于世；对这部著作的一些批评在 1763 年又引起了署名"卡思伯特·康门特"的著作《人的自我探求，或对人类心灵个体性的辩护》。此后，他就再没有离开他的主要著作——《遵循自然之光》，它的前 4 卷由他自己（也以瑟奇的笔名）于 1768 年出版，后 3 卷是在他死后（1778）出版的。这位著作家本人悠闲自在，而他也是为悠闲者写作的；他并非写作无方；但是当他动手时，其计划就增大了；当新的研究领域展开时，他并没有拒绝在它们之中漫游；他还喜欢提出他自己"对一切事物与其他任何事物"（*de omnibus rebus et quibusdam allis*）的观点。实际上，这是一部过分冗长的著作，而且整个来看其优缺点是不相等的。有许多冗长章节已经由于时间的流逝及时间带来的变化而失去了它们的趣味。其他一些章节或许只有当我们能够领会到这位作者的情绪时才可能对我们有吸引力。这样一些章节是关于灵魂载体、世界灵魂以及脱离肉体灵魂的显现的思索，这些是作为纯粹假设的东西提出来的。神秘主义当被用语言表达成这样的事实时便容易显得荒诞无稽；但是，这位著作家有一种使他的幻想显得逼真的非凡能力。然而，更加特别地论述人类本性的那些章节，则是对有关心灵和道德的文献的一个真正的和重要的贡献。这位著作家对休谟之无知就如哈特利一样；他批评了贝克莱，虽然他的批评很少有洞见，又从来不带有同情感；他是以洛克为师的。但是，他并不是一个奴性的追随者；他对洛克关于一切行动都以最紧迫的不安为其动机的观点进行了考察，要举出他对洛克的考察比这更好更详尽批评的例证将是困难的。他的道德学说或许以他讨论洛克的一切追随者都面临的那个问题的坦率和精心而更值得注意，这问题就是根据个人的快乐和痛苦对行动进行分析与仁慈至上的道德理论的一致性问题。在其中他提供了后来为佩利所利用的大多数材料。要讨论他的学说的细节部分是不可能的。或许说只是他的啰唆才妨碍他成为一个经典式的大家，也不算过分。光是这部书的分量之大就叫人不敢问津。然而一个人要是花费半个小时阅读这部书的一部分而找不到能引起他的注意甚至引起他的兴趣的东西，那他就是一个不幸的读者。这位作者用敏锐但是慈善的眼光看待人类和人的命运；他的举例说明的宝库是永不会枯竭的，并且能把在别人手中会显得昏暗不明的题材弄得透彻明亮；甚至连最难以捉摸的论点也为一种轻快简捷形式多样的文笔弄得一目了然；绝没有一点溺于感情的迹象；但是却含有堪与戈德史密斯＊比美的诙谐和动人心弦的段落。

理查德·普赖斯，他是格莱谟根人，成了伦敦的唯一神教派的教长（a unitarian minister），在思想的不只一个部门里留下了他的影响。他的《论应返还的支付》使人寿保险理论取得显著进展。他的《关于国债问题告民众书》（1771）据说有助于重建偿债基金。他投身革命政治活动潮流，成了他们观念的主要代表。他的《论公民自由的本性，政府的原则以及同美国战争的正义和政策》使他在两大洲都很出名。第一版的序言所注日期是 1776 年 2 月 8 日，第五版的序言所注日期是同年 3 月 12 日。关于同一个问题的《补充意见》1777 年发表，这两个小册子的《总的导论和补充》1778 年发表。法国革命是

　　＊ 戈德史密斯（1730—1774），是英国 18 世纪后期重要文学家。他写过许多类型的作品，在诗歌、小说、喜剧方面都有相当成就。他主张以道德改善社会，以仁爱待人，其作品带有浓厚的感伤主义成分。

发表《论对我们国家之爱》（作于 1789 年 11 月 4 日）的机缘；他这
篇论文以一段辞世颂（*Nunc dimittis*）结尾："在分享了一场革命的利
益之后，我用不着为两场别的革命作证，两者都是光荣的。"这篇论
文由于引起伯克写出《对法国革命的思考》而获得了更大的名声。尽
管普赖斯政治上的党派性使他在那个时候很出名，但他的第一部著作
使他更有资格被人铭记在心，这部著作题为《评道德的主要问题》
（1757 年；增订第三版，1787 年）。

　　普赖斯对理智概念有数学家的兴趣，并且有处理抽象观念的能
力。在哲学方面，他是卡德沃思和克拉克的继承者，从根本上抨击了
199 洛克和休谟这两个人的认识论。（他主张）理智或理性有它自己的观
念，就此而言，它不依赖于感觉印象。必然性，可能性，同一性，原
因都是这种抽象观念的例证。它们是为"心灵之眼"所发现的"可
理解的对象"。因此理性就是"新观念的源泉"；正确和错误的观念
也属于它们之列；这些是简单观念，理智通过直接的"直觉"察知它
们，"道德是必然真理的一个分支"。普赖斯在他的观点的基础上建立
起来的这个体系比任何一个别的体系都更多地成了近代直觉伦理学的
典范。

　　约瑟夫·普里斯特利有许多论点和普赖斯一致。他们属于同
行，——都是唯一神教派教长，他们在那时的革命政治活动中也都是
站在同一边的著名人物。但是，尽管他们之间有这种类似，尽管他们
有私人情谊，他们却是代表了对心灵的不同态度。普赖斯是一位数学
家，对抽象观念很熟悉，他在哲学上是个理智主义者。普里斯特利是
个化学家，从事各种实验，他是经验主义哲学的一名忠实信徒，是唯
物主义的支持者。他是《电学的历史和现状》（1767）的作者，后来
又是许多篇关于化学问题的论文的作者，这些论文记载了他的有独创
性的研究成果，确立了他作为一位科学家的名声。他很早就处于哈特

利的影响之下，并且出版了他那本书的一个简写本，其中删除了关于振动的学说而单单强调了观念联想原则；但是，他反对哈特利关于心灵是一种非物质原则的观点，认为所谓精神能力是"像大脑一类的有机组织"的产物。他的哲学观点在《物质和精神研究》（1777），《哲学必然性学说》（1777）以及在这些问题上同普赖斯的《自由讨论》（1778）中表达了出来且受到了辩护；他还发表（1774）了对里德和 200 其他一些人关于苏格兰哲学家新学派的学说的《考察》。然而比这些更有趣味的是短篇论著《论政府的基本原则》（1768）。这与普赖斯所喜欢的先天论证恰成对照，尽管其实践倾向是一样的。它提出了"一个一般观念"，即"一切人为了他们相互间的利益而生活在社会中"，并得出结论说，他们的幸福就是"与这种状态相关的一切事物都必定最终受其决定的伟大标准"。普里斯特利因此便树立了一个为边沁所效尤的榜样，把功利主义的思考作为哲学激进主义的基础，而不是以那个时期的别的革命思想家所共有的自然权利教条为基础。他并不曾在边沁之先使用过这个著名的功利主义公式（他常常被说成是已经使用过这个公式①），但是他确实在他之前就把大多数人的幸福看作一切政治问题的验证，他使边沁更容易在判断个人行为中使用同样的标准。

　　塔克的彻底分析以一种有几分类似的方式导致了威廉·佩利的神学功利主义，佩利是卡里斯勒的副主教，在一个时期里曾是剑桥基督学院的研究员；1763 年通过高级学位答辩。佩利并不是一位具有显著创见的著作家。如果说，在他的《道德原理与政治哲学》（1785）中，他多多地受惠于塔克的话，那么，他在《基督教证明之我见》（1794）中，则是依赖约翰·道格拉斯的《标准》（1752）和纳撒尼

① 见本书第 162 页注。

尔·拉德纳的《福音史的可靠性》（1723—1755），道格拉斯是索尔
兹伯里的主教，他的《标准》是对休谟反对神迹论证的答复，而佩利
在他的《自然神学》（1804）中，从约翰·雷的《创世中显示出来的
201 上帝的智慧》（1691），从威廉·德勒姆的《物理神学》（1713），以
及从达切曼·纽温蒂特的著作中吸取了很多材料，纽温蒂特的那部著
作1730年译成英文，题为《宗教哲学家》。他的《论保罗手稿的写
作年代》（*Horae Paulinae*，1790）被说成是最有创见的，在他的出版
物中却是最不成功的。这四部书形成了一个连贯的体系。很可能在安
排论证的能力方面，或在推理的明白性方面，没有一个英国著作家胜
过佩利；而这些优点较之他的著作的其他能够证明正当的优点来，更
能使他的一些著作长久地用作大学教科书。佩利本质上是他那个时代
的人物，而且他的观点也就是他那个时代的观点，虽然这些观点是以
一种完全属于他自己的技巧表达出来的。

在他的《道德哲学》中，在标志着他的大多数经验主义前辈的关
键性论点上，绝无摇摆的迹象。它可以受到的唯一批评就是道德当其
被归结为私利的计算时便化为乌有了。一个人自己的幸福永远是他的
动机；只有当活动方式也有利于他自己的幸福时，他才去寻求普遍幸
福；而这也只有通过立法者的奖惩才能做到。洛克区分了法的三种不
同类别，而佩利跟他是跟得很紧的。但是，荣誉的法（或舆论法）是
不够的，因为很少考虑到普遍幸福；国家的法（或民法）也是不充分
的，因为它忽略了许多不适合于强制对象的责任，而且它还由于不能
定义而容许许多罪行；因此也就只剩下唯一显然充分的《圣经》的
（也就是上帝的）法。因而便产生了有名的定义："美德就是遵照上
帝的意志，为着永久的幸福对人类行善。"

这个结论导致他后来著作中的论证。他的《论保罗著作的写作年
代》和《基督教证明之我见》须推证出《新约》著作的可靠性和基
督启示的真理性；而这种立场假定了上帝的存在，他在《自然神学》

中，是从宇宙，尤其是从人体设计的标志来证明上帝存在的。在这些 202
著作中，我们看到先前提到的兴趣转变是多么完全。① 注意力集中到
外部证据问题上，宗教内容几乎完全被忽略了。上帝是以惊人的技巧
装配这台世界机器的超人的钟表匠，而偶尔当机件发生故障时，便奇
迹般地干预。佩利最引人注目地发展了一种大家熟悉的类比；不应当
责备他不能预先考虑到自然选择的生物学理论对他的论证所产生的影
响；但是，他没有能停下来对他所作出的类比的基本假定作一番考
察；而且，他的思想只在他自己那个时代科学观念的范围之内顺利
进行。

---

① 见本书第153页以下。

第十章　托马斯·里德及其他人

对休谟最有力的答复（事实上，是从总体上驳斥他的哲学的最够格的尝试）来自在阿伯丁的一群学者中的一员，这群学者自己组成了一个哲学团体。国王学院教授托马斯·里德，是这团体中最著名的成员，他还是苏格兰哲学学派的奠基人，该学派以常识学派著称。与他合作的有马利夏尔学院教授乔治·坎贝尔和詹姆斯·贝蒂（坎贝尔后来成了该院院长），以及他们那个时代其他一些显要人物。最早参加这场论战的作品，即坎贝尔的《论奇迹》（1763），论述了一个旁枝的问题；但是它对知识中证据地位的考察很有意义；（它主张正如）经验导致普遍真理，并且是哲学的基础，证据是历史的基础，它能提供绝对的确实性。坎贝尔后来的著作《修辞哲学》（1776）包含着很卓越的心理学。贝蒂的《论真理之本性和不变性》并不是一部很有创见或很出名的著作；但是它是一部强有力的论战性著作；它使他名噪一时，而且他还借雷诺兹*的艺术而流芳后世，在后者的一幅画中，他安详地抱着他的书，而休谟和其他鼓吹谬误的人却被扔下深渊。大约就在同一个时期，珀斯郡**教士詹姆斯·奥斯瓦尔德出版了《为宗教而诉诸常识》（1766—1772）一书。里德，贝蒂和奥斯瓦尔德全都被普里斯特利为了他的《考察》***的目的而放到了一

---

　　*　雷诺兹（1723—1792），英国著名的人像画家。
　　**　珀斯郡，位于苏格兰中部。
　　***　即普里斯特利 1777 年发表的《对里德博士的〈探究人类心灵〉、贝蒂博士的〈论真理的本性和不变性〉以及奥斯瓦尔德的〈诉诸常识〉的考察》一书。

块；这些名字的同样的并置也为康德所重复；但这对里德是完全不正当的。

里德的《依据常识原则探究人类心灵》1764 年出版；同一年，²⁰⁴他搬到格拉斯哥以补亚当·斯密辞去的那个讲座的空缺。他后来更加精心写作的著作《论人的理智能力》和《论人的活动能力》分别于1785 年和 1788 年出版。里德在他的哲学研究中有寻根究底的重大优点，而他的批评也十分公允。他承认休谟推理的正确性；他并不诉诸对他的结论的通常反对意见；而是跟踪着他的论证追溯到它的前提，并考察这些前提的真理性。这是他能称为有创始性的主要之点。他发现休谟的怀疑论结果是洛克从笛卡尔接受过来的"观念论"的合法推论，他向自己提出了这个问题，"对于我的知识的所有对象都是我自己心中的观念这个学说我有什么证据？"他指出（这无疑是真的），不论洛克，还是贝克莱和休谟都没有提出这个假定的任何证据。他们从知识的直接对象是心中称作观念或印象（如为休谟所称）的东西的观点开始；而他们因此便不能为心外任何事物，甚至为心灵本身的存在作出证明，进行辩护，或者说不能解释为关于事物的知识所要求的那种关系。里德说："观念在它们的本性中似乎有某种与别的存在不友好的东西。"

"观念论"以下面两个为休谟所承认且用公式表示出来的假定①为前提：（1）"我们一切各别的知觉（即印象和观念）都是各别的存在"；（2）"心灵永远知觉不到各别存在间任何实在的联系。"休谟发现他自己不能够"放弃它们中任何一个"；但是里德却把这两个前提全都摒弃了。他强调说，"观念的体系"在一开始便误入歧途，因为它假定只有观念才是原始与料，假定我们必须首先得到这些然后才能²⁰⁵作出关于它们的判断。"自然并没有展示出这些分离独立的要素要我

---

① 见本书第 179 页。

们来合成。"最终单元不是简单观念，而是判断。"（对观念的）简单把握是通过分解和分析一个自然原初的判断完成的。"这种判断、信念或知识伴随着感觉，而且也和感觉一样不能界说；① 但是，"感官的一切活动，在其本性中，蕴含着判断和信念，也蕴含着简单的把握"。②

这个批评说出了下面一点，这就是，洛克和休谟误解了他们对原始经验材料作心理分析的结果，因此而陷入了以为这些结果（洛克的"简单观念"，休谟的"印象"）是各别存在的没有根据的假定。而且，在"观念"这个名辞的使用中，也还存在着里德所强调的另外那种模棱两可性。它可以指心灵的活动，也可以指这活动的对象③；这两种意义为休谟所混淆，因为在事实上，他的体系不容许他对它们作出区别。而里德认为有问题的正是作为对象的观念的存在。他说："我要求对其存在作出证明的观念，并不是任何心灵的活动，而是那些活动的被假定的对象。"④ 而他否认心中有这样一类"外在事物"的"影像"存在。

在除去休谟所允准的唯一存在之后，里德便能够重新断言休谟所否认的心灵和外在对象的真实存在。而这也不只是断言而已。他是依靠对关系的一种新的分析而达到他的主张的。这些关系并不是通过比较各别的观念得到的。"并不是通过先有了对心灵和感觉的概念，然后再把它们放在一起进行比较，我们知觉到一个有主体或基质的关系，另一个有行为或活动的关系，正相反，是相关的东西中的一个，即感觉，把那与之关联的东西和关系这两者一起提示给我们的。"⑤ 感觉以同样的方式提示，性质存在于（完全与这些性质不相同的）外

① 里德：《著作集》，汉密尔顿编，第 107 页 a。
② 同上书，第 209 页 a。
③ 同上书，第 224 页 a。
④ 同上书，第 208 页 b。
⑤ 《著作集》，第 111 页 a。

在事物中。① 感觉不同于它所伴随的"对外部对象的知觉"，就其本身来看，感觉是一个心理活动，它并没有任何与这活动不同的对象。② 另一方面，知觉则是一种认识活动，其对象是实在的外部事物。

休谟说过，如果我们的知觉（印象或观念）存在于某些单纯和个体的东西中，或者如果心灵能知觉到它们之间的某种实在联系，他的困难就化为乌有了。而这项要求却可能为里德所主张，他提出了一个实证的认识论，给了这几点以必要的保证。里德指向在经验的构成中一些比各别观念或印象更为基本的原则；但是，他没有对它们的本性或对它们决定知识结构的方式给以任何透彻的说明。他的术语是不恰当的，而他的思想也不总是明白的。例如"提示"（suggest）这个词就选得很不得当，他的直接知觉学说缺乏明晰性主要地也是由于这一点。他意识到了这种含混性，但没有有效地加以防范。"黄金"这个词提示了某个实体；"以同样的方式，一个触觉提示着硬。"但是在这两个"提示"之间存在着重要差别："在第一种情况下，提示是习惯的结果；而在第二种情况下，它不是习惯的结果，而是我们心灵固有结构的结果。"③ 他说，他在后面这个过程中，使用"提示"这个词，是"因为我知道没有一个更贴切的词能表达心灵的能力，这能力似乎完全没有被哲学家们注意到，而我们既应该把我们许多既不是印象也不是观念的简单意念归功于它，也应该把我们关于信念的许多最初原则归功于它"。④

这些原则之被视为当然，不是由于它们为平常人所接受，而是因为"我们本性的结构使我们相信它们"；他把它们叫作"常识原

---

① 《著作集》，第 121 页 b。
② 同上书，第 229 页。
③ 同上书，第 121 页 b。
④ 《著作集》，第 111 页 b。

则"①。"常识"这个名词（他的哲学由此获得了它的几个名称中的一个）引起了严重的误解，对此，他并不是完全无可指责的。或许他过分地强调了下面这个论点，这就是，"一切具有通常理智的人都赞成这样一些原则"，这论点可能有利于诉诸普遍同意那种引入歧途的做法。然而，他达到这些原则，不是通过诉诸普遍同意，而是通过对经验的分析；他是把它们作为"全部推理和全部科学的基础"提出来的②。他没有系统发挥它们；但是，如果我们同情地读他的著作，我们就可以看到他抓住了一条十分重要的真理。洛克和休谟由以开始的孤立的印象或观念是虚构；它们并不与经验中的任何实在的东西相符合。我们经验中最简单的部分并不是以这种方式与它的前后相关的东西分隔开的；它蕴含着与心灵和客观秩序的一种关系，因此也就包含了里德归之于"自然的提示"或"常识"的那种关系。

这类哲学（以"苏格兰哲学"而著称）的传统在下一代，并通过边沁居至尊地位的时期，为杜格尔德·斯图尔特继承下来了。斯图尔特生于1753年，死于1828年；他在爱丁堡作道德哲学教授达25年（1785—1810年）之久。他的讲课对一代著名的苏格兰学者的原则和情趣有着最强有力的造型性影响，它们还吸引了来自英格兰、大陆和美洲的许多听众。他的学生之一詹姆斯·麦金托什爵士说："或许还不曾有什么人能像他那样把一种对自由、真理和美德的炽热然而合乎情理的爱灌注进年轻人的胸中……在无损于他的著作的情况下，可以说他的门徒便属于他的最好的作品。"他的著作也卷帙浩繁。他的《人类心灵哲学原理》第1卷1792年出版，第2卷1814年出版，第3卷1827年出版。他的《道德哲学纲要》发表于1794年，《哲学

① 《著作集》，第108页b。
② 同上书，第230页b。

论文集》发表于 1810 年，题为《文艺复兴以来形而上学、伦理学和
政治哲学发展》（为《不列颠百科全书》撰写）在 1815 和 1821 年，
《活动与道德能力哲学》在 1828 年发表；对亚当·斯密、罗伯逊及里
德生平著作的记叙发表于爱丁堡皇家学会的《学报》。

斯图尔特本人年轻时是里德的学生，后来在哲学上依然是他的追
随者。但是，他避免使用"常识"这个术语，因为里德所使用的这个
术语已经产生了哲学问题能够通过诉诸平常人的判断得到决定的印
象。反之，他讲"人类信念的基本原则，或人类理性的原始因素"；
他认为这些不是结论依赖的与料，而毋宁说是"给这链条上所有特殊
环节以连贯性的纽带，或者（换个比喻）是如果没有它推理能力之为
组成因素就是不可设想的和不可能的。"他在许多特殊论点上都不同
于里德，常常接近于经验派著作家的立场；但是，根据麦金托什的说
法，他"比极力坚持自称有创始性的其他人都使用了更多的技巧来设
计，花费了更多的心思来隐瞒他对里德学说的真正重要的改革。"他
的著作常常背离了它们在讲堂上的起源，充满了对别的著作家的摘引
和批评。它们是以一种明快并且常常是流畅的文笔写出来的，没有任 209
何矫揉造作；但是，阐述和批评只用于那些在他自己那个时代很突出
的哲学论战方面，它们因此便使后一代人对它失去了兴趣。他也没有
显示出任何可以拯救他的著作免于为人忽视的思想深度，乃至杰出文
风。在他的浩繁著作中并没有单独一部短小作品表达他对思想进步作
出的主要贡献。

在穆勒的联想主义和苏格尔学派的传统学说之间的中介位置为托
马斯·布朗占据着，布朗从 1810 年到他 1820 年去世一直在爱丁堡作
道德哲学教授。布朗 20 岁时，发表了《评伊拉斯谟·达尔文〈动物
生理学〉》（1798），被认为是对那部著作的成熟的批评。7 年后，即

1805 年，一场关于基督教会理论的论战引起他写了一本题为《关于休谟先生因果关系学说本性和倾向的一些意见》的小册子，这本小册子的第二个扩充版于 1806 年出版，而第三版，经进一步扩充在布局及题目上作了修订，又于 1817 年出版。* 在这部书中，他主张这样一个观点，即因果关系简单地说就意味着始终如一地预期"这些话可以适用于物质与精神的一切对象"；但是，他还认为有一种直觉的或本能的信念，"即当先前的事件在任何情况下都完全一样时，所产生的事件也将一样。"

布朗这部论因果关系的著作确实表明他具有看穿哲学性质的才智；可以特别提及的是，在他这部书第二版的序中，他已经提出了两条使他后来的著作扬名的原则。一条是，关于心灵的哲学应当被看作是一门分析的科学；另一条是，含蓄驳斥出现在先前学院哲学中的心理官能学说。他说，记忆或比较一类官能只是各类心理事实中相似东西的名称。在他死后发表的《人类心灵哲学讲演录》（1820）中，这些原则被运用到知觉和认识的细节中去。他在肌肉的感觉和触觉本身之间作了重要区别，把对广延的知识分解成肌肉感觉的一种连续，把外部世界的知识分解成许多感觉因素，但是却仍然以它含有对因果关系的直觉信念为根据坚持物理对象的真实存在。在这些学说以及在他对"相对的提示"的分析中，他对主要地是创始性的心理学作出了贡献，尽管他相当大地受惠于德·特拉西①及其他前辈。他风格流畅，分析精细，这使他的演讲在他一生期间都很出名，而且以它们印刷的形式在他死后使他出名了许多年。它们是仓促写就的，每篇讲演都是为了对付第二天的需要，而且对于科学的目的来说，它们在文体上也

---

* 该著在 1817 年出版时，标题改为《因果关系研究》。
① *Elements d'ideologie*，1801—1815。

过分华丽了。这位著作家生平的短促，以及他自己爱好写诗超过爱好写哲学著作的不幸的嗜好，妨碍对他所写作品的认真修订，也妨碍对他的观点的首尾一贯地充分发挥。

第十一章　边沁与功利主义学派

杰里米·边沁以一个思想和实践派别的领袖而著名，这个派别有时叫作功利主义有时又叫作哲学激进主义。在他那个时代之前，哲学学派并不是英国思想的特征。比较伟大的著作家们往往影响着观念的进程，但他们却没有把一整套确定的学说留传给一群确定的追随者。培根宣告了一场哲学革命；但是他寻求助手和合作者却是徒劳，而他的理论的细节也就一般地被忽视了。霍布斯系统阐述了一个严密体系，但是他并没有门徒。洛克开辟了一条新道路，许多人沿着它前进却得出了很不同于他自己的结论。贝克莱从来不曾失去勇气，但是他却不能使别人也洞悉他自己的所见，而那个时代对他的理论裁定似乎不无公正地由休谟的说法体现出来，休谟说贝克莱的论证"既不容许有任何答案，而且也产生不出任何确信"。① 休谟本人对于他自己怀疑的结果，也似乎只期望得到别人的赞扬而非改变别人的信仰。这些著作家的著作从未形成过为一套信条进行辩护和阐明的哲学团队——导致一个堪与古希腊的逍遥学派，斯多葛派，伊壁鸠鲁派或堪与近代思想中的笛卡尔派，康德派，黑格尔派等学派媲美的哲学学派。最接近这样一种现象的便是具有复兴性质的 17 世纪的与卡德沃思，亨利·莫尔以及别的剑桥学者的名字联系在一起的新柏拉图哲学运动。

212 这样，功利主义团体便代表了一种英国哲学史无前例的现象——一套

---

① 《人类理智研究》，第 12 章，第 1 节，塞尔比—比格编，第 155 页；《论文集》，格林与格罗斯合编，第 2 卷，第 127 页。

简明的学说受到共同遵从，被运用到各种不同领域，一帮热情的工作者为着同一的目标辛勤劳作，且由于共同崇拜他们的老师而团结在一起。

杰里米·边沁生于 1748 年，死于 1832 年，那时他的名声正处在顶峰而他的党派＊也正处于伟大胜利的前夕①。他从小就是一个神童；当别的同龄孩子正以童话满足他们想象的欲望时，他就读起历史与法文、拉丁文和希腊文来了。在他 13 岁这个稚嫩的年纪，他的宗教感情受到伤害，神学怀疑便在心中出现了，那个时候，他被要求在准许于牛津王后学院注册入学的 39 项文件上签名；然而他服从了，并在那儿读完了他的大学课程，后来又在伦敦正式地开始了法学研究。他的父亲注意到了他的能力，指望这能使他上升到上院议长兼大法官那样的高位；在他受任律师之前，他就办过几个作为"养成"其能力之用的诉讼案件；而当杰里米忽视了他的职业的实践方面偏向理论方面时，他的父亲伤心地说，这孩子永远只能是"一位无名律师的无名儿子"。但是，他从财务上使他儿子生活安逸，而杰里米第一部书《政府片论》赢得的好名声也给他壮志未酬招致的失望以一些报偿，这部书是 1776 年匿名发表的，公众意见都把它归之于包括伯克和曼斯菲尔德在内的那些大人物中的这一位或那一位。

边沁在伦敦，或在伦敦附近或在他的乡间的家中差不多度过了他的一生；但是有两年多，从 1785 年到 1788 年，他在东欧作了一次大周游，长期访问了他的弟弟塞缪尔，塞缪尔当时在俄国克里切夫担任一项重要的工业职务。在那儿，他写作了《为高利贷辩护》（1787）。213 在那儿，他还从他弟弟督察其劳工的方法中，得出了他的"圆形监狱"＊计划——一个因犯管理计划，打算由植物湾＊＊实施。关于这个计

＊ 指辉格党，是一个代表英国工业资产阶级利益的较激进的政党。
① 他死于 6 月 6 日，改革法案为国王获准之前一天。
＊ 建立圆形监狱，旨在使看守人员居中很方便地监视所有因犯。
＊＊ 植物湾，也被称作植物学湾，是澳洲东南海岸的一个海湾，在今悉尼市附近。因当年英国殖民者曾在此处获取大量植物标本得名。

划，他努力争取了 25 年之久；政府起初对这个计划持敷衍态度但最后又否决了它，给他一大笔钱作为他倡导它所花费掉的更大一笔钱的补偿；但这次影响政府尝试的失败给他对英国政府体制的态度留下了暗影。

边沁从俄国归来后，于 1789 年出版了《道德与立法原理导论》，这部著作比他的任何一部别的著作都更能使他跻身哲学家之列。这部书在 9 年前就印成了。只是由于他朋友（他们不喜欢他叫佩利抢在前面）的催促才使他把它公布于众。作为一个作者，边沁奇怪地不在乎著作的出版以及他的著作的发表形式。他按照他在早期生活中形成的计划，孜孜不倦地工作着，他有条不紊地从一个项目过渡到另一个项目；每一天，他都写下许多页手稿，标出它们在他的计划中的位置，然后就把它们丢在一边从来不再过目。一个可疑的命题会使他转到一条新的研究路线，而这可能意味着一部新书。按照他一位早年朋友的说法，他"总是从一个好的计划转到一个更好的计划。在此期间，生命过去了而一事无成"。这种工作方法对他的写作风格产生了影响。他的早期著作明白、简洁、中肯，虽然不追求华丽雅致。后来，他似乎只注意去避免意义的含糊性，摹拟法律文件的形式主义。他还过分喜爱把一些新词引进到语言中；而他的发明中很少有取得"国际的"这个词那样的成功，这个词首次用在他的《道德与立法原理导论》的序中。

214　　对边沁的名望很幸运的是，他的周围很快就有一群忠诚的朋友，这些人深信他的观念的价值并热切帮助以使它们为人所知。而他却甘愿听任他们对他的较重要手稿去作拣选、修订和出版。他的第一部著作引起了谢尔伯恩勋爵（他后来为第一代兰斯多恩侯爵）对他的注意，在这位勋爵的府中，他会见了那个时代的许多政治家和政治思想家。在那儿，他还见到了埃蒂安纳·杜蒙，这人后来赋予边沁精心写作的立法和政府原理以书本形式。杜蒙是位日内瓦公民，曾担任过日内瓦的一个教派的教长；他由于政治纠纷被逐出他的出生城市后，在一个时期定居在圣彼得堡，1785 年又作为兰斯多恩侯爵儿子的家庭教师来到伦敦；1788 年，他访问了巴黎，1789 年，再次访问了这座城市，而且同米拉博建立了密切的文学和政治关系。在这些访问的较早时期，他由塞缪尔·罗米利爵士陪伴，他与这位爵士已经变得很亲密，这位爵士早已为边沁所知；罗米利拿出一些边沁在法国写的手稿给他看，杜蒙成了一个热诚的信徒和传播这位大师观念的主要人物。由于有了边沁的手稿和已发表的著作在面前，又有过同作者交谈的机遇，他写出了一系著作，使这种新的法学和政治理论为学术界所知。他翻译、浓缩甚至增补遗漏，以他的风格赋予这整部作品；但是，他仅只打算赋予边沁著作以文字形式，而在边沁死后所发表的《著作集》中，最重要论著中有许多都是由杜蒙译本转译成英文的。杜蒙的第一部论著 1802 年发表，最后一部 1825 年发表。据说，到 1830 年，这些论著在巴黎仅对南美市场就售出 4000 本。

　　其他一些相助者在边沁漫漫一生中都会聚在他的身边；但是他同詹姆斯·穆勒相识（这是从 1808 年开始的）第一次导致一位大哲人同他自己携手并进，追求共同的目标。与边沁相比，穆勒较少地具有法理学家的气质，而较多地具有哲学家的气质，而且对为他们基于心理学的和一般根据的基本原理进行辩护有较充分的准备。他也是一个从事实际事业的人，熟悉世务，惯于交际，而且他的影响在使哲学激进主义成为有效政治力量方面也关系重大。边沁则是专心致志于观念和科研计划的隐士，无限坚韧地只在纸上进行精心制作，而深信一旦他推证出它们的价值，它们就会有人加以实现。那些把他寻访出门的人们把他看作圣贤洗耳恭听他说话，并且赞颂他的学说；而他也期望别人，尤其是那些政治领袖同样明白事理。在他前半生期间，他在政治上并不是一个民主主义者；但是，他的圆形监狱计划（他视之为一项具有最重要意义的行政改革），以及在倡导这个计划中他支付出大笔花费，使他对党派政客们的动机有一种新的——虽然也有几分曲解——见识，使他对统治阶级抱不信任态度。他的心灵因此而适宜接受詹姆斯·穆勒的有力刺激，穆勒是一位坚强不屈的民主主义者，在边沁看来，他有时简直太坚强了，以致边沁有一次曾说漏了嘴，说出了下面这番有点刻薄的话，即穆勒的信条出自"对少数人的恨还多于出自对多数人的爱"。①

　　直到这时，功利主义哲学作为一种政治宣传工具还不曾得到很大的成功；它不能充分地影响旧有的政治党派；它自己的组织需要一个纲领，一个出版机关以及在议会中的代表。这个新的党派逐渐被人们看作哲学的激进主义者。他们的机关刊物是边沁 1824 年创办的《西敏寺评论》；他们的纲领在立法与行政改良能够盼到之前把重点放在宪法改革的必要性之上；而许多显要的政治家也变成了那个党派在议会中的代言人。要指出在促成逐渐产生出来的变化中这些哲学激进主义分子所起的作用确切地占多大分量是不可能的；许多别的影响也在同一个方向上起作用。他们的力量并不是由于他们的人数众多，而是由于这个团体中许多成员的巨大才能，也由于他们所倡导的政策明白与确定。边沁是这个党派的首领；但是，或许说詹姆斯·穆勒是它的精神领袖也并不过分。穆勒也和其他人一起给边沁以文字上的帮助；他编辑（带有他自己的修改）《行为动机一览表》②（1817）；他据这位作者的手稿准备好了《证明之基本原理绪论》（1812 年部分付印，在《著作集》中发表）；而他的才华横溢的儿子约翰·斯图亚特·穆勒，那时正值 20 出头，编辑了 5 卷本的《证明之基本原理》（1827）。另一位杰出的助手是《西敏寺评论》的第一任编辑约翰·鲍林，根据作者的口授写了《道义学》（这部著作表达边沁思想的精确性受到穆勒父子的怀疑和指责），而且还成了边沁传记的作者和他的著作集的编辑。

---

① 见边沁：《著作集》，鲍林编，第 10 卷，第 450 页。
② 重刊于边沁：《著作集》，第 6、第 7 卷。

边沁的《政府片论》是系统地有条理地把功利原则运用到政府理论上的第一次尝试，它采取了"对《评注》的评注"形式，是对在同一个题目上布莱克斯通的有名著作里已提出来的那个学说的一个详尽批评。威廉·布莱克斯通生于 1723 年；他当过律师，在牛津讲过英国法，1758 年受任为新设立的维那里法学讲座教授；1770 年，他又成为一名法官，先是高等法院的法官，尔后是高等民事法庭的法官；他死于 1780 年。他编辑了《大宪章》，还是《法学短论集》（1762 年他的许多法学短文在这个题目下收集和重新发表）的作者；但是，他的名气靠的是他的《英国法律评注》，《评注》的第 1 卷 1765 年出版，第 4 卷和最后一卷 1769 年出版。这是一部有许多惹人注目的优点的著作。其中，组成习惯法和成文法的大量细节都被收集到一起而表现为一个有机的整体；每一条目的意义都受到强调，而各部分间的关系也得到说明，致使法学整体看来好像是一个为目的和理性的胜利所赋予生命的活生生的东西。这本书的风格明白、庄重、流畅。曾经在牛津听到过布莱克斯通的讲演的边沁说："在所有论法律的著作家中，他第一个用学者和绅士的语言教授法学。"然而，这些优点也伴随着缺点，不如普通读物明晰。这位作者比较偏向于看到类似性而不是差异性。他的分析能力受到赞赏；但是，它对于他须加讨论的概念来说是不够的。他在引论第二部分中对自然法的论述，便是一个恰当的例证；另一个例证是对边沁所批评过的对社会和原始契约的讨论。他对意义和目的的强调增添了他的说明的趣味，并显示出他对法律不是律令和禁令的杂烩的洞见；但是这个概念也使他误入歧途；他并没有很明白地区别开历史的原因和逻辑的根据；他的说明具有一篇颂词的特征；而且他也太倾向于在英国宪法的每一点上去发现"构成社会自由和幸福的真正路线的方向"。①

① 布莱克斯通：《评注》，1836 年版，第 1 卷，第 135 页。

218　　　边沁在《政府片论》的序中，对《评注》就总的方面提出了批评；但是，他的作品本文则只限于考察那书中离开本题而插入提出一种政府理论的少数几页。在这几页中，布莱克斯通对权威的本性和根据给了一个肤浅的概括，在其中，使用政治理论主要概念比惯常用法还要含混。边沁发现这个学说比虚假还要糟糕；他发现它是无意义的。他希望"做一些事情去指导那胆小腼腆而充满仰慕之情的学生，但是更多的是唤醒他的迷梦，……帮助他使他的判断从权威的桎梏中解放出来"。他坚持着每一陈述每个名辞的精确意义；而且他在使布莱克斯通的学说招致毁灭的同时，又成功地至少传达了一种明确易懂的政府理论概要。在这本对边沁整个工作有重大意义的书中，有两个显著的特征。一是坚定地诉诸事实和反对虚构的战斗；另一个是他所使用的标准——功利原则。而这两个特征在他心里是联系着的：功利原则在一切争论中所立足的基础是事实。功利是事实，至少是"未来的事实，即关于一些未来可能发生事件的概然性"。"要是关于法律和政府的争论归结为从功利着眼，人们就会或者达到一致，或者他们就会明白清楚地看到造成这种不一致的关节点。"边沁说："一切别的东西都只是女人式的责骂和孩子般的争吵，这确实是令人烦恼的，并且是永远劝阻不了的。"

　　　在一条有趣的脚注中，边沁说明了他达到这条原则的途径。他告诉我们，是有许多原因结合起来使他陷入了"站在专制政治方面的幼
219　稚病"。当他开始从事于研究法学时，他找到了"原始契约"，用以"调和反抗的偶有必要性和服从的一般义务"。但是，他的理智厌恶虚构。"我说过，'事实上，要证明虚构，就需要虚构；但是除真理外不需要任何证据，这正是真理的特征。'……这样我就继续不能令人满意自己也不满意，直到我学会看到功利是一切美德的验证和尺度；是忠诚的验证和尺度也是别的美德的验证和尺度一样；照顾普遍幸福的义务是最高的义务，也是一切别的义务都包括在内的义务。因此，在

得到了我所需要的教导之后，我便坐下来以求从中得益。我向原始契约告别：而把它留给那些可能认为需要它的、以此喋喋不休来自娱的人。"这教诲出自休谟《人性论》第 3 卷。他说："我很好地记得，我一读过这部著作中涉及这个题目的那个部分，就感到我仿佛茅塞顿开，看清了真相。那时，我第一次学会了把人的原因叫作美德的原因……整个美德的基础都归于功利，这在那儿，在指出若干例外后，以最有力的证据推证出来了：但是，我和爱尔维修一样，没有看到这些例外有什么必要。"

休谟的形而上学对边沁没有什么意义，但是注意到他的道德学说对边沁新的法学和政治学理论有这种直接影响饶有趣味。休谟满足于表明，功利，或趋向快乐，是一切美德的标志；他并没有继续断言，事物根据它们所招致的快乐或痛苦的总量而为善或恶。这种定量分析的功利主义从一开始就被边沁采用了。在《政府片论》序中，其结论应当得到系统精确发挥的这条"基本公理"以这样一句话来陈述，这就是"正确和错误的尺度就是最大多数人的最大幸福。"半个世纪之前，哈奇森就几乎以同样的话系统阐述了这条"公理"；但是，边沁似乎并没有直接地受到他的影响。他仔细研究过的爱尔维修，很接近这个学说[1]，而普里斯特利在边沁之先就在政治学的推理中运用过类似的标准。边沁在这个地方并没有提到普里斯特利，虽然序言是从提及他的科学发现开始的，而且他在其他地方还表白了他对普里斯特利著作所抱有的年轻人的热情。他甚至说，他在普里斯特利的一本小册子中已经找到了"最大多数人的最大幸福"这个短语；但是在这点上，他的记忆准是骗了他，因为普里斯特利似乎并不曾使用过这个短语。就涉及边沁的而言，它的起源（他在一个地方提出这点）必须追

220

———————————

① "正义就在于……对最大多数人有利益行为的实行。"《论精神》，1758 年，第 11 讲，第 24 章。

溯到贝卡里亚，① 贝卡里亚是意大利法理学家，他的论刑法的著作是以与边沁一样的原则出发的，而且他对后者产生了显著的影响。贝卡里亚《论罪行和惩罚》一书，1767 年被译成英语，在这个译本中，功利原则以原话表达出来了，这样，通过边沁的影响，它很快成了一条伦理学公式和一条党派口号。边沁本人早在 1781 年就使用了"功利主义的"这个词，而且他还主张这是他的信条的唯一名称；② 但是，在后来，他却更喜欢选用"最大幸福原则"这个短语。在 1822 年 6 月写的一条注释③中，他说道："功利这个词不能如幸福和福气那样明白地表达快乐和痛苦的观念：它也不能把我们引向对所涉及的利益的数的考虑。"此后几个月，"功利主义的"这个词又为约翰·斯图尔特·穆勒所复活，④ 穆勒似乎并未意识到它先前就已经为边沁使用过而后来又为他所摈弃；他是在高尔特的《教区编年史》中找到这个词的，在那里，这个词被用来描述上一世纪 90 年代前期的一些革命政党；而且"他还带着男孩子对名号和旗帜的喜爱"，用它作为一个"宗派的名称"。在这以后，"功利主义的"和"功利主义"便被用来标志一个党派和一种信条。

　　这个证据有助于表明边沁最初得出"最大幸福原则"或功利原则，是把它作为立法和行政标准而不是作为个人行为的标准，也即是作为一条政治原则而不是作为一条伦理原则。他所关心的是政治学；对他有影响的主要是休谟《人性论》中论正义的部分；贝卡里亚写的是论刑法的著作；而普里斯特利用"任一国家中大多数成员的幸福"作为他的标准，它也显然是用作一条政治原则。鉴于从洛克时代起，每个个人的行为通常都被解释为受他自己的快乐和痛苦所决定，这点

------

① 见本书第 162 页注。
② 《著作集》，第 10 卷，第 92、392 页。
③ 《道德和立法原理》，1879 年，第 1 页注。
④ 《自传》，第 79，80 页；《功利主义》，第 9 页注。

是十分重要的。要把这种解释（边沁接受了这种解释）同那种使一切人的最大幸福成为每个人的目的的伦理学理论调和起来是困难的。但是，当着眼点从个体转向国家时，这个困难就不会出现了。事实上，现在就可以来用一个类比论证了：既然每个人关心他自己的最大幸福，那么，社会的目的就可以看作是最大多数人的最大幸福。而当"最大多数人的最大幸福"依这种方式接受下来时，则不仅把它用作一条政治原则而且把它用作在一严格意义上的一条伦理原则就容易了，虽然这是不合逻辑的。

　　我们要寻求边沁对他的事业从心理学和伦理学来看的根本原则的最充分最明白的说明，那就该看他的《道德和立法原理引论》。个人利益并不总是与社会利益一致；而且正是这种歧异提出了刑法问题。再者，正义的原则是一个问题，行动的原因又是另外一个问题；重要的是不要把伦理学问题同心理学问题弄混淆了。这种区别在这部著作引人注目的开篇第一节中被作出来了却又被忽视了："自然把人置于两个最高主宰痛苦与快乐的统治之下。只有它们才指明我们应当做什么，以及决定我们将要做什么。一方面正确和错误的标准，另一方面因果链条都紧紧缚在它们的宝座上。我们所做，所说，所想的一切都受它们支配。我们为摆脱我们的服从地位能够作出的一切努力都将只是有助于论证和证实它。口头上，一个人可以自称发誓与他们的帝国断绝关系，但是实际上，他将依然始终服从它。功利原则承认这种服从，而且还假定它为下面这样一种制度的基础，其目标是藉理性和法律之手建立起福利组织。试图对它提出疑问的体系所经营的都只是声音而不是意义，是怪想而不是理性，是黑暗而不是光明。"

　　这些句子道出了边沁简明哲学的要点。一切都立足于快乐和痛苦。它们首先是人的一切行为的原因。人是一种追求快乐避免痛苦的动物。诚然，他有许多不同的冲动，行为的动因或动机；这位作者在这部书中试图对这些作出论列；而早在《行为动机一览表》中，他还

222

把它们连同其源泉及相应的利益全都囊括在一个图表中。但是，每一个冲动或动机的力量都完全在于与之相关连的快乐和痛苦；而在快乐和痛苦本身之间也只有量的不同；痛苦也能拿来与快乐比较，并且以同样的尺度用它们低于既没有快乐也没有痛苦的中性或零点的距离来标志。一位后来的著作家①把这种理论命名为"心理学的快乐论"。
它还把许多心理学家算作它的拥护者，但是边沁却以一种几乎不容辩解的特殊形式坚持它。根据他的看法，决定着行动的，不是在行动的时刻经验到的现实的快乐或痛苦，而是行动者对这行动在他身上似将产生的快乐的差额概率所作的估计。因此，不仅人的活动的标准，而且人的行为的原因就都只是"未来的事实"问题。如果这个短语已经为布莱克斯通使用过，边沁就可能曾指出，只要任何东西是将来的，它就不是一个事实而只是对事实的一种期待；它是对概率的一种估计。因此，实际的动机便不是快乐，而是一种快乐观念。尽管边沁认为快乐是人的唯一目标，但他始终把人当作是在观念或意见指导下审慎明智地追求这个目标的；他犯了哲学家用理由代替原因的错误；他忽略了这样一个事实，即人在他是一个理性存在者之前首先是一个能动的存在者，他是一个具有先天继承和后天获得的冲动的生物，这些冲动只是逐渐地由理性组织起来并且接受理性的指导，而这种合理化过程是永远不会完结的。

边沁在这个问题上的看法强调了他所谓快乐的计算的重要性。如果人总是为对快乐和痛苦的估计所指导，则这些估计就应当尽可能精确地表达出来。这了这个目的，边沁分析了在估计快乐和痛苦的"力量"或"价值"（对他来说，这些概念是同义的）时必须注意到的有关事项。他说，快乐或痛苦，就其本身来看，将在强度、持续、确实

①　西奇威克：《伦理学方法》，第1卷，第4章。

性和时空接近这四个方面发生变化。① 如果我们考察它的结果，我们 224
就必须注意到两件别的事项：它的富饶和它的纯度；他的富饶，也就
是它为同类的其他感情所伴随的机会；它的纯度，也就是它不为相反
种类的感情所伴随的机会。如果不只牵连到一个人，那么，也就必须
考虑到这些人的数目，也就是说快乐或痛苦的范围。如果我们要估计
任何一个行动对社会的好处，那么，它影响到的每个人也就当被各别
地考察；这个行动引起的每一个可辨别的快乐都必须依据最初提到的
六项把它的值计算出来；每一个可辨别的痛苦也必须依同样的方式计
算出它的值。当为有关个人做了这一步之后，再把一切痛苦的总和从
一切快乐的总和中减掉，那么，快乐的余额就将衡量出这个行为的善
的倾向；或者，如果痛苦在总数上超出快乐，那么，痛苦的余额就将
衡量出这个行为的恶的倾向。

　　这可能是一个精细的计算，但是它给边沁追求对善或恶的估计的
精微细节只提供了一个朦胧的观念。他的方法的重大特征在于它是定
量的。同样的方法曾由哈奇森和在他之前的其他一些人提出过；他的
同代人佩利在一定程度上也使用过这种方法；但是，边沁是通过详尽
无遗的列举和对一切想得到的后果的分类把它贯彻到它的一切细节中
去的第一人。他的目标是使道德和立法像物理科学那样精确和确实。
为此目的，他看到定量的命题是必要的。他并没有停下来去研究量究 225
竟是否适用于快乐和痛苦；他只是假定了它能够如此；或许这个假定
是正确的。他也没有过分好奇地去寻求这些量的测度标准，就像各门
物理科学为其目的都具有这种标准那样。甚至在物理科学方面，在精
密仪器使之成为可能的精确观察中，也必须为观察者的个人留出余

---

　　① 西奇威克指出，依合理估计，时间接近（撇开它所包含着的较大的确实性）
并不是一个独立的价值根据。边沁继贝卡里亚之后提出了这一点；但是，贝卡里亚在
他的研究中有一个不同的问题，这就是，一种即时的惩罚与久远的惩罚相较有实际的
威慑效果。

地。但是，边沁几乎无视这种个人因素，甚至在感情问题上也是如此。他并没有充分地考虑到个人感情的差异，或者它们在一个人的一生中或在这个种族的历史中变化的程度；他也没有避免那种认为似乎一个人的快乐总是另一个人快乐的可靠向导的错误主张。恰如他假定人们永恒不变地受到理智思考的支配，在这儿也就假定人们都彼此相像，比他们实际上的情况相像得多：这两个假定是他的规划的许多弱点乃至荒谬的原因。

后来的功利主义者通过强调在个人和社会生活中作为快乐源泉的永久目标的重要性而不是强调那些特殊的令人愉快的经验这一点而避免了一些上述困难。边沁本人已于另一部著作①里也沿着类似的路线前进，列举了社会幸福所依赖的四个从属目标。这四个目标是：生存，充裕，平等和安全。在这四项中，生存和安全是最重要的，因为"要是没有安全，平等就不能持续一天；要是没有生存，充裕就根本不可能存在。"法律与生存和充裕很少有关系或者说没有直接的关系，因为"你可以安排生产；你可以指挥耕种；你将没有做任何事情。但是向耕作者保证他的劳动成果，或许单只这个方面你就已做得够多了。"边沁对平等的论述作为一些"病理学命题"（他这样叫它们）是值得注意的，这些命题是他就财富对幸福的影响着眼而提出来的。但是，法律首先关心的是安全；而安全的原则扩展到维护法律本身所引起的那些期待。可以说，安全对于社会生活、对于一切适度的人类幸福都是一种必需品；而平等毋宁说具有奢侈品的性质，只要它不与安全相冲突，法规就应促进它。至于自由，它并不是法律的一个主要目标，而是安全的一个分支，是法律不禁要加以修剪的一种枝叶。任何一种权利，尤其是财产权，都只能通过限制自由来创造或维护；"特别是一切关于自由的有创造性的法律，就它们所达到的而言，都

① 《立法理论》，希尔德雷斯译，1876年，第96页以下。

是废除自由的。"

这些意见指明了一个比枚举各别快乐和痛苦要好些的估计价值的方式。但是枚举是边沁的主要方法；而且他还使一个要点明白地表示出来了，这个要点在任一像他一类的理论中是不应当搞混的，这要点就是在一个人的最大幸福和最大多数人的最大幸福之间的那种差别。甚至边沁不管在他的早期著作中还是在他的晚期著作中对于断言促进一切人的幸福是每个人的义务也有所迟疑。照边沁看来，如果没有足够的动机要求这样的行为，它实际上怎么能如此呢？他说，一个人绝不会没有动机而朝这个方向行动：他有同情的社会动机和爱好声誉的半社会动机。但是一个人可能具有，而且通常也具有趋于不同方向的各种动机，也可以使之成为不充分的或无力的。这种歧异可以在边沁讲到私人伦理观和立法间的恰巧符合的那些闪烁其词的句子的字里行间读到。在这两类动机（利己的和社会的）之间，完全没有精神的融合；在它们所趋向的行为过程之间也没有任何自然的同一性；私利同社会利益的同一只有利用外加的快乐和痛苦，尤其是后者才能人为地做到。① 边沁把功利原则的约束力归并为如下四种：肉体的，政治的，道德的（或公众的）和宗教的。肉体的约束力由自然律产生出来，它以酗酒引起头痛为例说明：它所认可的是谨慎，而不是仁慈。公众的约束力是由以任何非政治方式表达的社会敌意产生出来的；它常常是一种强有力的威慑因素，但是，它有多变和前后不一的倾向，而且它与社会利益也并不完全一致。边沁并不依靠宗教的约束力。还有政治的约束力，这就是由组织成为一个国家的社会所运用的奖惩。但是奖励无足轻重。因此，普遍幸福是个人行为正确和错误的尺度这样一个学说的全部力量就放在刑法上；它就是那条"义务—与—利

───────────────

① 利益的融合，利益的自然的同一，利益的人为同一这些术语都是对同一问题不同解决办法的描述，阿莱维在《激进主义哲学的形成》，第 1 卷，第 15 页以下对它们作过介绍。

益—相结合—来进行规定的原则"。而这条原则也被发现是不完全的。甚至当惩处既非没有根据也非没有必要的时候，也还是有些它将无效力的情况，以及另外一些无益的情况——由于它引起了较之它将预防的还要多的不幸。总的来说，它能强使人正直，但是它不能强使人慈善。因此，关于约束力的学说并不能建立起普遍幸福是伦理标准这个功利主义论点。而且，这种失败通过下面这种反驳也掩盖不了："如果法律的雷鸣也证明是无力的话，那么，简单道德的低语就会更只有微乎其微的影响。"

边沁在他的《道德和立法原理》的序中，开列了一个他已在准备或思考要写的著作名单，他的伟大计划将在这些著作中完成。根据这个单子，论立法原理的著作将依下面 9 个问题来写，这些就是：民法、刑法、程序、奖赏、宪法、政治策略（也就是，指导政治会议以便它们能够达到它们所建立的目标的诸规则）、国际法、财政学、政治经济学；在这些之后的是第 10 篇论文，在法学的所有部门，就其形式，提供一个完整的法学计划，包括严格地说来属于普遍法理学的论题的一切。他一生以各别的著作论述了所有这些题目，以及其他许多题目。他的较重要较完整的著作靠杜蒙和其他一些人文字上的帮助，但观念和方法都始终是他自己的。他对英国法律种种不规则情况的揭露，以及对一个用作它的改革模式的实事求是合乎情理的制度的精心设计，就这些方面而言，他几乎是唯一应该受到信任的。

边沁的力量来自他心灵所具有的两种性质的结合，这就是牢牢地掌握一条单一的原则，以及对细节的确实惊人的控制。每个具体的情境都被分析成它的要素，而这些又都被探究到底分析出它们的一切结果。这种划分和再划分的方法是人为的；但是，它趋向明白和详尽无遗，而且它还能够运用到任何一种题材。凡是不能进行这种分析的东西都被说成是"含糊的一般性"而予以排斥。他无限耐心地把这种方法运用到伦理学、法理学和政治学的整个领域。人性中和社会中的一切东西都被归结为它的要素，然后又用这些要素重新构造起来。而在每个要素中，都只有一个特征算数，或者是力的方面，或者是在价值——它的快乐或痛苦的总量方面。如果允许快乐之间有种独立的质的区别，如像柏拉图坚决主张过的，或者如约翰·斯图尔特·穆勒后来引入功利主义的那样，那么，整个体系就会被打乱了。边沁说："快乐的量是相等的，推针（pushpin）和诗一样好。"* 至于原则本身，并没有首创性的良机：休谟已经提到它对他的思想的重要性；普里斯特利已经表明了它在政治推理中的用处；他从伯卡利亚那里捡起了这个公式；而在他对其本性的阐述中，或许并没有什么是爱尔维修不曾说过的。但是，他运用它的坚韧不拔和彻底性是没有先例的；而且，正是这一点使他成了一个新的强有力的学派的奠基人。

　　他的方法在那个时期的革命思想中并不是最典型的。革命的观念集中在一些抽象概念上。平等和自由被认为是人的被政府剥夺去了的自然权利，而革命家的目的就是要恢复和实现那些权利。这种思想方式在英国是以理查德·普赖斯为代表的；它通过卢梭而支配了公众意识；在1776年美国独立宣言中，它成了新建民主政府的基础。1776这一年在学术史上也很值得注意。它标志着休谟的去世，《国富论》，吉本《罗马帝国衰亡史》第 1 卷以及边沁《政府片论》的问世。最后指出的这部著作鼓吹彻底改革，但却没有诉诸自然的和抽象的权利。尽管边沁是美国宪法的赞赏者，他却从来不曾为独立宣言的粗糙的"元政治学"（metapolitics）（用柯勒律治的字眼）所蒙骗，也从来不曾为 1791 年法国制宪议会所颁布的《人权宣言》更详尽阐述的同样学说所蒙骗。他大约在这个时候写出的《无政府主义的谬误》，是对后一个文件的粗鲁和混乱的巧妙揭露。在他看来，一切权利都是法

---

* 约翰·穆勒则认为，快乐在性质上也有区别，认为那伴有思维能力运用的快乐，要比感觉上的快乐更高尚，更好。

230　律所创造的；"自然权利简直是无意义的：自然的和不可剥夺的权利都是华而不实的废话——夸张做作的废话。"然而在边沁的理论和大陆与美国革命家的理论之间的差别并不是直接明显的。他与一些革命领袖有通信联系，建议法国采用他的圆形监狱计划，并提出由他自己作监狱总看守；1792 年，他被接纳为法国公民。尽管他的《无政府主义的谬误》使他的观点明白了：而且正是由于他，英国的哲学激进主义不同于别的国家的相应的革命学说，是基于经验的功利主义而不是基于自然权利的先验观念。把他在《无政府主义的谬误》中的论证同他在《谬误之书》（1824）中对我们的"无与伦比的宪法"的批评作一比较就可表明，他是一切不严谨的松散思想的大敌，不管这思想是为了颂扬革命理想，还是为了确保已经建立起来的秩序，都是如此。

边沁直到临终前才发表的《宪法法典》表明他要使有关人民尽可能充分地控制政府的行为的努力。这位作者已经对"邪恶的利益"，尤其是统治者个人和阶级的利益与社会利益相冲突的范围留下了与日俱增的深刻印象；而且他还试图处处控制他们的作用。他的这部著作打算"用于承认舆论自由的一切民族和一切政府"。* 几年前，他就发表了《编纂法典之建议》，在这个问题上对任何一个需要它们的民族提供自己的帮助。葡萄牙已经请求他的帮助。他同西班牙、墨西哥、委内瑞拉、美国、俄国、希腊和的黎波里都有过也属类似的协商，虽说较非官方性质。世界似乎在他的脚下，渴望着从他那里学习法治和管理的技巧；而他是愿意去教导一切前来者的。他有时忽略了但并非完全不顾民族特性和历史条件的差异。在他的关于《在立法问

231　题上时间和地点的影响》的论文中，他把不变性归于法律的根据而不是法律本身，而指责那些"只注意抽象好处"的立法者为"头脑发

---

* 他的这部著作的标题全称为《用于承认舆论自由的一切民族与政府的宪法法典》。

热的革新者"。

边沁天资全面、坚韧但不深刻。他包容了一个广阔的领域，总是遵循着同一条线索。他从社会科学过渡到宗教，并且分析了它"对人类世俗幸福"的影响，他的著作一部分是由他的一个叫乔治·格罗特的信徒编辑，用了一个假名*发表的（1822）。他还在《教育文集》（*Chrestomathia*，1816）标题下写了许多论教育的论文；而他和他的朋友们还设计了一所中上等级年轻人在正确的功利主义原则下受到训练的用文摘选集进行教学的学校。因此，他在一个方面论述了人生中较深刻的东西，然而只是论述了这些东西的表面。他对不能据快乐或痛苦加以测度的力和价值并不关心，他对历史、艺术和宗教也很少有什么洞察力；但是，他并没有意识到他的局限性，而试图以他自己的价值尺度来论述这些东西。

如果以托马斯·罗伯特·马尔萨斯的一般原理为根据，他可以算入功利主义者之列；但是他却是塔克和佩利的追随者而不是边沁的追随者。他不同意边沁对行为中理智因素的评价，而这个时代别的思想家对这种评价的夸张则是他的著名作品的间接原因。休谟曾经把理性说成是感情的奴隶；但是在威廉·戈德温的笔下，人似乎是纯粹理智的结晶（compact）。在他把幸福看作是行为的目的意义上说，他也是一位功利主义者；但是，他受革命观念支配；他把人类的一切弊病都归因于政府，认为它是一种不必要的恶，认为随着它的去除，人就会自由运用他的理性，人种就会迅速地向前进展，臻于完善。正是这种人的可臻完善性学说使马尔萨斯踌躇。他对这个学说的批评最早是在同他父亲的谈话中提出的。老马尔萨斯是卢梭的一位朋友和遗嘱执行人，曾表示赞同1793年戈德温在《政治的公正原则》，孔多塞在

232

---

* 假名为菲立普·比彻姆。

《人类精神发展史概要》中提出来的人的可臻完善性观念。与其父亲相比，罗伯特·马尔萨斯对事物采取了较阴暗的观点；他受过科学的教育；而且，作为一名牧师，他还了解人民生活的一些情况；最重要的是他属于新的一代，早年的梦并没有使他看不到现存事实。他看出所有乌托邦道路上都有一个障碍。即使平等和幸福一度得到了，它们也不会持久；人口将很快地膨胀，而超出生存手段的增长，结果就会是不平等和灾难。这个在争论过程中这样做出的论证此后不久便在《论人口原理》（1798）中得到扩充。这部著作发表之后，出现了一场论战风暴；但是，它的学说却使一些要人改变了信仰，例如属于政治家的皮特和属于哲学家的佩利便是如此，而且此观点很快就被采用，成为正宗功利主义传统的一部分。马尔萨斯以一个诚实研究者所具有的彻底性对他的批评者们作了答复；他周游大陆，研究了社会状况，调查了保持人口数目与他们的食物之间平衡状态的实际情况。答复出现在他的《论人口原理》的第二版（1803）上，就内容而言，这第二版实际上是一部新书。甚至连标题也作了更动。第一版讨论的是"作为影响未来社会改善"的人口原理；第二版则是"关于它对人类幸福的过去和现在的影响的看法"。前者毁掉了通过废除政府或者通过某些共产主义的设计而达到的未来黄金时代的画面；这部书对读者所产生的影响始终是一种无法解脱的沮丧情绪；人类处于对与福利相敌对的本能力量之下；只有坏事和灾难才能阻止世界人口过剩。第二版从未来转到了过去和现在；它是根据对事实的更充分研究而写出来的；它发现人在食物方面的压力随着文明的进步而减少；不仅是坏事和灾难，而且还有道德，也被认为有对人口增殖的制约作用。因此，如他在序中所说，他"试图把第一部论著中某些最严峻的结论弄缓和点"。

　　马尔萨斯的主要学说并不完全是新的。古代和近代民族的人口稠密问题曾被包括休谟在内的许多著作家讨论过；在约瑟夫·汤森的《论济贫法》（1786）中就有马尔萨斯的先兆；而且，更早些时，在

1761 年，罗伯特·华莱士在他的《人类的各种前景》中就首先提出货物共有作为这种社会问题的解决，然后又指出，由共产主义产生出来的人口增殖在他自己的解决办法中是一个致命的缺陷。但是马尔萨斯使这个题材成为他自己的，他通过耐心的调查表明人口事实上是如何对生存手段施加压力的，以及通过什么样的措施人口才受到制约。他在科学意见上引起了一场革命，强有力地影响了公众情绪，以致纯文学也拿起了这个标题：

> 一个饥民像一头狮子慢慢地爬近，
>
> 怒目注视着一个躲在一堆慢慢熄灭的火后打盹眨眼的人。

说这种前景噩梦般地沉重压在 19 世纪的社会心理上，这几乎不算过分。20 世纪的心理已经把它像一场梦一样摆脱掉，但是它并未回答马尔萨斯所主张的主要论题。诚然，他的阐述并不是无可批评的。他陈述他这个论点的措词，即人口倾向于以几何级数增长，食物倾向于以算术级数增长，说得最好也是不精确的。或许他也没有充分考虑到增加食品供应的新方法和发明的效果，以及人中间的质对于量的可能的反作用。他的人类命运图景的更暗的一面可以在他对济贫法的批评中读到。但是，他对较为有利的一类考虑也并非视而不见。他看到"生存斗争"（这个术语是属于他的）是劳动的巨大促进因素，是人类改善的一个原因。因此，在稍后一个时期，达尔文和 A. R. 华莱士，在独立工作情况下从他的书中找到了这条原理，他们正在寻求这条原理，来解释生物的进化。

　　《论人口原理》的发表决定了马尔萨斯的事业，从此以后他便献身于教授和写作经济学。他的《地租的性质与进展研究》，他的《政治经济学原理》，以及他与李嘉图的通信在经济理论史上具有重要意义，虽然它们并不能对一般思想和文献产生任何显著的影响。在他所

234

写出的一切著作中，马尔萨斯同社会与工业生活都保持着密切的接触；在这个方面，他的著作同李嘉图的作品在方法上形成了鲜明的对照，在李嘉图的抽象推理中，边沁学派的经济学得到了最典型的表述。

　　因此，功利主义学派所特有的经济学说是由一位并不能算作它的一员而且在实际上对哲学或者甚至对较广泛的社会理论问题也不感兴趣的一个著作家系统阐述出来的。大卫·李嘉图是一个定居在伦敦的荷兰犹太人的儿子；他本人也是一个成功的证券经纪人，当他认识詹姆斯·穆勒时，他作为一个论货币的著作家已经使自己扬名，由于穆勒的鼓励，也由于他的其他朋友的鼓励，他在 1817 年发表了他的主要著作《政治经济学及赋税原理》。李嘉图从亚当·斯密那里获得研究经济学的动力。他并不具有后者社会观的宽广，或心理学的洞察力；但是，他却具有一种抽象推理的卓越能力，使他能够以演绎科学形式表述经济学说。他与其说关心财富的"本性和原因"，不如说是关心财富的分配。必须在与财富生产有关的各阶级之间，也就是在土地所有者、资本家和劳动者之间作出这种分配；而李嘉图打算说明决定每方所得份额的条件。在这里，他的地租理论是基本的。根据这种理论，地租是土地所有者能够向人索取他的土地特殊利益的那种价格；是在它的给予一定数量的资本和劳动的报酬与必须耕耘的获利最少的土地的同类报酬之间的差额。因而，它随着耕耘的临界报酬扩展到较不肥沃土壤而上涨。显然，这个学说导致了支持外货，尤其是谷物自由进口的有力论证。它还与亚当·斯密的经济乐观主义决裂，斯密认为乡绅的利益同人民群众的利益是和谐一致的；因而它表明土地所有者的地租是随着人民不断增长着的需要迫使他们求助于劣等土地来生产他们的食物而上涨的。

　　根据李嘉图的观点，一件物品的价值是由在最不利条件下生产它所必需的劳动量决定的；在这种价值的分配中，工资那一份依必需品的价格（也就是说，首先是食品的价格）而定；而人口法则（他从马尔萨斯那里接受过来）阻止着工资的任何进一步的提高。另一方面，雇主的利润则依工资的高低而定。因此，在社会发展中，利润的"自然趋势"将要下降；直到"这个国家几乎全部产品，在支付了劳动者工资之后，将是土地所有者和什一税与各种租税的接收者的财产"为止。因此，在这个经济体内存在着利益的对立；而这种对立被认为是自然的和不可避免的法则的结果，然而，它又反复不断地受到改良和发现的"恰当制约"。李嘉图考虑到了它们的影响。但是在人类行为中除经济动机外他不考虑任何别的动机；他可以说是发明了"经济人"这一虚构，虽然他并没有用过这个短语。他还把社会经济结构看作是僵死不变的，虽然他的学说常常读起来像是对它的讽刺。而他的学说在同代人[①]以及后世的社会主义著作家手中成了根本的社会变化的一个有力论据。

　　李嘉图的方法是从几条关于社会和人性的非常一般的命题出发，演绎地引出它们的结论。他并没有认识他的前提是片面的概括，他的结论充其量只有假设的确实性。这种方法也是边沁一般政治理论的推理的特征。因此，在经济学中，詹姆斯·穆勒承认他自己是李嘉图的门徒。穆勒的《政治经济学原理》（1821）使李嘉图的学说成了教科书的形式，而且以使这位著作家著名的简洁确信的明晰性陈述了它们。然而，就穆勒而言，和李嘉图不同，经济学只属于大量社会和哲学题目中的一个，这些题目都可使用同一普遍处理方法，也都使他感兴趣。穆勒同边沁关系密切，至少从 1808 年起是如此，而且要在他的信条的基本学说中找出任何创新的东西是很困难的。同时他也有一

236

237

---

　　① 见 H. S. 福克斯韦尔写的书目提要，载 A. 门格尔的《对整个劳动产品的权利》（1899）的英译本附录 Ⅱ（第 191—267 页）。

些优越之点。他在法理学和有关法学细节的一切方面都比边沁低得多，但对政治理论或许有一个更明白的看法，而对历史状况肯定有更广泛的知识。他当然是最大幸福原则的真诚拥护者，而对它的表述也没添加什么；但是，他在用哲学理由对它进行辩护方面，更加训练有素，而且他能够弥补边沁作为一个心理学家的缺陷。但是，通过写作获得收入的必要性，后来公务的要求，以及对社会事务始终不渝的浓厚兴趣，这一切都使他很少有闲暇研究哲学。

穆勒政治理论方面的系统化工作包含在一些论文里，特别是包含在一篇论政府的文章里，这篇文章是由麦克维伊·内皮尔1820年编辑的《大不列颠百科全书》补编的条目。在这些文章中，作者通过演绎推理井然有序地确定了政治秩序的最好形式；而他的方法是麦考莱1829年在一篇发表于《爱丁堡评论》的文章中尖锐批评的对象，但是这篇文章并没有收入他的《论文选集》中。这篇论文也一般地含有对功利主义者的攻击；而穆勒的反驳，就他所作出的而言，可以在《论麦金托什残篇》（1835）找到。这由对詹姆斯·麦金托什为《不列颠百科全书》第七版写的《论伦理哲学的进步》中"几节"的"抨击"组成。和穆勒一样，麦金托什对哲学有浓厚兴趣，尽管他的职业使他很少有时间对它进行探求。他对这门学科的唯一贡献在于，他在这篇论文中正确地颇有见地地评价了英国道德学家们的工作。它
238 含有对功利主义者及其思想前辈的各种批评，这引起穆勒的敌意，而它的偶尔缺乏思想精确性也使它易于受到攻击。穆勒的"抨击"只限于几个论点，而且是以一种如果它不那么激烈（尽管他的朋友们在把它披露于世前已经劝他缓和它的语调）就会更加有效的方式揭露其对手主张的弱点的。

然而，穆勒的主要哲学著作是他的《人类心灵现象分析》（1829）。在这部著作中，他为功利主义的上层建筑打下了心理学基础。它是以对自然的一切部门都可借以进行研究的同样一种方法系

阐述的一种心灵理论的简洁表述。心理现象都被归结为它们最简单的因素，这些因素联合成群体和相继系列也受到考查，所有联想被他归结为一条规律，即接近律。一般地说，穆勒是追随着休谟和哈特利的，但是他之仿效哈特利要比休谟多得多。然而，他漠视哈特利理论的生理学方面，以致他自己的学说是纯粹心理学的。对于后来一个时期的主要代表为约翰·斯图尔特·穆勒和亚历山大·贝恩的那个心理学派来说，他的主要的积极贡献是不可分割的联想学说；此外，他还重新规划出了一条为试图以"联想"解释意识事实的理论所遵循的路线，其中，"联想"是以感觉为终极因素的，而这些"感觉"又被假定为它们本身是无需解释的。

第十二章　维多利亚时代

Ⅰ. 引　言

英国哲学在（或约在）19 世纪第四个 10 年可以说是达到了最低点。一般公众已不再关心纯思辨的思想问题，而各大学也很少做些事情或者根本没有做什么事来使人们对这些问题的兴趣持续不衰。约翰·斯图尔特·穆勒 1835 年写作时抱怨说，哲学越来越声名扫地，伟大的事件也不再引发伟大的观念。他说："在形成伟大思想的理智追求中，这个国家从前是杰出的。英国一度站在欧洲哲学的首位。她现在处于什么地位呢？……在数学和物理学的狭隘范围之外，根本没有迹象表明阅读和思考的公众把真理作为真理来研究，为了思想本身而研究思想。除偏执的宗教狂——他们是些什么人是我们全都知道的——而外，很少有人对人的本性和生活的重大问题感兴趣：更少有人对人类社会的本性和原则及文明的历史或哲学有求知欲望；也没有任何一个人相信从这样一些研究中能得出单单一条重要的实际结论。"[1] 大约在同时，或前几年，对英国哲学低落状况的类似看法就已经为威廉·汉密尔顿爵士和托马斯·卡莱尔所表示过；[2]一位外国

---

[1]　《论文和讨论集》，第 1 卷，第 96、97 页。
[2]　参阅马森：《近代不列颠哲学》，第 3 版，第 2—5 页。

观察家（即黑格尔）还轻蔑地讲到英国语言中"哲学"这个词的 240
用法。①

作这种抱怨的著作家在促成变化方面是站在最前列的。卡莱尔在对哲学方法不作任何涉及的情况下，迫使公众注意到了关于生活终极意义和价值的观念，而以他自己的方式影响了他自己所在时代的思想，他的影响堪与紧接着的前一代的柯勒律治相比。汉密尔顿和穆勒是思辨问题兴趣值得注意的著名复兴的领袖，这使哲学恢复了它在民族文化中的应有地位；这种复兴采取了两种不同的方向，这与他们各种不同的观点和训练相联系。

然而，哲学不仅必须去克服为约翰·斯图尔特·穆勒所提到的那种公众的冷漠态度；它还必须同它自己作斗争，或者至少必须同它的主导形式作斗争。处在上升地位的边沁的信条，是不利于思辨研究的。"人的本性和生活的重大问题"在一种使形而上学和神学同样成为不可能的意义上被看作已解决了；伦理学原理被认为已被边沁最终解决了，这样除把它们运用于不同的情况外，再也没有什么事可做了。甚至政治和社会理论（这是功利主义者取得主要成就的领域），也脱离历史，脱离除功利观念外的一切伦理观念；只有心理学需要较之边沁能够给予它的更充分的研讨，而詹姆斯·穆勒也已经给这个学派提供了一个与他们的其他观点和谐一致的关于心灵的理论。

Ⅱ. 威廉·汉密尔顿爵士及其他人

汉密尔顿的声誉经受不住时间的考验；但是，在他自己的时代以

---

① 《哲学全书》，第 7 节。（在这一节里，黑格尔批评英国人把经验科学称作哲学。他说，在英国，直到现在，哲学一词通常都是指这一类学问而言。牛顿至今仍继续享受最伟大的哲学家的声誉。甚至科学仪器制造家也惯用哲学一名词，将凡不能用电磁概括的种种仪器如寒暑表风雨表之类，皆叫作哲学的仪器。不用说，木头铁片之类集合起来，是不应该称为哲学的仪器的。）

及此后许多年，他的名字是大不列颠代表哲学思想复兴的两个名字之

241 一。然而，他的杰出地位也不是完全没有争议的。甚至从他的那些对苏格兰形而上学做了大部分工作的年轻同代人那里，关于他的功绩也可以搜集到不同的看法。费里尔把他看成在道德上和在理智上是"属于伟大人物中最伟大者之列"；①反之，哈奇森·斯特林则在他身上发现了"某种不诚恳坦率的气质，残忍地不公正地对待个人，很可能使一般不列颠哲学延宕了或许达一代之久。"② 真理则介乎这两种极端看法之间，而要理解不列颠哲学的进程，正确地估计汉密尔顿的工作是很重要的。

威廉·汉密尔顿爵士1788年生在格拉斯哥的那座古老学院里，他的父亲是那学院的一名教授。他在那儿和牛津受到教育，取得苏格兰律师资格，而1836年，被任命为爱丁堡大学逻辑学和形而上学讲座教授。1844年，他突然中风瘫痪，而且尽管他能够继续他的教授生涯直到1856年去世，但他的体力却从未复原。他发表著作一事是从刊载在《爱丁堡评论》上的许多文章开始的，1852年以《哲学和文学、教育和大学改革问题讨论集》为标题重新发表。这些文章中最重要的是在1829年和1833年之间发表的《论无条件者的哲学》、《知觉哲学》和《逻辑学》三篇文章。他后来致力于准备《里德著作集》的出版，他以精心附加的主要是历史性的"注释"来说明它。这部著作是1846年出版的；但是"注释"却从未完成，而且只具有材料性质而非文献性质。他死后，他的《形而上学和逻辑学讲演录》以4卷本出版（1858—1860）。

242 汉密尔顿对哲学的积极贡献与已经列举出的那三篇文章的题目有联系。事实上，除关于逻辑学的而外，这些文章包含了他工作中几乎

---

① J. F. 费里尔：《苏格兰哲学：旧哲学和新哲学》，1856年，第15、16页。
② J. H. 斯特林：《威廉·汉密尔顿爵士：其知觉哲学》，1865年，第vii页。

一切本质的有创见的东西。但是，为了正确估计他对哲学思想的影响，其他各点也必须考虑到。

从笛卡尔时代以来，大陆的思想对英国哲学很少有什么影响。莱布尼茨，甚至斯宾诺莎都几乎只是听说其名字而已。爱尔维修对边沁有影响，德·特拉西对托马斯·布朗有影响；但是，爱尔维修和德·特拉西，他们本人是根据在英国制定出来的路线即洛克的路线工作的。洛克、贝克莱和休谟的学说，连同自然神论运动的诸多观念，已经进入了欧洲的传统；但是，它们所引起的、从康德开始的反响长期地在英国被置若罔闻。一两个热心人尝试着使康德为人所知，但是，他们的努力没有结果；一篇由托马斯·布朗所写的刊载在《爱丁堡评论》第二期（1803 年）的论康德的文章只表明了这块土地的贫瘠。柯勒律治*，实际上，是一个更加重要的中介；他把从康德及其后继者得到的观念带进英文作品中，约翰·斯图尔特·穆勒承认他代表着那种必须认真对付的、与占支配地位的边沁主义相敌对的思想类型。但是，柯勒律治的学说（teaching）与其说是科学的，毋宁说是预言家的，而且要研究这位哲学研究者还必须用他自己的语言，并须是一位既掌握了传统学问又掌握了要教授的新学说的大师。

正是在这里，汉密尔顿的世界主义学问闯入了不列颠哲学，并把它从苏格兰高校教师和英格兰边沁派功利主义者都陷进的狭窄车辙中拔了出来。汉密尔顿的学问给他的大多数同代人以几乎是超人的印象；它确实是渊博的，而且在那个时期确实是没有前例的。它使哲学的一种新方向成为可能。讨论所限的特殊问题被看作是扩展到从古代希腊到近代德国的整个西方思想的更大研究领域的一部分。然而，汉密尔顿的才能也有缺陷。他从来不能轻松自如地支配他自己的学问；

---

* 柯勒律治（1772—1834），曾留学德国，受德国唯心主义哲学影响较深。他既是一位哲学家，也是一位诗人，与华兹华斯同为湖畔派诗人的代表。

当仅仅一个好的论证对于这个目的已绰绰有余时，他也会还要传唤"一大群证人"；而且他对"权威"的选择也常常是判断错误的：他把他们凑到一起而未对他们权衡斟酌；他总是把时间花费在第三流的经院哲学家或同样是第三流的近代德国人身上，要是把这些时间用于对康德和黑格尔的同情理解的话，本来就会更好。尽管如此，汉密尔顿在这方面的工作还是重要的。他克服了英国思想的乡土观念和狷狭习气，而使之与新近德国哲学家中的最伟大人物发生了联系。他所展现的可能是一个不完全的康德；费希特、谢林和黑格尔之被介绍进来只是用于批评的目的。但是，英国思想的传统圈子被冲破了，新的观念被带到它里面了。

汉密尔顿自愿效劳作苏格兰和德意志思想即里德和康德的调解人。他所作出的只是一个不完全的综合，但是这种事业却是值得注意的。他的逻辑学著作，其实在一定程度上是另外的事。他仿效康德的严格形式主义的处置，而花费了大量时间，并且不无创造性地精心修订了传统逻辑学的形式学说。这种修正过的学说造成了历时多年的大轰动，甚至被颂扬为从亚里士多德时代以来逻辑学上最重大的发现。① 它以"谓项的定量化"而著称。汉密尔顿自己对它的说明是不完全的，包含在他的《讨论集》和他的《讲演录》的附录中。而对他的观点的最明白的说明必须在《论对逻辑形式的新分析》（1850）和《思想律纲要》（第一版1842年出版）中寻找，前者出自他的学生托马斯·斯宾塞·贝恩斯之手，后者出自威廉·汤姆森之手，此人后来成了约克郡大主教。但是，这个问题的要旨能够很简短地表达出来。根据传统的观点，在一个判断或一个命题中，对某种东西作了一个断言；这就是说，主项被说成是具有或不具有谓项所表示的那种性

---

① T. S. 贝恩斯：《论新分析》，1850年，第80页。（传统逻辑讨论"量"化和"质"化时，只对主项（主语）作量化，对谓项（宾语）作质化。汉密尔顿主张对谓项（宾语）也作量化。这种修正是现代数理逻辑兴起的一个重要酵素。）

质。当作出的一个断言不是关于一个个体事物而是关于一组或一类事物时，这个论断就可能意味着适用于这类事物的一切分子或适用于它们中的一些分子；因此指出这一点，或者表达出这个主项的数量就是必要的。谓项并没有同样地限定数量。但是一种性质潜在地总是一个类——具有那种性质的那些事物的类。最基本的逻辑活动都蕴含着能够把它当作它本身来处理，并指定给它一个量作为一新命题的主项。汉密尔顿的"新分析"依靠着这样一个论点，这就是，这样蕴含着的量应当始终明确地表述出来，而且这"新分析"就在于把形式程序中的所有变化全都随之揭露出来，这些变化在他看来似乎是由做这件事产生出来的。但是，汉密尔顿并没有十分彻底地阐述他的理论。他没有看到他把判断看作是对两个类之间的数量关系的一个断言，这种观点会导致与他的很不相同的命题分类，而且一般地还会导致对逻辑形式的彻底得多的修正。两位同时代的数学家奥古斯特·德·摩根*和乔治·布尔比他走得更远；而后者题为《思想律》（1854）的论著**奠定了近代逻辑演算的基础。

　　汉密尔顿的文章《知觉哲学》既是为里德所作的辩护，同时又是对托马斯·布朗的无情抨击。它还是一个以比里德较为明确的形式系统阐述"自然实在论"或"自然二元论"学说并为之辩护的尝试。²⁴⁵汉密尔顿说："在最简单的知觉活动中，我都意识到我自己是知觉的主体，外部实在是被知觉的对象。"关于后一种因素，我们所具有的被说成是"关于外部实在的一种直接知识"。然而，这种明白的观点在汉密尔顿后期思想中它所经受的讨论和精心研究的过程中几乎消失不见了。他在进行心理分析的过程中，精明严格地在认识外部实在活

---

　　*　汉密尔顿主张对谓项（宾语）作量化，摩根则进而主张对主项（主语）作质化。他们从两个不同方面修正传统逻辑，促成了数理逻辑的兴起。
　　**　该书全称是《作为逻辑与概率的数学理论的基础的思想律之分析》。布尔在这部书中正式提出了改革传统逻辑的主张及具体方案，发展了集合代数和命题代数。他因此和莱布尼茨一起被誉为数理逻辑的创始人。

动中的主观因素与客观因素之间作出区别，他称前者为感觉本身，后者为知觉本身；他甚至还把它们的所谓反比"定律"公式化。他也详尽阐述了物质的第一性质和第二性质之间那种老区别，而且还（more suo）根据他自己的方式加上了一个所谓第二——第一性质的中间类别。由于这些区分，结果便改变了"外部世界直接知识"的学说。知觉本身的对象，现在被说成或者是一个第一性质，或者是一个第二——第一性质的某种变象。但是，我们并没有知觉到外在于我们机体的事物的第一性质。这些第一性质不是直接地被认识到的而只是被推断出来的；我们实际知觉到的第一性质是"作为在我们机体中被知觉到的"。这就是说，当我们知觉到一张桌子时，我们并没有知觉到这张桌子的形状或大小；这些方面的知识是通过推论而获得的；我们知觉到的形状和大小存在于我们自己的躯体中。一个机体之外的世界的存在是通过意识到对我们肌肉力量的抵抗被认识到的，汉密尔顿称之为"第二——第一"性质的"准第一变象"。① 由这种观点必然得出，关于外部实在的任何直接知识都不是通过视觉得到的：然而要表明汉密尔顿所坚定自信地诉求的"意识的证据"，在被看到的事物和被触到的事物之间作出了任何这样的区别，将是困难的。

246　　　汉密尔顿所谓"有条件者的哲学"的价值是不容易估计的，这主要是由表述他所规定的他特别喜爱的人类知识相对性学说的确切意义的困难所致。他的最引人注目的出版物是他写的第一篇文章，即《无条件者的哲学》。它是一篇并非直接关于谢林或黑格尔，而是关于他的法国同代人维克多·库赞*的折中主义体系的评论。无条件者，按照他对这个名词的用法，是一个属，无限者（或无条件地无限的）和

---

① 里德：《著作集》，汉密尔顿编，注 D˚，第 881、882 页。
　＊ 库赞（1792—1867），法国近代折中主义的奠基人，曾任巴黎大学哲学教授，法国社会教育部长。他的哲学主要是笛卡尔的"形而上学"、莱布尼茨的单子论与柏拉图主义的混合。

绝对者（无条件地有限的）是这个属的种；而且他的论点是：它根本不是一个思想的对象，而只是"一个超越思想律的东西的一般名称"。他的论证追循的路线与康德展示理性宇宙论二律背反时所采用的路线相似，虽然它被运用于后康德的思辨的结论。按照他的观点，对无条件的东西，我们不可能有任何知识，不管把它叫作无限的还是叫作绝对的，都是如此；知识存在于两个矛盾的不可想象者之间，虽然两个都不可想象，但其中之一必定是真的；一切真正的哲学都是关于有条件者的哲学。他说："进行思想就是定下条件。"

　　然而，这个说法包含了两个他并没有注意使之区别清楚的看法。一方面，它包含着我们不能认识无限者或整体，这无限者或整体就它的本性而言，必定是没有任何条件的；另一方面，它还可以被认为包含着我们对有限部分的知识并不是如真实存在着那样的有限部分的知识，而只是经我们的认识方式改变过的它们的知识。这后一种看法，虽然汉密尔顿说得很肯定，还是没有明白地贯彻到底。他继康德之后主要强调了空间和时间是我们借以认识对象的形式；但是他又离开了康德而主张这些形式也是实际存在着的事物的样式。由此看来，它们先天地是"思想的形式"（汉密尔顿这样称它们）这个事实并不妨害 247 我们时空知识的客观真理性；它是在空间和时间形式下的关于实在地存在于空间和时间之中的事物的知识。汉密尔顿的直接知觉的学说，使这样一个观点成为必需。他还进而看到某种调和是必要的；但是，在他的论"知觉哲学"的文章中，在括弧内附加说明的一段详尽无遗地说出了他关于这个重要问题所要说的东西。"为了避免误解"，他断言我们所知道的一切只是"那些与我们的认识官能相类似的存在物的变象"。这个含糊的用语可以仅仅意味着我们不能够认识我们没有能力认识的东西。因为一件东西的本性与"我们的官能类似"可以成为我们为什么能够认识它的理由；它不能够说明我们没有按照它所是或按它的实际本性认识它。但是，汉密尔顿的心似乎在分别属于知觉哲学和有条件者的哲学的两个不同的分隔开的房间工作。这两条思想路线很少相会，而当它们相会时结果有时便稀奇古怪。"对经验不到的东西，就让我们兴高采烈地想象"（*Rerumque ignarus，imagine gaudet*），是他对布朗和表象主义者们的嘲笑；但是，当他以研究有条件者哲学家的姿态出现时，他就以同样的口头禅作为他自己的座右铭——"对经验不到的东西，就让我们兴高采烈地想象吧"。

　　至于我们所假定的绝对者或无限者的知识，他认为这只是一个消极概念。关于这个题目，他几乎不能说是提出过任何一点本质上是新的东西，虽然他的论证对那个时代的英国读者来说是新颖的和能打动人的。甚至在这里，在这个基本论点上，他的看法也不能说没有意义不明确之处。他的学说似乎合乎逻辑地导致了一种实证主义形式；他甚至不愿意承认道德意识或"实践理性"具有康德归于它的那种意义；但是，他仍断然宣称不能认识的东西能够并且应当受到相信。那么，什么是信念呢？汉密尔顿由于把它归结为认识的一种形式或"官能"，便摧毁了他所谓思想排除关于绝对者或无限者的概念的学说。当他反对无条件者时，便在最大限度上坚持了人类认识的"低能"；而当谈论到宗教信仰时，"不可知的上帝"又被以某种方式说成是意识的对象。有时看起来仿佛他的观点简单地就是关于那个意识不能把握的最高对象的知识不能像我们关于特殊事物的知识一样，蕴含着与某个较高概念的关联。

　　这种有条件者哲学的神学结论被亨利·朗格维尔·曼塞尔彻底地很合逻辑地作出来了，曼塞尔是牛津大学教授，他在 1871 年去世前，做了三年圣保罗学院的院长。曼塞尔是一位比汉密尔顿知识面较窄的学者，而他的见解也不及汉密尔顿有创新；但是，他的思想却并不由于他的学问而失色。他在他所编辑的奥德里奇《逻辑方法初步》（*Artis Logicae Rudimenta*，1849）版本的注释和附录中，也在他的《逻辑学导论》（*Prolegomena Logica*，1851）中，明确提出了与汉密尔顿相类似的关于这门科学的形式主义观点，并为之作了辩护。他的《形而上学》（1860），原本是为《不列颠百科全书》写的条目，是对那种可以叫作汉密尔顿主义的哲学的最好的连贯的阐述；而且他在《有条件者的哲学》（1866）中，还为这种学说作了辩护，回击了穆勒的批评。他还是一本光辉小册子的作者，这本小册子摹拟阿里斯托芬喜剧的形式，题为《弗隆蒂斯特》（*Phrontisterion*）（转载于 1873 年《通信、讲演和评论集》），讽刺了学术革新者和德国哲学家。但是他的更大的名气出自他的巴姆顿讲演录《宗教思想的界限》（1858）。这部著作是一个建立在他与汉密尔顿所共有的不可知论（使用现代用语）学说基础上的基督教护教词。既然关于上帝的知识，在他的绝对存在方面，是自相矛盾的，既然"绝对的道德"同样地超越人类知识，既然我们的道德概念只能是"相对的和现象的"，他就试图否定基于人类善恶概念的对神学学说的任何批评。对这个学说遭到约翰·斯图尔特·穆勒否定的愤慨构成了他对汉密尔顿哲学的批评的一个最显著但不是最重要的特征。

III. 约翰·斯图尔特·穆勒及其他人

约翰·斯图尔特·穆勒，整个说来，是 19 世纪英国哲学中最有趣最典型的人物。他相继地是那个被看作英国传统之代表的思想学派的希望和领袖，有时又表现这个学派的绝望。他 1806 年 5 月 20 日生于伦敦，是詹姆斯·穆勒的长子。他接受的完全是他父亲的教育，他被审慎地保护起来不与他同年纪的其他男孩交往。他从幼年起就受到一种严格系统的理智训练。作为这种系统的结果，被看作是高等教育部门教授的知识，他在童年就学到了，* 而且据他自己所讲，他以比

---

* 据说穆勒 3 岁左右，就学习希腊文，8 岁时学习拉丁文。

其同代人早四分之一世纪的优势开始他自己的研究生涯。这很可能是对非凡理智早熟的一种夸张的说法；约翰·穆勒后来承认他父亲的训练系统有只诉诸理智的错误，而他的实践和情感生活的教养就被忽略了，同时，他的本质很可能由于强迫他进行紧张劳动受到损害。詹姆斯·穆勒设计出这种训练方法似乎是为了使他儿子的心灵成为第一流的思想机器，以便这个孩子可以成为宣扬功利主义福音的先知。在这一点上他成功了。但是，这孩子生活的兴趣（人们几乎可以说是悲剧）起源于下面这个事实，这就是他的性格比他父亲敏锐精细得多。他思想上不能完全满足于世袭的信条。按照他的学派的标准，他多多少少还是正统的；但是他喜欢从其他方面照射来的光亮，格罗特和其他人担心有朝一日他会成为一个被遗弃的人。卡莱尔评论他的一些早期文章时说他是"一位新的神秘主义者"。穆勒绝没有成为一个神秘主义者；但是他思路开阔，在那些较严格的功利主义者什么也看不出的观念中窥到了真理的因素。

　　他在他的学术生涯开始时并无任何怀疑。在读了边沁著作*（这事发生他十五六岁时）之后，他立即萌生了一种感觉，感到"先前一切道德学家都已被取代了"。他说："功利原则"，如边沁所理解和运用的功利原则，"把我对事物的概念统一起来了。现在我有了主张；有了一个信条，一个学说，一个哲学；按照这个词的最好意义，也有了一个宗教；对它的反复灌输和传播能够造成一生的基本的外在目的"。此后不久，他建立了一个小型的"功利主义学社"，而且有几年，他还是"以年轻人的狂热"采取他父亲的哲学和政治观点的一群年轻人中的一员。他在印度公司他父亲手下的一个职务使他免遭必须依靠写作谋生的厄运；而且他还发现办公室工作使他有充分的闲暇追

---

　　* 即经杜蒙润饰修订过的边沁的《道德和立法原理导论》，这是一部全面阐述边沁功利主义原则的重要著作。

求他的广泛旨趣。

当他 21 岁，他在《自传》里所描述的那种精神危机发生时，他就已经被看作是一位思想领袖了。这种危机是他幼时受到过的那种体力和脑力严重过劳的结果。他处于"神经迟钝状态"；他接受训练为之奋斗的生活目标失去了魅力；他"没有了对美德或一般的善的喜好"，但对任何别的东西也一样没有喜好；经久不变的分析习惯已经汲干了他身上感情的源泉。在许多个月的绝望之后，他偶然发现这种情感的能力并没有死掉，而"阴云也渐渐散去了"。但是，他所经历的这种体验改变了他的生活理论和性格。幸福依然是生活的目的，但是它不应当被看作是它的直接目标。"要是扪心自问你是否幸福，你就不再如此了。唯一的可能就是不把幸福，而把外在于它的某个目标作为生活的目的。"再者，他不再把几乎全部的重要性加到外部环境的安排上，而且，"第一次给了个人内心修养在人类福利基本需要中以适当地位"。在这种精神状态下，他在华兹华斯 *（他把他叫作没有诗人气质的诗人）的诗中找到了他寻求的那种感情修养。他从他那里懂得了，"当生活中一切较大的恶被消除时，什么东西会是幸福的持久不竭的源泉"。

穆勒扩大了理智上的同情心，这由他对丁尼生的诗和卡莱尔 1835 年和 1837 年发表的《法国革命》的评论中显示出来了。那些分别于 1838 年和 1840 年发表的论边沁和论柯勒律治的文章，披露了他的改变了的哲学观以及他的新的精神独立的确切程度。他在成熟时期的紧张写作，始终都没有严重离开过他现在所持的立场。这种新的他把它与柯勒律治的思想等同的精神影响再没有什么值得注意的发展；如果有过什么发展的话，或许，他后来的著作要比从他早期论边沁和柯勒

251

---

* 华兹华斯（1770—1850），1843—1850 年间为桂冠诗人，19 世纪初期英国湖畔派诗人的主要代表。他强调作家的主观想象力，否定文学反映现实，否定文学的社会作用。

律治的文章的某些迹象中可能曾预示出来的要更加接近于传统观点。

这两篇文章提供了理解穆勒自己思想的钥匙。他把边沁看作是一个伟大的建设性的天才，因为边沁最早把光明和系统带进从前处于混沌状态的领域。对边沁的作品从来未曾写出过比这更好更公正的评价。穆勒赞同边沁的基本原则并称许他的方法。边沁使道德和政治学成为科学的。但是他的生活知识有限。"它整个说来是经验主义的，是一个没有什么经验的人的经验主义。"生活中较深层的东西并没有触及到他；心灵的一切较精细的工作及其环境他都视而不见。有意义的是，穆勒设想我们要想认识生活中这些更深刻更精细的方面，就一定不要求教于经验主义传统的其他著作家，而必须求教于另一个完全不同学派的思想家。他基本上不赞同后者对他们观点的系统阐述，不管是通过随便借助于直觉还是通过谢林或黑格尔精心制作的方法对这些观点进行辩护都是如此。我们从他们那里真正获得的东西是一些时隐时现的闪光，它们常常是一阵阵的并且总是不完满的，投射到他们的敌手根本看不到的真理的某些方面上。柯勒律治代表了这种思想类型。他没有边沁的伟大的建设才能；但是他对边沁视野未及的领域都有洞见，他还正确地意识到边沁几乎完全忽略了的东西，即历史传统的意义。

穆勒从柯勒律治的著作中，或从他同那些受到柯勒律治影响的较年轻人的交往中得到的那些观念，并没有引起他的哲学观点的任何基本变化，但是它们却使他眼界更开阔了。而且在他的几乎所有的书中，我们都能追溯出它们的影响。他似乎意识到使边沁其他追随者满意的那种分析是不完全的，而且他们不能解决甚至不能看到的困难依然存在。

穆勒的《逻辑学体系》1843 年出版，并且出了许多版都一售而空，其中一些版本，尤其是第三版（1850）和第八版（1872），通过加入新的主要是论战性的材料作了彻底的修订和补充。这部分内容在

他的书中很可能是最重要的。尽管霍布斯写出了专著，尽管洛克在 253
《人类理智论》第 3 卷中有许多启发性的讨论，较大的英国哲学家看
上去几乎共同忽略了逻辑理论。作为一项学术研究，它保持着它的地
位，但是却沿着传统的路线；人们假定亚里士多德已经说出了它的定
论，而且这些定论都被珍藏在经院的手册中。然而，英国思想正开始
从这个舞台上涌现。理查德·怀特利写了一本教科书《逻辑学原理》
（1826），这部教科书由于它的实践方法和现代的例证说明，给了这
种研究以重大促进，而且汉密尔顿的更全面的研究也已开始了。穆勒
并没有从他们那里学得很多东西，甚至没有学到任何东西。他自己要
来大力制造的是一个与经验主义哲学第一原理和谐一致的关于明证的
理论；而这是一个几乎未曾触及到的问题。他可能从洛克那里获得了
帮助；他承认杜格尔德·斯图尔特关于推理过程的分析对他的思想有
价值；他更加受惠于他同一帮朋友的讨论。他就这样制造出了他的关
于名辞、命题及三段论法的理论；于是这部书就被搁置起来达 5 年之
久。当他回转身来重新写作这部书，并进展到来分析那归纳过程时，
他不仅在约翰·赫谢尔爵士的《论自然哲学》（1830）中，而且在威
廉·休厄尔的《归纳科学史》（1837）中找到了要掌握的丰富材料。
他在他的归纳理论实质上完成以后，才开始读到孔德《实证哲学教
证》（1830）的头两卷，并从中受到了激发，获得了帮助。这些是对
他的著作的主要影响，列举出它们有助于明白显示出他的工作的独创
性。他的工作在逻辑学研究中是划时代的，不仅对英国哲学是如此，
在近代思想中也是如此。

　　穆勒《逻辑学》的名声主要是由于他对归纳证明的分析。他给经
验科学提供了一套公式和标准，陈腐的三段论公式曾经适合于从一般 254
原则出发的论证，这些公式和标准也可用于同样的目的。在他的著作
的这个部分，他从休厄尔那里得到了重要材料，虽然他在一般观点方
面与他很不相同，他还在赫谢尔的《论自然哲学研究》中发现他自己

的方法已被暗含地认识到了。然而，穆勒贡献的重要性和独创性也是不能否认的。他的分析比他的直接先驱所作出的任何分析都确切完整得多。他试图追溯出我们借以从关于特殊事实的陈述过渡到一般真理的诸步骤，并证明这种过渡的正当性，虽然他更加深信的是他对这个过程的心理学说明而不是他对它的有效性的逻辑证明。当他和在他之前的休谟一样，面对面地碰上这个认识的根本问题时，他并没有显示出休谟的思想明晰性。

穆勒的著作不只是一种在英国变得通常习用的那个术语的有限意义上的逻辑。它还是洛克和休谟尝试过的那种认识论。整个说来由于它明确涉及证明或明证问题而变得更加精确了；但是这个问题乃是休谟的问题的再次出现。知识的终究因素是主观的东西——意识的感觉或状态，但是知识却有客观的有效性。这些因素是各自分开的，虽然联想律使它们结合成组，甚至可以把它们融合成不可分割的整体，但是知识却是依并非联想律的次序进行联合和区别的。因此，认识论就必须解释，我们的思想，尤其是我们称为"证明"的那种从一个论断到另一个论断的过渡的思想，如何对客观实在有效，而且，要在这样做时，还必须给予在这些过渡中所设定的普遍原则以一个站得住脚的说明。在穆勒这里，亦如在休谟那里一样，要做到这一点就得假定经

255 验的直接对象是某种本身为精神性的东西，而且也不存在任何决定对象的联系的先天原则。在他的名辞和命题的学说中，穆勒强调了知识的客观所指，尽管他不能说是迎接了，或者甚至充分地认识到了把这种观点同他的心理学分析相调和的困难。他更多地直接面对的是知识中的普遍因素问题。他坚决主张，归根到底，证明永远是从特殊到特殊。在三段论中作为大前提的一般命题只是对许许多多特殊观察材料的一种速记，它使得向结论的过渡容易进行并加以检验。思想中涉及的所有一般原则，甚至数学公理，都被看作是以这种方式从经验中得到的；所以对它们的普遍有效性的断言是存在着来证明其有正当理由

的必要的。

　　在归纳中，主要的推理是达到新的特殊，而不是达到一般的陈述或规律。在这里他面对着他的理论的关节点。归纳，依照他的解释，是以因果原则为基础的。穆勒遵从休谟对原因所作的分析。休谟学说的刺人之处在于它的主观性，即把因果关系归结为一种心理习惯。穆勒并没有成功地拔掉这根刺；他只能对它置之不理。原因和结果的关系始终都被他看成是某种客观的东西：实际上不是看成包含着具有能力性质的任何东西，而是看成表示现象连续中的某种恒常性（他并无保证地把它说成是不变的）。他毫不犹豫地把它说成是事件的客观特性，但是却从未研究过它的客观根据。依照穆勒的看法，只有当我们能够在现象间发现一种因果联系时，达到一般规律或达到新的经验殊例的严格的归纳推理才有可能。但是，普遍的因果律，依他的观点，本身乃是一个来自许多殊例的推断。因此，它是由归纳推理建立起来的，然而与此同时，一切归纳推理又都依赖于它。穆勒试图消除这种矛盾，主张这条一般真理，即因果律实际上本身是通过归纳达到的，但却是通过归纳的一种较弱的形式即被称为简单枚举（*per enumerationem simplicem*）的形式达到的，在这种形式中因果律本身并没有被假定。仅仅这样一种事实的一览表，如果不深入到它们联系的原则，在通常情况下，是证明不了能够依仗的推理的正当性的。但是，穆勒认为在这种情况下支持它的种种经验，新的经验对它的恒常证实以及若存在有例外则这种例外总会显露出来的或然性，都证明了我们相信它为一切自然律的根据是正当的。他并没有认识到这些信念的根据（不管它们的价值如何）全都假定了他正在努力证明其正当的那种齐一性作为设定的先决条件。

　　后来，他在其《威廉·汉密尔顿爵士的哲学及其著作中讨论的主要哲学问题之考察》一书中对他的哲学观点，尤其是从心理学着眼作了更加全面的讨论。这部著作是 1685 年发表的；而且，这位作者按

照他的习惯用对他的批评的答复在后来的版本中极大地扩充了它。在
这件事上批评特别多。这部书集中了那个时期属于直觉主义和经验主
义这两个对立学派全部论战的精力；而且尽管具有论战的特征，它还
是成了休谟已画下轮廓的那种心理哲学的主要教科书。它是一部显示
穆勒处于最成熟阶段的种种能力的著作。他严厉地批评了他打算考察
的理论；但是他也注意到了他自己观点的棘手之处。在印有他的手迹
的许多学说中，在这部书出版的年代，没有一个比他的外界与自我学
257 说引起更大的注意，或者说具有更大的持久的重要性。他对这些题目
的看法，没有什么根本上创新的东西；但是，他对这两个方面的讨论
说明了他有能力比他的前辈更深刻地看到事实的意义，也说明了他在
记载他的所见方面坦白诚恳，然而对进行那种可能使他定然会陷于传
统路线的另一方的研究也带有某种厌烦情绪。穆勒的学说本质上是休
谟的思想，至于外部世界的学说，他宁可称之为贝克莱主义的；而且
在这里，他是物质是"感觉的恒久可能性"这一提法的发明者。这个
提法十分醒目，且大有用处；但是，感觉的可能性并不就是感觉，而
且他认为感觉的可能性所有的那种恒久性蕴含着一种客观的秩序，这
样，物质之被归结为感觉，口头上似乎得到了确认，其实却被暗地里
放弃了。心灵也被以某种类似的方式归结为一系列感觉或意识状态的
相继。但是，记忆这个事实证明是他自己的路上的一块绊脚石；他不
能够解释一相继系列感觉怎么会意识到它本身是一个相继系列；而且
他还暗含地承认需要一个统一原则。这样，他几乎放弃了他自己的理
论，而只是回头求助于下面这种说法来避免明确地这样做，这说法就
是，这里我们碰到了最终的不可解释性了，终极问题总是消没于其
中的。

　　尽管在穆勒的心里伦理学的兴趣占有突出的地位，尽管在他的其
他著作中也有许多伦理学的讨论，但他对伦理理论基本问题的唯一贡
献是他的一小册《功利主义》，它是 1861 年在《弗雷泽的杂志》上

首次发表的，而随后又于 1863 年以一本书的形式重印。或许他认为
边沁主义的基本观点十分可靠而无需费力详究。他所奉献的是精心设
想精心写出的对功利主义伦理学的一个辩护，他自己对边沁人生学说
的修改也在其中进行论述。他认为他对这个学说如对任何别的学说一
样感到满意，而且就它自己的本性而言，它既不是利己的也不是一种
重感官享受的理论。它之不是利己的，是因为它把一切人的快乐看作
是同等重要的；它之不是重感官享受的，是因为它承认理智艺术和社
会的快乐与感官快乐相较具有更高的价值。但是穆勒没有能试图在伦
理学说中关联到普遍性的主张和他的心理学使他对个人行为作出的利
己主义分析之间建立起一种逻辑联系。而且，他还十分坚决地强调一
般称之为"更高级"快乐的"优越性"，以致他主张，光是作为快
乐，它们就在种类上优越于感官快乐，而不问在量上是否超过后者。
他这样做，便从根上打击了快乐论，因为他使价值的最后标准不在快
乐本身，而在于那种使一种快乐优越于另一种快乐的特性（不管它最
终可能显出是什么）。

　　穆勒的社会政治著作，除几篇随笔外，由下面几篇短论组成：
《论代议制政府》（1860），《议会改革之思考》（1859），《论自由》
（1859），《论妇女之受压制》（1869），《论政治经济学若干未定问
题》（1831，1834）和《政治经济学原理》（1848）。论述这些题目
所用的方法在他《逻辑学》关于"道德科学的逻辑学"的各章中已
经讨论过了。他寻求处于纯粹经验方法和演绎方法之间的一种"中
道"。如他父亲所应用的那种演绎方法是模仿几何学推理的，几何学
并不是一门关于因果关系的科学。政治学的方法，如果它要是演绎
的，就必须属于不同的类型，而（他认为）将和数学的物理学所使用
的方法一样。动力学是一门演绎的科学，因为力的组合律是有效的；
同样，政治学也是一门演绎的科学，因为它涉及的原因是遵照这个规
律的，这规律就是：这些原因的结果，当结合在一起时，便和同样的

原因当其分别起作用时所产生的诸结果的总和一样，这是一个引人注目而未加证明的假设。和他的前辈一样，穆勒假定一些力决定着人的行为：尤其是自私自利和心理联想。他从它们的作用推演出政治和社会结论。他并没有背离他所交接的人们所赞同的诸项原则。或许，他也没有给这些原则添加很多。但是，他比别人都更清楚地看到了它们的局限性，看到了经济理论的假设性质，看到了民主政府可能表现出与个人自由和公共福利事业对抗的危险。为了防范这些危险，他对代议制度提出了一些修正意见。但是他的同代人，甚至他的后继者，虽然一般地具有同样的思想方式，但却都长期地把这些危险看作是虚构的，而他用来去除这些危险的建议也被置之不理。《论自由》，在他所有著作中最流行，是对下面这个论题的有力辩护，这论题就是："人类，不论是个别地还是集体地，在与他们一帮中的任何成员的行动自由相冲突时，有正当理由追求的唯一目标就是自我保护"；但是，作为一个论证，它到处都碰到一个困难，这就是如何决定在自利活动和社会活动（甚至直接社会活动）之间借以作出区别的那个确切之点。詹姆斯·斐兹詹姆斯·斯蒂芬爵士，接受了穆勒的功利主义标准，在《自由、平等、博爱》（1873）中以虽说并不同情却才华横溢深刻透彻的批评之火横烧了他的观点。

　　穆勒的《政治经济学》被各式各样地看作是改进了的亚当·斯密，看作是通俗化了的李嘉图。或许后面一个说法更加中肯。它的主要学说如果不是完全无异于李嘉图的话，也区别甚微；例如"工资基金"理论就是完全以李嘉图的精神系统阐述出来的，虽然这个理论后来由于威廉·托马斯·桑顿批评所致为穆勒放弃或修正。但是，这部著作有一种处理方式上的宽广气魄有时使人想起亚当·斯密：经济理论的假设性质没有被忽略，而且"应用于社会哲学"也被考虑到了。尽管穆勒信奉"自由放任"准则，他还是承认改变分配制度的可能性，而且，关于这种制度，他也表现出社会主义理想的倾向，这种倾向随着他生活的进展而变得更加强烈。他对经济学的井井有条详尽透彻的叙述使他这部著作成了不只一代人的教科书，极大地决定了他自己及随后一个时期的大部分著作的范围，即使独立思想家们写作的那些著作也是如此。

穆勒 1873 年死于阿维尼翁。在他死后发表了他的《自传》（1873）和《论宗教三篇：自然，宗教的效用，有神论》（1874）。这些论文写于 1850 年与 1870 年间，包括了这位作者对终极问题的最后思考。他所受的教育，是相信对终极问题的思考枉费心机；* 他在其著作中始终持后人所谓不可知论的态度，而他却乐意用孔德的术语实证主义来称呼它；他还一般地接受了孔德关于这个问题的学说，虽然他总是割断他自己同后者政治社会理论的关系。但是，甚至在他的《奥古斯特·孔德与实证主义》（1865）这本书中，他在接受事物的本质特性和终极原因不可理解这样一种观点的同时，还认为"这种实证的思想方式并不必然地否认超自然的东西"，而只是把它抛回到科学范围之外去。他死后发表的论文表明了更进一步的发展。在那篇论自然（《论丛》中最早一篇）的论文中，他详细研究了宇宙秩序的不完满性，说明它不可能是一个具有无限的善和能力的存在者的创造物；在这卷的最后一篇论文中，他探讨了一种试探性的有局限性的形式的有神论——关于存在着一个有限上帝的学说。

穆勒的影响不止一代支配着哲学和政治思想各个领域；他富于开拓精神，为他的信徒也为他的对手提出问题；而且他的著作也成了大学教科书。这在政治学、经济学、伦理学、心理和逻辑学方面都是如此，对他的影响的一个值得注意的反响在威廉·斯坦利·杰文斯的作

---

* 据说其父亲曾教导约翰·穆勒说，"谁创造我"，无从答复，因为我们既没有这样的经验，也没有确实的证据。推而广之，"是谁创造了上帝？"也是如此。

品中显示出来了，杰文斯先是曼彻斯特大学、后是伦敦大学的教授，他的经济学和逻辑学著作以提出有创见的重要观念而著名。他在《政治经济学理论》（1871）中，提出了最后（或临界）效用的概念，这个概念后来在对这个题目的分析和数学处理中被极大地发展了。在逻辑学方面，他在《纯粹逻辑学》（1864）和《类似者的置换》（1869）中为数学处理打下了基础，他在《科学原理》（1874）中，又充分地阐述了他的科学推论理论，这种理论完全背离了穆勒详述的归纳观念。随着时间的推移，杰文斯越来越对穆勒经验主义哲学的基础采取批判态度，他在投稿给《心灵》杂志的讨论中，严厉地抨击了这种哲学基础。

　　希腊历史学家，穆勒年长的同代人和早期同事乔治·格罗特，在这里值得一提，这不仅是由于他的论柏拉图和亚里士多德哲学的著作，而且也是由于他关于伦理学的某些独立的文章，这些文章在《伦理学问题片论》（1876）题目下合在一起发表。他对穆勒的近乎与传统功利主义正相反对的思想模式不表同情。在这方面，他倒是与亚历山大·贝恩的意见一致，贝恩是阿伯丁大学教授，一位在哲学方面重要得多的著作家。他比穆勒年轻，也活得长些；他在他的一些著作中，尤其是在《逻辑学》中帮助了他；他自己也写了许多著作；但是，他的卓越却在于心理学，他对心理学的主要贡献是下面两部精心写作的书：《感觉与理智》（1855）及《情感与意志》（1859）。詹姆斯·穆勒和约翰·斯图尔特·穆勒的心理学主要地源自哈特利；但是，这是作为被普里斯特利删削过的哈特利，他没有考虑哈特利的生理学。贝恩恢复了心理学中的生理学因素，不过他不是采取哈特利的相当思辨的方式，而是在能有助于阐明心理过程时便引进神经和肌肉方面的事实。凡是心理过程本身模糊或有困难时便采用这办法。其结果有时是混乱的，因为它混淆了两种不同层次的科学概念。但是，贝恩极其广泛地论述了观念联想原理；或许他还说了支持这条原理作为对心灵的终极解释所能说的最后一言。他的视野可能狭窄，但是他对其视野内的一切东西都明察秋毫。他坚持对事实进行研究，敏锐地考察它们，他没有任何幻觉，只除了心灵是借联想律联系在一起的一束感觉这个大幻觉。注意到这位眼光锐敏又缺乏想象力的著作家如何搜集到一些暗示了后来变得著名的不同于他自己的学说的观察材料，是很有趣的。他对自发运动的观察及其固定观念的学说打击了他所坚持的对意志的分析的根基，而且还可能自然而然地导致把心灵看作本质上是能动的，而不只是感觉组合的看法。他还提出了一种对信仰的新分析（虽然随后他就收回了这分析），这种分析把信仰分析成准备行动；而且在这里，他思想里潜在的"能动主义"如果加以发挥的话，就可能导致具有实用主义性质的一类东西。

通观大体，伦敦大学学院教授乔治·克鲁姆·罗伯逊是同情穆勒思想学派的，然而这种同情却为对别的发展，就中包括对新近哲学的发展宽泛的知识和赞赏所冲淡。他写过几篇文章，写了一部值得称道的论霍布斯专著（1886），但境遇使他不能写作除此以外的许多著作。他之留在人们心里，不仅是由于这些，以及他的讲演，这些讲演中的一些已经发表（1896），而且也由于他在《心灵》杂志存在的头16年间作为它的编辑的谙练而卓有成就的工作。《心灵》是英国第一个专门心理学和哲学杂志，它于1876年创刊，在不列颠哲学史上是一座里程碑。

在穆勒的时代及随后一个时期对孔德的实证哲学有一个虽然不甚普遍却很活跃的宣传。阿丽雅特·马蒂诺1853年发表了一个孔德《实证哲学》的值得称道的节译本，这大大地推进了对孔德体系的研究。在英国，教授实证学说的主要是一批曾为牛津同代校友的著作家。但是，在他们中间，就突出孔德关于"人道教"的说教问题也出现了严重分歧。他们的活动表现在关于孔德著作的讲演和大量翻译上。《实证宗教教义问题手册》是理查德·康格里夫 1858 年翻译的；《孔德实证主义撮要》由约翰·亨利·布里奇斯 1865 年译出；而《实证政体体系》，由布里奇斯和弗利德里克·哈里森 1875 年译出。他们自己的著作也受到实证精神的影响，即使他们对其哲学根据的辩护并没有添加很多东西。在《孔德生平与学说的一致》（1866）中，布里奇斯答复了约翰·斯图尔特·穆勒的批评。他还于 1882 年发表了《论实证宗教五篇》；而他的《论文和演讲集》（1907）是在他死后收集出版的。

264

Ⅳ. 理性的和宗教的哲学家

　　尽管穆勒的声望使他那个时代的其他哲学家们黯然失色，但还是有许多同代著作家，他们不只是他的追随者或批评者，而是独立的思想家。其中值得注意的有约翰·格罗特，他是前面提到的希腊历史学家乔治·格罗特的弟弟，从 1855 年到 1866 年主持剑桥大学的道德哲学讲座。格罗特自己只出版了一卷哲学书《哲学探究》第一部分（1865）。在他死后，据他的手稿汇编出版了 3 本书：1870 年出版了《功利主义哲学之考察》，1876 年出版了《论道德理想》，1900 年出版了《哲学探究》第二部分。它们确如这位著作家自己在第一部书的扉页上所云，全是"未经润饰加工的笔记"。它们在文学作品中并无任何地位。格罗特思考和写作纯粹是为了掌握事物的真理，毫无哗众取宠之意。有一个"对思想的信念"鼓舞着他，这就是"他觉得事物是值得思索的，思想是值得用力的"。① 他并不追求作为哲学著作家的名誉，他也不曾得到这个名誉。他的直接影响限于少数几个其他思想家，通过他们传达到一个较广大的范围而对其起源并未作任何明

---

① 《哲学探究》，第一部分，第 XXXV 页。

确的追溯，他的书满篇都是对同代著作家的批评。但是，这些批评没有一个是纯粹破坏性的，它的目标总在于从一种全面的综合着眼阐明别人意见中真理的核心。这常常导致萌生一些重要学说，这些学说如果不是全新的话，也是以一种新眼光提出来的。这方面的例证之一就是他整个"感觉或知识等级"的学说，尤其是对两种知识，或者毋宁说是对知识的两重过程之区别的精心阐述和运用，他把这种区别公式化为知晓一个东西与认识一个东西之间的区别。他在试图指出现象主义或实证主义的适当价值的同时，坚决主张一种更加完全的"理性主义的"或"理想主义的"观点，这种观点承认实证主义是"从完全的知识观中得出的一种抽象"。① 同样，在他的道德哲学中，有一门关于美德或"道德说教"的科学与"幸福学"，或关于幸福的科学并存着。他的理论基本上是这样一种关于思想的学说，即"我们认识这个事实先于我们认识的东西存在着那个事实，并且比后者逻辑上包容更广"。事物要被认识，就须是可认识的，或者说它必须适合于认识。"知识是理智与理智的同感，这种同感是通过有限制的或特殊的存在这一中介实现的"。②

　　有三个人同出生在 1805 年，他们的工作鼓舞和推进了英国宗教哲学。这三个人是莫里斯、纽曼和马蒂诺。弗雷德里克·丹尼森·莫里斯早在 1866 年继格罗特之后成为剑桥大学教授之时，其背后就已经有了一份教士职业。在他的众多著作中，只有几本涉及哲学；而这几本中最重要者《道德的与形而上学哲学》原初发表在 1847 年的《都会百科全书》（*Encyclopaedia Metropolitana*）上，而且主要是关于古代思想的一个历史梗概。莫里斯的影响主要地是由于他的人格而不是他的书；而且他与其说是一位哲学家还毋宁说是一位社会改革家和

---

① 《哲学探究》，第二部分，第 298 页。
② 同上书，第二部分，第 296 页。

265

宗教教师。但是他在社会改革和在宗教这两个方面的工作都从哲学观念中得到鼓舞和指导。约翰·亨利·纽曼也很少具有哲学家的气质，虽然他的《认同入门》提出了一种关于信仰的性质和根据的理论。然而，更有意义的是在纽曼的著作中出现了发展观念，它即将开始改造一切思想部门。他的思想，是从对过去存在着的固定信仰规范的准机械观点开始的；但是他（在他 1846 年发表的《论基督宗教学说的发展》中）用视教会为一有机体的观点取代了这种观点，认为教会的生活和学说处于生长过程中。在大约和纽曼同时加入罗马教会的人中唯一的哲学家是威廉·乔治·沃德，沃德以各式各样的文章就自由意志和必然真理问题同穆勒进行论战。由他写的这些和其他一些文章在他死后汇编成册，作为《有神论哲学论丛》　（1884）出版。

　　就哲学方面看，比莫里斯和纽曼重要得多的是詹姆斯·马蒂诺。他的哲学本质上也是宗教哲学；个人自由及上帝的存在和在场是他的基本的无可怀疑的事实，他在其漫漫一生期间所写的许多著作中都为这些作辩护。他早期的著作主要地是宗教的而不是哲学的。虽然，他在一系列论文中，也显示了他作为一个对唯物主义和自然主义的批评者的才能，而且还提出了一个伦理观点的纲要，他后来对它详细作了阐述。当他的主要著作问世时，他已 80 高龄或 80 开外了，这些著作是《伦理学理论诸类型》（1885），《宗教研究》（1888），《宗教中权威的地位》（1890）。这几本书中的第一本是最值得注意的，它锻造了他以前曾指出过的那种道德标准的新观点。它在内容编排上有缺陷，在道德评价中不适当地突出了心理因素，而且心理分析也不尽完善。从总体上看，它不能给读者以极深的印象。但是，如果从细节上看，就会看出它充满了深刻的批评，且受到对精神生活洞见的启迪。时代烙印只有在它的有缺陷的编排中而且或许只有在它的散漫枝节中才找得出来；其文体却毫无令人生厌之感，它光彩照人，明白流畅，

深刻有力，有时华丽铺张，且带有感情色彩，却从未失去他的主题的
庄重。马蒂诺在思辨构建方面没有取得任何重大进展；他并不赞同那
种甚至在他的书出版前就在英国崭露头角的唯心主义形而上学；他所
解释和辩护的观念是那些许多世纪的精神思想中已特别突出的观念。
另一方面，他在他的批评里并没有使自己局限于唯物主义和感觉主义
学说的陈旧形式；他即时地认识到了新近科学观点所造成的不同之
处，而且他也不乏能力和效能来对付进化哲学的主张。

V. 赫伯特·斯宾塞和进化哲学

1859 年达尔文《物种起源》的发表标志着思想史的一个转折点。
它对受过教育的人们所持的那种世界观产生了革命性的影响，这与三
个世纪以前哥白尼的著作所较慢地产生的影响很相像；它对哲学观念
的影响或许与主要归因于伽利略的机械论的影响相比更加贴切。后者
给哲学提供了自然是一机械体系的概念；达尔文提供了进化概念，而
且主要地由于他的影响，生物学观念在哲学构造中赢得了较之数学观
念更加突出的显著地位。

这一新的哲学运动的公认领袖是赫伯特·斯宾塞。他 1820 年 4
月 27 日生于德比郡，而他早年受的是当工程师的训练。* 他 25 岁时
放弃了这个职业。他先在 1842 年给《不信奉国教》杂志写了一系列
关于"政府正当范围"的稿件，尔后从 1848 年到 1853 年，担任
《经济学家》副主编。在这些年内，他写了《社会静力学》（1850）
一书，并着手在各种评论杂志上发表较长的论文，其中应提到的有

---

* 他从 1837 年秋到 1841 年 4 月，曾担任铁路工程师，负责绘制图表、检验机器
功率等工作。这期间，曾结合工作阅读了查尔斯·莱尔的《地质学原理》，其中的进
化论思想给他留下了深刻印象。此后，1844 年到 1846 年，他又重新担任铁路工程师
工作。

《演进假说》（1852），《科学起源》（1854），《论进步：其规律和原因》（1857）。他还在 1855 年发表了一卷本的《心理学原理》。他的论著甚至通过其题目就表明，在他对达尔文的研究没有任何了解之前（达尔文的研究成果那时尚未发表），他就在致力锻造进化论了。然后，在 1860 年，他出版了他的"综合哲学体系纲要"，他已经为之工作了一段时间，而且他毕生都在精心经营这个体系。对于他一心一意地实现他的使命，是怎样评价也不可能过高的，尽管其中也有诸多内在与外在的困难。他既不匆忙也不休息地持续工作，1862 年出版了《第一原理》，1864—1867 年出版了《生物学原理》（两卷），1870—1872 年出版了《心理学原理》（两卷），1872—1896 年出版了《社会学原理》（三卷），1879—1892 年出版了《伦理学原理》（两卷）。除去这些以外，他还绘制了一系列《描述社会学》图表，这些图表由他的助手汇编在一起，一直到这项工作由于缺乏资金而中断为止。他还出版了一些较小的著作：《论教育》（1861），《科学分类》（1864），《社会学研究》*（1872）；《人与国家》（1884），以及《生物进化要素》（1887）。他的坚毅就这样使他能够完成他的计划，事实上，只除了他漏掉了对无机体进化的细节描述，但他却因此而得到了避开生命起源这个棘手问题的意外好处。他还出版了数目可观的辅助性著作，其中包括一部《自传》（在他去世后一年，即 1904 年出版），包含着对他的生活、性格和工作详尽细腻的描述。

　　斯宾塞的哲学观念是个完全地协调的知识体系，而科学则是由部分地协调的知识组成的。在这个意义上，他的体系是综合的。它是一个体系，一切东西都能在其中找到其位置，都应看成是从唯一原则得

---

　　* 斯宾塞为社会学创始人之一。《社会学研究》和《社会学原理》、《社会静力学》是他的主要社会学著作。其中《社会学研究》，早在 1902 年就为严复译成中文，书名曰《群学肄言》，在中国知识界产生了广泛影响。

出的结果。他对这个体系的精心制作接近于完全，而且在这个方面，269
他的系统是自身独立站得住的：自培根和霍布斯以来还不曾有另一位
英国思想家试过要建立如此博大的体系。这个系统本身也正好与早期
达尔文主义者的科学概念非常合拍，因此在所有英语国家，甚至较少
范围内在欧洲大陆都得到广泛传播。达尔文欢呼推崇他为"我们的伟
大哲学家"，因为他使进化成为一种普遍的解决办法，而不只是一种
用来解释植物和动物不同形式之工具。同时，斯宾塞的哲学从近代科
学得到的支持看来也给了它一种比那些英国人思想对之存有疑虑的思
辨体系更加可靠的地位。

　　视哲学为进一步作了协调的科学的观点把斯宾塞的学说带进了实
证主义的路线。然而，他并没有对终极实在的本性问题完全置之不
理。或许他对这类问题兴趣不大，而且他对这些问题的先前思考确实
了解甚少。但是他在使流行学说适合他的用处方面却十分谙练；而且
他在汉密尔顿和曼塞尔所阐述的知识相对性学说中也找到了他所需要
的东西。他的知识界限学说就是以这一点为基础的。但是，如同别人
所发现的那样，他也发现必须承认有某种东西处于精确知识领域之
外。汉密尔顿称之为信仰领域；斯宾塞说我们对他所谓不可知者具有
一种不明确的意识。至于这种意识的性质，他没有作出解释；然而他
也没有把这种意识的对象如人们会期望的那样，看作只是一个空白；
它被说成是"渐渐明白起来的"；他经常把这种不可知的东西作为一
种能力，甚至宣称它有利于人类幸福。这些自身不一致处弱化了他下
面这个悖论，即宗教和科学能够藉把可知者领域指派给后者并限制前270
者于不可知者领域而加以调和。依他的观点，我们所认识的一切都由
现象背后不可测度的能力的表现形式组成；而这些表现形式最终都依
靠着唯一的第一原理——力的恒久性。斯宾塞对这条原理的解释有些
灵活，数学家和物理学家抨击它不精确不科学。然而斯宾塞却认为，
一切别的原理，甚至连进化论本身都必须由它推演出来。他提供了一

个进化"公式",毋宁说是进化定义。他把进化定义为"物质的合成整体与伴之而来的运动的分散;在这个过程中,物质由不确定的、离散的同质状态进到确定的、凝聚的异质状态;而且在这个过程中,被保留的运动也发生了平行的转化。"无论什么种类的一切现象都受这条规律支配。它始终被设想为一条进化规律,将造成一种最高状态,建立起"至极的多样性和最完全的动态平衡"。但是,这个阶段也是不会恒久的;而斯宾塞还视宇宙的历史为周而复始的循环——"进化阶段和解体阶段的轮番交替"。

　　斯宾塞在使有机体的、心理的和社会的诸因素适合于这种机械框架方面大显其才能。他早年作为一名工程师的训练似乎影响了他的观念。他营建一个体系,就如他营建一座桥梁那样。这是个材料的品种素质和改造适应问题。这样来看,整个问题是机械论的,必须从物质和运动着眼来作出解释。他的目的,如他所云,在于"从物质、运动和力着眼来解释生命、心理和社会现象"。因此,生命、心理和社会被看作是在同类现象中复杂性渐次增加的诸阶段,而且在依照这种办法的范围内,每一阶段的特殊功能也还没有得到解释。但是,这种处理方法由另外一种作补充,在后一种方法中更加直接地涉及事实。这在心理学中尤其可见,在心理学中,"主观的方面"之得到认识只是由于一种试图从客观方面推导出它的暗示。斯宾塞是锐敏的观察者,并且勤于对他所观察的进行思索。使诸多事实协调的能力在他的《心理学》和《社会学》中或许可以最充分地见到。他的概括可能常常是不健全的;但是,如果我们把这些著作先与前此的又与尔后的同一个题目的论著比较一下,那就不可能否认它们给了思想以伟大促进。

　　斯宾塞本人最看重他的伦理学著作,他说,他的一切别的著作都通向伦理学,这使他打破适当程序在他的《社会学》完成前就出版了伦理学第一部分,这部分叫作《伦理学资料》。第一部分在作为最后成型的这部书中无疑是最有教益的部分。道德事实被看作是与在前面几卷所涉及的事实属于同一进化等级，只是更加专门些和复杂些；充分地考察了它们的生物学、社会学和心理学方面；利己主义和利他主义的各自权利都得到了辩护；而进化论的伦理学之区别于功利主义的伦理学并不是由于除幸福外还具有某个其他最终目的而是由于它具有不同的方法和工作标准。这位作者失足之处在于没有对他的进化趋于最大幸福的假定作出任何恰当证明，而这却正是他的伦理理论所依赖的假定。而且他像一切追随着他的进化伦理学的解释者一样，并没有明白地在进化规律所解释的历史过程与它对行为的权威（如果要求它有这样一种权威的话）的根据之间作出区别。他在其所谓"绝对伦理学"中找到了正确行为的标准，所谓"绝对伦理学"，他是指对在充分发展了的环境中的充分发展了的人的行为的一种描述。在这种状态 272 中将会有个人与其环境间的完全适应；以致即使活动依然可能，对较好或较坏的抉择将不复存在。绝对伦理学体系是在这部著作的后续部分中提出来的。事实上，到最后，这位作者欣然承认进化并没有帮助他达到他所预期的地步。

在斯宾塞的伦理著作中，而更多的是在他的政治著作中，我们见到了他所提出的个人的最高价值，以及他所承认的国家或别的组织起来的个人共同体的非常有限的职能。或许，这一点并不容易与像他以其他方式阐述的进化学说协调一致。但是，在他的思想中有两件似乎比进化本身更加根本的东西。其中之一已经作为可以说成是机械论的一组观念提到过，这组观念展现在他整个结构的基础里和设计里。另一件就是他的强烈的个人主义倾向。如果前者似乎可以同他作为一个工程师的训练相联系的话，那么后者的起源则更加追溯到在曾经哺育了他的自由主义圈子里流行的学说。他在他的思想似乎已受到进化概念的吸引之前，就写作了许多篇政治论文和一部政治学专著（《社会静力学》）；而且尽管他后来在某些方面修正了这部专著的学说，但它的主要观念，它的精神还是表现为他最后政治理论著作的特征。他把它们纳入进化论的范围这一点，显示出来的毋宁是他的机智才能而非洞察力；但是，尽管有很多批评，他还是坚定不移地坚持他曾称为"行政虚无主义"的这种学说。

273　　没有任何一个别的著作家比得上斯宾塞的企图重建人类思想整个领域。但是，他的许多同代人在他之先或继他之后把新的进化学说应用到生命、心理和社会问题上去。这些人中有些是科学家，他们感到他们手里已经获得了开拓其新领域的工具；另外一些人则主要对道德和政治问题，或对一般哲学感兴趣，进化论似乎给他们提供了解决古老困难问题的钥匙与实在统一性的新观念。达尔文本人，虽然他从未以哲学家自居，却意识到了他的研究对人类整个宇宙观产生的革命性影响；更加重要的是，他在其《人类遗传》中，也在其后来的一册《情绪的表达》中，作了大量精明的有启发性的道德和心理学方面的观察。但是，他的贡献对于他的生物学工作来说只是附带的。其他一些在他所创始的理智影响下写作的人们则更直接地关心哲学问题。

　　在这些著作家中，占首位的可能要算乔治·亨利·刘易斯，尽管他在早期著作中受到的是孔德的影响，而不是达尔文的影响。刘易斯是一位了不起的多才多艺的文人，他既是一位论说文作家、小说家、传记作家，又是一位大众科学的阐述者。这种多才多艺也给他的哲学工作打上了烙印。他发表哲学著作是从《哲学传记体史》（1845—1846）开始的，这是对一个广泛领域作出概观的浅尝辄止不太确切的尝试；而且显然打算表明这块"田地"并不值得耕耘；然而这部著作的后来版本不仅极大地扩充了它的范围，消除了许多瑕疵，而且还表明了作者具有鉴赏除了他由以出发的观点之外的其他一些观点的能力。在一段间隔之后，他写了《孔德的科学哲学》（1853），以及《亚里士多德：科学史上的一章》（1864）这两部书。但是，刘易斯长期忙于一项更富于建设性创造性的研究，这种研究部分地属于哲学，274部分地属于科学，他的研究成果到 1818 年去世时尚未完全发表。这些成果包含在《生命和心灵问题》中，其头两卷，题为《信念的基础》，1874—1875 年问世，而第 5 卷和最后一卷则是在 1879 年发表的。

在这部著作中，作者已经从他的早期孔德主义前进了很远，而且这部著作在许多方面都显示了他比斯宾塞对哲学问题理解得充分；斯宾塞的思想史知识是有限的和粗略的，而且他对其他哲学家的批评几乎总是外在的（在这个词的最坏意义上）。但是刘易斯不仅通过对生理学和有关科学部门的创造性研究，而且通过对近代哲学大量的同情的研究使自己胜任著述。他因此能够对那些把他们的理智研究预先局限于某个范围的读者之外的其他读者有吸引力。他把处于可能经验之外的东西作为"超验的"予以摈弃；但是他并没有像斯宾塞那样，喜好从不可知的东西中取得慰藉。他认为，形而上学作为最高概括的科学，或作为最抽象因果律的汇编，有其存在的余地，而且他还试图通过把它归结为一种科学方法来改造它。为了实现这个目标，他依靠并且阐明了在直接经验或"感觉"与用以编纂它的符号或概念结构之间的区别。他还批评了当时流行的对有机过程的机械解释，主张感受性是神经实体所内在固有的性质。他还是最早强调社会因素在心理发展中的重要意义，且展示了它如何起作用的人物之一。他为"一般心灵"的概念进行辩护，认为它不是作为对一个分离独立的实体的表述，而是作为一个符号；而且对他来说，个别心灵也是一个符号。他所处理的问题部分地是一般的，即探究知识、真理和确实性，部分地275是心灵物理学和心理学的。他的《生命问题》表明了对能动心灵的持久而热切的思索。多年的五花八门的作品都在其中作了压缩或扩充。但是这种压缩作得是否充分是大可怀疑的。有许多重复，而且几乎没有一个中心论证；各别的讨论常常有重要意义，有启发性；但是关于主体和客体的根本主张似乎并没有得到充分的辩护，甚至表述得也不明晰。刘易斯比斯宾塞有更多的哲学洞见，但是他没有后者营造体系的才华。

托马斯·亨利·赫胥黎，是著名的动物学家和达尔文主义的拥护者，屡屡涉及哲学问题，而且每每富于成效。他从青年时起，就不太系统地研究了哲学问题；他能够在任何讨论中单刀直入抓住要点；如果以一种文学标准加以评判的话，他是一位写作说明文和论说文的大师。除了他的专门科学工作之外，他通过其关于科学、哲学、宗教和政治学的许多演讲和论著对英国思想产生了重大影响。他的与此相关的最重要的论文有《生命的物理基础》（1868），《论动物乃自动机器假说》（1874），以及一部论休谟的专著（1879）与罗马尼斯讲座《伦理学和进化论》（1893）。赫胥黎被认为是发明了"不可知论"这个名辞来描述他的哲学观点的：它表达了他对某些传统问题的态度，而对可知东西的领域并没有提供任何明确的界限。他把意识看作是一些物理原因的附随的结果，并且只能是结果而永远不可能也是原因。但是在另一方面，他又认为，物质只是一个符号，一切物理现象都能被分析成意识状态。这就使心理事实处于一种非常奇特的地位，即它276 是最终仅为一心理事实的符号的某种东西的附随结果；而他对这种矛盾就听之任之，不予置理。他对伦理学的贡献更加卓著。在一篇题为"科学与道德"（1888）的论文中，他断定道德的保障在于"真实生动地相信固定的自然秩序会使社会随着道德败坏遭到瓦解"。他的罗马尼斯讲演展现出一种不同的论调。其中，道德秩序与宇宙秩序恰成对照：进化表现为恒常的斗争；他不是指望以生存斗争理论为道德指南，而是"排斥这种理论"。他看到历史进程的事实并不构成道德行为的正当有效性；而且他以明白的语言迫使别人看到这一真理。但是他夸大了它们之间的对立，而没有给道德观念作为历史进程中的一种因素的影响留下任何余地。

另一个科学家威廉·金登·克利福德，是伦敦大学数学教授，在一些临时性论文中涉及了认识论、伦理学和宗教的一些中心问题。他的这些论文旨在根据新的科学解释生命。在他所写的所有论文中既有勇气又有洞见，并且是以才华横溢的文笔表达出来的。但是他的工作由于他在 1879 年的早死而猝然中断，而且他对哲学的贡献也仅只是些暗示而已。

很自然，具有哲学倾向的科学家当属于最早作出进化论更加一般结论的人物之列。但是这种理论可能包括广泛领域是相当明显的，而且这一点也为另外一些从自然科学之外的其他研究的观点探讨哲学的人们所见到。这些人物当中最重要的是莱斯利·斯蒂芬*，他是一位对道德哲学有浓厚兴趣的学者。他的著作中与哲学有关的部分只有在与他的写作总量相较时才显得少些。他的《18 世纪英国思想史》（1876）把哲学家和道德学家放在这个时期整个写作活动的适当位置上，他对他们工作的估价是深刻的而且通常也是公正的。同一部历史的更进一步的阶段《英国功利主义者》（1900）是他在临终前完成的。他自己的独立贡献是在《伦理科学》（1882）中作出的。在斯宾塞的《伦理学资料》之后，这是第一部发挥出受进化论决定的伦理观点的书。它作为这样一部书本身就很有意义。这位作者拜倒在约翰·斯图尔特·穆勒脚下；他热切地把达尔文当作经验主义和功利主义信条的同盟者加以欢迎；但是他终究看到更加广泛的变化是必要的。斯宾塞在快乐论和进化论之间的调和不能使他满意，而他发现用社会活力的概念表达进化对伦理学的意义，要比用快乐的概念表达好一些。这部著作的重大优点在于它对个人心灵和群落中的道德的社会内容所作的描述；但是它并没有充分地认识到在进化论所追索的历史进程与

277

------

*　莱斯利·斯蒂芬（1832—1904 年），英国哲学家及传记作家。

假定进化所具有的伦理学方面的有效性之间的区别。

　　进化论所引起的生物学改革是与一个更加广泛的运动相关联的，这个运动就在于解释事物本性时极其广泛地使用历史方法。这主要适用于社会科学。应当记住达尔文和华莱士自然选择假说之提出都应该归功于一部社会理论的作品。作为其基础的学说简单说来就是，事实应通过追溯它们的起源和历史联系得到理解。这种历史的理解能够把探究者带出去多远成了可谓进化哲学与其批评者之间的争论点：它可以表述为起源是否决定有效性这样一个问题。然而争论的焦点只是逐渐明白起来的，而且在同时，这种历史方法的运用也极大地有助于对社会秩序的理解。在这方面，亨利·梅因爵士所写的题为《古代法》（1861）的专著开辟了研究法律和制度的新纪元，而且它由于推进了它所使用的那种方法的应用对一般思想产生了广泛得多的影响。在经济学中应用这一方法的早期例证可见于托马斯·爱德华·克利夫·莱斯利所写的一系列论文，这些论文汇编成《政治经济学论丛》（1888）出版；经济学的历史方面随后便被详尽无遗地作出来了。

　　沃尔特·白芝浩的《物理学与政治学》（1869）与进化学说有更加密切的联系。其扉页上把这说成是"应用自然选择和遗传原理于政治社会的思想。"虽然这些研究光辉照人，很有启发，但还不能说进化论的影响表达了白芝浩思想的主要特征，尤其不能说表达了他的其他政治经济著作如《英国宪法》（1867）、《英国金融界》（1873）和《经济学研究》（1880）中所表现出来的思想的主要特征。使其论述出色的主要是他对现实力量，特别是对人类力量的洞见。甚至穆勒也都把经济和政治过程看作只是由于几个像对财富的欲望和对劳动的厌恶一类简单力量的组合，而白芝浩则知道正在干活的现实的人们，并且认识到他们动机的复杂性以及他们受习性、传统和模拟影响的程度。这样，他就给了现实主义研究以极大的推动，这种现实主义研究

278

与古老经济学和政治学的抽象研究形成了鲜明对照。

VI. 亨利·西奇威克与沙德沃思·霍奇森 279

这两个著作家并没有许多共同之处，只是由于两点我们才在这里把他们放到一起。他们两个都看到进化对于哲学奥秘来说并不是一个"开门咒语"，他们也都不效忠于在他们那个时代日见兴隆的唯心主义运动。他们大概是沿着与古老英国传统有更密切联系的路线取得独立进展的最有才能最有影响的著作家。

西奇威克在剑桥教了许多年哲学，并且从1883年起直到他去世那一年即1900年他都在那儿主持道德哲学讲座。他作为一个哲学著作家的声望是由他的第一部书《伦理学方法》（1874）带来的。他此后又以类似的篇幅出版了政治经济学和政治学论著；在他死后，各种各样的随笔以杂辑的形式出版，又从他的手稿汇编成一套相当大的丛书，涉及一般哲学、当代伦理体系和政体。在一定限度内，西奇威克可以看作是约翰·斯图尔特·穆勒的追随者，至少在伦理学、政治学和经济学方面是如此。在这些学科上，他以穆勒的观念作为他自己批评和思考的基础，他也接受了功利主义的标准。同时，他对哲学上的理智主义传统，比起穆勒来，要重视得多。他看到了经验主义哲学是以这样一些概念为基础，这些概念是不能以通常的追溯其在经验中的起源的方法来证明其正当的。然而，这并没有使他赞同康德对知识的分析。他是一个对康德理论怀有几分敌意而不同情的批评者。他在关于外部实在知识的问题上，毋宁说甘愿回到托马斯·里德的"自然实 280在论"；而他的伦理学说则包括了对克拉克和巴特勒观点与穆勒观点的综合。

他的第一部书依旧是他对哲学的最引人注目的贡献，是他的哲学态度的最确切的标志。尽管在这部书中他对功利主义表示同情，但它的出发点和最基本观念却显示了另一不同类型思想的影响。他从"应当"或责任这个根本概念出发，主张探究它在我们意识中的起源并不影响它的客观有效性。关于存在着某种正确或合理的事情要去做这样一种知识，归根到底依赖于对什么是正确的或合理的东西的一种直觉或直观。功利主义者的一切旧论证都被扫除；把行为分析成对快乐的追求被看成不仅本身不正确，而且与接受普遍幸福为伦理目标也不相容。他自己的功利主义是建立在直觉主义和经验主义的新的综合上的。这里便进来了他关于"实践理性公理"的中心学说。这些公理并不规定任何善的具体目标，那是必须以另外一种方式来规定的；但是不管善的本性可能证明是什么，这些公理都是永远正确有效的形式上的原则。他把这些形式上的原则叫作审慎、仁慈和公正；但是它们包括的要比这些名辞通常所包括的少得多，而且或许可以用下面这一陈述恰当地加以概括，这个陈述就是：不论在什么时候也不管是为什么人，一件好事之被享受不会因而影响到它的善的程度。西奇威克的伦理理论由审慎公理和仁慈公理的区别与同等有效最后达到"实践理性的二元论"学说。然而看起来这种"二元论"并没有被他恰当地加以检验，它实际是由审慎这个名辞的模棱两可产生的。审慎可以指"关注一个人自己的整体利益"，也可以指（这并不是一回事）"后来作为这样比之现世其价值既不多些也不少些"这个原则。这两种表述

281 形式都曾为西奇威克使用过；但是只有后一种说法才有权称为表达一条绝对伦理学原则；而这和仁慈公理并无什么不一致一处。他的功利主义的另一方面，即把善归结为以快乐来表示，是通过把意识生活分解成它的种种因素实现的，同时表明，这每一种因素（除快乐外），当单独对待时，都不能看作是终极的善。这种分析方法是西奇威克思想的特征，事实上这也正是他的大多数（直觉主义的和经验主义的）先辈的特征。它依据这样一个假定，即一件东西的本性能够通过对那些经反省能加以区别的各别因素的考察而完全确定下来，这是一个当

时唯心主义学派明确抛弃了的假定，而进化论著作家似乎也不曾依据这个假定。

　　因此，很自然西奇威克并没有产生出一个哲学体系。他对构造体系提出过很多想法，但是他的工作主要地是批评性质的。他严厉地批评了他那个时代营造思辨结构的种种企图，他进行了一些论战，充分发挥了他的聪明才智：在辩证法方面，斯宾塞和格林都不是他的对手。然而并非单单对于那些体系和理论，他才是一位大批评家，倒是当他分析和描述平常人们的道德意见时，才看出他的能力处于顶峰状态，这不是指通过思考而在哲学书本上写下来的那些道德意见，而是指被表现在生活中，凝结着理性和传统，融合着感情和欲望的那些道德意见。他的《伦理学方法》的第 3 卷大部分是对常识道德的考察。它是对支配人们行为的种种观念的解释和筛选，人们对这些观念常常没有明确的意识；而且它还表明了一个心灵的同情的理解，这心灵分享着它所描述的思想，然而又能够在其所处的背景中来看这些思想并概括出它们的意义。杰出的内容和优美的文体两方面至少应当给他著作的这一部分以文学上的持久不衰地位。

　　沙德沃思·霍奇森的生活是一个难得的献身于哲学的典范。他没有职业，也未担任过公职，而是把他的时间都用于系统思考和写作上；而他的漫长一生也给了他对其最初思想进行回顾、确认和改进的机会。他的活动有两个时期。在前一个时期，他发表了 3 部书：《时间与空间》（1865），《实践理论》（1870）和《反思哲学》（1878）。此后不久他致力于创办"系统研究哲学的亚里士多德学会"，连续担任学会主席达 14 年之久。这使他接触了从不同观点考虑同样一些题目的其他有识之士。他在这个学会上宣读了许多篇论文，这些论文是以小册子的形式和在《会刊》上发表的，而且他还借助于不拘形式的批判重新建立了他自己的体系。它在《关于经验的形而上学》中采取

282

了最后的形式，这是一部 4 卷本著作，1898 年发表。

作为对经验的一种分析，霍奇森的哲学与典型的英国传统是一致的。它也同意这种传统把简单感觉作为经验的终极与料。但是，甚至在这里，以及在凡有经验之处，都要作出一种区别，这不是传统的主体与客体间的区别，而是意识与其对象之间的区别。任何一点经验中都总有两个方面，对象本身方面或客观方面，及对它的意识方面或主观方面；这两个方面是通过认识关系而联结着的。科学只涉及客观方面；哲学则必须涉及主观方面，或者说必须涉及对一切形形色色对象是根本的和共同的意识过程。超出这种意识所涉的范围便一无所有。
283 "绝对存在那种幻景，完全撇开认识，是一个常识性的成见。"① 意识同存在是同范围的；一切存在都有主观的方面。但是他认为，当身心被假定为相互作用或者当心理或肉体事实被看作是同一实体的两个平行方面时，这种学说便遭到了曲解。在心理学中霍奇森可以称作一个唯物主义者，但这个称号用来描述他最后的哲学态度则不合适。诸观念并不能相互决定，欲望也不能引起意志；我们所知道的唯一的实在条件是物质。然而物质本身是一复合的存在；它能够分解成经验知觉；因此，它本身以不是物质的某种东西为条件：存在这个名辞本身就蕴含着与某一类或其他意识的相关联性。这是对经验所作的一般分析的结论。他坚决主张对处于这个世界物质部分之外的那个未见世界，我们不能有任何思辨知识。但是伦理判断和我们自己的道德本性把我们带入与那个未见世界的实践关系中，并且因此而允许有一种关于这个世界的实证知识，尽管不是思辨的知识。② 这样，霍奇森在他的哲学的最后结果上以及在它的根本立场上，都认为自己在纠正和完善着康德的工作。

---

① 《关于经验的形而上学》，第 1 卷，第 17 页。
② 同上书，第 4 卷，第 401 页。

Ⅶ. 唯心主义者

　　19 世纪后半叶以受思辨理论影响的许多著作家的工作为其显著标志，这些思辨理论在德国已把康德批判的成果引向了一个他未曾预料到的方向。这种为这些著作家全体所共有的影响，以及他们同流行经验哲学的持续不断的论战可以说使他们联合成了一个学派，这个学派有时被说成是新康德学派，更通常地被说成是黑格尔学派或新黑格尔学派。但是，它的成员都把它简单地叫作唯心主义，虽然它在英国思想中是一种新形式的唯心主义。在他们之前，康德的思辨型的后继者还不曾在英国得到过流行，或许除了通过柯勒律治的某些讲话稍有过的一点点影响；而汉密尔顿的批判的强有力影响，几乎已足够遏制住他所谓的"无条件者的哲学"了。

　　这新运动的第一部重要著作是圣安德鲁斯大学教授詹姆斯·弗雷德里克·费里尔所写的《形而上学基本原理》（1854）。在此之前，他就写了许多篇哲学文章，特别是一系列题为"意识哲学"的论文，显示了他的思想倾向。在他死后，这些都被汇编到一起，连同一系列讲演，作为《希腊哲学讲演录与其他哲学遗稿》（1866）发表。作为一个哲学史家，费里尔并没有自称有什么特殊研究；但是，他有深入早期思想家的心灵并生动表述他们观点的杰出能力。哲学史在他看来并不只是对被抛弃了的各种体系的记录，而是"从容进行的哲学本身"。他还是为他的朋友汉密尔顿所遏制的德国哲学家们的同情的研究者。要追溯黑格尔对自己学说的任何直接影响是困难的，而且事实上他也说过他理解不了黑格尔。但是他的早期和后期著作都同费希特有密切关系，——尤其是在它们的中心学说方面；如对自我意识的强调，以及它与心理学家所关心的"心理状态"的区别。这个学说也把

284

他与贝克莱联系起来了。他是正确评价贝克莱思想真正性质的第一人，认为贝克莱思想不只是在洛克和休谟之间的一过渡阶段，而是对实在具有精神本性的一种发现。

285   然而他在《形而上学基本原理》中提出的这种哲学有引人注目的独创性。他声称它"骨子里是苏格兰的"。但是它同传统的苏格兰哲学却很不相同。它否认同心理学的一切联系。他甚至相应于每一个真实的和形而上学的定理都提出一个错误的和心理学的定理作为其对立面。而且，必须承认，这样反复提出对立变得有些令人生厌，而这一点只有鉴于这部书写作时期心理学的落后状态以及它与哲学的混淆才能得到谅解。再者，苏格兰哲学依赖于对实在的直觉或直接的把握；而费里尔的方法则是从第一原理出发的理性演绎法。他说，哲学是"推理的真理"；"说哲学应是推理的要比说它应是真的更为恰当"。遗憾的是，他以斯宾诺莎的方法为楷模，虽然他并没有在所有细节方面都仿效这个楷模。没有列出那些定义、公理和公设，而只有那些命题，其中每一个都由前面一个推演出来。因此，这个系列的第一个命题被赋予十分重大的分量。这个命题明确提出了一切认识的首要规律或条件，它有如下述："随着任何理智所认识的不论什么对象一起，它必须有某种对自身的认识作为它的认识的根据或条件"。接下去的就几乎全都只是对这个命题的详尽阐述。费里尔不仅有认识论或关于认识的理论，而且还有一种无知论，或关于无知的理论，这种理论的主要学说是说我们只有对可能被认识到的东西才可能无知。他通过这种理论，在他的本体论或关于存在的理论中得出结论说，绝对存在是"一个至高、无限、永存的与万物综合在一起的心灵"。费里尔的著作享有，并且继续享有相当大的名声，然而它们的名声却与它们的哲学洞见和完美文风几乎全不相称。或许他的方法的形式主义抵消了思想

的光辉。在他去世（1864）后不久，英国哲学就处于黑格尔的更加 286
包罗万象的天才影响之下了。

　　直接归因于黑格尔影响的英国第一部著作是詹姆斯·哈奇森·斯
特林所写的《黑格尔的秘密》（1865）。他接受的是医学教育，最早
是在一次偶然的谈话中听说到黑格尔。黑格尔被描述成哲学与宗教的
调和者。斯特林被这种思想强烈地吸引住了，此后不久，他便放弃了
职业，到大陆在德国和法国定居了若干年，热忱地献身于哲学研究，
尤其是致力于透彻掌握黑格尔的体系。他回国后发表了他的研究成
果；而且尽管他此后写了许多部书，其中《康德教程》（1881）尤为
重要，但是《黑格尔的秘密》依然是他的最主要著作。它由译文、评
注、导言和原初论述几部分组成；它还显示出这位著作家借以接近并
抓住他的主题的进程。有时，它像其原作一样难懂；更加常见的是它
通过思想的坚持不懈的努力和洞察力的偶尔闪光这两个方面阐明了黑
格尔。它的文风独特。虽由于完全缺乏学术评论家的宁静流畅，并暗
示出有卡莱尔的影响，它很不正规，但却坚强有力和富于想象力，它
是它所表达的思想的一个合宜的媒介。斯特林所谓黑格尔的"秘密"
大概是指黑格尔哲学同康德哲学的关系而言。在黑格尔的结构中，他
找到了一种方法和观点，它为宗教基本观念作了辩护，与此同时又弄
明白了那些"启蒙时代"概念的片面性，康德就站在这个时代的终结
阶段，依然受到它的否定和抽象的拖累。而斯特林所特别喜爱的最生
动的批评是对准这个启蒙运动的使徒与他们19世纪的追随者的。

　　斯特林是这方面的第一人，尽管没有在学术界担任过任何职位， 287
还是持续不断地产生了强大的理智影响。独立不依于他，并在他开始
发表著作后不久，黑格尔的影响通过许多别的著作家显示了出来，这
些著作家中，多数与牛津或格拉斯哥有联系。和斯特林一样，他们把
康德那些指向黑格尔观点的观念阐发了出来；但是，在另一方面，他

们大都很少注意，乃至完全漠视了黑格尔方法的细节。他们中最早的著作家之一，而且在某些方面也最重要的是牛津大学道德哲学教授托马斯·希尔·格林。他的工作的目标是建设性的，而且其成就在很大程度上也是建设性的；它深受正确思想对人生有重大意义这个信念的启迪。格林和赞同其哲学观点的大多数著作家都具有后面这一特征，而这正是他们十分热情地接受这些观点的原因。然而，他的建设性工作的前面加上了十分彻底的批判。他看到首先必须揭露包含在穆勒和斯宾塞体系中的那些假定和自相矛盾，并表明这些体系导源于休谟哲学。格林对后者的剖析 1874 年以休谟《人性论》新版的两篇精心写作的"导论"形式发表。这件工作，依他所承认的，是"一项令人生厌的劳动"。他详尽地论述了洛克和休谟，较简捷地论述了贝克莱和一些道德学家；他跟在这些著作家后面不知疲倦地坚持从他们论证的一个论点追到另一个论点，虽然有时有点令人厌烦。但是，他是一个不抱同情态度的批评者。洛克和休谟很不注意术语的细微之处，而他所发现的矛盾其中有些或许只是词语上的，可以通过改变表达方式加以避免。然而，还是剩下有很多矛盾，足可以充分地证明他有理由

288　责备他们的思想充满着不一贯之处；而且，要是这些都被弄得更明显地突现出来，并且和那些只是语词上的不连贯处区别开，则他的批判的效果就会更增加。但是他确实成功地表明了"这种基于对感觉的抽象的哲学，在关于道德的方面，也如关于自然的方面一样，同休谟一起破产了"。他呼吁"25 岁以下的英国人"关闭他们的穆勒和斯宾塞的门户而打开康德和黑格尔的门户；这一呼吁标志着 19 世纪英国思想的一个新时期。

　　在《休谟〈人性论〉导论》出版后几年，格林又发表了几篇关于哲学问题的随笔。他还通过他的学术讲演产生了重大影响，其中较重要的都书面发表在他的《著作集》（3 卷本，1885—1888）中。他的最大著作《伦理学导论》，在 1883 年，即在他死后一年发表。这部

书并没有自称是形而上学的或伦理学的体系；但是它却提供了建立这样一个体系的基础。它是对世界和人的精神本性的一种维护。自然和人都不能由成为经验主义哲学家们的材料的感觉构成。我们的认识"预先假定"了存在着一个有联系的世界为我们去认识。涉及的这些关系，根据经验的方法是不能得到说明的，只有作为蕴含着精神活动的才能得到理解。因此，"一个自我决定着和自我规定着的精神的活动"，是一切认识的先决条件，而我们的认识则是这种活动在人心中的或作为人心的"复制品"。同样地，我们的道德活动也是那个永恒精神在我们心中的复制品。在有机生命和一般地在时间过程的一切限度内，人心具有"是它自己的对象"这种特征，这根据自然主义理论是不能说明的。这种观点并不能通过演绎的或归纳的方法建立起来；在这个意义上说，它是不能证明的。但是，它是我们唯一能够从中理解世界和我们自身的观点，也是我们唯一能够看出它如何是"我们有意识地是什么和做什么，我们就是什么和做什么"。在他的《伦理学导论》后几卷中，这个学说被用来解释道德生活和道德观念的历史；而他的作品的这部分显示了他作为一个著作家臻于最佳状态的能力。在其他一些著作中，同样的概念也被运用到社会和宗教问题上。在他的《政治义务原理讲演录》中，很惹人注目的是他主张意志而不是力是国家的基础，并给予"普遍意志"学说以一种新的解释。

格林在他的形而上学中，并没有仿效黑格尔的辩证方法；在他对历史的解释中，也丝毫没有那种认为在时间中的发展与逻辑发展遵循着同一进程的黑格尔理论的烙印。对理性或自我在时间进程中实现出来的渐进步骤也没有加以研究。仅仅假定了这个进程是有目的的，历史是这永恒精神的"复制品"。对错误和道德上的恶如何影响这个进程没有作出任何解释，"复制品"这个比喻的说法以及时间进程与永恒实在的整个关系，都有几分含糊。

在那些在起源和观点上代表了与格林类似思想类型的许多著作家

中，只有少数几个能够在这里提到。1874 年，亦即在格林的《休谟〈人性论〉导论》出版的那一年，还出版了《黑格尔的逻辑学》，它是由威廉·华莱士从黑格尔的《哲学全书》译出，华莱士后来成了格林牛津大学道德哲学讲座的继任者。这部著作的第二版，1892 年出版，其中导言的内容大大地扩充了；此后，于 1894 年，又出版了《黑格尔的〈精神哲学〉》；于 1898 年（在这位作者死后），又出版了《自然神学与伦理学讲演和论文集》。华莱士比其同事更加直接地致力于阐明黑格尔的思想；但是，是否他自己比他们更加严格地忠实于辩证法的细节却是大可怀疑的。放在他的译著前面的导论和评介性论文并不只是对难点的解释。它们常常具有创造性解说的特征；它们从不同的观点接近这个主题，并且显示出筛选主要因素的非凡才能。华莱士有广泛的理智同情并且找到了与不同学派哲学家们一致的问题；但是，在他手里，这一切都导向了一个中心的唯心主义。他的工作在于指出接近唯心主义殿堂的各种途径，而不在于揭露它的各种奥秘。

格拉斯哥大学校长约翰·凯尔德在《宗教哲学导论》（1880）中，开创了一项在方式上有创造性在学说方面本质上属于黑格尔的工作。他的弟弟爱德华·凯尔德的全部工作也有类似特征。爱德华·凯尔德是格拉斯哥大学道德哲学教授，后来又成为牛津贝利奥尔学院 * 院长。他的影响堪与其朋友格林相比，而且他们的学说也基本一致。然而，爱德华·凯尔德却有一种格林并不具有的文字表达能力；他还更喜爱用追溯思想历史发展的方法来阐述问题。他的第一部重要著作是《康德哲学评述》（1877），它后来为《伊曼努尔·康德的批判哲学》（两卷本，1889）所取代。这部著作是哲学评述的一个胜利，其兴趣是属于一种不同于康德自己的思想类型的。它基于对康德学术成就全部领域的把握，突出了支配康德本人的主要观念，而且，通过批

---

* 贝利奥尔学院为牛津一古老学院，创立于 1268 年之前。

判他的论证，把它解释成为要是首尾一贯地发挥出来便会趋于一个思辨唯心主义体系。一个光辉和同情的阐述包含在他的论黑格尔的专著（1883）中。他的吉福尔德讲演录《宗教进化》（1893）比他的其他著作较少涉及对哲学家们的批评，它们是对宗教本性，特别是对基督教信仰的发展中展示出来的宗教本性的一种研究。

　　弗兰西斯·赫伯特·布拉德雷的著作给 19 世纪唯心主义运动以新的方向。对他的成就看法不一，有时被看作是对唯心主义最精美的阐述，有时又被看作是标志着它的解体。他的第一部哲学著作《伦理学研究》，在 1876 年，亦即均在格林和凯尔德第一部书发表的同一个时期发表。它充满了对传统伦理观念的卓越批判。方式是不同的；但是，其学说却似乎同讲堂上已开始在教授的内容一致。在这里，"自我实现"亦即"真正自我"的实现，也是其口号。他 1883 年出版的《逻辑学原理》开辟出了新的园地，也显示了辩证方式的进一步发展。在一切知识中"殊相"的不充分和"共相"的蕴含，这些是人们足够的熟习的，但是经验逻辑的缺陷却从未以如此深刻的洞察力、精明的推论、严谨的措词揭露过。这部著作是唯心主义认识论的一个胜利。值得注意的是，这两部书在英国从来不曾再版过，这大概是因为作者变得多少不满意于它们的学说所致。在他下一部也是他最重大的一部著作《现象与实在》（1893）的学说中，至少着重点有所不同，他让这部著作重印了好几版。

　　这部值得注意的著作对英语国家的形而上学思想产生的影响，大概比最近 30 年中任何一部别的著作都大。但是，没有一个概要能够对它的学说表达出一个明白的观念。通俗思想的概念，和形而上学的概念一样在其中都遭到了详尽而无情的批判。甚至这部书中专论"现象"的各章与那些用来叙述"实在"的各章之间的区别也显得是人为的，因为每一项都发现充满着矛盾。而且，这些矛盾全都属于我们的思想，因为它是具有关系的。格林就已经认为经验需要关系，并且因此主张需要一个建立关系的精神作为实在性的原则。布拉德雷也坚持说，"对思想来说，不具有关系的东西就是无"，但是他得出了一条很不相同的结论，断言"我们的经验，凡是在具有关系的地方，就不是真的"。继之而来的一切光辉研究论述都只是这个学说的运用，只有作者自己关于绝对的论断除外，这个绝对，作为具有关系的，却也必得受到同样矛盾缺陷的沾染。如果他关于关系的论证站得住脚的话，格林和凯尔德的唯心主义便都要垮台。他的方法比他们的更加接近于黑格尔；但是他也不理黑格尔的"正—反—合"三段式；他没有尝试过诸范畴的渐次演化；甚至他的"实在的等级"的学说与其说是黑格尔式的，毋宁说更是斯宾诺莎式的。整个说来，这部书是一富于创造性的巨大成就，是高度抽象的辩证法的运用，其中每个论证的可靠性都依靠着关系必然包含着矛盾这样一个根本观点。一部后来的著作《真理与实在论文集》（1914）在很大程度上涉及属于20世纪的论战；在没有放弃早期著作立场的情况下，其倾向中否定的成分要少得多，它更多致力于发现真理因素，而不是揭露矛盾。

　　伯纳德·鲍桑葵的作品在根本点上与布拉德雷的有密切关系。在转到20世纪之前，他就通过一部内容广泛的《逻辑学》（1888）论著，一部论《国家的哲学理论》（1899）的著作，也通过一些别的著作使自己出了名。但是，他的哲学观点的充分发挥却包含在属于20世纪的两部书（《个体性原则与价值》，1912；《个人的价值与命运》，1913）里。

293

Ⅷ. 其他一些著作家

　　19世纪的后半叶，除了已经提到的之外还有其他一些哲学倾向在起作用。有一些唯心主义著作家，他们的唯心主义属于另一个类型，与贝克莱而不是与黑格尔的相似，人们有时把他们叫作人格唯心主义者；有一个对前面所述的唯心主义类型的反对运动，这个运动趋向于哲学的实在论或自然主义；还显露出一些标志 20 世纪初期特征的新思想运动的迹象。

可以算入人格唯心主义者这类著作家之列的有亚历山大·坎贝尔·弗雷泽。他的哲学生涯在维多利亚时代之前就作为学生、教授和思想家开始了，而且一直延续到现在维多利亚统治时期。他在爱丁堡是汉密尔顿的学生，在那儿的新学院作了 10 年哲学教授，并且在 1856 年汉密尔顿去世时接替了这个大学逻辑学和形而上学讲座。他的第一部书《哲学论文集》，1856 年发表，其最后一部书，是 1908 年发表的题为《贝克莱与精神实在论》的小型专著。撇开次要的著作，应当特别提到的著作有他的论《洛克》（1890）和《贝克莱》（1881）的专著，他最出名的是他作为贝克莱《著作集》（1871）和洛克《人类理智论》（1894）标准版本的编辑，以及吉尔福德讲演录《有神论哲学》（1896）的作者。他还写了一部很有兴趣很有价值的书《哲学传记》（1904），记叙了他的生平和观点。

弗雷泽、凯尔德和贝恩通过他们的大学教学工作有力地影响了苏格兰哲学思想达许多年之久。由于哲学在高等学校全部课程中的位置，他们对于这个国家更加广泛的理智生活的影响几乎是同样重大的，虽然我们不太容易确切地追溯出这一点。从贝恩那里，他的学生们学到了精密思想，以及对作为一门科学的心理学的兴趣，但是对于哲学问题的把握却有些局限性。凯尔德对思想史有深刻的洞见，并且提供了世界和人生可资理解的观点；他的许多学生在他们的著作中都表明他们已经学会了他的语言，并能够发挥和运用他的观念。弗雷泽并没有教授一个体系或建立一个学派；他唤醒和激发了思想，而没有控制它的方向；他在他的听众身上唤起了对存在的神秘感，他鼓舞了很多人身上的反思精神。他没有任何体系；但是他的思想本质上是建设性的，虽然这种结构是以一种几乎是休谟的怀疑论为基础的。然而，在一个问题上，他从来没有同意怀疑论的分析；这就是作为意识活动的自我的实在性。他在贝克莱那里找到了同样的思想，而且他几乎可以被说成是为现代读者重新发现了贝克莱。他找不到任何一种关于自我之外的世界的理论能通过严格推理满意地建立起来。但是，他看到（正如休谟在他的第一部著作中见到的一样）科学如神学一样也有它的假定。特别是他把齐一性的设定看作一种对宇宙合理性的道德信仰的行为，而且他是作为一种"信仰的冒险"，把宇宙解释成是建立在上帝的理性和善的牢固基础上的。

哲学是西蒙·劳里的最高兴趣，虽然他的教学生涯把他对这种兴趣的追求局限于闲暇时刻。在 60 年代中期，他发表了两部伦理学著作。* 以后近 20 年，又以斯科特·诺范提的笔名出版了两部书，一部是关于形而上学的，另一部是关于伦理学的，前者被他说成是"向二元论的回归"。20 年后，当他的思想成果都凝结在题为《综合》（1906）的两卷本的沉思中时，他的体系，正如它曾为人们所称呼的，依然可叫作自然实在论。

295　　但是这种实在论是由于对一种"绝对"的见解而"改观"了的，这"绝对"被看作存在于万物中，并且万物通过它而形成一个统一体。他的思想进程是一种辩证法，这种辩证法并非没有受到黑格尔的影响，然而在方法和结果上却都与黑格尔的不同。它比起来较少拘泥于形式，也较不系统；它不是三段式的奴隶。出发点是个人经验，即"对不是从事感觉的那个存在物的'某物'的感觉"。在这里是主—谓项；而对它的批判构成了他的进展方法。整个论证基于对知识的批判——从纯粹感觉，通过上升的诸阶段或诸层次，直至达到理性阶段，"并再次过渡到感觉，它现在是作为超理性的直觉了"。绝对总是被给予的，但它却是日渐明白地得到把握的，虽然它永远不能完满地

---

* 这两部著作是：《伦理哲学》（1866）与《不列颠道德理论评注》（1868）。

得到把握。"我们一直在试图揭开其帷幕的上帝并不'超越'经验，如康德所说的那样；他是一切经验的先决条件和可能性，也是它的目标和总和"。

现今在世著作家的最重要作品在大多数情况下是属于现今这个世纪的。在他们当中，另外只有一个要在这里提一下，因为他甚至是在维多利亚时代结束前就对哲学产生了影响的。

剑桥大学教授詹姆斯·沃德的著作一部分是心理学的，一部分是形而上学的。他的论"心理学"的文章1886年发表在《大不列颠百科全书》第九版，它对心理学的研究产生的影响在没有独立出版的著作中，很可能是没有先例的，它标志着与传统"表象论"学说明确割断关系，它给了联想事实以新的分析和解释。经验不再被看作是孤立给予的感觉材料的自动结合；而是被看作"连续体"，是选择性注意活动逐渐把区别和联系输入其中的。精神的发展被表明为既受到自然选择又受到主观选择的支配；而一切心理过程都被表明为依赖和蕴含着主观所指。另两篇发表在《百科全书》后来版本中关于同一题目的文章以及许多篇给各种杂志写的文章都为他1918年出版的《心理学原理》的经典论述开了路。在《自然主义与不可知主义》（1899）中，所提到的这两种学说遭到了详尽无遗的并且或许是终结性的批判，这部著作还建立起了一种关于科学概念的理论，坚持了一种关于实在的建设性的、具有唯心主义或唯灵论性质的观点。在一切经验都蕴含主观和客观这一主张的基础上，这位作者达到了一种形而上学的观点，根据这种观点，宇宙完全被解释为精神性的；而这种精神性是在许多有限意识的经验中心中发现的。在后来的一部著作《目的王国，或多元论与有神论》（1911）中，他突出了价值概念，并且从对非有神论的多元论的考察转到对关于世界的有神论观点的讨论和辩护。在这两部书中所阐述的形而上学可以看作是向单子论的回归，这与格林的一元论恰成对照。但是这种新的单子论不同于莱布尼茨的，

296

正如格林的一元论不同于斯宾诺莎的一样。它在许多方面倒是与贝克莱的"唯灵论的实在论"更加合拍。因为它的那些单子被看作是相互影响着的，是在单子彼此之间的相互作用中，也在单子与表现着无限精神的规律和价值的环境之间的相互作用中实现着它们的目标的。

唯心主义的反响在罗伯特·亚当森的著作中得到了最显著的例证。他作为在其同代哲学家中学识最渊博的人物，其早期著作是站在新黑格尔学派的唯心主义立场上写出来的。这些著作是一卷本的《论康德哲学》（1879），一部论费希特的专著（1861），以及一篇关于逻辑学的文章（1882），此后很久（1911）以书的形式重新发表。他把 297 哲学学说的根本对立看作"在一方面是黑格尔主义与另一方面是科学自然主义或实在论之间的对立"；他反对后面一种学说，理由是它把思想解释成先在条件的产物不适合于把思想解释为自我意识。他给自己提出的问题是要从前面那种观点对近代科学所提供的关于自然、精神和历史的新材料进行再思考。他逐渐地达到了这样一种意见，即这是办不到的——唯心主义是不适当的。他死后出版的题为《现代哲学的发展》的讲演录（1903）表明他已在从事于他最初认为不适合的观点即从实在论观点出发竭力重建哲学。但是他的意见并不是指向一种机械论的或唯物主义的理论。尽管精神已经进入存在，但是它与自然一样是本质的：这两者都是实在的部分的表现形式。但是他并没有机会充分去阐发出他的建设性理论，或去充分地考察它的适当和连贯性。

表明更新近的哲学的特点的新趋向也说明了美国著作界对英国思想的反作用与日俱增。这种以实用主义著称的理论，其起源肯定是大西洋另一边的，并且几种形式的所谓新实在论似乎是在美国和在这个国家各自独立地发轫的。这后一种理论大半是一种古老观点的复兴，里德的自然实在论和经院哲学中的共相实在学说两个方面看来对于它的形式都起了作用。实用主义是一种更富于创始性的学说；但是，它的种子也同样是过去已有的：它与许多英国思想中占优势的注重实际的风气有关；而且，它的主要观念的更加明确的先兆可以在 19 世纪的一些较晚的英国著作家中找到。

第十三章　回顾

　　对英国哲学的上述纵览在趣味最浓时戛然而止。不过，一个世纪的终了，一个漫长统治时期的结束，在这种情况下，也标志着思想史上的一个时期。主导的学派，进化论学派与唯心论学派，都已极其充分地精心阐明了他们的观点；这两个学派都已受到了彻底的批评；而兴趣也已开始转到新的问题上或转到提出古老问题的新方式上。因此，1900 年这一年是结束一历史记录的合适日期。从整体上回顾一下这个记录，就可以对表明三个世纪英国思想特点的诸特征提出几条总的看法。

　　英国哲学是以文艺复兴著称的欧洲精神觉醒的成果之一。它在经院哲学家的古老学问中有它的根源，但是它的民族特征却只是在开始以英语著述哲学作品时才明白地为人们见到。那个时代的理智酝酿，其想象力的广阔范围，其对精神未来胜利的确信，都由培根表达出来了。霍布斯抓住了新科学的主要概念，并借助于这个概念构造了一个体系。这两位哲学家都利用了他们时代的观念，但是在哲学方面，他们都是开路先锋。在他们之后，英国思想界和一般欧洲思想界一样，处于笛卡尔的影响之下。但是从这时起，直到康德和黑格尔的影响在 19 世纪被感觉到为止，英国哲学都在追求一独立进程。斯宾诺莎鲜

为人知，并被撇到一边，这很可能是由于神学的缘由。莱布尼茨也同样地被置之不理，这或许部分地由他同牛顿的争论所致。毋庸置疑，对这些伟大思想家的漠视势必要招致一些损失，但是这却换来了创造性发展的自由进程，而且这也并不妨碍英国哲学对大陆哲学产生有力

的反作用。在法国，孔狄亚克和爱尔维修从洛克学说中引出了他们的观念；洛克及其自然神论者中的信徒的影响，在法国和德国启蒙时期都很突出；他的工作的一个方面则归结到休谟并促进了康德对知识作出新的批判。康德之后，在接踵而至的德国思辨的光辉时期，英国的影响减弱了。诚然，苏格兰哲学，在法国引起了反响；而且，后来到19世纪，约翰·斯图尔特·穆勒的经验逻辑与达尔文的观念，经斯宾塞把它们糅合成一个体系，给全世界的哲学打上了烙印。但是，整个说来，大不列颠的哲学，不仅在国外失去了它的影响，而且在国内外也为了它的独立性而开始受到惩罚。生机勃勃的生活十分需要其他思想倾向中新观念的影响；这些新观念来自许多方面，但是首要地来自以黑格尔为最大代表的一群思想家。

在这种影响为人们感受到之前，尤其是在上一个世纪最初几个10年，英国哲学曾经受了一段衰退：其著作格调低沉；较思辨的问题均被回避；大人物奇缺。发展中绝没有任何真正的中断，绝没有一刻思想已经死亡。但是，有一个时期它衰退萎缩了，而在另一个时期，在此之前或之后，却又显示出更激昂的情绪、更广泛的旨趣和更有影响的思想家。在所回顾的300年中，或许没有任何一个别的国家能够出示更多的具有第一流哲学水平、对人类思想进程有更加深邃持久影响的人物。

英国哲学家并不是伟大的体系构造者。在霍布斯和赫伯特·斯宾 300 塞之间，没有一个重要著作家试图从他的观点出发对整个思想领域进行完全的概观，并使之沟通连贯，成为一个体系。哲学观念的重要意义并不能通过把它们作为一个学说的结晶体的表现形式来作出正确的估价。实际上过早地把观念归纳为一个体系也有几分危险。我们虽然不必用尼采的话说"于体系意志无正直可言"；但是确有许多诱惑使哲学体系构造者偏离理智严格诚实的道路。当哲学史家把别人的观念强行构成一个体系，并借助某些一般术语来描述它们时，也常常失之偏颇。英国著作家，尤其是洛克，在博学的德国史学家手里就这样地大受其害，他们关注的不是思想而是体系；库诺·费舍甚至把整个英国哲学说成是实在论或经验论发展中的一个阶段。没有必要讨论这样一种观点，因为它不容许辩护，也几乎不容许谅解。英国哲学当其文献被作为第一手资料直接地无理论偏见地阅读时，便会产生很不相同的印象。诚然，这些问题与一特殊思想类型的问题可能在霍布斯、洛克、休谟、约翰·斯图尔特·穆勒和斯宾塞的著作中要比在其他任何地方都更容易找出来。但是，甚至连他们所传达的要旨，"经验主义"这个名词也穷尽不了；例如，把洛克说成第一个"批判"哲学家与把他叫作经验主义倡导者有同样充分的理由。此外，从来也不乏不同观点的代表。贝克莱不恰当地看作处于洛克和休谟中途的思想家；而这种唯心主义传统是通过几个世纪期间为切伯里的赫伯特、莫尔、卡德沃思、诺里斯、夏夫茨伯里、里德以及许多其他思想家所维系，他们虽未达到第一流水平，但却是能为英国精神思辨洞察力作证的。

301　　包罗万象而非严整体系标志着这种态度。多数大著作家都有兴趣广泛的特点；他们也不用一种狭隘的或严格专业的眼光来看待哲学限界问题。在这个问题上，亦如在许多别的问题上一样，洛克是民族传统的代表。他论述了认识论基本问题，也论述了神学、政治学、经济学及教育学诸问题。他并无野心，使这些著作形成一紧凑整体，而且除非以某种学术研究者的眼光来看，他的作品也未受其害。没有体系甚至使他可以更自由地发挥他的观念，并鼓励人们对它们进行更加自由的批评。然而他个人的观点在他所写的所有著作中都可见到。他有一条线索，凡在它有希望导致发现之处，他都遵循它。对其他人来说也是一样。没有一个民族的哲学比英国哲学更不关心学派。它的许多大著作家都是这样一些闲暇之士或事业家，他们从事哲学研究，不是以此为职业，而是由于受到哲学问题恒久兴趣的吸引。他们不易联合成为一个思想学派；他们有时也不太在乎逻辑专门技术；每一个人都有从他自己的角度观察问题的倾向；但是，他们却都致力于达到对个人自身在宇宙的地位的某种理解。这些就是标志着英国哲学"个性"的诸特征，而且如果援引一新近评论家的话说，① 这些就是使得英国哲学能够有资格列为人类思想史上最重要方面之一的诸特征。

---

① J. T. 默茨：《人类精神片论》1919 年，第 1 页。

比 较 年 表

  本比较年表提供英国哲学主要著作的日期，也提供英国与外国的其他一些著作以及一些主要事件的日期。

英国哲学	英国文学与科学
	培根：《论说文集》，1597 年
	吉尔伯特：《论磁性》，1600 年
	莎士比亚：《哈姆雷特》，1602 年
	弗洛里奥：译蒙田著作，1603 年
1605 年　培根：《学术的进展》	本·琼生：《狐狸》，1605 年
	博蒙特和弗莱彻：《菲拉斯特》，1608 年
	多恩：《对世界的剖析》，1610 年
	《圣经》钦定译本，1611 年
	拉尔夫：《世界史》，1614 年

外国哲学、文学和科学	事　件
马里亚纳:《君主论》,1599 年	英国东印度公司建立,1600 年 布鲁诺在罗马被烧死,1600 年
阿尔色修斯:《论政治》,1603 年 塞万提斯:《堂吉诃德》第一部, 　1605 年	英格兰和苏格兰王国联合, 　1603 年 弗吉尼亚殖民地建立,1607 年
开普勒:《新天文学》,1609 年	北爱尔兰殖民地建立,1609 年
波墨:《曙光》,1612 年	
	莎士比亚和塞万提斯去世, 　1616 年

英国哲学	英国文学与科学
1620 年　培根:《新工具》	
	伯顿:《忧郁的解剖》,1621 年
1623 年　培根:《崇学论》	莎士比亚:《莎士比亚全集》(第
1624 年　赫伯特:《真理论》	一对开本),1623 年
	哈维:《论心脏与血液运动》,
	1628 年
	乔治·赫伯特:《神殿》,1633 年
	密尔顿:《假面舞会》,1637 年
	(写于 1634 年)
1640 年　霍布斯:《法学原理》	
(以手抄本流传)	
1641 年　布鲁克:《真理的本性》	
1642 年　霍布斯:《论公民》	托马斯·布朗爵士:《医师的宗
	教》,1642 年

外国哲学、文学和科学	事　件
苏亚雷斯：《论法律与作为立法者的上帝》，1617 年	三十年战争开始，1618 年
开普勒：《论宇宙和谐》，1619 年	
康帕内拉：《论感觉实在》，1620 年	"五月花"号载着英国移民从莱顿驶往美洲，1620 年
格劳修斯：《战争与和平法》，1625 年	权利请愿，1628 年
伽利略：《关于两种世界体系的对话》，1632 年	
	劳德为坎特伯雷大主教，1633 年
	法兰西学院建立，1635 年
高乃依：《熙德》，1636 年	
笛卡尔：《方法谈》，1637 年	
	苏格兰民族圣约，1638 年
笛卡尔：《沉思》，1641—1642 年	
	英国内战开始，1642 年
	西敏寺宗教大会，1643 年

英国哲学	英国文学与科学
	杰里米·泰勒：《预言的自由》，1647 年
1651 年　霍布斯：《利维坦》	
1652 年　卡尔弗韦尔：《论自然之光》	
1653 年　莫尔：《无神论的消毒剂》	哈林顿：《奥克安那》，1656 年
1659 年　莫尔：《灵魂不死》	
1660 年　泰勒：《对怀疑的疏导》	
桑德森：《论道德义务》	
1661 年　格兰维尔：《独断无益》	
1662 年　莫尔：《哲学著作杂辑》	巴特勒：《胡迪布拉斯》，1662—1678 年

外国哲学、文学和科学	事　件
笛卡尔：《哲学原理》，1644 年	劳德被处死，1645 年
伊斯柯巴：《道德神学》，1646 年	威尔金斯等发起成立"哲学学会"，此后（1662 年）为"皇家学会"，1645 年
	威斯特伐利亚条约，1648 年
	查理一世被处死，1649 年
笛卡尔：《论灵魂的激情》，1650 年	
	克伦威尔即护国主位，1653 年
帕斯卡尔：《致一个外省人的信》，1656 年	对沃德人的迫害，1656 年
莫里哀：《可笑的女才子》，1659 年	斯图亚特王朝复辟，1660 年
阿尔诺和尼古拉：《思想术》，1662 年	"信仰划一法案"，1662 年
格林克斯：《逻辑学》，1662 年	
莱布尼茨：《论个体性原则》，1663 年	大瘟疫，1665 年

英国哲学	英国文学与科学
1666 年　莫尔:《伦理学手册》	
	密尔顿:《失乐园》, 1667 年
1671 年　莫尔:《形而上学手册》	
1678 年　卡德沃思:《真正理智的体系》 伯索格:《旧工具与新工具》	班扬:《天路历程》, 1678 年 德莱顿:《押沙龙与亚希多弗》, 1681 年 配第:《政治算术》, 1682 年

外国哲学、文学和科学	事　件
拉·罗什富科:《箴言录》，1665 年	
《学者》杂志（创刊），1665 年	伦敦大火，1666 年
拉辛:《昂朵马格》，1667 年	
波舒哀:《悼词》，1669—1687 年	侵占孟买，1668 年
帕斯卡尔:《思想录》，1670 年	
斯宾诺莎:《神学政治论》，1670 年	
布瓦洛:《诗的艺术》，1674 年	
马勒伯朗士:《真理的探求》，1674 年	
格林克斯:《伦理学》，1675 年	
斯宾诺莎:《伦理学》，1677 年	
拉辛:《费德尔》，1677 年	
鲍莱利:（《论动物运动》），1680—1681 年	
《学者杂志》（创刊），1682 年	彼得大帝即位，1682 年
	撤消"南特敕令"（1598 年），1685 年

英国哲学	英国文学与科学
	牛顿:《自然哲学的数学原理》, 1687 年
1689 年　洛克:《论宗教宽容的 　　　　　信》	
1690 年　洛克:《政府论》 　　　　　洛克:《人类理智论》	
1694 年　伯索格：《理性与心灵本 　　　　　性》	
1695 年　洛克：《基督宗教的合理 　　　　　性》	
1696 年　托兰德：《基督宗教并不 　　　　　神秘》 　　　　　萨金特:《科学方法》	
1697 年　萨金特:《坚实的哲学》	
1701—1704 年　诺里斯:《论理念 　　　　　　　　或可知世界》	牛顿:《光学》,1704 年 克拉伦登:《叛乱史》(写于 　　1646—1648 年,1668—1670 年), 　　1704 年
1705 年　克拉克：《论上帝的存在 　　　　　和属性》	

外国哲学、文学和科学	事　件
拉布吕耶尔:《品格论》,1688—1694年	英国革命,1688年
佩罗:《古今比照》,1688年	
马勒伯朗士:《关于形而上学的对话》,1688年	宗教宽容法案,1689年 "权利法案",1689年
马尔皮基:《茎体结构》,1689年	英格兰银行建立,1694年
莱布尼茨:《关于实体本性的新系统》,1695年	英国出版自由,1695年
培尔:《历史批判辞典》,1697年	
	里斯维克条约,1697年 柏林科学院(莱布尼茨为院长)创建,1700年 英国王位继承法,1701年 英格兰第一份日报,1702年
穆拉托利:《论诗歌的完美性》,1705—1706年	波尔塔瓦战役,1704年

英国哲学	英国文学与科学
1709 年 贝克莱:《视觉新论》	
1710 年 贝克莱:《人类知识原理》	
1711 年 夏夫茨伯里:《论特征》	蒲伯:《论批评》,1711 年
1713 年 贝克莱:《希拉斯与斐洛诺斯》	艾迪生:《旁观者》,1711—1714 年
科利尔:《宇宙的键盘》	
科林斯:《论自由思想》	笛福:《鲁滨逊漂流记》,1719 年
1722 年 沃拉斯顿:《自然宗教》	伯内特:《当代史》,1724 年
1725 年 哈奇森:《美善观念探源》	
1726 年 巴特勒:《布道辞十五篇》	斯威夫特:《格列佛游记》,1726 年
1730 年 丁达尔:《基督宗教与创世一样古老》	劳:《庄重的号召》,1729 年
1731 年 卡德沃思:《论永恒不变的道德》	
1732 年 贝克莱:《阿尔西弗朗》	蒲伯:《论人》,1732 年

外国哲学、文学和科学	事　件
沃邦：《国王什一税》，1707 年	英格兰和苏格兰议会合并，1707 年
莱布尼茨：《神正论》，1710 年	普尔托瓦战役，1709 年
沃尔夫：《关于人类理智能力的理性思想》，1712 年	乌特勒支和约，1713 年
莱布尼茨：《单子论》，1714 年	乔治一世继位，1714 年
费纳隆：《论上帝的存在》，1715 年	路易十四逝世，1715 年
沃尔夫：《关于神、世界与人的灵魂的理性思想》，1719 年	
伏尔泰：《亨利亚德》，1723 年	
维柯：《新科学》，1725 年	
	伏尔泰在英国，1726—1729 年
伏尔泰：《英国通信》，1734 年	

英国哲学	英国文学与科学
1736 年　巴特勒:《宗教的类比》	
1739 年　休谟:《人性论》	博林布鲁克:《一位爱国的国王》, 1738 年
1741—1742 年　休谟:《道德与政治论文集》	菲尔丁:《约瑟夫·安德鲁传》, 1742 年
1744 年　贝克莱:《西里斯》	
1748 年　休谟:《关于人类理智的哲学论文集》（后易名为《人类理智研究》）	理查森:《克莱丽莎·哈娄》, 1748 年
	菲尔丁:《汤姆·琼斯》, 1749 年
1749 年　哈特利:《论人》	约翰逊:《人类愿望的虚妄》, 1749 年
1751 年　休谟:《道德原理研究》	

外国哲学、文学和科学	事　件
林奈:《自然系统》,1735 年	英国反对巫术法令之废除, 　1736 年
布鲁克:《哲学史》,1741 年	腓特烈大帝即位,1740 年
达朗贝尔:《动力学》,1743 年	沃波尔的陷落,1742 年
拉美特利:《心灵的自然史》, 　1745 年	第一次卫理公会会议,1744 年
沃韦纳格:《公则与思想》, 　1746 年	克洛登战役,1746 年
孔狄亚克:《人类知识起源论》, 　1746 年	
狄德罗:《哲学思想录》,1746 年	亚琛条约,1748 年
孟德斯鸠:《法的精神》,1748 年	
拉美特利:《人是机器》,1748 年	
布丰:《自然史》,1749 年	
鲍姆加登:《美学》,1750 年	
狄德罗和达朗贝尔:《百科全书》 　1、2 卷,1751 年	

英国哲学	英国文学与科学
	休谟:《英国史》第 1 卷, 1754 年
1755 年　哈奇森:《道德哲学体 　　　　　系》	约翰逊:《英语辞典》, 1755 年 柏克:《崇高与美》, 1756 年
1757 年　普赖斯:《评道德的主要 　　　　　问题》	
1759 年　亚当·斯密:《道德情操 　　　　　论》	戈德史密斯:《世界公民》, 　　　1759 年 约翰逊:《拉塞拉斯》, 1759 年 斯特恩:《项狄传》, 1760 年 麦克弗森:《奥西恩》, 1760 年 华莱士:《人类前景》, 1761 年 克姆斯勋爵:《批评原理》, 　　　1762 年

外国哲学、文学和科学	事　件
S.约翰逊（美国）：《哲学原理》，1752 年	
J.爱德华兹（美国）：《意志自由》，1754 年	
孔狄亚克：《感觉论》，1754 年	
卢梭：《论人类不平等的起源》，1755 年	"七年战争"开始，1756 年 普拉西战役，1757 年
康德，《自然通史》，1755 年	
哈勒：《生理学原理》，1757—1760 年	
波斯考维奇：《自然哲学》，1758 年	
爱尔维修：《论精神》，1758 年	
魁奈：《经济图表》，1758 年	
伏尔泰：《老实人》，1759 年	
卢梭：《新哀洛漪丝》，1760 年。《社会契约论》，1762 年。《爱弥儿》，1764 年	乔治三世即位，1760 年

英国哲学	英国文学与科学
1764 年　里德:《探究人类心灵》	戈德史密斯:《旅行者》, 1764 年
	布莱克斯通:《评论》, 1765 年
	珀西:《英诗辑古》, 1765 年
	戈德史密斯:《威克菲尔德牧师》, 1766 年
1768 年　普里斯特利:《论政府的第一原则》	弗格森:《论公民社会》, 1767 年
1768—1778 年　塔克:《自然之光》	《朱尼厄斯信件》, 1769 年
	戈德史密斯:《荒芜的村庄》, 1770 年
	柏克:《对当前不满情绪的思考》, 1770 年
1776 年　亚当·斯密,《国富论》	吉本:《罗马帝国衰亡史》, 第 1 卷, 1776 年
普赖斯:《论公民自由的本性》	
边沁:《政府片论》	

外国哲学、文学和科学	事　件
	反对威尔克斯的第一次诉讼行动，1763 年
伏尔泰：《哲学辞典》，1764 年	
贝卡里亚：《论犯罪与惩罚》，1764 年	
莱辛：《拉奥孔》，1766 年	
杜尔哥：《对财富的形成与分配的反思》，1766 年	
霍尔巴赫：《自然体系》，1770 年	
康德：《论世界的形式与根据》，1770 年	波兰第一次被瓜分，1772 年
歌德：《少年维特的烦恼》，1774 年	
莱辛：（莱马卢斯的）《沃尔芬比特尔断片》，1774—1778 年	
康德：《人类学》，1775 年	
	英属北美 13 个殖民地《独立宣言》，1776 年
	休谟去世，1776 年

	英国哲学	**英国文学与科学**
1777 年	普里斯特利:《物质与精神研究》	
		约翰逊:《诗人传》, 1779 年
		考珀与牛顿:《奥尔尼颂》, 1779 年
1785 年	佩利:《道德哲学》	
	里德:《论人的理智能力》	彭斯:《诗集》, 1786 年
1788 年	里德:《论人的活动能力》	
1789 年	边沁:《道德与立法原理》	布莱克:《天真之歌》, 1789 年
		怀特:《塞尔彭自然史》, 1789 年
		柏克:《法国革命论》, 1789 年
		鲍斯韦尔:《约翰逊传》, 1791 年
		马金托希:《为高卢人辩护》, 1791 年
		T. 潘恩:《人权论》, 1791 年
1792 年	杜格尔德·斯图尔特:《人类心灵哲学原理》, 第 1 卷	M. 沃尔斯东克拉夫特:《论女权》, 1792 年

外国哲学、文学和科学	事　件
莱辛:《人的教育与性别》，1780 年	
席勒:《强盗》，1781 年	
康德:《纯粹理性批判》，1781 年	
赫尔德:《人类历史哲学概念》，1784—1791 年	
雅可比:《论斯宾诺莎学说信札》，1785 年	美国联邦宪法拟定，1787 年
拉格朗日:《分析力学》，1788 年	
康德:《实践理性批判》，1788 年	法国革命，1789 年
马滕:《今日法学概要》，1789 年	
拉瓦锡:《化学基本教程》，1789 年	
阿尔菲耶里:《悲剧》，1789 年	
康德:《判断力批判》，1790 年	
费希特:《一切天启的批判》，1792 年	法国国民公会成立共和国，1792 年

英国哲学	英国文学与科学
	戈德温:《政治正义论》,1793 年
	托马斯·潘恩:《理性时代》,1794 年
	伊拉斯谟·达尔文,《动物学》,1794 年
	赫顿:《地球理论》,1795 年
	W. 威尔伯福斯:《实践观》,1797 年
	《反对雅各宾派》,1797 年
1798 年　马尔萨斯:《人口论》	华兹华斯和柯勒律治:《抒情歌谣集》,1798 年
1802 年　佩利:《自然神学》	《爱丁堡评论》(创刊),1802 年

外国哲学、文学和科学	事　件
舒尔茨：《艾奈西德谟》，1792 年	
孔多塞：《人类精神进步史纲要》， 　1793 年	波兰第二次被瓜分，1793 年
费希特：《知识学基础》，1794 年	
沃尔夫：《〈荷马〉引论》，1795 年	法兰西科学院（取代 1793 年废 　除的学院）创建，1795 年
拉普拉斯：《宇宙体系》，1796 年	波兰第三次被瓜分，1795 年
施莱尔马赫：《宗教讲演录》， 　1799 年	尼罗河战役，1798 年 拿破仑·波拿巴任第一执政， 　1799 年
拉普拉斯：《天体力学》，1799— 　1825 年	
赫尔德：《对批判的批判》，1799 年	
谢林：《先验唯心主义体系》， 　1800 年	大不列颠和爱尔兰议会合并， 　1800 年
斯达尔夫人：《论文学》，1800 年	
高斯：《算术研究》，1801 年	英国首次人口普查，1801 年 教会传教协会（C.M.S.）成立， 　1801 年
谢林和黑格尔：《哲学评论杂志》， 　1802 年	第一个英国工厂法，1802 年
梅恩·德·比朗：《论习惯性记忆》， 　1803 年	

英国哲学	英国文学与科学
1805 年 托马斯·布朗:《因果关系的探究》	斯科特:《最末一个行吟诗人之歌》,1805 年 科尔布鲁克:《论吠陀》,1805 年
	兰姆:《英国剧作家的典范》,1808 年 道尔顿:《化学哲学的新体系》,1808—1827 年 拜伦:《英国诗人与苏格兰评论家》,1809 年 柯勒律治:《友人集》,1809 年 黑兹利特:《莎剧人物》,1811 年 简·奥斯丁:《理智与情感》,1811 年

外国哲学、文学和科学	事　件
施莱尔马赫：《批判迄今为止的论理学说》，1803 年	
塞南古：《奥贝曼》，1804 年	拿破仑称帝，1804 年
让·保罗·理克特，《血气方刚之年华》，1804—1805 年	法兰西民法典（即《拿破仑法典》），1804 年
德图特·德·特拉西：《意识形态原理》，1804 年	
克劳斯：《哲学体系概述》，1804 年	特拉法尔加战役，1805 年
	奥斯特里茨战役，1805 年
赫尔巴特：《形而上学要义》，1806 年	耶拿战役，1806 年
	神圣罗马帝国正式告终，1806 年
	不列颠自治领宣布废除奴隶贸易，1807 年
弗里斯：《理性的新批判》，1807 年	
黑格尔：《精神现象学》，1807 年	
歌德：《浮士德》，第一部，1808 年	"半岛战争"，1808—1813 年
奥肯：《自然哲学》，1809 年	
	柏林大学创建，1810 年

英国哲学	英国文学与科学
	欧文:《新人类社会观》,1813 年
	瓦尔特·斯科特:《韦佛利》,1814 年
1817 年　柯勒律治:《文学生涯》	李嘉图,《政治经济学与赋税原理》,1817 年
	雪莱:《伊斯兰的起义》,1818 年
	济慈:《安狄米恩》,1818 年
	哈勒姆:《中世纪史》,1818 年
	詹姆斯·穆勒:《英属印度史》,1818 年
	拜伦:《堂璜》,1819 年
1820 年　托马斯·布朗:《人类心灵哲学讲演录》	
	查默斯:《大都市的基督宗教与市民经济》,1821—1826 年

外国哲学、文学和科学	事　件
卡巴尼斯：《人的肉体与道德的关系》，1812 年	拿破仑从莫斯科退却，1812 年
尼布尔：《罗马史》，1812 年	
黑格尔：《逻辑学》，1812 年	
	莱比锡会战，1813 年
萨维尼：《论立法的当代使命》，1814 年	拿破仑退位，1814 年
拉马克：《无脊椎动物的自然史》，1815 年	滑铁卢战役，1815 年
	法兰西学院恢复，1816 年
居维叶：《动物界》，1817 年	
叔本华：《作为意志与表象的世界》，1819 年	
拉马丁：《诗的沉思集》，1820 年	
德·梅斯特：《圣彼得堡之夜》，1821 年	
施莱尔马赫：《基督宗教信仰》，1821—1822 年	
黑格尔：《法哲学原理》，1821 年	

英国哲学	英国文学与科学
	科姆：《论人的构造》，1828 年
1829 年　詹姆斯·穆勒：《人类心理现象分析》 　　　　汉密尔顿：《论无条件者的哲学》（文章）	莱尔：《地质学原理》，1830—1832 年
1832 年　奥斯汀：《法理学领域之确定》	丁尼生：《诗集》，1832 年
	卡莱尔：《衣裳哲学》（载弗雷泽的《杂志》），1833 年

外国哲学、文学和科学	事　件
海涅：《诗集》，1821 年	
巴德尔：《认识的酝酿》，1822 年	
赫尔巴特：《作为科学的心理学》， 　1824 年	
莱奥帕尔迪：《田园诗集》， 　1824 年	
曼佐尼：《订婚夫妇》，1827 年	
库辛：《哲学史导论》，1828 年	旧教解禁法案，1829 年
维克多·雨果：《欧那尼》，1830 年	
罗斯米尼：《观念的起源》，1830 年	
孔德：《实证哲学教程》，1830— 　1842 年	
维克多·雨果：《巴黎圣母院》， 　1831 年	马志尼创建"青年意大利"党， 　1831 年
歌德：《浮士德》第二部，1832 年	英国第一次国会改革法案， 　1832 年
黑格尔：《宗教哲学讲演录》， 　1832 年	
儒弗鲁瓦：《哲学杂集》，1833 年	法国道德和政治科学院恢复， 　1833 年
约翰·米勒：《生理学手册》， 　1833—1840 年	

英国哲学	英国文学与科学
	布朗宁:《巴拉塞尔士》, 1835 年
	狄更斯:《匹克威克外传》, 1836 年
1838 年　J. S. 穆勒:《论边沁》（条目）	
1840 年　J. S. 穆勒:《论柯勒律治》（条目）	
1804 年　休厄尔:《归纳科学的哲学》	
	纽曼:《第 90 号时论》, 1841 年

外国哲学、文学和科学	事　件
圣西门:《欧洲社会的改造》,1834 年	英国颁布新贫民法,1834 年
巴尔扎克:《高老头》,1834 年	
梅恩·德·比朗:《论肉体与道德的关系》,1834 年	
拉梅内:《一个信徒的诺言》,1834 年	
德·托克维尔:《美国的民主》,1835 年	
凯特莱:《社会物理学》,1835 年	
格里姆:《德国神话》,1835 年	
施特劳斯:《耶稣传》,1835 年	
德·缪塞:《一个世纪儿的忏悔》,1836 年	维多利亚即位,1837 年
库尔诺:《财富理论中数学原理之研究》,1838 年	宪章运动开始,1838 年
特伦德伦堡:《逻辑学研究》,1840 年	
普鲁东:《什么是财产?》,1840 年	
拉梅内:《哲学大纲》,1841—1846 年	
法特克:《论人的自由》,1841 年	
费尔巴哈:《基督宗教的本质》,1841 年	

英国哲学	英国文学与科学
1843 年　J. S. 穆勒：《逻辑学体系》	焦耳：《热的机械等值》（该论文发表于"不列颠学会"），1843 年 法拉第：《电的实验研究》，1844—1855 年 W．G．沃德：《基督宗教教会的理想》，1844 年
1846 年　汉密尔顿（编）《里德著作集》 1847 年　德·摩根：《形式逻辑》	J. H. 纽曼：《论基督宗教学说的发展》，1846 年 格 罗 特：《希 腊 史》，1846—1856 年 萨克雷：《名利场》，1848 年 J．S．穆勒：《政治经济学原理》，1848 年 麦 考 利：《英 国 史》，1848—1850 年
1850 年　斯宾塞：《社会静力学》 1851 年　曼塞尔：《逻辑学导论》	丁尼生：《论记忆》，1850 年 罗斯金：《威尼斯之石》，1851 年

外国哲学、文学和科学	事　件
利斯特:《国家的政治经济制度》, 　1841 年	
爱默生:《论文集》(第一辑), 　1841 年	
乔治·桑:《康素爱萝》,1842— 1844 年	
施蒂纳(C.施米特):《唯一者及其 　所有物》,1844 年	
罗特:《神学伦理学》,1845 年	
A. V. 洪堡:《宇宙》,1845 年	英国取消谷物税,1846 年
赫尔姆霍茨:《力的守恒》,1847 年	马克思恩格斯发表《共产党宣 　言》,1847 年
圣伯夫:《星期一漫谈》(开始), 　1849 年	法兰西第二共和国成立;意大 　利、德国、奥地利、波希米 　亚、波兰爆发革命和起义, 　1848 年
	美国逃亡奴隶法,1850 年
	路易·拿破仑政变,1851 年
屠格涅夫:《猎人笔记》,1852 年	

英国哲学	英国文学与科学
1853 年　H. 马蒂诺（译）：孔德《实证哲学教程》	
1854 年　费里尔：《形而上学基本原理》	
布尔：《思想律》	
1855 年　贝恩：《感觉与理智》	
1855 年　斯宾塞：《心理学原理》	
	乔治·艾略特，《教区生活场景》，1857 年
	巴克尔：《文明史》，1857 年
1858 年　曼塞尔：《宗教思想范围》	梅瑞狄斯：《理查德·弗维莱尔的苦难》，1858 年
1858—1860 年　汉密尔顿：《形而上学与逻辑学讲演录》	菲茨杰拉德：《莪默·伽亚谟的鲁拜集》，1858 年
	达尔文：《物种起源》，1859 年

外国哲学、文学和科学	事　件
勒贡特·德·李勒:《古诗集》, 　1853 年	格拉德斯通的第一次预算案, 　1853 年
雷诺维叶:《一般批判论文集》, 　1854—1864 年	
费舍尔:《哲学史》,1854 年	克里米亚战争,1854—1856 年
毕希纳:《力与物质》,1855 年	
维克多·雨果:《沉思集》,1856 年	
洛采:《小宇宙》,1856—1864 年	
福楼拜:《包法利夫人》,1857 年	印度的反叛,1857—1858 年
波德莱尔:《恶之花》,1857 年	
泰纳:《法国哲学家》,1857 年	
勒南:《宗教史研究》,1857 年	
瓦舍罗:《形而上学与科学》, 　1858 年	
拉扎勒斯与史坦塔尔:《民族心理 　学与语言学杂志》(创刊), 　1859 年	意法对奥战争,1859 年

英国哲学	英国文学与科学
	《论文与评论》，1860 年
	梅因：《古代法》，1861 年
1862 年　斯宾塞：《第一原理》	
1863 年　J. S. 穆勒：《功利主义》	莱尔：《人类古迹》，1863 年
	赫胥黎：《人在自然中的位置》，1863 年
	J. H. 纽曼：《自辩》，1864 年
1865 年　J. S. 穆勒：《论汉密尔顿》	西利：《看这人》，1865 年
约翰·格罗特：《哲学探究》第一部	M. 阿尔诺：《评论文集》，1865 年
霍奇森：《时间与空间》	卢伯克：《史前时代》，1865 年
斯特林：《黑格尔的秘密》	泰勒：《早期人类史》，1865 年
	麦克伦南：《原始婚姻》，1865 年

外国哲学、文学和科学	事　件
费希纳，《心理物理学原理》，1860 年	
托尔斯泰：《战争与和平》，1860 年	维克多·埃马努埃尔即意大利国王位，1861 年
维克多·雨果：《悲惨世界》，1862 年	美国内战，1861—1865 年
勒南：《耶稣传》，1863 年	
福斯特尔·德·库朗热：《古代城邦》，1864 年	
巴斯德：《酒的研究》，1866 年	大西洋海底电缆工程竣工，1866 年
易卜生：《布朗德》，1866 年	
陀思妥耶夫斯基：《罪与罚》，1866 年	克尼格莱茨战役，1866 年

英国哲学	英国文学与科学
	汤姆森和泰特:《自然哲学》,1867 年
	白芝浩:《英国宪法》,1867 年
	布朗宁:《指环与书》,1868—1869 年
1869 年　巴勒特:《物理伦理学》	白芝浩:《物理学与政治学》,1869 年
1870 年　约翰·格罗特:《功利主义哲学之考察》 J. H. 纽曼:《认同入门》	高尔顿:《遗传的天才》,1870 年 克鲁克斯:《唯灵论与科学》,1870 年 杰文斯:《政治经济学理论》,1870 年
1871 年　弗雷泽:《贝克莱著作集》编辑出版	达尔文:《人类起源》,1871 年
1872 年　莫里斯:《道德与形而上学哲学》	M. 阿诺:《文学与教条》,1872 年
1873 年　J. F. 斯蒂芬:《自由,平等,博爱》	克拉克·麦克斯韦:《电磁学》,1873 年
1874 年　杰文斯:《科学原理》	哈代:《远离尘嚣》,1874 年

外国哲学、文学和科学	事　件
朗格：《唯物论史》，1866 年	
卡尔·马克思：《资本论》，1867 年	英国第二次国会改革法，1867 年
W. T. 哈利斯：《思辨哲学杂志》（美国圣路易创刊），1867 年	北德意志联邦成立，1867 年
赫尔姆霍茨，《生理光学》，1867 年	
海克尔：《自然创造史》，1868 年	
哈特曼：《无意识的哲学》，1869 年	苏伊士运河开放，1869 年
泰纳：《理智论》，1870 年	爱尔兰教会实行政教分离，1869 年
里奇尔：《辩白的基督宗教指南》，1870—1874 年	英国教育法案，1870 年
	颁布教皇不谬通谕，1870 年
	色当战役，1870 年
	德意志帝国宣告成立，1871 年
雅奈：《19 世纪诸问题》，1872 年	法兰西第三共和国成立，1871 年
施特劳斯：《新旧信仰》，1872 年	日本政治改革，1871 年
西格瓦特：《逻辑学》，1873—1878 年	

英国哲学	英国文学与科学
刘易斯，《生命与心灵问题》第 1 卷	
格林：《休谟〈人性论〉导论》	
华莱士：《黑格尔的〈逻辑学〉》	
西奇威克：《伦理学方法》	
弗林特：《历史哲学》	
1876 年　布拉德雷：《伦理学研究》	
L. 斯蒂芬：《18 世纪英国思想史》	
约翰·格罗特：《论道德理想》	
1877 年　J. 凯尔德：《康德哲学评述》	G. 艾伦：《生理美学》，1877 年
1877 年　弗林特：《有神论》	
1879 年　斯宾塞：《伦理学资料》	
亚当森：《论康德哲学》	
鲍尔弗：《对哲学怀疑的辩护》	

外国哲学、文学和科学	事　件
冯特：《生理心理学原理》，1874 年	
布特鲁：《论自然规律的偶然性》，1874 年	
布伦坦诺：《经验主义心理学》，1874 年	
费斯克：《宇宙哲学》，1874 年	
	美国伦理学学会创建，1875 年
勒南：《哲学对话与片段》，1876 年	
里尔：《论批判哲学》，1876—1887 年	
铁勒：《宗教史》，1876 年	
隆布罗索：《罪犯》，1876 年	
卡尔都齐：《蛮歌集》，1877 年	俄土战争，1877—1878 年
斯特林堡：《奥洛夫老师》，1878 年	
尼采：《人性的，太人性的》，1878—1890 年	
教皇利奥十三：《永恒之父通谕》，1879 年	
左拉：《小酒店》，1879 年	
特赖奇克：《德国史》第一卷，1879 年	

	英国哲学	英国文学与科学
1880 年	J. 凯尔德:《宗教哲学导论》	
1881 年	维恩:《符号逻辑》	
1882 年	L. 斯蒂芬:《伦理科学》	西利:《自然宗教》,1882 年
1883 年	巴勒特:《物理超验论》	西博姆:《英国村社》,1883 年
	格林:《伦理学导论》	西奇威克:《政治经济学原理》,1883 年
	布拉德雷:《逻辑学原理》	西利:《英国的扩张》,1883 年
1885 年	J. 马蒂诺:《伦理学理论诸类型》	佩特:《伊壁鸠鲁主义者马里乌斯》,1885 年
1886 年	J. 沃德:《心理学》(条目)	戴西:《宪法》,1886 年

外国哲学、文学和科学	事　件
亨利·乔治:《进步与贫困》, 　1881 年	
里博:《心理遗传》,1882 年	德奥意三国军事同盟条约签订, 　1882 年
布尔热:《论当代心理学》,1883 年	
勒斯特·华德:《动力社会学》, 　1883 年	
狄尔泰:《精神科学导论》,1883— 　1889 年	
尼采:《察拉图斯特拉如是说》, 　1883—1891 年	大不列颠新公民权法案,1884 年
《年轻的德国》(诗集),1885 年	
罗伊斯:《哲学的宗教方面》, 　1885 年	
拉舍利哀:《心理学与形而上学》 　(条目),1885 年	
亚迪高:《实证主义的道德学》, 　1885 年	
居约:《道德学大纲》,1855 年	
马赫:《感觉的分析》,1886 年	格拉德斯通的第一个内政法案,
尼采:《善恶的彼岸》,1886 年	1886 年

英国哲学	英国文学与科学
1887 年 塞思（普林格尔·帕蒂森）：《黑格尔主义与人格》	J. C. 莫里森：《人的服侍》，1887 年
1888 年 J. 马蒂诺：《宗教研究》 鲍桑葵：《逻辑学》	
1889 年 E. 凯尔德：《康德的批判哲学》 亚历山大：《道德秩序与进步》	布赖斯：《美联邦》，1889 年
	马歇尔：《经济学原理》，1890 年 弗雷泽：《金枝》，1890 年
1891 年 西奇威克：《政治学原理》 希勒：《斯芬克斯之谜》	韦斯特马克：《人类婚姻史》，1891 年 C. 布思：《伦敦人民的生活和劳动》，1892—1897 年。
1893 年 布拉德雷：《现象和实在》 E. 凯尔德：《宗教进化》 赫胥黎：《伦理学和进化》	皮尔森：《民族生活与民族特征》，1893 年

外国哲学、文学和科学	事　件
苏德曼：《忧愁夫人》，1886 年	
阿纳托尔·法朗士：《文艺生活》， 　1888 年	
阿芬那留斯：《纯粹经验批判》， 　1888—1890 年	
柏格森，《直觉意识研究》，1889 年	
冯特：《哲学体系》，1889 年	
塔尔德：《模拟法则》，1890 年	俾斯麦倒台，1890 年
W.詹姆斯：《心理学原理》，1890 年	
布吕纳蒂埃尔：《文学体裁的进化》 　第一卷，1890 年	
庞巴维克：《资本实证论》，1891 年	
齐美尔：《道德学》，1892 年	
萨尔杜：《无所顾忌的女人》， 　1893 年	
富耶：《观念力心理学》，1893 年	
迪尔凯姆：《社会分工论》，1893 年	

英国哲学	英国文学与科学
	韦伯：《工联主义史》，1894 年
	基德：《社会进化》，1894 年
	波洛克与梅特兰，《英国法律史》，1894 年
1895 年 鲍尔弗：《信仰的基础》	西利：《不列颠政治之进步》，1895 年
弗雷泽：《有神论哲学》	哈迪：《孤儿犹大》，1895 年
1896 年 斯托特：《分析心理学》	莱基：《民主与自由》，1896 年
麦克塔格特：《黑格尔辩证法研究》	
霍布豪斯：《认识论》	
1896—1914 年 梅茨：《19 世纪欧洲思想史》	
	克罗泽：《理智发展史》，1897 年
	韦伯：《工业民主》，1897 年
1898 年 霍奇森：《经验的形而上学》	博德利：《法兰西》，1898 年
华莱士：《自然神学与伦理学》	

外国哲学、文学和科学	事　件
吉丁斯:《社会学原理》, 1893 年	
麦农:《从价值论观点看心理伦理学》, 1894 年	
	伦琴发现 X 射线, 1895 年
柏格森:《物质与记忆》, 1896 年	
萨巴捷:《宗教哲学》, 1897 年	
W.詹姆斯:《信仰意志》, 1897 年	
埃伦费尔斯:《价值论体系》, 1897—1898 年	
	沙皇的和平法令, 1898 年
	西—美战争, 1898 年

英国哲学	英国文学与科学
1899 年　J.沃德：《自然主义与不可知主义》 　　　　鲍桑葵：《国家的哲学理论》	

外国哲学、文学和科学	事　件
麦农：《论高级对象》（条目）， 　1899 年	第一次海牙会议，1899 年 南非战争，1899—1902 年
罗伊斯：《世界与个体》，1900 年	维多利亚女王去世，1901 年

参 考 文 献

在下面这个书目提要中，著作家的名字依年代顺序列出，每个著作家的年代依其最早出现在该表中的著作的出版年代而定。这个一览表并不自称详尽无遗。它不包括中世纪著作家；我们觉得，当接近近代时必须使用一种较严格的筛选原则；杂志上发表的论文一律略掉；其重要著作在1900年之后出版的著作家也未提及。紧接着一位著作家的著作一览表，在某些情况下，也提供了对这位著作家的作品所作批判性评价方面的参考资料。

凡提及的较重要的著作家的观点在主要的近代哲学史中都作了概述或讨论。还有两部从整体上论述英国哲学的书，这就是詹·塞思1912年出版的《英国哲学家和哲学学派》；和T. M.福赛思1910年出版的《英国哲学》。

下面是论述英国哲学史中各个时期的著作：C.德·雷缪萨：《从培根到洛克的英国哲学史》，1875年；约·塔洛罗，《17世纪英国的理性神学与基督教哲学》，第2版，1874年；J.利兰：《对主要自然神论著作家的考察》，1754—1756年；G. V.莱希勒：《英国自然神论史》，1841年；A. S.法勒：《自由思想的批判史》，1862年；詹·亨特：《英国宗教思想》，1870—1872年；莱·斯蒂芬：《18世纪英国思想》，1876年；G.莱昂：《18世纪的英国唯心主义》，1888年；詹·麦科什：《苏格兰哲学》，1875年；A. S.普林格尔·帕蒂森：《苏格兰哲学》，1885年；J.博纳：《哲学与政治经济》，1893年；莱·斯蒂芬：《英国功利主义者》，1900年；E.阿莱维：《哲学激进主义的形成》，1901—1904 年；E. 阿尔比：《英国功利主义史》，1902 年；J. T. 梅茨：《19 世纪的欧洲思想史》（第 3—4 卷尤为重要），1896—1914 年；A. W. 本：《19 世纪的英国理性主义》，1906 年；D. 马森：《近期不列颠哲学》，1865 年；G. 道斯·希克斯，在宇伯维格·海恩茨 1910 年出版的《哲学史》，第 10 版，第四部分，第 54—62 节中；H. 霍夫丁：《现代英国哲学》（德文译本），1889 年。

Sir Thomas More

Libellvs vere avrevs nec minvs salvtaris qvam festiuus, de optimo reip. statu. deque noua Insula Vtopia. (Louvain, 1516; rptd, Paris, 1518; 2nd ed., Basle, 1518.)

A fruteful and pleasaunt worke of the beste state of a publyque weale, and of the newe yle called Utopia...translated into Englyshe by Ralphe Robynson. 1551.

William Baldwin

Treatise of moral Phylosophie, contayning the Sayinges of the Wyse. 1547.

Thomas Wilson

The Rule of Reason, conteining the arte of logique. 1552.
The Arte of Rhetorique. 1553.

Ralph Lever

Arte of Reason rightly termed Witcraft. 1573.

Everard Digby

Theoria analytica, Viam ad Monarchiam Scientiarum demonstrans, totius Philosophiae et reliquarum Scientiarum, necnon primorum postremorumque Philosophorum mysteria arcanaque dogmata enucleans. 1579.

De duplici methodo libri duo, unicam P. Rami methodum refutantes. 1580.

Everardi Digbei Cantabrigiensis admonitioni Francisci Mildapetti... responsio. 1580.

De Arte Natandi. 1587. [Believed to be the earliest treatise on swimming published in England; transl. C. Middleton, 1595.]

Cp. J. Freudenthal, Beiträge zur Geschichte der englischen Philosophie (two articles) in Archiv für Geschichte der Philosophie, vol. IV, 1891.

William Temple

Francisci Mildapetti Navarreni ad Everardum Digbeium Anglum Admonitio de unica P. Rami Methodo rejectis ceteris retinenda. 1580.

Pro Mildapetti de unica methodo defensione contra Diplodophilum, commentatio Gulielmi Tempelli, e Regio Collegio Cantabrigiensis. Huc accessit nonnullarum e physicis et ethicis quaestionum explicatio, una cum epistola de Rami dialectica ad Joannem Piscatorem Argenti-nensem. 1581. Frankfort, 1584.

P. Rami Dialecticae libri duo, scholiis G. Tempelli Cantabrigiensis illustrati. Cambridge, 1584. Frankfort, 1591, 1595.

Jacobi Martini Scoti Dunkeldensis philosophiae professoris publici, in Academia Taurinensi, de prima simplicium et concretorum corporum generatione disputatio. Cambridge, 1584. Frankfort, 1591, 1595. (Martin's book was first published at Turin, 1577.)

Cp. J. Freudenthal, Beiträge zur Geschichte der englischen Philosophie in Archiv für Geschichte der Philosophie, vol. v, 1892.

JOHN CASE

Summa veterum interpretum in universam Dialecticam Aristotelis. 1584. Oxford, 1592. Frankfort, 1593.

Speculum moralium questionum in universam ethicen Aristotelis. Oxford, 1585. Frankfort, 1589.

Sphaera civitatis. Oxford, 1588.

Reflexus speculi moralis. Oxford, 1596.

Thesaurus Oeconomicae. Oxford, 1597.

Lapis philosophicus. Oxford, 1599. London, 1612.

Ancilla philosophiae. Oxford, 1599.

JOHN SANDERSON

Institutionum dialecticarum libri quatuor. Antwerp, 1589. Oxford, 1594, 1602.

WILLIAM PERKINS

Armilla aurea. 1590. Eng. transl. 1600.

The Whole Treatise of the Cases of Conscience. 1608.

FRANCIS BACON[1]

Philosophical Works

i. Parts of the Instauratio Magna

Instauratio magna. 1620. (After two pages beginning ' Franciscus de Verulamio sic cogitavit,' an epistle dedicated to the king, preface, distributio operis, and a page announcing 'deest pars prima instaura-tionis, quae complectitur partitiones scientiarum,' there follows a second title-page: Pars Secunda Operis, quae dicitur Novum Organum, sive Indicia Vera de interpretatione naturae. The same volume also contains: Parasceve ad Historiam Naturalem et Experimentalem.)

Opera. Tomus primus. Qui continet De Augmentis Scientiarum libros IX. 1623. (The second title is: de Dignitate et Augmentis Scientiarum libri IX.)

---

[1] In enumerating Bacon's separate works, Spedding's arrangement (instead of chronological order) has been followed.

Historia Naturalis et Experimentalis ad condendam philosophiam: sive Phaenomena Universi: quae est Instaurationis Magnae pars tertia. 1622. (This volume contains Historia Ventorum, also titles and 'aditus' to five other Historiae, namely, Densi et Rari, Gravis et Levis, Sympathiae et Antipathiae Rerum, Sulphuris Mercurii et Salis, Vitae et Mortis.)

Historia Vitae et Mortis. Sive Titulus Secundus in Historia Naturali et Experimentali ad condendam philosophiam: quae est Instaurationis Magnae pars tertia. 1623.

Historia Densi et Rari (1658)[1].

Sylva Sylvarum: or A Natural History. In ten centuries. Written by the Right Honourable Francis Lord Verulam, Viscount St Alban. Published after the author's death by William Rawley. 1627.

Scala intellectus, sive Filum Labyrinthi (1653) (a preface intended for the fourth part of the Instauratio).

Prodromi, sive Anticipationes Philosophiae Secundae (1653) (a preface intended for the fifth part of the Instauratio).

ii. Works connected with the Instauratio, but not intended
to be included in it.

Cogitationes de natura rerum (1653).

De Fluxu et Refluxu Maris (1653).

De Principiis atque Originibus secundum Fabulas Cupidinis et Coeli (1653).

New Atlantis: a work unfinished. (First published by Rawley at the end of the volume containing Sylva Sylvarum in 1627. Ed. G. C. M. Smith, Cambridge, 1900.)

iii. Works originally designed for parts of the Instauratio
but superseded or abandoned.

Cogitationes de Scientia Humana. (A series of fragments of uncertain date, first published by Spedding (Bacon's Works, vol. III), who supplied the title.)

Valerius Terminus of the Interpretation of Nature; with the annotations of Hermes Stella (1734).

The Twoo Bookes of Francis Bacon of the Proficience and Advancement of Learning Divine and Humane. 1605.

Filum Labyrinthi, sive Formula Inquisitionis (1734) (little else than an English version of the Cogitata et Visa).

De Interpretatione Naturae Prooemium (1653).

Temporis Partus Masculus sive Instauratio Magna Imperii Humani in Universum (1653).

Partis Instaurationis Secundae Delineatio et Argumentum, et Redargutio philosophiarum (1653, in part).

[1] Writings published for the first time in posthumous collections have the date of the collection given in parentheses. Titles will be found under 'Editions.'

Cogitata et Visa: de Interpretatione Naturae, sive de Scientia Operativa (1653).

Filum Labyrinthi; sive Inquisitio Legitima de Motu (1653).

Sequela Cartarum; sive Inquisitio Legitima de Calore et Frigore (1734).

Historia et Inquisitio Prima de Sono et Auditu, et de Forma Soni et Latente Processu Soni; sive Sylva Soni et Auditus (1658).

Phaenomena Universi; sive Historia Naturalis ad Condendam Philosophiam (1653).

Descriptio Globi Intellectualis et Thema Coeli (1653).

De Interpretatione Naturae Sententiae XII (1653).

Aphorismi et Consilia (1653).

Literary Works

Essayes. Religious Meditations. Places of perswasion and disswasion. Seene and allowed. 1597. (There are ten essays in this volume. The Religious Meditations are in Latin and are entitled Meditationes Sacrae; the Places of perswasion and disswasion are in English and are entitled Coulers of Good and Evill; a fragment. Reprinted in 1598, 1604 and 1606.)

The Essaies of Sir Francis Bacon Knight the kings solliciter generall. 1612. (This volume contains essays only—thirty-eight in number, twenty-nine of them new, and the rest corrected and enlarged.)

The Essayes or Counsels, Civill and Morall, of Francis Lo. Verulam, Viscount St Alban. 1625. (This volume contains fifty-eight essays, twenty of them being new and most of the rest altered and enlarged.)

De Sapientia Veterum Liber, ad inclytam academiam Cantabrigiensem. 1609.

The Historie of the Raigne of King Henry the Seventh. 1622.

Advertisement touching an Holy Warre. Written in the year 1622. 1629.

Of the True Greatness of the Kingdom of Britain (1734).

Apothegmes new and old. 1625.

Promus of Formularies and Elegancies (begun 1594, published 1882, and in part by Spedding, vol. VII).

Translation of Certain Psalmes into English Verse. 1625.

Professional Works

Maxims of the Law (written about 1597; first printed 1630).

Reading on the Statute of Uses (read at Gray's Inn in the Lent vacation, 1600; first printed in 1642).

The Arguments of Law of Sir Francis Bacon, Knight, The King's Solicitor-General, in certain great and difficult cases. (Revised by Bacon in 1616, but not published by him; first printed by Blackbourne in 1730.)

Argument in Chudleigh's Case. (Easter Term, 1594.) (Translated from Law French and printed in Spedding's edition, vol. VII.)

The Argument of Sir Francis Bacon, Knight, His Majesty's Solicitor-general, in the Case of the Post-Nati of Scotland. (Delivered before Easter Term, 1608; first printed in 1641.)

The Argument of Sir Francis Bacon, Knight, Attorney-General in the King's Bench, in the Case De Rege Inconsulto. (Delivered Jan. 25, 1616; first printed in Collectanea Jurid.)

A Preparation towards the Union of Laws.

Occasional Writings (a selection)

An Advertisement touching the Controversies of the Church of England (written 1589; first published as pamphlet, 1640).

A Declaration of the Practices and Treasons attempted and committed by Robert, late Earle of Essex. 1601.

A Brief Discourse touching the Happy Union of the Kingdoms of England and Scotland (written 1603).

Certain Considerations touching the better Pacification and Edification of the Church of England (written 1603).

Sir Francis Bacon his Apologie, in certaine imputations concerning the late Earle of Essex. 1604.

A Proposition to His Majesty...touching the Compiling and Amendment of the Laws of England (written 1616, first published 1653).

Editions

1. Collections chiefly of works unpublished in his life-time:
   - (a) Collected by W. Rawley:—Certaine Miscellany works. 1629. Operum moralium et civilium tomus primus. 1638. Resuscitatio. 1657. Opuscula varia posthuma. 1658.
   - (b) Collected by I. Gruter:—Scripta in naturali et universali philosophia. Amsterdam, 1653.
   - (c) Collected by R. Stephens:—Letters written during the reign of King James. 1702. Letters and Remains. 1734.

2. Editions of collected works: by Schönwetter and Gruter, Frankfort, 1665; Mallet, 4 vols., 1740; Stephens, Locker and Birch, 5 vols., 1765; A. Lasalle, French translation, 15 vols., Dijon, 1801–4; Montagu, 16 vols., 1825–36; J. Spedding, R. L. Ellis and D. D. Heath, 14 vols., 1857–74. In the last-named edition, vols. I–III contain the Philosophical Works, vols. IV–V translations of the same, vols. VI–VII Literary and Professional Works, vols. VIII–XIV the Letters and the Life. The Philosophical Works were edited in one volume by J. M. Robertson, 1905.

3. Among editions of separate works mention may be made of the editions of the Advancement of Learning by W. A. Wright, Oxford, 1869, 5th ed., 1900, and by T. Case, Oxford, 1906, and of the Novum Organum by T. Fowler, Oxford, 1878, 2nd ed., 1889.

Works on Bacon's Life and Philosophy

E. A. Abbott. Bacon and Essex. 1877.
— Bacon: an account of his life and works. 1885.
R. Adamson. In Encyclopaedia Britannica, 9th ed.
H. W. Blunt. Bacon's Method. Proc. of Aristotelian Soc. N.S. IV.
E. Cassirer. In his Erkenntnisproblem in der Phil. u. Wissenschaft.
R. W. Church. Bacon. 1884.
R. L. Ellis. General Preface to the Philosophical Works, Bacon's Works, vol. I. 1857.
Fischer, Kuno. Francis Bacon und seine Schule. Entwicklungsgeschichte der Erfahrungsphilosophie. Vol. x of the Jubiläumsausgabe of his Gesch. d. neuern Phil. Heidelberg, 1904. (Third revised edition of a work originally published in 1856, translated into English by J. Oxenford, 1857.)
T. Fowler. Bacon. 1881.
J. v. Liebig. Ueber Francis Bacon und die Methode der Naturforschung. Munich, 1863.
Lord Macaulay. In Edinburgh Review, July 1837; rptd in Essays.
J. Nichol. Bacon. Edinburgh, 1888–9.
C. de Rémusat. Bacon: sa vie, son temps, sa philosophie, et son influence jusqu'à nos jours. Paris, 1857.
W. Whewell. Philosophy of Discovery. Chaps. XV, XVI. 1860.

SIR RICHARD BARCKLEY
A Discourse of the Felicitie of Man: or his *Summum bonum*. 1598.

SIR JOHN DAVIES
Nosce Teipsum. This Oracle expounded in two Elegies. I. Of Humane knowledge. 2. Of the Soule of Man, and the immortalitie thereof. 1599. [The Complete Poems. Ed. A. B. Grosart, 1869, 1876.]

WILLIAM GILBERT
Guilielmi Gilberti Colcestrensis, medici londinensis, de Magnete, magneticisque corporibus, et de magno magnete tellure; Physiologia nova, plurimis et argumentis, et experimentis demonstrata. 1600.
De Mundo nostro Sublunari Philosophia Nova. Opus posthumum. Amsterdam, 1651.

GEORGE DOWNHAM
In Petri Rami Dialecticam. 1606.

JOSEPH HALL
Characters of Vertues and Vices. 1608.
Resolutions and Decisions of Diverse practicall cases of Conscience. 1649.

JOHN SELDEN
The Duello or Single Combat. 1610.

De Dis Syris Syntagmata II. 1617.
The Historie of Tithes. 1618.
Mare Clausum seu de dominio maris. 1635.
De Successionibus ad leges Ebraeorum. 1638.
De jure naturali et gentium juxta disciplinam Hebraeorum. 1640.
Brief Discourse of the Powers of the Peers and Commons. 1640.
Table Talk...edited by R. Milward. 1689.
Opera Omnia. Ed. D. Wilkins. 1723.

ROBERT SANDERSON

Logicae artis compendium. Oxford, 1615.
De juramenti promissorii obligatione praelectiones septem. Habitae...
    A.D. MDCXLVI. 1647.
— translated into English by his Majesties speciall command. 1655.
De obligatione conscientiae praelectiones decem...habitae A.D. MDCXLVII.
    1660. (Ed., with Eng. notes, by W. Whewell, Cambridge, 1851, and
    in Eng. trans. by Wordsworth, bp Chr., Lincoln, 1877.)
Works. Ed. W. Jacobson. Oxford, 1854.

ROBERT FLUDD

Utriusque Cosmi majoris scilicet et minoris, Metaphysica, physica atque
    technica Historia. Frankfort, 1617.
Medicina Catholica, seu mysticum artis medicandi sacrarum (Integrum
    Morborum mysterium). Frankfort, 1629.
Clavis Philosophiae et Alchymiae. Frankfort, 1633.
Philosophia Moysaica. Gouda, 1638 (in English, 1659).

RICHARD CRAKANTHORP

Introductio in metaphysicam. Oxford, 1619.
Logicae libri quinque de praedicabilibus. 1622.
De Providentia Dei tractatus. Cambridge, 1623.

NATHANAEL CARPENTER

Philosophia libera, triplici exercitationum Decade proposita, in qua
    adversus hujus temporis Philosophos dogmata quaedam nova dis-
    cutiuntur. Ed. secunda. Oxford, 1622. (1st ed. in 1621.)

MARTIN FOTHERBY

Atheomastix; clearing foure truthes, against atheists and infidels. 1622.

EDWARD HERBERT

De Veritate, prout distinguitur a Revelatione, a Verisimili, a Possibili, et
    a Falso. Paris, 1624.
De Religione Gentilium, errorumque apud eos causis. Amsterdam, 1663.
    Eng. transl. 1709.
    Cp. C. Güttler, Lord Herbert von Cherbury, 1897; G. V. Lechler,

Geschichte des englischen Deismus, 1841; C. de Rémusat, Lord Herbert de Cherbury, 1874; W. R. Sorley, in Mind, October, 1894.

GEORGE HAKEWILL

An Apologie or Declaration of the Power and Providence of God. Oxford, 1627.

THOMAS HOBBES

Eight Books of the Peloponnesian War written by Thucydides the son of Olorus interpreted with faith and diligence immediately out of the Greek. 1629.

De Mirabilibus Pecci. 1636. [With Eng. trans. 'by a person of quality.' 1678.]

The Elements of Law Natural and Politic. (Circulated in MS. 1640, first published as a whole and under this title by F. Tönnies, 1889.)

Objectiones ad Cartesii Meditationes de prima philosophia vulgo dictae Objectiones Tertiae. (First published in Descartes's Meditationes, 1641.)

Tractatus Opticus. (Published by Mersenne in his Cogitata Physico-Mathematica, 1644.)

Elementorum Philosophiae, Sectio tertia, De Cive. Paris, 1642. [The 2nd ed., with new notes and preface, was entitled Elementa Philosophica De Cive, Amsterdam, 1647.]

Humane Nature; or the Fundamental Elements of Policy. 1650. [Consists of chaps. I–XIII of The Elements of Law.]

De Corpore Politico; or the Elements of Law, Moral and Politick. 1650. [Consists of chaps. XIV–end of The Elements of Law.]

Epistolica dissertatio de principiis justi et decori; continens apologiam pro tractatu de cive. Amsterdam, 1651.

Philosophicall Rudiments concerning Government and Society. 1651. [An English version of De Cive.]

Leviathan Or the Matter, Forme, and Power of a Commonwealth Ecclesi-asticall and Civil. 1651.

Of Liberty and Necessity. 1654. [A publication, not authorized by Hobbes, of a reply by him to the arguments of Bishop Bramhall, written for the marquis of Newcastle in 1646.]

Elementorum Philosophiae Sectio prima, De Corpore. 1655. (Eng. trans. with an appendix entitled ' Six Lessons to the Professors of Mathematics,' 1656.)

The Questions concerning Liberty, Necessity, and Chance. 1656.

Στιγμαι Αγεωμετρίας, Αγροικίας, Αντιπολιτείας, Αμαθείας, or Marks of the Absurd Geometry, Rural Language, Scottish Church Politics, and Barbarisms, of John Wallis. 1657.

Elementorum Philosophiae sectio secunda, De Homine. 1658.

Examinatio et Emendatio Mathematicae hodiernae qualis explicatur in libris Johannis Wallisii. 1660.

Dialogus Physicus, sive de Natura Aeris....Item de duplicatione cubi. 1661.

Seven Philosophical Problems and Two Propositions of Geometry...with an Apology for Himself and his Writings. 1662.

Problemata Physica. 1662.

Mr Hobbes considered in his loyalty, religion, reputation and manners. 1662, 1680. [The latter ed. entitled Considerations upon the Reputation, etc.]

De Principiis et Ratiocinatione Geometrarum. 1666.

Opera Philosophica, quae Latine scripsit, Omnia. Amsterdam, 1668. [Part I rpts De Corpore, De Homine and De Cive; Part II, other mathematical and physical pieces; Part III is a Latin trans. of Leviathan, with a new appendix instead of the former ' Review and Conclusion.']

Quadratura Circuli. Cubatio Sphaerae. Duplicatio Cubi. 1669.

Rosetum Geometricum...cum censura brevi doctrinae Wallisianae de motu. 1671.

Three Papers presented to the Royal Society against Dr Wallis. 1671.

Lux Mathematica excussa collisionibus Johannis Wallisii et Thomae Hobbesii. 1672.

Principia et Problemata aliquot geometrica antehac desperata nunc breviter explicata et demonstrata. 1674.

The Travels of Ulysses, as they were related by himself in Homer's 9th, 10th, 11th, and 12th books of his Odysses. 1673.

The Iliads and Odysses of Homer. Translated out of Greek into English. 1676.

Decamerum Physiologicum; or Ten Dialogues of Natural Philosophy. 1678.

Behemoth; The History of the Civil Wars of England. 1679 (imperfect), 1682.

Thomae Hobbes Malmesburiensis Vita carmine expressa. 1679. (Eng. trans. 1680.)

An Historical Narration concerning Heresie and the punishment thereof. 1680.

A Dialogue between a Philosopher and a Student of the Common Laws of England. 1681.

The Whole Art of Rhetoric. 1681 (written some thirty years before).

An answer to a Book published by Dr Bramhall called the ' Catching of the Leviathan.' 1682 (written 1668).

Historia Ecclesiastica carmine elegiaco concinnata. 1688. (Eng. trans. 1722.)

Editions of Hobbes' Works

The only complete edition of the works is that by Sir W. Molesworth, Latin Works, 5 vols., English Works, 11 vols., 1839–45. Elements of Law and Behemoth were ed. from a revision of the MSS. by F. Tönnies, in 1889. Leviathan has been rptd, Oxford, 1881 and 1909, and the text ed. by A. R. Waller, Cambridge, 1904.

Works on Hobbes

J. J. Baumann. Lehren von Raum, Zeit und Mathematik. 1868. (1. pp. 237-356.)
G. Lyon. La philosophie de Hobbes. 1893.
R. Mondolfo. La morale di T. Hobbes. 1903.
G. C. Robertson. Hobbes. 1886.
Sir L. Stephen. Hobbes. 1904.
G. Tarantino. Saggio sulle idee morali e politiche di T. Hobbes. 1900.
A. E. Taylor. Hobbes. 1909.
F. Tönnies. Hobbes, Leben und Lehre. 1896; 2nd ed., 1912.
— Anmerkungen über die Philosophie des Hobbes (4 articles), in Vierteljahrsschrift für wissenschaftliche Philosophie. 1879-81.

WILLIAM AMES

De conscientia et ejus jure vel casibus. 1630. (English trans. 1639.)

ROBERT GREVILLE, LORD BROOKE

A Discourse opening the nature of that Episcopacie which is exercised in England. 1641.
The Nature of Truth, its union and unity with the Soule. 1641.
Cp. J. Freudenthal, Beiträge zur Geschichte der englischen Philosophie (two articles), in Archiv für Geschichte der Philosophie, VI, 1893.

HENRY MORE

Psychozoia Platonica: or a Platonicall Song of the Soul. 1642.
Philosophical Poems [including the above]. 1647. Edited by A. B. Grosart, 1878.
An Antidote against Atheism. 1653.
Conjectiva Cabbalistica. 1653.
Enthusiasmus Triumphatus. 1656.
The Immortality of the Soule. 1659.
The Grande Mystery of Godliness. 1660.
A Collection of several Philosophical Writings, 2nd ed., 1662.
Enchiridion Ethicum. 1666.
Divine Dialogues. 1668.
Enchiridion Metaphysicum. 1671.
Opera omnia. 1675-79.

RALPH CUDWORTH

Discourse concerning the true notion of the Lord's Supper. 1642.
Sermon preached before the House of Commons, 31 March 1647.
The True Intellectual System of The Universe. 1678; Latin trans. with notes by J. L. Mosheim. Jena, 1733.
A Treatise concerning Eternal and Immutable Morality. With preface by E. Chandler. 1731.

John Wallis

Truth tried, or Animadversions on a Treatise published by Robert lord Brook. 1643.

Elenchus geometriae Hobbianae. Oxford, 1655.

Due correction for Mr Hobbes; or schoole discipline, for not saying his lessons right. Oxford, 1656.

Hobbiani puncti dispunctio...in answer to M. Hobs's στιγμαί. Oxford, 1657.

Hobbius heauton-timorumenos. Oxford, 1662.

Thomae Hobbes quadratura circuli...confutata. Oxford, 1669.

Sir Kenelm Digby

Two Treatises, in the one of which, the Nature of Bodies; in the other, the Nature of Mans soule; is looked into: in way of Discovery of the Immortality of reasonable soules. Paris, 1644.

Of bodies, and of man's soul. To discover the immortality of reasonable souls. With two discourses of the power of sympathy and of the vegetation of plants. 1669.

John Bramhall

The Serpent Salve; or, A Remedy for the biting of an Aspe. 1643/4. [A defence of monarchy, and criticism of the view that all power is derived from the people.]

A Defence of the True Liberty of Human Actions from Antecedent and Extrinsicall Necessity. 1655.

Castigations of Mr Hobbes his last Animadversions in the case concerning Liberty and Universal Necessity. With an appendix concerning the catching of Leviathan or the great Whale. 1658.

Works. Dublin, 1674–7; Oxford, 1842.

Alexander Ross

The Philosophicall Touch-Stone; or Observations upon Sir K. Digbie's Discourses. 1645.

Arcana Microcosmi. 1652.

Πανσέβεια: or, a View of all Religions in the World. 1653.

Leviathan drawn out with a hook; or Animadversions on Mr Hobbes his Leviathan. 1653.

Thomas White

Institutionum Peripateticarum ad mentem...K. Digbaei pars theorica. Leyden, 1646 (in Eng. 1656).

The Grounds of Obedience and Government. 1655.

Sciri, sive sceptices et scepticorum à jure disputationis exclusio. 1663.

Sir Robert Filmer

The Free-holders Grand Inquest, Touching our Sovereign Lord the King And His Parliament. 1647.

The Anarchy of a Limited or Mixed Monarchy. 1648.
The Necessity of the Absolute Power of all Kings. 1648.
Observations concerning the Originall of Government. 1652.
Patriarcha: or the Natural Power of Kings. 1680.

SETH WARD

A philosophicall essay towards an eviction of the being and attributes of
    God. 1652.
Vindiciae academiarum,...with an appendix concerning what M. Hobbs
    and M. Dell have published on this argument. 1654.
In Tho. Hobbii philosophiam exercitatio epistolica. 1656.

NATHANAEL CULVERWEL

An Elegant and Learned Discourse of the Light of Nature. 1652. (Ed.
    J. Brown. Edinburgh, 1857; Selections in Campagnac, The Cambridge
    Platonists, 1901, pp. 211–321.)

JOHN WORTHINGTON

The Christian's Pattern: a translation of the De Imitatione of Thomas à
    Kempis. 1654.
Select Discourses. 1725.
Diary and Correspondence; ed. by J. Crossley. Manchester, 1847–86.

THOMAS STANLEY

The History of Philosophy: containing The Lives, Opinions, Actions and
    Discourses of the Philosophers of every Sect. 1655.

JOHN PORDAGE

Truth appearing. 1655.
Theologia mystica. 1683.

JAMES HARRINGTON

The Common-wealth of Oceana. 1656.
The Prerogative of Popular Government. 1658.
A Discourse shewing that the spirit of Parliaments with a Council in the
    interval, is not to be trusted for a Settlement. 1659.
A Discourse upon this saying 'the Spirit of the nation is not yet to be
    trusted with Liberty.' 1659.
The Art of Law-giving: in III books. 1659.
Aphorisms political. [1659.]
Political Discourses: tending to the introduction of a free...Common-
    wealth in England. 1660.
The Oceana and other Works...collected...by John Toland. 1700.
    Cp. J. Russell Smith, Harrington and his Oceana. 1914.

MATTHEW WREN

Considerations on Mr Harrington's...Oceana. 1657.
Monarchy asserted...in vindication of the Considerations upon Mr Har-
    rington's Oceana. Oxford, 1659.

THOMAS PIERCE

Αὐτοκατακρισις...with occasional reflexions on...Master Hobbs. 1658.

JEREMY TAYLOR

Ductor Dubitantium, or the Rule of Conscience in all her measures; serving as a great Instrument for the determination of Cases of Conscience. 1660.

HENRY STUBBE

The Commonwealth of Oceana put into the Ballance. 1660.

Campanella revived, or an inquiry into the history of the Royal Society. 1670.

HON. ROBERT BOYLE

New Experiments Physico-mechanical. 1660.

An Examen of Mr T. Hobbes his Dialogus physicus de natura aeris. 1662.

New Experiments and Observations touching Cold...To which are added an Examen of antiperistasis, and an examen of Mr Hobs's doctrine about cold. 1665. (3rd ed. with defence against Hobbes's objections. 1682.)

Tracts, containing...2 Animadversions upon Mr Hobbes's problemata de vacuo. 1674.

JOHN SMITH

Select Discourses. 1660. (Selections in Campagnac, The Cambridge Platonists, 1901, pp. 77–157.)

JOSEPH GLANVILL

The Vanity of Dogmatizing: or Confidence in Opinions. 1661.

Scepsis Scientifica: or, Confest Ignorance, the Way to Science. 1665.

Plus Ultra; or the Progress and Advancement of Knowledge since the days of Aristotle. 1668.

Philosophia Pia; or, a discourse of the religious temper, and tendencies of the experimental philosophy which is profest by the Royal Society. 1671.

Essays on Several Important Subjects in Philosophy and Religion. 1676. [Contains: (i) Against Confidence in Philosophy; (ii) Of Scepticism and Certainty; (iii) Modern Improvements of Knowledg; (iv) The Usefulness of Philosophy to Theology; (v) The Agreement of Reason and Religion; (vi) Against Sadducism in the Matter of Witchcraft; (vii) Antifanatick Theologie, and Free Philosophy. In a continuation of the New Atlantis.]

Sadducismus Triumphatus; or, Full and Plain Evidence concerning Witches and Apparitions. 1681.

SIMON PATRICK

A brief account of the new Sect of Latitude-Men together with some reflections on the New Philosophy. 1662.

WILLIAM LUCY

Observations, Censures and Confutations of notorious errours in Mr Hobbes his Leviathan and other his bookes [a revised issue of two tracts, published in 1656 (?) and 1657, under the pseudonym of William Pyke]. 1663.
Cp. T. Loveday, in Mind, N.S., vol. XVII, pp. 493–501.

GEORGE LAWSON

An Examination of the Political part of Mr Hobbs his Leviathan. 1663.

JOSEPH BEAUMONT (1616–99)

Some Observations upon the Apologie of Dr H. More for his Mystery of Godliness. Cambridge, 1665.

SAMUEL PARKER

Tentamina physico-theologica de Deo. 1665.
A free and impartial censure of the Platonick Philosophie. Oxford, 1666.
An account of the nature and extent of the Divine Dominion and Goodness, especially as they refer to the Origenian Hypothesis concerning the Pre-existence of Souls. Oxford, 1667.
A Discourse of Ecclesiastical Politie, wherein the authority of the Civil Magistrate over the Consciences of Subjects in matters of external religion, is asserted; the mischiefs and inconveniences of Toleration are reprobated, and all pretences pleaded on behalf of Liberty of Conscience are fully answered. 1670 [answered by John Owen. Truth and Innocence Vindicated. 1670].
Disputationes de Deo et divina providentia. 1678.
A demonstration of the divine authority of the Law of Nature and of the Christian Religion. 1681.

JOHN WILKINS

An Essay towards a real Character and a Philosophical Language. 1668.
On the Principles and Duties of Natural Religion. 1678.

THEOPHILUS GALE

The Court of the Gentiles. 1669–77.
Idea Theologiae. 1673.
Philosophia Generalis. 1676.

THOMAS TENISON

The Creed of Mr Hobbes examined. 1670.

ANTOINE LEGRAND

Philosophia veterum e mente Renati Descartes more scholastico breviter digesta. 1671.
Institutio philosophiae secundum principia Renati Descartes. 1672.

Apologia pro R. Des-Cartes contra Samuelum Parkerum. 1679.
An entire body of Philosophy, according to the principles of R. Des-Cartes
...translated...by R. Blome. 1694.

FRANCIS GLISSON

Tractatus de Natura Substantiae energetica, seu de vita naturae ejusque
tribus primis facultatibus. 1672.

JOHN MILTON

Artis logicae plenior institutio. 1672.

RICHARD BURTHOGGE

Ταγαθον, or Divine Goodness explicated and vindicated. 1672.
Causa Dei; or, an Apology for God. 1675.
Organum vetus et novum; or, a Discourse of Reason, and Truth. 1678.
An Essay upon Reason, and the Nature of Spirits. 1694.
Of the Soul of the World, and of Particular Souls. 1699.
　　Cp. G. Lyon, L'Idéalisme en Angleterre au xviiie siècle, 1888,
pp. 72-96; E. Cassirer, Das Erkenntnisproblem, 1906, vol. 1, pp. 464-473.

JOHN EACHARD

Mr Hobbs's State of Nature Considered, In a Dialogue between Philautus
and Timothy. 1672.
Some Opinions of Mr Hobbs considered in a second dialogue between
Philautus and Timothy. 1673.

RICHARD CUMBERLAND

De legibus Naturae disquisitio philosophica. 1672. [English trans. by
John Maxwell, 1727; by J. Towers, Dublin, 1750.]

GEORGE RUST

A Discourse of Truth. 1677; Edited by Glanvill. 1682.

JOHN WHITEHALL

The Leviathan found out: or the Answer to Mr Hobbes's Leviathan. 1679.

CHARLES BLOUNT

Anima Mundi. 1679.
Great is Diana of the Ephesians. 1680.
The Two First Books of Philostratus concerning the Life of Apollonius
Tyaneus. 1680.
Miscellaneous Works, with preface by Charles Gildon. 1695.

JAMES TYRRELL

Patriarcha non Monarcha. 1681.
A Brief Disquisition of the Law of Nature...as also confutations of...
Hobbs's principles. 1692.

S. E. P.

THOMAS BURNET

Telluris theoria sacra. 1681–9.
The Theory of the Earth. 1684.
Remarks upon an Essay concerning Humane Understanding. 1697.
Second Remarks upon an Essay, etc. 1697.
Third Remarks upon an Essay, etc. 1699.

JOHN DOWELL

The Leviathan heretical: or...refutation of a book of his, entituled The Historical Narration of Heresie. Oxford, 1683.

JOHN NORRIS

A Collection of Miscellanies. 1687.
The Theory and Regulation of Love, a Moral Essay, to which are added Letters Philosophical and Moral between the Author and Dr Henry More. 1688.
Christian Blessedness...to which is added Reflections upon a late Essay concerning the Human Understanding. 1690.
Letters concerning the Love of God. 1695.
An Account of Reason and Faith in relation to the Mysteries of Christianity. 1697.
An Essay towards the Theory of the Ideal or Intelligible World, design'd for two parts. 1701–4.
A Philosophical Discourse concerning the Natural Immortality of the Soul. 1708.
　　Cp. G. Lyon, L'Idéalisme en Angleterre, Paris, 1888; F. I. Mackinnon, The Philosophy of John Norris of Bemerton, Baltimore, 1910.

JOHN LOCKE

Epistola de Tolerantia ad clarissimum virum T. A. R. P. T. O. L. A. [i.e., theologiae apud Remonstrantes professorem, tyrannidis osorem, Limburgium Amstelodamensem] scripta a P. A. P. O. J. L. A. [i.e., pacis amico, persecutionis osore, Joanne Lockio Anglo]. Tergou, 1689. (Translated into English by William Popple, 1689.)
Two Treatises of Government. In the former, the false Principles and Foundation of Sir Robert Filmer and his Followers, are Detected and Overthrown. The Latter is an Essay concerning the True Original, Extent, and End of Civil Government. 1690. (French transl. 1795; German transl. 1718; Italian transl. 1778.)
An Essay concerning Humane Understanding. 1690. (French transl. 1700; Latin transl. 1701; Dutch transl. 1736; German transl. 1757.)
A second Letter concerning Toleration. 1690.
Some Considerations of The Consequences of the Lowering of Interest, and Raising the Value of Money. 1691.
A Third Letter for Toleration. 1692.

Some Thoughts concerning Education. 1693. (French transl. 1695; German transl. 1729; Italian transl. 1782.)

Further Considerations concerning Raising the Value of Money. 1695.

The Reasonableness of Christianity as delivered in the Scriptures. 1695. (Dutch transl. 1729; German transl. 1733; French transl. 1740.)

A Vindication of The Reasonableness of Christianity, from Mr Edwards's Reflections. 1695.

A Second Vindication of the Reasonableness of Christianity. 1697.

A Letter to the Right Reverend Edward Ld. Bishop of Worcester, concerning Some Passages relating to Mr Locke's Essay of Humane Understanding: in a late Discourse of his Lordships in Vindication of the Trinity. 1697.

Mr Locke's Reply to the Right Reverend the Lord Bishop of Worcester's Answer to his Letter. 1697.

Mr Locke's Reply to the Right Reverend the Lord Bishop of Worcester's Answer to his Second Letter. 1699.

A Paraphrase and Notes on the Epistle of St Paul to the Galatians, &c. 1705.

Posthumous Works. 1706.

Some Familiar Letters between Mr Locke and several of his friends. 1708.

A Collection of Several Pieces of Mr John Locke, published by M. Des Maiseaux under the direction of Mr Anthony Collins. 1720.

Original Letters of Locke, Algernon Sidney, and Lord Shaftesbury. By T. Forster. 1830.

Lettres inédites à ses amis. Publiées par M. H. Ollion. La Haye, 1913.

Collected Editions of Locke's Works

In three volumes folio, 1714 etc.; in four vols. quarto, 1768 etc.; in nine vols. octavo, 1791; in ten vols. 1801, 1812, 1823.

The Philosophical Works. Ed. J. A. St John. 1843, 1854.

Editions of separate works

Essay concerning Human Understanding. By A. C. Fraser. Oxford, 1894.

On the Conduct of the Understanding. By T. Fowler. Oxford, 1881.

Some Thoughts concerning Education. By R. H. Quick. Cambridge, 1880.

Selected Works on Locke's Life and Philosophy

S. Alexander. Locke. (Philosophies Ancient and Modern.) 1908.

J. J. Baumann. Lehren von Raum, Zeit und Mathematik, vol. 1, pp. 357–472. Berlin, 1868.

H. R. Fox Bourne. Life of John Locke. 1876.

John Brown. Locke and Sydenham, in Horae Subsecivae. 1858.

Pierre Coste. Éloge de M. Locke, Nouvelles de la République des Lettres, February, 1705.

M. Ferrari. Locke e il sensismo francese. Milan, 1900.

P. Fischer. Die Religionsphilosophie des John Locke. Erlangen, 1893.

T. Fowler. Locke. (English Men of Letters.) 1880.
A. C. Fraser. Locke. (Blackwood's Philosophical Classics.) 1890.
— Prolegomena to his edition of Locke's Essay. Oxford, 1894.
J. Gibson. Locke's Theory of Knowledge and its historical relations. 1917.
T. H. Green. Introduction to Hume's Treatise, 1874, §§ 1–154. Works, vol. I. 1885.
— Principles of Political Obligation, §§ 51–63. Works, vol. II. 1886.
G. Graf von Hertling. Locke und die Schule von Cambridge. Freiburg i/B., 1892.
Lord King. Life and Letters of John Locke. 1829.
J. Le Clerc. Bibliothèque Choisie. 1716.
G. W. von Leibniz. Nouveaux Essais sur l'entendement humain. First published in Œuvres Philosophiques, publiées par R. E. Raspe. 1765.
Sir F. Pollock. Locke's Theory of the State. Proc. of the British Academy, 1904.
R. Sommer. Lockes Verhaltniss zu Descartes. 1887.
Sir James Fitzjames Stephen. Horae Sabbaticae. 2nd ser. 1892. [Essays 7–10 on Locke.]
T. E. Webb. The Intellectualism of Locke. 1858.

JOHN EDWARDS

A Demonstration of the Existence and Providence of God. 1690.
Some Thoughts concerning the several Causes and Occasions of Atheism... with some brief Reflections on Socinianism and on a late Book entituled "the Reasonableness of Christianity." 1695.
The Socinian Creed. 1697.
A Brief Vindication of the Fundamental Articles of The Christian Faith... from Mr Lock's Reflections. 1697.

JONAS PROAST

The Argument of the Letter concerning Toleration consider'd and answer'd. 1690.
A Third Letter concerning Toleration. 1691.

JOHN RAY

The Wisdom of God manifested in the Works of the Creation. 1691.

RICHARD BENTLEY

Matter and Motion cannot think; or, a Confutation of Atheism from the faculties of the Soul. 1692.
Remarks upon a late Discourse of Free-thinking. By Phileleutherus Lipsiensis. 1713.

WILLIAM MOLYNEUX

Dioptrica Nova. 1692.
A memorial of the life of W. Molyneux; an autobiography. (Published in

An account of the family, etc., by Sir Capel Molyneux. Evesham, 1820.)

Matthew Tindal

Essay of Obedience to the Supreme Powers. 1694.

Essay on the Power of the Magistrate and the Rights of Mankind in Matters of Religion. 1697.

The Liberty of the Press. 1698.

The Rights of the Christian Church. 1706.

Four Discourses on Obedience, Laws of Nations, Power of the Magistrate and Liberty of the Press. 1709.

A Defence of the Rights of the Christian Church. 2nd ed. 1709. [Burned by order of the House of Commons, 1710.]

Christianity as old as the Creation; or the Gospel a Republication of the Religion of Nature. 1730. (German transl., 1741.)

James Lowde

A Discourse concerning the Nature of Man. 1694.

Moral Essays wherein some of Mr Lock's and Monsir Malbranch's opinions are briefly examin'd. 1699.

John Keill

Examination of Dr Burnet's Theory of the Earth. 1695.

Introductio ad veram physicam. 1701.

John Toland

Christianity not mysterious. 1696.

Life of Milton. 1698.

Amyntor, or a Defence of Milton's Life. 1699.

The Art of Governing by Parties. 1701.

Anglia Libera. 1701.

Vindicius Liberius. 1702.

Letters to Serena. 1704.

An Account of the Courts of Prussia and Hanover. 1705.

Adeisidaemon. The Hague, 1709.

Origines Judaicae. The Hague, 1709.

Nazarenus, or Jewish, Gentile and Mahometan Christianity. 1718.

Tetradymus. 1720.

Pantheisticon, sive Formula celebrandae Sodalitatis Socraticae. 1720.

A Collection of Several Pieces of Mr John Toland (with life by Des Maizeaux). 1726.

Cp. G. Berthold, Johann Toland und der Monismus der Gegenwart. 1876.

Charles Leslie (1650–1722)

The Snake in the Grass. 1696.

A Short and Easy method with the Deists. 1698. 5th ed. 1712.

Theological works. 2 vols. 1721. 7 vols. Oxford, 1832.

JOHN SERGEANT

The Method to Science. 1696.
Solid Philosophy asserted, against the fancies of the Ideists, with Reflexions on Mr Locke's Essay concerning Human Understanding. 1697.
Transnatural Philosophy, or Metaphysicks. 1700.

EDWARD STILLINGFLEET

Discourse in Vindication of the Doctrine of the Trinity. 1696.
The Bishop of Worcester's Answer to Mr Locke's Letter. 1697.
The Bishop of Worcester's Answer to Mr Locke's Second Letter. 1698.

JOHN WYNNE

An Abridgement of Locke's Essay concerning Humane Understanding. 1696.

WILLIAM WHISTON (1667–1752)

A New theory of the Earth. 1696.
Primitive Christianity revived. 5 vols. 1711–12.
Historical memoirs of the life and writings of Dr Samuel Clarke. 1730.
The Works of Josephus translated. 1737.
Memoirs of the life and writings of Mr Whiston, written by himself. 2 vols. 1749–50.

SAMUEL BOLD

Discourse on the True Knowledge of Jesus Christ. 1697.
Consideration of the Objections to the Essay on the Human Understanding. 1699.
A Collection of Tracts publish'd in vindication of Mr Locke's Reasonableness of Christianity. 1706.

BENJAMIN WHICHCOTE

Select Sermons, with a preface by the (third) Earl of Shaftesbury. 1698.
Select Discourses, published by J. Jeffery. 1701.
Moral and Religious Aphorisms, republished with additions by S. Salter. 1753.
(Selections from the Sermons and Aphorisms in Campagnac, The Cambridge Platonists, 1901, pp. 1–75.)

PETER BROWNE (d. 1735)

Letter in answer to a Book entitled Christianity not Mysterious. 1699.
Procedure, Extent, and Limits of the Human Understanding. 1728.
Things Divine and Supernatural conceived by Analogy with Things Natural and Human. 1733.

SAMUEL CLARKE

Some Reflections on that part of a book called Amyntor, or a Defence of Milton's Life, which relates to the Writings of the Primitive Fathers, and the Canon of the New Testament. 1699.

A Discourse concerning the Being and Attributes of God, the Obligations of Natural Religion, and the Truth and Certainty of the Christian Revelation. 1705, 1706. [Two courses of Boyle lectures, 1704 and 1705.]

A Letter to Mr Dodwell, wherein all the arguments in his Epistolary Discourse are particularly answered. 1706.

The Scripture Doctrine of the Trinity. 1712.

A Collection of Papers which passed between the late learned Mr Leibnitz and Dr Clarke (to which are added Remarks upon a book entitled A Philosophical Enquiry concerning Human Liberty). 1717.

A Letter to Benjamin Headly, F.R.S., occasioned by the controversy relating to the proportion of Velocity and Force in Bodies in Motion. (Phil. Trans. No. 401.) 1728.

Cp. J. E. Le Rossignol, Ethical Philosophy of S. Clarke, Leipzig, 1892; G. von Leroy, Die phil. Probleme in dem Briefwechsel zw. Leibniz und Clarke, Giessen, 1893.

JOHN MILNER

An account of Mr Lock's religion, out of his own writings, and in his own words. 1700.

WILLIAM KING

De Origine Mali. Dublin and London, 1702. (Engl. transl. by Edmund Law. 1729.)

A Key to Divinity, or a Philosophical Essay on Free Will. 1715.

HENRY LEE

Anti-scepticism: or, notes upon each chapter of Lock's Essay. 1702.

CATHERINE COCKBURN (NÉE TROTTER)

A Defence of the Essay of Human Understanding. 1702. [In answer to Burnet.]

Remarks upon some writers in the controversy concerning the foundations of moral duty. 1743.

Remarks upon the Principles of Dr Rutherford's essay...in vindication of the contrary principles...of the late Dr Samuel Clarke. 1747.

A Vindication of Mr Locke's Christian Principles from the Injurious Imputations of Dr Holdsworth. 1751. [In posthumous Works.]

JOHN BROUGHTON

Psychologia; or an account of the nature of the rational soul. 1703.

THOMAS TAYLOR

The Two Covenants of God with mankind, or the Divine Justice and Mercy explained and vindicated in an Essay designed to show the use and advantages of some of Mr Malebranch's Principles. 1704.

WILLIAM SHERLOCK

Discourse of the Immortality of the Soul. 1705.

Thomas Woolston

The Old Apology for the Truth of the Christian Religion...revived. 1705.
The Moderator between an Infidel and an Apostate. 1725.
Discourses. 1727–9.

William Carroll

A Dissertation upon the tenth chapter of the Fourth Book of Mr Locke's
Essay concerning Humane Understanding; wherein that author's
endeavours to establish Spinoza's atheistical hypothesis...are dis-
cover'd and confuted. 1706.

Henry Dodwell (the elder)

An Epistolary Discourse proving from the Scriptures and the first Fathers
that the Soul is a principle naturally mortal, but immortalized actually
by the pleasure of God. 1706.
A Preliminary Defence of the Epistolary Discourse. 1707.
The Natural Mortality of Human Souls clearly demonstrated. 1708.

Anthony Collins

Essay concerning the use of Reason in propositions the evidence whereof
depends on Human Testimony. 1707.
Priestcraft in Perfection. 1709.
Vindication of the Divine Attributes. 1710.
A Discourse of Free-thinking, occasioned by the Rise and Growth of a
Sect called Free-thinkers. 1713.
Inquiry concerning Human Liberty. 1715.
A Discourse of the Grounds and Reasons of the Christian Religion. 1724.
Scheme of Literal Prophecy considered. 1727.
Liberty and Necessity. 1729.

George Berkeley

Arithmetica absque Algebra aut Euclide demonstrata. Dublin, 1707.
Miscellanea Mathematica. Dublin, 1707.
An Essay towards a New Theory of Vision. Dublin, 1709.
A Treatise concerning the Principles of Human Knowledge. Part 1.
Dublin, 1710. (2nd ed., with "Part 1" omitted from title, London,
1734.)
Passive Obedience: or, The Christian Doctrine of not resisting the Supreme
Power, proved and vindicated, upon the Principles of the Law of
Nature. 1712.
Three Dialogues between Hylas and Philonous. 1713.
De motu: sive de motus principio et natura, et de causa communicationis
motuum. 1721.
An Essay towards preventing the ruin of Great Britain. 1721.
A Proposal for the better supplying of Churches in our Foreign Plantations,
and for converting the savage Americans to Christianity, by a College

to be erected in the Summer Islands, otherwise called the Isles of
Bermuda. 1725.

Alciphron, or the Minute Philosopher. 1732.

The Theory of Vision, or Visual Language...vindicated and explained.
1733.

The Analyst, or, A Discourse addressed to an infidel mathematician. 1734.

A Defence of Free-Thinking in Mathematics. 1735.

The Querist (three parts, Dublin, 1735, 1736, 1737; published together
in revised form, 1750).

Siris, a chain of Philosophical Reflexions and Inquiries concerning the
virtues of Tar-water and divers other subjects connected together
and arising one from another. 1744.

Farther Thoughts on Tar-water (published in his Miscellany, 1752).

Berkeley and Percival: the correspondence of George Berkeley and Sir
John Percival. Ed. by B. Rand. Cambridge, 1914.

Collected Works

Editions appeared in 1784, 1820, 1837, 1843, 1871, 1897-8, 1901. The
standard edition is that by A. Campbell Fraser, 4 vols., Oxford, 1871,
revised, 1901. This is the first really complete edition, and contains the
Commonplace Book, formerly unknown. Fraser has also published
Selections from Berkeley, 1874 (frequently re-edited) and Berkeley (in
Blackwood's Phil. Classics), 1881. In these and in the 1901 edition of the
Works copious bibliographical references will be found. On the text of the
Commonplace Book, see T. Lorenz, in Mind, N.S., vol. XIII, and in Archiv
für Ges. d. Phil., vol. I, 1897. See also M. C. Tyler, Three Men of
Letters. (On G. B. and his American visit.) New York, 1895.

ANTHONY ASTLEY COOPER, THIRD EARL OF SHAFTESBURY

Characteristics of Men, Manners, Opinions, Times, 1711; 2nd ed., 1713.
(New reprint by J. M. Robertson, 1900; French transl., 1769; German
transl., 1776-9.)

Letters to a Young Man at the University. 1716.

Second Characters, ed. by B. Rand. 1914.

Cp. J. Brown, Essays on The Characteristics, 1751; G. v. Giżycki,
Die Phil. Shaftesbury's, Berlin, 1876; G. Zart, Einfluss d. engl. Phil. seit
Bacon auf die deutsche Phil. d. 18ten Jahrhunderts, Berlin, 1881; T. Fowler,
Shaftesbury and Hutcheson, 1882; B. Rand, Life, Letters, and Philo-
sophical Regimen of Shaftesbury, 1900 [contains much material formerly
unpublished].

BERNARD MANDEVILLE

Treatise of the Hypochondriack and Hysterick Passions. 1711.

The Fable of the Bees; or Private Vices, Public Benefits. 1714. (With
An Essay on Charity and Charity Schools, and A Search into the
Nature of Society, 1723.)

Free Thoughts on Religion. 1720.

The Origin of Honour, and the Usefulness of Christianity in War. 1732.

    Cp. P. Sakmann, Mandeville und die Bienenfabel-Controverse. Freiburg i/B., 1897.

BENJAMIN HAMPTON

The Existence of Human Soul after Death proved...Wherein Mr Locke's notion that understanding may be given to matter,...and all other such...opinions, are...confuted. 1711.

ARTHUR COLLIER

Clavis Universalis: or, a New Inquiry after Truth. Being a Demonstration of the Non-Existence, or Impossibility, of an External World. 1713. (Rptd, Edinburgh, 1836 (with letters to Clarke, etc.); in Parr's Metaphysical Tracts, 1837; Chicago, 1909.)

A Specimen of True Philosophy; in a Discourse on Genesis, the first chapter and the first verse. Sarum, 1730. (Rptd in Parr's Metaphysical Tracts, 1837.)

Logology, or a Treatise on the Logos or Word of God, in seven sermons on John, i. 1, 2, 3, 14. 1732.

WILLIAM DERHAM

Physico-Theology (Boyle lectures). 1713.

Astro-Theology. 1715.

Christo-Theology. 1730.

THOMAS CHUBB

The Supremacy of the Father asserted. 1715.

A Discourse concerning Reason. 1731.

The True Gospel of Jesus Christ. 1739.

Posthumous Works. 1748.

JOHN CLARKE (1682–1757)

An Enquiry into the Cause and Origin of Evil. (Boyle lecture, 1720.) [Defended the views of his brother, Samuel Clarke.]

WILLIAM WOLLASTON

The Religion of Nature Delineated. 1722.

    Cp. Drechsler, Ueber Wollaston's Moralphil. Erlangen, 1802.

WILLIAM LAW

Remarks upon a late Book entituled the Fable of the Bees. 1723.

The Case of Reason, or Natural Religion, fairly and fully stated. 1732.

FRANCIS HUTCHESON

An Inquiry into the Original of our Ideas of Beauty and Virtue, in two treatises. 1725.

An Essay on the Nature and Conduct of the Passions and Affections, with
　　Illustrations on the Moral Sense. 1728. (French transl., Amsterdam,
　　1749; German transl., Frankfort, 1762.)
Philosophiae moralis institutio compendiaria. Glasgow, 1742. (English
　　transl., Glasgow, 1747.)
Metaphysicae Synopsis. Glasgow, 1742.
A System of Moral Philosophy. Glasgow, 1755.
Logicae Compendium. Glasgow, 1756.
　　Cp. T. Fowler, Shaftesbury and Hutcheson, 1882; W. R. Scott,
Francis Hutcheson, Cambridge, 1900.

John Clarke (d. 1730)

An Examination of the [Wollaston's] Notion of Moral Good and Evil. 1725.
The Foundation of Morality in theory and practice. York [1730]. [A
　　criticism of Samuel Clarke.]
An Examination of what has been advanced relating to Moral Obligation.
　　1730.
An Examination of the Sketch or Plan of an Answer [by C. Middleton] to
　　a Book entitled Christianity as old as the Creation. 1734.

Thomas Morgan

Philosophical Principles of Medicine. 1725.
A Collection of Tracts. 1726.
The Moral Philosopher. In a Dialogue between Philalethes a Christian
　　Deist, and Theophanes a Christian Jew. 1737.
— Vol. ii. Being a farther Vindication of Moral Truth and Reason.
　　1739.
— Vol. iii. Superstition and Tyranny inconsistent with Theocracy.
　　1740.

John Balguy

A Letter to a Deist concerning the Beauty and Excellency of Moral
　　Virtue. 1726.
The Foundation of Moral Goodness. 1727. Part ii, 1728.
A Collection of Tracts, Moral and Theological [containing the above and
　　others]. 1734.
Essay on Redemption. 1741.

Joseph Butler

Fifteen Sermons preached at the Chapel of the Rolls Court. 1726.
The Analogy of Religion, Natural and Revealed, to the Constitution and
　　Course of Nature. 1736.
Works. Ed. S. Halifax, Oxford, 1849; W. E. Gladstone, Oxford, 1896;
　　J. H. Bernard, 1900.

[Zachary Mayne (?)]

Two Dissertations concerning Sense, and the Imagination. With an
　　Essay on Consciousness. 1728.

EDMUND LAW

An Essay on the Origin of Evil. By [Abp] W. King. Translated from the Latin with notes. 1731.

Inquiry into the Ideas of Space, Time, Immensity and Eternity. Cambridge, 1734.

JOHN GAY

A Dissertation concerning the Principle and Criterion of Virtue and the Origin of the Passions. (Prefixed to Law's transl. of King's Essay on the Origin of Evil.) 1731.

JOSEPH CLARKE

Treatise of Space [a criticism of Samuel Clarke]. 1733.

A further examination of Dr Clarke's Notions of Space. 1734.

ANDREW BAXTER

Enquiry into the nature of the Human Soul, wherein the Immateriality of the Soul is evinced from the principles of Reason and Philosophy. [1733.]

JOHN JACKSON

The Existence and Unity of God proved from his Nature and Attributes [a defence of Clarke]. 1734.

VINCENT PERRONET

A Vindication of Mr Locke. 1736.

A Second Vindication of Mr Locke. 1738.

Some Enquiries chiefly relating to Spiritual Beings, in which the opinions of Mr Hobbes...are taken notice of. 1740.

WILLIAM WARBURTON

The Alliance between Church and State. 1736. 10th ed. 1846.

The Divine Legation of Moses demonstrated on the principles of a Religious Deist. In six books. 2 vols. 1738–41. 9th ed. 1765 (vols. III–V in continuation of the 2 vols. of the 4th ed. of the first part).

A Commentary on Mr Pope's Essay on Man. 1739. Remodelled as A Critical and Philosophical Commentary on Mr Pope's Essay...1742.

The Works of Shakespear...with Comments and Notes by Mr Pope and Mr Warburton. 8 vols. 1747.

A Letter to the Editor of the Letters on the Spirit of Patriotism. 1749.

A View of Lord Bolingbroke's Philosophy in four Letters to a Friend. 1754–5.

The Doctrine of Grace, or the Office and Operation of the Holy Spirit vindicated from the Insults of Infidelity and the Abuses of Fanaticism. 2 vols. 1762.

Works. Ed. R. Hurd (bishop of Worcester). 7 vols. 1788.

PETER ANNET

A Collection of the Tracts of a certain Free Enquirer. 1739-45.
The Resurrection of Jesus considered. 3rd ed. 1744.

DAVID HUME

A Treatise of Human Nature: being an Attempt to introduce the experi-
mental Method of Reasoning into Moral Subjects. Vols. I and II,
1739; vol. III, 1740.
Essays Moral and Political. Edinburgh, 1741. Vol. II, 1742.
Philosophical Essays concerning Human Understanding. 1748.
An Enquiry concerning the Principles of Morals. 1751.
Political Discourses. Edinburgh, 1752.
Essays and Treatises on Several Subjects. In four volumes. 1753-4 (final
edition, 1777).
The History of England. 1754-61.
Four Dissertations. I. The Natural History of Religion. II. Of the Passions.
III. Of Tragedy. IV. Of the Standard of Taste. 1757.
The Life of David Hume, Esq. Written by himself. 1777.
Two Essays [on Suicide and on Immortality]. 1777.
Dialogues concerning Natural Religion. 1779.
Editions of A Treatise of Human Nature and Dialogues concerning Natural
Religion, by T. H. Green and T. H. Grose (with philosophical intro-
ductions by T. H. Green), 2 vols., 1874; of Essays (complete) by the
same (with bibliographical introduction by T. H. Grose), 2 vols.,
1875; of the Treatise, Oxford, 1896, and of the two Enquiries, ib.,
1894 (with indexes) by L. A. Selby-Bigge; of the Dialogues, by
B. McEwen, 1907; of the Political Discourses, by W. B. Robertson,
1908.

Works on Hume

J. Bonar. Philosophy and Political Economy. 1893.
J. H. Burton. Life and Correspondence of David Hume. 1846.
—— Letters of Eminent Persons addressed to David Hume. 1849.
G. von Gižycki. Die Ethik Humes. 1878.
T. H. Green. Introductions to Hume's Treatise. Vols. I and II. Works.
Vol. I. 1885.
C. Hedvall. Humes Erkenntnistheorie. 1906.
G. Birkbeck Hill. Letters of David Hume to W. Strahan. 1888.
T. H. Huxley. Hume (English Men of Letters Series). 1879.
F. Jodl. Leben und Philosophie Humes. 1872.
M. Klemme. Die volkswirtschaftlichen Anschauungen Humes. 1900.
G. Lechartier. David Hume, moraliste et sociologue. 1900.
E. Marcus. Kant's Revolutionsprinzip. Eine exakte Lösung des Kant-
Hume'schen Erkenntnisproblem. 1902.
A. Meinong. Hume-Studien. I, 1877; II, 1882.
E. Pfleiderer. Empirismus und Skepsis in Humes Philosophie. 1874.

O. Quast.　Der Begriff der Belief bei Hume.　1903.
M. Teisseire.　Les Essais économiques de David Hume.　1902.
A. Thomsen.　David Hume.　Sein Leben und seine Philosophie.　1912.

Henry Dodwell (the younger)

Christianity not founded on argument.　1742.

David Hartley

Conjecturae quaedam de sensu motu et idearum generatione.　1746.　In
　　Parr's Metaphysical Tracts, 1837.
Observations on Man, his frame, his duty, and his expectations.　1749.
　　(The edition of 1791 is accompanied by a sketch of the author's
　　life, and by notes and additions translated from the German of
　　H. A. Pistorius.)
Hartley's Theory of the Human Mind, on the principle of the Association
　　of Ideas.　With essays by J. Priestley.　1775.
　　Cp. G. S. Bower.　Hartley and James Mill.　(English Philosophers
Series.)　1881.

Thomas Reid

An Essay on Quantity, in Phil. Trans.　1748.
An Inquiry into the Human Mind on the Principles of Common Sense.
　　1764.
A Brief Account of Aristotle's Logic, in Lord Kames's History of Man.
　　1774.
Essays on the Intellectual Powers of Man.　Edinburgh, 1785.
Essays on the Active Powers of Man.　Edinburgh, 1788.
Works, ed. Sir W. Hamilton.　2 vols.　1846–63.
　　Cp. A. C. Fraser, Reid (Famous Scots Series), 1898; A. Seth Pringle
Pattison, Scottish Philosophy, 1885; Dugald Stewart, in Works, vol. x,
and in Hamilton's Reid, vol. 1.

James Harris

Hermes, or a Philosophical Inquiry concerning Universal Grammar.　1751.
Philosophical Arrangements.　1775.
Philological Inquiries in three parts.　2 vols.　1781.

Henry Home, Lord Kames

Essays on the Principles of Morality and Natural Religion.　1751.　(German
　　transl. 1772.)
Introduction to the Art of Thinking.　1761.
Elements of Criticism.　1762.
Sketches of the History of Man.　1774.
　　Cp. A. F. Tytler (Lord Woodhouselee), Life of Lord Kames.　1807.

Henry St John, Viscount Bolingbroke

Philosophical Works.　Ed. D. Mallet.　1754.

RICHARD PRICE

A Review of the Principal Questions and Difficulties in Morals. 1757. 3rd ed. 1787.

Observations on Reversionary Payments. 1771. 4th ed. 1783.

An Appeal to the Public on the subject of the National Debt. 1772.

Observations on the nature of Civil Liberty, the Principles of Government, and the Justice and Policy of the War with America. 1776.

Additional Observations [on the same subject]. 1777.

The General Introduction and Supplement to the two Tracts on Civil Liberty. 1778.

An Essay on the Population of England. 1780.

A Discourse on the Love of our Country. 1789.

ADAM SMITH

The Theory of Moral Sentiments; or an essay towards an analysis of the principles by which men naturally judge concerning the conduct and character, first of their neighbours, and afterwards of themselves; to which is added, a Dissertation on the Origin of Languages. 1759. 6th ed. 2 vols. 1790.

An Inquiry into the Nature and Causes of the Wealth of Nations. 2 vols. 1776. 6th ed. 3 vols. 1791. Edd. J. R. McCulloch, 1828, etc.; J. E. T. Rogers, 1869; J. S. Nicholson, 1884; E. Cannan, 1904.

Essays on Philosophical Subjects. To which is prefixed an account of the life and writings of the author. By Dugald Stewart. 1795.

Lectures on Justice, Police, Revenue and Arms...reported by a student in 1763. Ed. by E. Cannan. Oxford, 1896.

Works on Adam Smith

W. Bagehot. Economic Studies. 1880.

— Biographical Studies. 1881.

J. Bonar. Philosophy and Political Economy. 1893.

— A Catalogue of the Library of Adam Smith. 1894.

J. A. Farrer. Adam Smith. (English Philosophers series.) 1881.

Viscount Haldane. Adam Smith. (Great Writers series.) 1887.

W. Hasbach. Die allgemeinen philosophischen Grundlagen der von Quesnay und Smith begründeten politischen Ökonomie. Leipzig, 1890.

— Untersuchungen über Adam Smith. Leipzig, 1891.

F. W. Hirst. Adam Smith. (English Men of Letters series.) 1904.

T. E. Cliffe Leslie. Essays in Political and Moral Philosophy. 1879.

J. S. Nicholson. A Project of Empire. 1909.

A. Oncken. Adam Smith in der Culturgeschichte. 1874.

— Adam Smith und Immanuel Kant. 1877.

John Rae. Life of Adam Smith. 1895.

Dugald Stewart. Biographical Memoir of Adam Smith in Trans. R. S. E. 1793. (In vol. containing also memoirs of Robertson and Reid, 1811; in Works, vol. x, 1858.)

GEORGE CAMPBELL

A Dissertation on Miracles. 1762.
The Philosophy of Rhetoric. 1776.

ABRAHAM TUCKER

Freewill, Foreknowledge and Fate. By Edward Search. 1763.
Man in quest of Himself: or a Defence of the Individuality of the Human
 Mind. By Cuthbert Comment. 1763.
The Light of Nature Pursued. By Edward Search. 7 vols. 1768–78.
 (Edited in two vols. by Sir H. P. St John Mildmay, 1836; and, in an
 abridged form, by W. Hazlitt, 1807.)

JAMES OSWALD

An Appeal to Common Sense in behalf of Religion. Edinburgh, 1766.

ADAM FERGUSON

Essay on the History of Civil Society. 1767.
History of the Progress and Termination of the Roman Republic. 1783.
Principles of Moral and Political Science. Edinburgh, 1792.
 Cp. H. Huth, Soziale und individualistische Auffassung...bei Adam
Smith und Adam Ferguson. 1907.

SIR JAMES STEUART [DENHAM]

An Inquiry into the Principles of Political Economy: being an Essay on
 the Science of Domestic Policy in Free Nations. 2 vols. 1767.
 Cp. W. Hasbach, Untersuchungen über Adam Smith. 1891.
(Pp. 369–381.)

JOSEPH PRIESTLEY

The History and Present State of Electricity. 1767.
An Essay on the First Principles of Government. 1768. 2nd ed. 1771.
A Free Address to Protestant Dissenters as such. 1769.
Institutes of Natural and Revealed Theology. 3 vols. 1772–4.
Experiments and observations on different kinds of Air. 6 vols. 1774–86.
An Examination of Dr Reid's Inquiry..., Dr Beattie's Essay..., and
 Dr Oswald's Appeal to Common Sense. 1774.
Disquisitions relating to Matter and Spirit. 1777.
The Doctrine of Philosophical Necessity illustrated. 1777.
A Free Discussion on the doctrines of Materialism, etc. 1778.
Observations on the Importance of the American Revolution. 1784.
 (And many other works chiefly scientific and theological.)
Theological and Miscellaneous Works, ed. J. T. Rutt. 25 vols. 1817–32.
 Cp. T. E. Thorpe, Priestley. (English Men of Science Series.) 1906.

JAMES BEATTIE

An Essay on the Nature and Immutability of Truth in opposition to
 sophistry and scepticism. Edinburgh, 1770. With other essays.
 Edinburgh, 1776.

Dissertations moral and critical. 1783.

Elements of Moral Science. 1790–3.

 Cp. Sir W. Forbes, Life and Writings of Beattie, 2 vols. 1806; M. Forbes, Beattie and his friends, 1904.

JAMES BURNETT, LORD MONBODDO

Of the Origin and Progress of Language. 3 vols. Edinburgh, 1773–6. 2nd ed. 6 vols. 1774–92.

Antient Metaphysics: or, the Science of Universals. 6 vols. Edinburgh, 1779–99.

 Cp. W. Knight, Lord Monboddo and some of his contemporaries, 1900.

JEREMY BENTHAM

 Bentham's MSS, largely unpublished, are deposited in University College, London (Catalogue by T. Whittaker, 1892) and in the British Museum.

A. Works published separately

A Fragment on Government; being an examination of what is delivered on the subject of Government in general in the Introduction to Sir William Blackstone's Commentaries: with a Preface in which is given a Critique of the Work at large. 1776. 3rd ed. 1822. Ed. F. C. Montague. 1891.

View of the Hard Labour Bill. 1778.

Defence of Usury. 1787. 2nd ed. 1790. 3rd ed. 1816.

An Introduction to the Principles of Morals and Legislation. 1789. 2nd ed. 1823. Rptd Oxford, 1879.

The Panopticon, or Inspection House. 1791. (Written 1787.)

A Protest against Law Taxes. 1795.

Poor Laws and Pauper Management (in Arthur Young's Annals, Sept. 1797 and later).

The Panopticon versus New South Wales. 1802.

A Plea for the Constitution. 1803.

Scotch Reform, with a Summary View of a Plan for a Judicatory. 1808. 2nd ed. 1811.

Chrestomathia. 1816.

Swear not at all. 1817. (Written 1813.)

A Table of the Springs of Action, printed 1815. (Ed. James Mill.) 1817.

Catechism of Parliamentary Reform, in The Pamphleteer, Jan. 1817. (Written 1809.)

Papers upon Codification and Public Instruction. 1817. (Written 1811–15.)

Church of Englandism and its Catechism examined. 1818.

Radical Reform Bill, with explanations, in The Pamphleteer, Dec. 1819.

Elements of the Art of Packing as applied to Special Juries. 1821. (Written 1809.)

S. E. P.

Three Tracts relating to Spanish and Portuguese Affairs. 1821.
On the Liberty of the Press [addressed to Spain]. 1821.
The Analysis of the Influence of Natural Religion upon the Temporal Happiness of Mankind, by Philip Beauchamp. (Ed. G. Grote.) 1822.
Not Paul but Jesus, by Gamaliel Smith. 1823.
Codification Proposals. 1823.
Book of Fallacies. (Ed. P. Bingham.) 1824.
The Rationale of Reward. 1825.
The Rationale of Evidence. (Ed. J. S. Mill.) 5 vols. 1827.
The Rationale of Punishment. 1830. (This work and The Rationale of Reward are translated from Dumont, with assistance from the manuscript of Bentham written about 1775.)
Constitutional Code for the use of all Nations and all Governments professing Liberal Opinions. Vol. 1. 1830.
Official Aptitude maximised—Expense minimised. 1831. (A collection of papers written in 1810 and following years.)
Deontology or Science of Morality. (Ed. J. Bowring.) 2 vols. 1834.

B. Works compiled by Étienne Dumont from Bentham's MSS and his Introduction of 1789

Traités de Législation civile et pénale. 3 vols. 1802. 2nd ed. 1820.
Théorie des Peines et des Récompenses. 1811, 1818, 1825.
Tactique des Assemblées délibérantes et Traité des Sophismes politiques. 1816.
Traité des Preuves judiciaires. 1823. (English transl. 1825.)
De l'Organisation judiciaire et de la Codification. 1823.
Theory of Legislation; by Jeremy Bentham. Translated from the French of Étienne Dumont, by R. Hildreth. 1876.

C. Collected Works and Selections

Works. Ed. John Bowring. 11 vols. 1838–43.
Vols. x and xi contain a Life of Bentham and an Index to his Works. The first nine volumes contain the writings published in his life-time (including English versions of those published by Dumont), except the writings on religion. Deontology is not reprinted. The chief contents not previously published in English are:
Principles of the Civil Code (translated from Dumont); Principles of the Penal Code (translated from Dumont); View of a Complete Code of Laws (translated from Dumont); Principles of International Law; Junctiana, Proposal for a junction of the Atlantic and Pacific; Essay on Political Tactics (translated from Dumont); Anarchical Fallacies (summary in Dumont); Protest against Law Taxes; Manual of Political Economy; Pannomial Fragments; Nomography, or the Art of Inditing Laws; Logical Arrangements, or Instruments of Invention and Discovery; Emancipate your Colonies; Securities

against Misrule, addressed to a Mahommedan State; Fragment on Ontology; Essay on Logic; The Constitutional Code (complete).

Benthamiana: or Select Extracts from the works of Jeremy Bentham. Ed. J. H. Burton. Edinburgh, 1843.

D. Biography and Criticism

C. M. Atkinson. Jeremy Bentham. 1905.

A. V. Dicey. Law and Public Opinion in England. Lecture VI. 1905.

C. S. Kenny, in Law Quarterly Review. Vol. XI, nos. 41 and 42. 1895.

J. S. Mill, in London and Westminster Review, August 1838. (Rptd in Dissertations and Discussions. Vol. I. 1859.)

R. v. Mohl. Geschichte und Litteratur der Staatswissenschaften. Book III. 1858.

F. C. Montague. Introduction to edition of A Fragment on Government. 1891.

E. Nys. Études de droit international. 1901.

A. S. Pringle Pattison. The Philosophical Radicals and other essays. 1907.

H. Sidgwick, in Fortnightly Review, May 1877. (Rptd in Miscellaneous Essays and Addresses. 1904.)

THOMAS TAYLOR

Proclus Diadochus. The philosophical and mathematical commentaries... translated. 1778–89.

The mystical...hymns of Orpheus...translated. 1787. New ed. 1896.

A Dissertation on the Eleusinian and Bacchic Mysteries. Amsterdam [1790].

Plato. Works, translated by Sydenham, Floyer, and T. T. 5 vols. 1804.

Aristoteles. Works translated and illustrated with copious elucidations. 10 vols. 1806–12.

Proclus Diadochus. The six books of Proclus on the history of Plato, translated. 1816.

Theoretic Arithmetic. 1816.

Select works of Plotinus translated. 1817. New ed. 1895.

Iamblichus. On the mysteries of the Egyptians...translated. Chiswick, 1821.

Political fragments of Archytas...and other ancient Pythagoreans...translated. Chiswick, 1822.

The Metamorphosis, or, Golden Ass and philosophical works of Apuleius translated. 1822.

Select works of Porphyrius translated. 1823.

The Elements of a new arithmetical notation. 1823.

Pausanias. The description of Greece...translated. New ed. 1824.

WILLIAM PALEY

The Principles of Moral and Political Philosophy. 1785. Ed. R. Whateley, 1859. Ed. A. Bain (Moral Philosophy only). n.d.

Horae Paulinae, or the Truth of the Scripture History of St Paul evinced. 1790.

A View of the Evidences of Christianity. 1794.

Natural Theology, or Evidences of the Existence and Attributes of the Deity collected from the Appearances of Nature. 1802. With notes by Lord Brougham, and Sir C. Bell. 1836.

Works. 7 vols. 1825.

Archibald Alison

Essay on the nature and principles of Taste. 1790.

Sir James Mackintosh

Vindiciae Gallicae: defence of the French Revolution against Burke including strictures on the late production of de Calonne. 1791.

Discourse on the study of the Law of Nature and Nations. 1799.

Dissertation on the progress of Ethical philosophy chiefly during the 17th and 18th centuries. 1830. 10th ed. 1872.

Miscellaneous Works. 3 vols. 1846.

Dugald Stewart

Elements of the Philosophy of the Human Mind. Vol. I. 1792. Vol. II. 1814. Vol. III. 1827.

Outlines of Moral Philosophy. 1793.

Philosophical Essays. 1810.

Memoirs of Adam Smith, William Robertson and Thomas Reid. 1811.

A General View of the Progress of Metaphysical, Ethical and Political Philosophy since the Revival of Letters. (Encyclopaedia Britannica Supplementary Dissertation.) Part I. 1815. Part II. 1821.

The Philosophy of the Active and Moral Powers. 1828.

Works. Ed. Sir W. Hamilton. 11 vols. 1854–8.

Thomas Robert Malthus

An Essay on the Principle of Population as it affects the Future Improvement of Society, with Remarks on the Speculations of Mr Godwin, M. Condorcet, and other Writers. 1798.

An Essay on the Principle of Population; or, a View of its Past and Present effects on Human Happiness. 2nd ed. [of the preceding]. 1803.

Observations on the effects of the Corn Laws. 1814. 3rd ed. 1815.

An Inquiry into the Nature and Progress of Rent. 1815.

Grounds of an Opinion on the Policy of restricting the Importation of Foreign Corn. 1815.

Principles of Political Economy. 1820. 2nd ed. (with life of the author by Bp Otter). 1836.

The Measure of Value stated and illustrated. 1823.

Definitions in Political Economy. 1827.

Summary View of the Principle of Population. 1830.

Cp. J. Bonar, Malthus and his Work, 1885; Letters of Ricardo to Malthus, 1887; L. Cossa, Il Principio di popolazione di T. R. Malthus, 1895; G. de Molinari, Malthus, essai sur le principe de population, 1889; A. Soetbeer, Stellung der Sozialisten zur Malthusschen Bevölkerungslehre, 1886.

THOMAS BROWN

Observations on the Zoonomia of Erasmus Darwin. 1798.
Observations on the nature and tendency of the doctrine of Mr Hume concerning the relation of cause and effect. 1805. (3rd ed. entitled Inquiry into the relation of cause and effect. 1817.)
Lectures on the Philosophy of the Human Mind. 1820.

SAMUEL TAYLOR COLERIDGE

Biographia Literaria. 1817.
Aids to Reflection. 1825.
Confessions of an Inquiring Spirit. 1840.
Essays on Method. 1845.
    Cp. J. H. Green, Spiritual Philosophy. 1865.

DAVID RICARDO

Principles of Political Economy and Taxation. 1817.

GEORGE COMBE

Essays on Phrenology. 1819.
Elements of Phrenology. 1824. 7th ed. 1850.
The Constitution of Man considered in relation to external objects. 1828. 8th ed. 1847.
Lectures on Moral Philosophy. 1840.
Notes on the United States of America. 1841.
Remarks on national education. 1847.
On the Relation between Religion and Science. 1857.
The Currency Question. 1858.

THOMAS CHALMERS

The Christian and Civic Economy of large Towns. 1821-6.
On Political Economy in connection with the moral state and moral prospects of Society. 1832.
The Adaptation of External Nature to the moral and intellectual constitution of Man. 1834.
Sketches of Moral and Mental Philosophy. 1836.
Natural Theology. 1836.

SAMUEL BAILEY

Essays on the formation and publication of opinions and other subjects. 1821.
Critical Dissertation on the nature, measure, and causes of value. 1825.
Essays on the pursuit of Truth and on the progress of Knowledge. 1829.
Rationale of Political Representation. 1835.
Review of Berkeley's Theory of Vision. 1842.
Theory of Reasoning. 1851.
Letters on the Philosophy of the Human Mind. 1855, 1858, 1863.

JAMES MILL

Elements of Political Economy. 1821.
Essays on government, jurisprudence...written for the Supplement to the
　　Encycl. Brit. (privately printed). [1825.]
Analysis of the Phenomena of the Human Mind. 1829. New ed. by
　　J. S. Mill. 1869.
A Fragment on Mackintosh. 1835. New ed. 1870.
The Principles of Toleration. 1837.
　　Cp. A. Bain, James Mill, a biography, 1882; G. S. Bower, Hartley
and James Mill (English Philosophers), 1881.

RICHARD WHATELY

Elements of Logic. 1826.
Elements of Rhetoric. 1828.
Poor Laws. 1834.
Commerce and Absenteeism. 1835.

GEORGE BENTHAM

An Outline of a new System of Logic. 1827.

ISAAC TAYLOR

The Natural History of Enthusiasm. 1829.
Fanaticism. 1833.
Spiritual Despotism. 1835.
The Physical Theory of Another Life. 1836.
Ancient Christianity. 1839-46.
　　Cf. G. Gilfillan, Isaac Taylor, Second Gallery of Literary Portraits,
Edinburgh, 1850.

JOHN ABERCROMBIE

Inquiries concerning the Intellectual Powers or the Investigation of Truth.
　　1830.
The Philosophy of the Moral Feelings. 1833.

SIR JOHN F. W. HERSCHEL

Discourse on the Study of Natural Philosophy. 1830.

JOHN STUART MILL

Essays on some unsettled questions of Political Economy. 1831, 1844.
A System of Logic, ratiocinative and inductive. 1843. 3rd ed. 1850.
　　8th ed. 1872.
Principles of Political Economy. 1848. 6th ed. 1865. Ed. W. J.
　　Ashley. 1909.
Thoughts on Parliamentary Reform. 1859.
On Liberty. 1859.
Dissertations and Discussions. Vols. I and II. 1859. Vol. III. 1867.
　　Vol. IV. 1875.

Considerations on Representative Government. 1861.
Utilitarianism. 1863.
Examination of Sir William Hamilton's Philosophy. 1865.
Auguste Comte and Positivism. 1865.
On the Subjection of Women. 1869.
Autobiography. 1873.
Three Essays on Religion. 1874.
Lettres inédites, par Laveleye. Brussels, 1885.
Early Essays, selected by J. W. M. Gibbs. 1897.
Correspondance inédite avec G. d'Eichthal. Paris, 1898.
Lettres inédites à Auguste Comte, publiées par L. Lévy-Bruhl. Paris,
　　1899.
Letters. Ed. by H. S. R. Elliot. 1910.
　　Cp. A. Bain, J. S. Mill: a criticism, 1882; W. L. Courteney,
Metaphysics of J. S. Mill, 1879; C. Douglas, J. S. Mill: a study of
his philosophy, 1895; Ethics of J. S. Mill, 1897; S. Saenger, J. S.
Mill (Frommanns Klassiker), 1901; J. Watson, Mill, Comte and
Spencer, 1895. (2nd ed. with title An Outline of Philosophy, 1898.)

JOHN AUSTIN

The Province of Jurisprudence Determined. 1832. New ed. 1861.
Lectures on Jurisprudence, or the philosophy of positive law. 1863.

THOMAS CARLYLE

Sartor Resartus. 1834.
Heroes and Hero-worship. 1841.
　　Cp. P. Hensel, Carlyle (Frommanns Klass. d. Phil.). 1900.

WILLIAM HENRY SMITH (1808–1872)

Ernesto. [Philosophical romance.] 1835.
Thorndale; or, The Conflict of Opinions. 1857.
Gravenhurst; or, Thoughts on Good and Evil. 1862.

JAMES MARTINEAU

The Rationale of Religious Inquiry. 1836.
Essays, Philosophical and Theological. 2 vols. 1868.
Religion as affected by Modern Materialism. 1874.
Modern Materialism: its attitude towards Theology. 1876.
Ideal Substitutes for God considered. 1879.
The Relation between Ethics and Religion. 1881.
A Study of Spinoza. 1882.
Types of Ethical Theory. 1885.
A Study of Religion. 1888.
The Seat of authority in Religion. 1890.
　　Cp. J. Estlin Carpenter, James Martineau, theologian and teacher,
1905.

WILLIAM WHEWELL

History of the Inductive Sciences. 1837. (German transl. 1839–42.)
Philosophy of the Inductive Sciences founded upon their history. 1840.
The Elements of Morality, including Polity. 1845.
Lectures on Systematic Morality. 1846.

AUGUSTUS DE MORGAN

Essay on Probabilities. 1838.
Formal Logic; or the Calculus of Inference, necessary and probable. 1847.
Syllabus of a proposed System of Logic. 1860.

WILLIAM THOMSON

An Outline of the necessary Laws of Thought. 1842.

HERBERT SPENCER

The Proper Sphere of Government. 1843.
Social Statics. 1850.
Principles of Psychology. 1855.
Essays, scientific, political and speculative. 3 vols. 1858–74. New ed.
    vol. I. 1891.
Education. 1861.
A System of Synthetic Philosophy: First Principles. 1862. 6th ed. 1899.
    Principles of Biology. 2 vols. 1864–7. New ed. 1898. Principles
    of Psychology. 2 vols. 1870–2. 5th ed. 1890. Principles of Sociology.
    3 vols. 1876–96. Principles of Ethics. 2 vols. 1879–93.
The Classification of the Sciences. 1864.
The Study of Sociology. 1872.
Descriptive Sociology: or, groups of sociological facts...compiled and
    abstracted by D. Duncan, R. Scheppig, and J. Collier. 1873, 1880–1.
The Man *versus* the State. 1884.
The Factors of Organic Evolution. 1887.
The Inadequacy of Natural Selection. 1893.
A Rejoinder to Prof. Weismann. 1893.
Weismannism once more. 1894.
Various Fragments. 1897. Enlarged ed. 1900.
Facts and Comments. 1902.
Autobiography. 1904.
    Cp. F. H. Collins, An Epitome of the Synthetic Philosophy, 1889;
4th ed. 1899; D. Duncan, Life and Letters of H. S., 1908; J. A.
Thomson, Herbert Spencer (English Men of Science), 1906.

GEORGE HENRY LEWES

The Biographical History of Philosophy. 1845–6, 1880.
Comte's Philosophy of the Positive Sciences. 1853.
Aristotle: a chapter from the History of Science. 1864.

Problems of Life and Mind. First Series: The Foundations of a Creed.
1874–5. Second Series: The Physical Basis of Mind. 1877. Third
Series: Problem i: A Study of Psychology. 1879. Third Series:
Problems ii, iii, iv. 1879.

SIR WILLIAM HAMILTON

The Works of Thomas Reid edited. 1846. 3rd ed. 1852. 6th ed. 1863.
A Letter to A. De Morgan, Esq. on his claim to an independent rediscovery
of a new principle in the theory of syllogism. 1847.
Discussions on Philosophy and Literature, Education and University
Reform. 1852. 3rd ed. 1866.
Lectures on Metaphysics and Logic, ed. by H. L. Mansel and J. Veitch.
4 vols. 1858–60.

Works on Hamilton

T. S. Baynes. In Edinburgh Essays. 1857.
M. P. W. Bolton. The Scoto-Oxonian Philosophy. 1867.
— Inquisitio philosophica. 1869.
J. S. Mill. Examination of Sir W. Hamilton's Philosophy. 1865.
W. H. S. Monck. Sir W. Hamilton. (English Philosophers.) 1881.
J. H. Stirling. Sir W. Hamilton: being the philosophy of perception. 1865.
J. Veitch. Memoir of Sir W. Hamilton. 1869.
— Hamilton. (Blackwood's Philos. Classics.) 1879.
— Sir W. Hamilton: the man and his philosophy. 1883.

WILLIAM THOMAS THORNTON (1813–1880)

Overpopulation and its Remedy. 1846.
A Plea for Peasant Proprietors. 1848.
On Labour. 1869.
Old-fashioned Ethics and Common-sense Metaphysics. 1873.

JOHN HENRY NEWMAN

An Essay on the Development of Christian Doctrine. 1846.
A Grammar of Assent. 1870.

JOHN DANIEL MORELL (1816–1891)

Historical and Critical View of the Speculative Philosophy of Europe in
the nineteenth century. 1846.
The Philosophical Tendencies of the Age. 1848.
The Philosophy of Religion. 1849.
Fichte's Contributions to Moral Philosophy. 1860.
Philosophical Fragments. 1878.
An Introduction to Mental Philosophy on the Inductive Method. 1884.

GEORGE BOOLE

The mathematical analysis of Logic. Cambridge, 1847.
An Analysis of the Laws of Thought on which are founded the mathematical theories of Logic and Probabilities. 1854.

Thomas Spencer Baynes

An Essay on the new analytic of logical forms. 1850.

James M'Cosh

Method of Divine government. 1850.
Intuitions of the Mind. 1860.
Present State of Moral Philosophy in England. 1868.
Scottish Philosophy from Hutcheson to Hamilton. 1875.
Development: what it can and what it cannot do. 1884.

Harriet Martineau

Letters on the laws of man's nature and development. (With H. G. Atkinson.) 1851.
The Positive Philosophy of Auguste Comte freely translated and condensed. 1853.
Autobiography. 1877.

Henry Longueville Mansel

Artis Logicae Rudimenta. From the text of Aldrich, with notes and marginal references. 1851. 4th ed. 1862.
Prolegomena Logica. An inquiry into the psychological character of logical processes. 1851.
The Limits of Religious Thought examined. 1858.
Metaphysics, or the Philosophy of Consciousness. 1860.
Philosophy of the Conditioned. 1866.
Letters, Lectures and Reviews. 1873.

James Frederick Ferrier

The Institutes of Metaphysic. 1854.
Scottish Philosophy: the old and the new. 1856.
Lectures on Greek Philosophy and other philosophical remains. 1865.
    Cp. E. S. Haldane, J. F. Ferrier. 1899.

Henry Calderwood

The Philosophy of the Infinite. 1854. 2nd ed. 1861.
Handbook of moral philosophy. 1872. 14th ed. 1888.
The Relations of Mind and Brain. 1877. 3rd ed. 1892.
The Relations of Science and Religion. 1881.
Evolution and Man's place in nature. 1893.
David Hume. (Famous Scots series.) 1898.
    Cp. Life, by W. Calderwood and D. Woodside. 1900.

Alexander Bain

The Senses and the Intellect. 1855. 4th ed. 1894.
The Emotions and the Will. 1859. 4th ed. 1899.
On the Study of Character. 1861.

Mental and Moral Science. 1868.
Logic, deductive and inductive. 2 vols. 1870.
Mind and Body. 1873.
Education as a Science. 1878.
Practical Essays. 1884.
Dissertations on leading philosophical topics. 1903.
Autobiography. 1904.
    Cp. W. L. Davidson, Bain's Philosophy, in Mind. 1904.

FRANCES POWER COBBE

Essay on Intuitive Morals. 1855. 4th ed. with title The Theory of
    Intuitive Morals. 1902.
Broken Lights. 1864.
Studies, new and old. 1865.
Darwinism in morals, and other essays. 1872.
The hopes of the human race. 1874.
The Duties of Women. 1881.
The Peak in Darien. 1882.
A Faithless World. 1885.
The Scientific Spirit of the Age. 1888.
The Friend of Man; and his friends—the poets. 1889.
Life. By herself. 1894. With additions. 1904.

RICHARD CONGREVE

The Politics of Aristotle translated. 1855.
The Catechism of Positive Religion translated. 1858. 2nd ed. 1883.
The new religion in its attitude to the old. 1859.
Essays, political, social, and religious. 3 vols. 1874–1900.
Human Catholicism. 1876. No. 2. 1877.
Comte's System of Positive Polity, vol. IV, translated. 1877.
Religion of Humanity. [Addresses.] 1878, 1879, 1881, 1882.

JOHN TULLOCH

Theism. (Burnet prize essay.) 1855.
Rational Theology and Christian Philosophy in England in the Seven-
    teenth Century. 1872.
Pascal. (Blackwood's Foreign Classics.) 1878.
Modern theories in philosophy and religion. 1884.

ALEXANDER CAMPBELL FRASER

Essays in Philosophy. 1856.
Rational Philosophy in history and in system. 1858.
The Works of George Berkeley edited. 4 vols. 1871. New ed. 1901.
Selections from Berkeley. 1874. 6th ed. 1910.
Berkeley. (Blackwood's Philos. Classics.) 1881.
Locke. (Blackwood's Philos. Classics.) 1890.

An Essay concerning Human Understanding by John Locke. Edited. 1894.
The Philosophy of Theism. 1895-6. 2nd ed. 1899.
Thomas Reid. (Famous Scots series.) 1898.
Biographia Philosophica. 1904.
John Locke as a factor in modern thought. Brit. Acad. Proc. 1904.
Berkeley and Spiritual Realism. 1908.

WILLIAM SPALDING
Introduction to Logical Science. 1857.

SIR HENRY JAMES SUMNER MAINE
Ancient Law: its connection with the Early History of Society and its Relations to Modern Ideas. 1861.

THOMAS HENRY HUXLEY
Man's Place in Nature. 1863.
Lay Sermons, Addresses and Reviews. 1870.
Critiques and Addresses. 1873.
Science and Culture and other Essays. 1881.
Essays upon some controverted questions. 1892.
Collected Essays. 9 vols. 1894.
Scientific Memoirs. 4 vols. 1898-1901.
　　Cp. Life and Letters, by his son, 2 vols. 1900.

GEORGE GROTE
Plato and the other companions of Sōkrates. 1865-70.
Review of the work...entitled Examination of Sir W. Hamilton's Philosophy. 1868.
Aristotle. Ed. A. Bain and G. C. Robertson. 1872.
Minor Works. Ed. A. Bain. 1873.
Fragments on Ethical Subjects. 1876.

JOHN HENRY BRIDGES
Comte's General View of Positivism. 1865.
The Unity of Comte's Life and Doctrine—a reply to J. S. Mill. 1866, 1911.
Comte's System of Positive Polity, vol. 1 and (in part) vol. III translated. 1875, 1876.
Five Discourses on Positive Religion. 1882.
Roger Bacon's Opus majus edited. 1897.
Essays and Addresses, with introduction by F. Harrison, ed. by L. T. Hobhouse. 1907.
Illustrations of Positivism. 1907. Enlarged ed. 1915.
The Life and Work of Roger Bacon. 1914.

JOHN GROTE

Exploratio Philosophica. Pt ɪ. 1865. Pt ɪɪ. 1900.
An Examination of the Utilitarian Philosophy. 1870.
A Treatise on the Moral Ideals. 1876.

SHADWORTH HOLLWAY HODGSON

Time and Space. 1865.
The Theory of Practice. 1870.
The Philosophy of Reflection. 1878.
The Metaphysic of Experience. 1898.
 Cp. G. D. Hicks, in Proc. of the Brit. Acad. vol. ᴠɪ.

JAMES HUTCHISON STIRLING

The Secret of Hegel. 1865. New ed. 1898.
Sir W. Hamilton: being the philosophy of perception. 1865.
Schwegler's Handbook of the History of Philosophy. 1867. 9th ed. 1885.
As regards Protoplasm. 1869. New ed. 1872.
Lectures on the philosophy of law. 1873.
Textbook to Kant, with commentary. 1881.
Philosophy and Theology. (Gifford Lectures.) 1890.
Darwinism, workmen and work. 1894.
What *is* Thought? 1900.
The Categories. 1903.
 Cp. A. H. Stirling, J. H. Stirling, his life and work. 1912.

SIMON SOMERVILLE LAURIE

On the Philosophy of Ethics. 1866.
Primary Instruction in relation to Education. 1867.
Notes on certain British theories of Morals. 1868.
Life and educational writings of Comenius. 1881.
Metaphysica nova et vetusta, a return to Dualism. 1884. New ed. 1889.
 French transl. 1901.
Ethica, or the Ethics of Reason. 1885. 2nd ed. 1891.
Lectures on the rise and early constitution of Universities. 1886.
Institutes of Education. 1892.
Historical Survey of pre-Christian Education. 1895. 2nd ed. 1900.
Synthetica. (Gifford Lectures.) 1906.
 Cp. J. B. Baillie, Prof Laurie's Natural Realism, Mind, N.S., vol. xvɪɪ,
pp. 475–492; vol. xvɪɪɪ, pp. 184–207.

EIGHTH DUKE OF ARGYLL

The Reign of Law. 1866.
Primeval Man. 1869.
The Unity of Nature. 1884.
The Unseen Foundations of Society. 1893.
Autobiography and Memoir (ed. by his widow). 1906.

JAMES HINTON

The Mystery of Pain. 1866.
Chapters on the Art of Thinking and other Essays. 1879.
Philosophy and Religion. 1881.
The Lawbreaker and the Coming of the Law. 1884.

JOHN VENN

The Logic of Chance. 1866. 2nd ed. 1876.
Symbolic Logic. 1881.
The Principles of Empirical or Inductive Logic. 1889.

THOMAS FOWLER

Elements of Deductive Logic. 1867.
Elements of Inductive Logic. 1870. 6th ed. 1892.
Bacon. Novum Organum. Edited. 1878. 2nd ed. 1889.
Locke. (English Men of Letters.) 1880.
Bacon. (English Philosophers.) 1881.
Shaftesbury and Hutcheson. (English Philosophers.) 1882.
Progressive Morality: an essay in ethics. 1884. 2nd ed. 1895.
The Principles of Morals. [With John Matthias Wilson.] 2 pts. 1886.
    (Reissued, 1894.)

JOHN FREDERICK DENISON MAURICE

The Conscience: Lectures on Casuistry. 1868. New ed. 1872.
Lectures on Social Morality. 1870.
Moral and Metaphysical Philosophy. 2 vols. 1871-2.

WALTER BAGEHOT

Physics and Politics. 1869.

WILLIAM STANLEY JEVONS

The Substitution of Similars. 1869.
Pure Logic, or the science of quality apart from quantity. 1871.
The Theory of Political Economy. 1871.
The Principles of Science. 1874. 2nd ed. 1877.
Studies in Deductive Logic. 1880.
Letters and Journal (edited by his wife). 1886.
Pure Logic and other minor works, ed. R. Adamson and H. A. Jevons.
    1890.

JOHN VEITCH

Memoir of Sir W. Hamilton. 1869.
Hamilton. (Blackwood's Philos. Classics.) 1882.
Institutes of Logic. 1885.
Knowing and Being. 1889.
Dualism and Monism. Ed. by R. M. Wenley. 1895.
    Cp. Memoir by M. A. L. Bryce. 1896.

Alfred Barratt

Physical Ethics or the Science of Action. 1869.
Physical Metempiric. 1883.

William Graham

Idealism: an Essay metaphysical and critical. 1872.
The Creed of Science. 1881.
Social Problems. 1886.
Socialism, New and Old. 1890.
English Political Philosophy from Hobbes to Maine. 1899.
Free Trade and the Empire. 1904.

Sir James Fitzjames Stephen

Liberty, Equality, Fraternity. 1873.
Horae Sabbaticae. 1892.
    Cp. Sir L. Stephen, Life of Sir James Fitzjames Stephen. 1895.

James Allanson Picton

The Mystery of Matter. 1873.
The Religion of the Universe. 1904.

Henry Sidgwick

The Methods of Ethics. 1874. 6th ed. 1901.
Outlines of the History of Ethics. 1879. 4th ed. 1896.
Principles of Political Economy. 1883.
The Scope and Method of Economic Science. 1885.
The Elements of Politics. 1891.
Practical Ethics. 1898.
Philosophy: its scope and relations. 1902.
Lectures on the Ethics of Green, Spencer and Martineau. 1902.
The Development of European Polity. 1903.
Miscellaneous Essays and Addresses. 1904.
The Philosophy of Kant and other lectures and essays. 1905.
Memoir. By A. S. and E. M. S. 1906.
    Cp. F. H. Bradley, Mr Sidgwick's Hedonism, 1877; F. H. Hayward, Ethical Philosophy of Sidgwick, 1901; H. Rashdall, Sidgwick's Utilitarianism, in Mind, 1885.

Thomas Hill Green

Introductions to edition of Hume's Treatise by T. H. Green and T. H.
    Grose. 1874–5.
Prolegomena to Ethics. 1883.
Works. Ed. by R. L. Nettleship (with memoir). 3 vols. 1885–8.
    Cp. W. H. Fairbrother, The Philosophy of T. H. Green, 1896; H. Sidgwick, Lectures on The Ethics of Green, etc., 1902.

WILLIAM WALLACE

The Logic of Hegel, translated from the Encyclopaedia. 1874. 2nd ed.
  1892.
Epicureanism. 1880.
Kant. (Blackwood's Philos. Classics.) 1882.
Hegel's Philosophy of Mind. 1894.
Lectures and Essays on Natural Theology and Ethics. 1898.

ROBERT FLINT

The Philosophy of History in France and Germany. 1874. New ed.
  1893.
Theism. 1877. 10th ed. 1902.
Anti-theistic Theories. 1879.
Vico. (Blackwood's Philos. Classics.) 1884.
Socialism. 1894.
Agnosticism. 1903.
Philosophy as scientia scientiarum. 1904.

WILLIAM BENJAMIN CARPENTER

Principles of Mental Physiology. 1874.
Nature and Man: essays scientific and philosophical, ed. by J. Estlin
  Carpenter. 1888.

JAMES SULLY

Sensation and Intuition. 1874.
Pessimism, a history and a criticism. 1877.
Illusions. 1881.
Outlines of Psychology. 1884. New ed. 1892.
The Human Mind. 2 vols. 1892.
Studies of Childhood. 1895.
An Essay on Laughter. 1902.

ROBERT ADAMSON

Roger Bacon: the philosophy of science in the 13th century. Manchester,
  1876.
On the Philosophy of Kant. Edinburgh, 1879. (German transl. 1880.)
Fichte. (Blackwood's Philosophical Classics.) 1881.
The Development of Modern Philosophy, with other lectures and essays
  1903.
The Development of Greek Philosophy. 1908.
A Short History of Logic. 1911.
  Cp. G. Dawes Hicks, Adamson's Philosophical Lectures, in Mind
(new series), vol. XIII.

FRANCIS HERBERT BRADLEY

Ethical Studies. 1876.
Mr Sidgwick's Hedonism. 1877.

The Principles of Logic. 1883.
Appearance and Reality. 1893.
Essays on Truth and Reality. 1914.
　　　Cp. B. Bosanquet, Knowledge and Reality, 1885; A. S. Pringle Pattison, A New Theory of the Absolute, in his Man's Place in the Cosmos, 2nd ed., 1902; H. Rashdall, The Metaphysic of Mr F. H. Bradley, in Proc. of the Brit. Acad., 1912; G. F. Stout, Mr Bradley's Theory of Judgment, in Proc. Arist. Soc., 1903; H. Sturt, Idola Theatri, 1906; H. Höffding, Modern Philosophers (English trans.), 1915.

Sir Leslie Stephen

History of English Thought in the Eighteenth Century. 2 vols. 1876.
　　3rd ed. 1902.
The Science of Ethics. 1882.
An Agnostic's Apology. 1893.
Social Rights and Duties. 1896.
The English Utilitarians. 1900.
　　　Cp. F. W. Maitland, Life and Letters of Sir Leslie Stephen. 1906.

Edith Simcox

Natural Law: an Essay in Ethics. 1877.
Primitive Civilizations. 1894.

Grant Allen

Physiological Aesthetics. 1877.
The Colour Sense. 1879.
The Evolutionist at large. 1881.
The Evolution of the Idea of God. 1897.

Edward Caird

A Critical Account of the Philosophy of Kant. 1877.
Hegel. (Blackwood's Philos. Classics.) 1883.
The Critical Philosophy of Immanuel Kant. 1889.
Essays on Literature and Philosophy. 1892.
The Evolution of Religion. (Gifford Lectures.) 1893.
The Evolution of Theology in the Greek Philosophers. (Gifford Lectures.) 1904.

Frederick Max Müller

The Origin and Growth of Religion as illustrated by the Religions of India. 1878.
Kant's Critique of the Pure Reason translated. 1881.
Science of Thought. 1887.
Natural Religion. 1889.
Physical Religion. 1890.
Anthropological Religion. 1891.
Theosophy or Psychological Religion. 1892.

S. E. P.

GEORGE JOHN ROMANES

A candid examination of Theism, by Physicus. 1878.
Animal Intelligence. 1881.
Mental Evolution in Animals. 1883.
Mental Evolution in Man. 1888.
Darwin and after Darwin. 1892.
Mind and Motion and Monism. 1895.
Thoughts on Religion. 1896.
Essays. 1897.
　　Cp. Life and Letters, by E. Romanes. 1896.

CARVETH READ

On the Theory of Logic. 1878.
Logic, Deductive and Inductive. 1898.
The Metaphysic of Nature. 1905.
Natural and Social Morals. 1909.

THOMAS MARTIN HERBERT

The realistic assumptions of modern science examined. 1879.

THOMAS EDWARD CLIFFE LESLIE

Essays in political and moral philosophy. 1879.
Essays in political economy. 2nd ed. [of the preceding]. 1888.

EDWARD SPENCER BEESLY

Religion and Progress. 1879.
Comte, the successor of Aristotle and St Paul. 1883.
Comte as a moral type. 1885.

WILLIAM KINGDON CLIFFORD

Seeing and Thinking. 1879.
Lectures and Essays, ed. by Sir L. Stephen and Sir F. Pollock. 1879. 2nd
　　ed. 1886.
The Common Sense of the Exact Sciences, ed. by K. Pearson. 1885.

THOMAS NORTON HARPER

The Metaphysics of the School. 1879–84.

RIGHT HON. ARTHUR JAMES BALFOUR

A Defence of Philosophic Doubt. 1879.
Essays and Addresses. 1893.
The Foundations of Belief. 1895.
Decadence. (Sidgwick Memorial Lecture.) 1908.
Theism and Humanism. 1915.

JOHN CAIRD

An Introduction to the Philosophy of Religion. 1880.
Spinoza. (Blackwood's Philos. Classics.) 1888.

EDMUND GURNEY

The Power of Sound. 1880.

Phantasms of the Living. (With F. W. H. Myers and F. Podmore.) 1886.

Tertium Quid: chapters on various disputed questions. 2 vols. 1887.

    Cp. F. W. H. Myers, in Proc. of Soc. for Psychical Res., vol. v, p. 359.

THOMAS DAVIDSON

The Philosophical System of Rosmini-Serbati. 1882.

Aristotle and ancient Educational ideals. 1892.

The Education of the Greek People. 1895.

Rousseau and Education according to Nature. 1898.

A History of Education. 1900.

The Education of the Wage-Earners, ed. C. M. Bakewell. Boston, Mass., 1904.

The Philosophy of Goethe's Faust, ed. C. M. Bakewell. Boston, Mass., 1906.

    Cp. W. Knight, Memorials of Thomas Davidson. 1907.

ANDREW SETH PRINGLE PATTISON

From Kant to Hegel. 1882.

Philosophy as Criticism of Categories, in Essays in Phil. Criticism. 1883.

Scottish Philosophy: a comparison of the Scottish and German Answer to Hume. 1885.

Hegelianism and Personality. 1887.

Man's Place in the Cosmos and other essays. 1897. 2nd ed. 1907.

The Philosophical Radicals and other essays. 1907.

The Idea of God in the light of Modern Philosophy. (Gifford Lectures.) 1917.

DAVID GEORGE RITCHIE

The Rationality of History, in Essays in Phil. Criticism. 1883.

Darwinism and Politics. 1889.

Principles of State-Interference. 1891.

Darwin and Hegel, with other philosophical studies. 1894.

Natural Rights. 1895.

Studies in Social and Political Ethics. 1902.

Philosophical Studies. Ed. by R. Latta. 1905.

BERNARD BOSANQUET

Logic as the Science of Knowledge, in Essays in Phil. Criticism. 1883.

Knowledge and Reality. 1885.

Logic, or the Morphology of Knowledge. 1888. 2nd ed. 1911.

History of Aesthetic. 1892.

The Psychology of the Moral Self. 1897.

The Philosophical Theory of the State. 1899. 3rd ed. 1920.

The Principle of Individuality and Value. (Gifford Lectures.) 1912.

The Value and Destiny of the Individual. (Gifford Lectures.) 1913.

The Distinction between Mind and its Objects. (Adamson Lecture.) 1913.
Three Lectures on Aesthetic. 1915.
Social and International Ideals. 1917.
Some Suggestions in Ethics. 1918.
Implication and Linear Inference. 1920.

RICHARD BURDON (VISCOUNT) HALDANE

The Relation of Philosophy to Science (with J. S. Haldane) in Essays in
　　Phil. Criticism. 1883.
The Pathway to Reality. (Gifford Lectures.) 1903, 1904.

WILLIAM GEORGE WARD

Essays on the Philosophy of Theism. Ed. by Wilfrid Ward. 2 vols. 1884.

AUBERON E. W. M. HERBERT

A Politician in trouble about his soul. 1884.
The Right and Wrong of Compulsion by the State. 1885.
The True Line of Deliverance (in A Plea for Liberty, 1891).
The Voluntaryist Creed. 1908.

GEORGE CROOM ROBERTSON

Hobbes. (Blackwood's Philos. Classics.) 1886.
Philosophical Remains. Ed. by A. Bain and T. Whittaker. 1895.
Elements of General Philosophy. Ed. by C. A. F. Rhys Davids. 1896.
Elements of Psychology. Ed. by C. A. F. Rhys Davids. 1896.

JAMES WARD

Psychology, in Encyclopaedia Britannica. 9th ed. 1886. 10th ed. 1903.
　　11th ed. 1910.
Naturalism and Agnosticism. (Gifford Lectures.) 1899. 4th ed. 1915.
The Realm of Ends, or Pluralism and Theism. (Gifford Lectures.) 1911.
Heredity and Memory. (Sidgwick Lecture.) 1913.
Psychological Principles. 1918.

THOMAS CASE

Physical Realism. 1888.

SAMUEL ALEXANDER

Moral Order and Progress. 1889.
Space, Time, and Deity. (Gifford Lectures.) 1920.

HASTINGS RASHDALL

Doctrine and Development. 1889.
The Theory of Good and Evil. 1907.
Philosophy and Religion. 1909.
Is Conscience an Emotion? 1914.

JOHN STUART MACKENZIE

An Introduction to Social Philosophy. 1890. 2nd ed. 1895.
A Manual of Ethics. 1893. 7th ed. 1910.

Outlines of Metaphysics. 1902. 2nd ed. 1906.
Lectures on Humanism. 1907.
Elements of Constructive Philosophy. 1917.
Outlines of Social Philosophy. 1918.

SIR HENRY JONES

Browning as a philosophical and religious teacher. 1891.
The Philosophy of Lotze. 1895.
Idealism as a practical creed. 1909.
The Principles of Citizenship. 1919.

FERDINAND CANNING SCOTT SCHILLER

Riddles of the Sphinx. 1891. New ed. 1910.
Humanism. 1903. 2nd ed. 1912.
Studies in Humanism. 1907. 2nd ed. 1912.
Plato or Protagoras? 1908.
Formal Logic, a Scientific and Social Problem. 1912.

JOHN HENRY MUIRHEAD

The Elements of Ethics. 1892. 3rd ed. 1910.
Chapters from Aristotle's Ethics. 1900.
Philosophy and Life, and other essays. 1902.
The Service of the State. 1908.
German Philosophy in relation to the War. 1915.
Social Purpose [with H. J. W. Hetherington]. 1918.

JAMES SETH

A Study of Ethical Principles. 1894. 10th ed. 1908.
English Philosophers and Schools of Philosophy. 1902.

LEONARD TRELAWNEY HOBHOUSE

The Theory of Knowledge. 1896.
Mind in Evolution. 1901. 2nd ed. 1915.
Morals in Evolution. 1906. 2nd ed. 1915.
Development and Purpose. 1913.
The Metaphysical Theory of the State. 1918.

GEORGE FREDERICK STOUT

Analytic Psychology. 1896.
A Manual of Psychology. 1898.
The Groundwork of Psychology. 1903.

JOHN McTAGGART ELLIS McTAGGART

Studies in the Hegelian Dialectic. 1896.
Studies in Hegelian Cosmology. 1901.
Some Dogmas of Religion. 1906.
A Commentary on Hegel's Logic. 1910.

RICHARD LEWIS NETTLESHIP

Philosophical Lectures and Remains. 1897.

索　引

本索引的词目顺序依英文版顺序列出，
有关页码均为英文版页码，参见本中文本边码。

Abercrombie, J. J. 阿伯克龙比，358

Adamson, R. R. 亚当森，6 注，128 注，296
以下，368

Alcuin of York 约克的阿尔昆，1

Alexander, S. S. 亚历山大，372

Alison, Archibald 阿奇博尔德·艾莉森，356

Allen, Glant 格兰特·艾伦，369

Ames, W. W. 埃姆斯，44，32

Annet, Peter 彼得·安尼特，144，152，349

Anselm 安瑟伦，82

Aquinas, St Thomas 圣托马斯·阿奎那，5
以下，42，100

Argyll, eighth Duke of 第八代阿盖尔公
爵，365

Aristotle 亚里士多德，2，5，8—11，26，
32，48，97，102，243，253，261

Ascham, R. R. 阿夏姆，11

Aubrey, John 约翰·奥布里，47，49，58

Augustine, St 圣奥古斯丁，131

Austin, John 约翰·奥斯汀，359

Bacon, Anthony 安东尼·培根，15，17

Bacon, Francis 弗兰西斯·培根，6，9，12
以下，14—34，35 以下，48 以下，57，69
以下，102，110，211，269，298，324；
《学术的进展》，14 以下，21 以下，25，
32 以下；《论说文集》，17，32；《崇学
论》，17，20，70 以下，102；《新大西岛》，
17，23—31，34；《林木集》，17，21

Bacon, Sir Nicholas 尼古拉斯·培根爵士，
15 以下

Bacon, Roger 罗吉尔·培根，1，5 以下

Bagehot, W. 白芝浩，278，366

Bailey, Samuel 塞缪尔·贝利，357

Bain, A. A. 贝恩，238，261 以下，293 以
下，362

Baldwin, W. W. 鲍德温，14，323

Balfour, A. J. A.J. 鲍尔弗，370

Balguy, John 约翰·巴尔居，158，347

Backley, R. R. 巴克利，14，328

Barratt, Alfred 艾尔弗雷德·巴勒特，367

Baur, F. C. F. C. 鲍尔，148

Baxter, Andrew 安德鲁·巴克斯特, 348

Baynes, T. S. T. S. 贝恩斯, 243 以下, 244, 362

Beattie, James 詹姆斯·贝蒂, 203, 352

Beaumont, Joseph 约瑟夫·博蒙特, 336

Beccaria, Marchese de 马尔凯塞·德伯卡利亚, 162 注, 220, 224 注, 229

Beesly, E. S. E. S. 比斯利, 370

Bellamine, R. F. R. F. R. 贝拉明, 73

Bentham, George 乔治·边沁, 358

Bentham, Jeremy 杰里米·边沁, 158, 162, 186, 200, 207, 211—231, 236 以下, 240, 242, 250—252, 257, 353

Bentham, Samuel 塞缪尔·边沁, 212

Bentley, R. R. 本特利, 149, 155, 340

Berkley, George 乔治·贝克莱, 44, 57 以下, 95, 104, 132—143, 161, 176, 195, 197, 204, 211, 242, 284, 287, 293 以下, 296, 300, 344；《阿尔西弗朗》, 135, 137, 141；《读书札记簿》, 133, 137, 142；《希拉斯》, 133, 141；《视觉新论》, 133, 137—139；《人类知识原理》, 133, 139—142；《西里斯》, 136, 142

Blackstone, Sir W. W. 布莱克斯通爵士, 216—218

Blair, Hugh 休·布莱尔, 170

Blount, Charles 查尔斯·布朗特, 144 以下, 337

Boehme, Jacob 雅各布·波墨, 102

Bold, Samuel 塞缪尔·博尔德, 129, 342

Bolingbroke, Lord 博林布罗克勋爵, 144, 152, 350

Boole, George 乔治·布尔, 244, 361

Bosanquet, B. B. 鲍桑葵, 292, 371

Bowring, Sir J. J. 鲍林爵士, 216

Boyle, Robert 罗伯特·波义耳, 56, 118 注, 335

Bradley, F. H. F. H. 布拉德雷, 291 以下, 368

Bradwardine, Thomas 托马斯·布拉德沃丁, 1

Bramhall, John 约翰·布兰姆霍尔, 52, 57, 73 以下, 333

Brandenburg, Elector of 布兰登堡选侯, 106

Bridges, J. H. J. H. 布里奇斯, 263, 364

Brooke, Lord 布鲁克勋爵, 42—44, 99, 332

Broughton, John 约翰·布劳顿, 129, 343

Brown, Thomas 托马斯·布朗, 209 以下, 242, 244, 247, 357

Browne, Peter 彼得·布朗, 136 以下, 342

Buccleuch, third Duke of 第三代巴克鲁公爵, 186

Buckingham, first Duke 第一代白金汉公爵, 16, 20, 35

Burghley, Lord 伯利勋爵, 9, 12, 15 以下, 19

Burke, Edmund 埃德蒙·柏克, 198, 212

Burnet, Thomas 托马斯·伯内特, 129, 338

Burnet, Thomas (of Kmneay)（凯姆尼的）托马斯·伯内特, 129

Burthogge, R. R.伯索格，129 以下，337

Burton, J. H. J. H.伯顿，166 注，169

Butler, Joseph 约瑟夫·巴特勒，145，154，163—165，280，347

Caird, Edward 爱德华·凯尔德，290—294，369

Caird, John 约翰·凯尔德，290，370

Calderwood, H. H.考尔德伍德，362

Campanella, T. T.康帕内拉，69

Cambell, George 乔治·坎贝尔，203，352

Carlyle, T. T.卡莱尔，239 以下，250 以下，286，359

Caroline, Queen 卡罗琳王后，135

Carpenter, N. N.卡彭特，13，329

Carpenter, W. B. W. B.卡彭特，368

Carroll, W. W.卡罗尔，344

Case, John 约翰·凯斯，8 以下，324

Case, Thomas 托马斯·凯斯，372

Chalmers, T. T.查默斯，357

Charles I 查理一世，44，72

Charles II 查理二世，51，54

Charles the Bald 秃头查理，2

Charles the Great 查理大帝，1

Chubb, Thomas 托马斯·查布，144，152，346

Cicero 西塞罗，76

Clarendon, Earl of 克拉伦登伯爵，66，73

Clarke, John 约翰·克拉克，346

Clarke, John, Junior 小约翰·克拉克，347

Clarke, Joseph 约瑟夫·克拉克，348

Clarke, Samuel 塞缪尔·克拉克，132，135，145，149 注，150—152，154—159，198，280，342

Cliff Lesilie, T. E. T. E.克里夫·莱斯利，278，370

Clifford, W. K. W. K.克利福德，276，370

Cobbe, F. P. F. P.科布，363

Cockburn, C. C.科博恩，129，343

Cockburn, Lord 科博恩勋爵，170 注

Coleridge, S. T. S. T.柯勒律治，229，240，242，251 以下，284，357

Collier, Arthur 阿瑟·科利尔，143，346

Collins, Anthony 安东尼·柯林斯，109，144 以下，149 以下，344

Combe, George 乔治·库姆，357

Comte, A. A.孔德，253，260，263，273

Condillac, E. B. de 孔狄亚克，113，299

Condorrcet, Marquis de 孔多塞侯爵，232

Congreve, R. R.康格里夫，263，363

Cooke, Sir Anthony 安东尼·库克爵士，15

Copernicus 哥白尼，13，267

Cousin, V. V.库赞，246

Crakanthorp, R. R.克拉坎索普，329

Cromwell, Oliver 奥利弗·克伦威尔，71

Cudeworth, R. R.卡德沃思，74 以下，88—96，97，99，107，157 以下，198，211，300，332

Culverwel, N. N.卡尔弗韦尔，75，78，99—100，334

Cumberland, Richard 理查德·坎伯兰，102
　以下，337

Cunningham, W. W.坎宁安，123 注

Darwin, C. C. 达尔文，31，234，267—
　269，273，277，299

Dawedson, T. T.戴维森，371

Davies, Sir John 约翰·戴维斯爵士，41—
　43，328

Democritus 德谟克利特，89 以下，118 注

de Morgan, A. A.德·摩根，244，360

Derham, W. W.德勒姆，200，346

Descartes, R. R.笛卡尔，36 以下，50，52，
　61，74，78—80，84，87，89，96，101 以
　下，105，111，118 注，120，130 以下，
　136—139，143，156，168，204—
　242，298

Devonshire, first Earl of 第一代得文郡伯爵，
　48 以下

Devonshire, second Earl of 第二代得文郡伯
　爵，48 以下

Devonshire, third Earl of 第三代得文郡伯爵，
　49 以下，54

Diderot, Denis 德尼·狄德罗，161

Digby, Everard 埃弗拉德·狄格比，9—12，
　43，323

Digby, Sir Kenelm 凯内尔姆·狄格比爵士，
　46，101，333

Dionysius, the Areopagite 雅典大法官狄奥尼
　修斯，3

Dodwell, Henry 亨利·多德维尔，344

Dodwell, Henry, junior 小亨利·多德维尔，
　144，152，350

Douglas, J. J.道格拉斯，200

Dowell, John 约翰·道尔，338

Downham, John 约翰·唐阿姆，328

Dumont, E. E.杜蒙，228

Duns Scotus, John 约翰·邓斯·司各脱，1，
　5—7

Dupont de Nemours P. S. 杜邦·德·内慕
　尔，187 注

Eachard, John 约翰·伊查德，74，337

Edwards, John 约翰·爱德华兹，340

Edwards, Jonathan 乔纳森·爱德华兹，135

Elizabeth, Queen 伊丽莎白女王，16，47

Ellis, R. L. R. L. 埃利斯，18 注

Epictetus 爱比克泰德，159

Erigena, John Scotus 约翰·司各特·伊里吉
　纳，1，2—6

Essex, Earl of 埃塞克斯伯爵，10，20

Euclid 欧几里得，50，54

Ferguson, Adam 亚当·弗格森，352

Ferrier, J. F. J. F. 费里尔，241，284—
　286，362

Fichte, J. G. J. G. 费希特，243，284，297

Filmre, Sir R. R. 菲尔默爵士，72 以下，
　121 以下，333

Fischer, Kuno 库诺·费希尔，49 注，300

Flint, Robert 罗伯特·弗林特, 368

Fludd, R. R.弗拉德, 13, 329

Fotherby, M. M.福瑟比, 42, 329

Fowler, E. E.福勒, 75

Fowler, T. T.福勒, 28 注, 366

Foxwell, H. S. H. S.福克斯韦尔, 236 注,

Fraser, A. C. A. C.弗雷泽, 293 以
下, 363

Gale, Theophilus 西奥菲勒斯·盖尔,
102, 336

Galileo, G. G.伽利略, 13, 31, 49 以下,
61, 118 注, 267

Galt, J. J.高尔特, 221

Gassendi, Pierre 皮埃尔·伽森狄, 50, 53

Gay, John 约翰·盖伊, 196, 348

Geulincx, Arnold 阿尔诺·格林克斯, 130

Gibbon, E. E.吉本, 186, 229

Gilbert, W. W. 吉尔伯特, 12 以下,
26, 328

Gildon, Charles 查尔斯·吉尔登, 144

Glanvill, Joseph 约瑟夫·格兰维尔, 100—
102, 335

Glisson, Francis 弗兰西斯·格利森, 337

Godwin, W. W.戈德温, 231 注

Goldsmith, O. O.戈德史密斯, 198

Graham, W. W.格雷厄姆, 367

Grant, Sir A. A.格兰特爵士, 11 注

Green, T. H. T. H.格林, 281, 288—292,
296, 367

Grosseteste, Robert 罗伯特·格罗塞茨特, 1

Grote, George 乔治·格罗特, 231, 250,
261, 364

Grote, John 约翰·格罗特, 264 以下, 365

Grotius, H. H.格劳修斯, 36, 45 以下, 72

Gurney, Edmund 埃德蒙·格尼, 372

Hakewill, G. G.黑克威尔, 42, 330

Haldane, Lord 霍尔丹勋爵, 372

Hales, Alexander of 黑尔斯的亚历山大,
1, 5

Halévy, E. E.哈雷维, 227 注

Hall, Joseph 约瑟夫·霍尔, 44, 328

Hamilton, Sir W. W.汉密尔顿爵士, 239—
249, 253, 256, 269, 284, 293, 361

Hampton, B. B.汉普顿, 346

Harper, T. N. T. N.哈珀, 370

Harrington, James 詹姆斯·哈林顿, 69—
72, 334

Harris, James 詹姆斯·哈里斯, 350

Harrison, F. F.哈里森, 263

Hartley, David 大卫·哈特利, 195—197,
199, 238, 262, 350

Harvey, W. W.哈维, 13, 31, 34

Heath, D. D. D. D.希思, 20 注

Hegel, G. W. F. 黑格尔, 239, 243, 246,
252, 284, 286—290, 293, 295, 298 以下

Helvetius, C. A. 爱尔维修, 219f., 229,
242, 299

Herbert, A. E. W. m. A. E. W. M.赫伯

特，372

Herbert, George 乔治·赫伯特，35

Herbert of Cherbury, Lord 切伯里的赫伯特勋
　爵，35—43，48，144，300，329

Herbert, T. M. T. M.赫伯特，370

Heschel, Sir J. J. 赫谢尔爵士，253 以
　下，358

Hinton, James 詹姆斯·欣顿，366

Hobbes, T. T. 霍布斯，34，46，47—74，
　77，79 以下，89，102，104，110，118
　注，122 以下，160，162 以下，172，
　186，211，253，263，269，298，300；
　《论公民》，53，59；《论物体》，54，59；
　《论政治物体（国家）》，51；《论人》，
　54；《论人性》，51；《利维坦》，53—69；
　《论自由与必然》，55；《哲学原理》，53，
　59；《关于自由的若干问题》，55；《第一
　原理短论》，50

Hobhouse, L. T. L. T.霍布豪斯，373

Hodgson, S. H. S. H.霍奇森，279，282 以
　下，365

Höffding, H. H.霍弗丁，2 注

Hooker, R. R.胡克，14，65，100，114 注

Hume, David 大卫·休谟，34，44，57 以下，
　104，113 以下，120，129，139，142，
　166—186，188，195—197，203—207，
　211，219，221，229，231，233，238，
　242，254—256，284，288 以下，294，299
　以下，349；《自然宗教对话录》，170，
　181—183；《人类理智研究》，169，175 以

下，180 以下；《道德原理研究》，169，
　180 以下；《论著与论文集》，169 以下；
　《道德与政治论文集》，168；《四篇专题论
　文》，169 以下；《宗教的自然史》，154，
　168—170，181 以下；《论奇迹》，169，
　183 以下；《人性论》139，167—181，195

Hunt, J. J.亨特，151 注

Hutcheson, Francis 弗兰西斯·哈奇森，
　161—163，188，219，224，346

Huxley, T. H. T. H. 赫胥黎，275—
　276，364

Jackson, John 约翰·杰克逊，348

James I 詹姆斯一世，10，16 以下，35

Jevons, W. S. W. S.杰文斯，261，366

Jones, Sir H. H.琼斯爵士，373

Jonson, Ben 本·琼生，48

Kames, Lord 凯姆斯勋爵，350

Kant, I. 康德，34，37，110，182，203，
　242 以下，246 以下，279，283 以下，
　286—288，290，295，299

Keill, John 约翰·基尔，341

Kepler 开普勒，13，31

King, W. W.金，129，196，343

Lamb, C. C.兰姆，160

Lansdowne, Marquis of 兰斯多恩侯爵，214

Lardner, N. N.拉德纳，200

Lasswitz, K. K.拉斯威茨，13 注

Laud, W. W. 劳德, 75

Laurie, S. S. S. S. 劳里, 294 以下, 365

Law, Edmund 埃德蒙·劳, 196, 348

Law, W. W. 劳, 163, 346

Lawson, G. G. 劳森, 336

Leclerc, Jean 让·勒克莱尔 107,

Lee, Henry 亨利·李, 129, 343

Legrand, Antoine 安托万·莱格朗, 102, 336

Leibniz, G. W. V. 莱布尼茨, 34, 129, 146, 148, 156, 242, 296, 299

Leicester, Earl of 莱斯特伯爵, 8

Leslie, Charles 查尔斯·莱斯利, 144 以下, 341

Lever, Ralph 拉尔夫·利弗, 14, 323

Lewes, G. H. G. H. 刘易斯, 273—275, 360

Limborch, Philip van 菲立普·范·林保赫, 107

Locke, J. J. 洛克, 37, 40, 72 以下, 104—132, 136—139, 143, 145 以下, 149 以下, 155 以下, 158 注, 159 注, 171 注, 174, 197, 199, 201, 204 以下, 211, 221, 242, 253 以下, 284, 293, 299—301, 338;《理智行为》, 109, 127;《论宗教宽容的信》, 107 以下, 124—126;《人类理智论》, 104, 106—121, 136, 139, 146;《致伍斯特主教的信》, 108;《论基督宗教的合理性》, 109, 126 以下, 145 以下;《论利息与货币》, 109, 123 以下;《教育漫谈》, 109, 127;《政府论两篇》, 106, 121—123

Lowde, James 詹姆斯·洛德, 341

Lowndes, W. W. 朗兹, 124

Lucy, W. W. 卢西, 336

Lully, R. R. 卢利, 42

Macaulay, Lord 麦考莱勋爵, 18, 237

McCosh, James 詹姆斯·麦克希, 362

Machiavelli, N. 马基雅维里, 32

Mackenzie, J. S. J. S. 麦肯齐, 372

Mackintosh, Sir J. J. 麦金托希, 208, 237, 356

McTaggart, J. Mᶜ T. E. 麦克塔格特, 373

Maine, Sir H. J. S. H. J. S. 梅因爵士, 278, 364

Malebranche, N. 马勒伯朗士, 109, 130 以下, 136, 143

Mallet, B. B. 马利特, 152

Malthus, T. T. 马尔萨斯, 231—235, 356

Mandeville, B. B. 曼德维尔, 162, 345

Mansel, H. L. H. L. 曼塞尔, 248 以下, 269, 362

Mansfield, Lord 曼斯菲尔德勋爵, 212

Marcus Aurelius 马库斯·奥勒留, 159 以下

Martin, J. J. 马尔丁, 12

Martineau, H. H. 马蒂诺, 263, 362

Martineau, J. J. 马蒂诺, 265—267, 359

Masham, Lady 马萨姆夫人, 107

Masham, Sir Francis 弗兰西斯·马萨姆爵

士，107

Masson, D. D. 马森，239 注

Maurice, F. D. F. D. 莫里斯，265，366

Mayne, Zachary 扎卡里·梅恩，129，347

Melville, A. A. 梅尔维尔，11

Melville, J. J. 梅尔维尔，11 注

Menger, A. A. 门格尔，236 注

Mersenne, Marin 马林·梅森，50—52

Merz, J. T. J. T. 默茨，301 注

Middleton, C. C. 米德尔顿，153

Mill, James 詹姆斯·穆勒，195，209，215
以下，235—238，240，249，262，358

Mill, J. S. J. S. 穆勒，216，220，228，
238—240，242，248—264，277—280，
288，299 以下，358

Milner, John 约翰·米尔内，343

Milton, John 约翰·密尔顿，34，72，78，
125，337

Mirabeau, Comte de 米拉博伯爵，214

Molyneux, William 威廉·莫利纽克斯，
109，119，137，340

Monboddo, Lord 蒙博多勋爵，353

Montesquieu, E. L. de S. 孟德斯鸠，183

More, Henry 亨利·莫尔，74—76，78—79，
93，95，97，99 以下，130，211，
300，332

More, Sir Thomas 托马斯·莫尔爵士，43，
69 以下，323

Morell, J. D. J. D. 莫雷尔，361

Morgan, Thomas 托马斯·摩根，144，

152，347

Moschus 摩萨斯，90

Moses 摩西，67，90

Muirhead, J. H. J. H. 缪尔黑德，373

Müller, F. Max F. 马克斯·缪勒，369

Mullinger, J. B. J. B. 摩林杰，11 注，
12 注

Napier, John 约翰·纳皮尔，31

Napier, M. M. 内皮尔，237

Nettleship, R. L. R. L. 内特尔希普，373

Newcastle, Marquis of 纽加塞尔侯爵，51
以下

Newman, J. H. J. H. 纽曼，361

Newton, Sir Isaac 伊萨克·牛顿爵士，109，
137，153，155 以下，195，299

Nitzsche, F. W. 尼采，300

Nieuwentyt 纽温蒂特，201

Norris, John 约翰·诺里斯，109，129—
131，143，300，338

Ockham, William of 奥卡姆的威廉，1，5，7

Orme, W. W. 奥姆，124 注

Oswald, James 詹姆斯·奥斯瓦尔德，
203，352

Owen, John 约翰·欧文，124 以下

Paley, W. W. 佩利，197，200—202，213，
224，231 注，355

Paracelsus 帕拉塞尔士，13

Parker, Samuel 塞缪尔·帕克, 102, 336

Patrick, Simon 西蒙·帕特里克, 75, 335

Pattison, Mark 马克·帕蒂森, 134

Paulet, Sir Amyas 埃米亚斯·波利特爵士, 16

Perkins, W. W. 帕金斯, 44, 324

Perronet, V. V. 佩罗内特, 129, 348

Picton, J. A. J. A. 皮克顿, 367

Pierce, Thomas 托马斯·皮尔斯, 335

Piscator of Strasbourg 斯特拉斯堡的皮斯卡托, 11

Pitt, W. W. 皮特, 232

Plato 柏拉图, 74—79, 90, 97 以下, 131, 136, 159 以下, 228, 261

Plotinus 普罗提诺, 76, 78, 93, 97 以下

Pope, A. 蒲伯, 18, 152

Popple, William 威廉·波普尔, 108

Pordage 波达奇, 102, 334

Porter, Noah 诺亚·波特 129 注

Price, Richard 理查德·普赖斯, 198－200, 229, 351

Priestley, Joseph 约瑟夫·普利斯特利, 162 注, 199 以下, 203, 220 以下, 229, 262, 352

Pringle Pattison, A. S. A. S. 普林格尔·帕蒂森, 371

Proast, Jonas 乔纳斯·普罗亚斯特, 340

Proclus 普罗克洛, 97 以下

Pythagoras 毕达哥拉斯, 90

Quesnay, Francois 法朗索瓦·魁奈, 187

Rae, J. J. 雷, 186 注

Ramus, Peter 彼得·拉穆斯, 10 以下, 34, 42

Rand, B. B. 兰德, 134 注

Rashdall, H. H. 拉什达尔, 372

Rawley, W. W. 罗利, 16, 23

Ray, John 约翰·雷, 200, 340

Read, Carveth 卡维思·里德, 370

Reid, Thomas 托马斯·里德, 200, 203—208, 241, 243—245, 279, 297, 300, 350

Reuchlin, J. J. 劳伊克林, 10

Reynolds, Sir J. J. 雷诺兹爵士, 203

Richardo, D. 大卫·李嘉图, 185, 234—236, 259, 357

Ritchie, D. G. D. G. 里奇, 371

Robertson, G. Croom G. 克鲁姆·罗伯逊, 56 注, 262 以下, 372

Robertson, W. W. 罗宾逊, 170, 208

Robynson, Ralph 拉尔夫·罗宾逊, 69

Romanes, G. J. G. J. 罗马尼斯, 370

Romilly, Sir S. S. 罗米利爵士, 214

Ross, A. A. 罗斯, 333

Rousseau, J. J. 让-雅克·卢梭, 169, 183, 229, 232

Rust, George 乔治·拉斯特, 75, 337

St Paul 圣保罗, 3

Salisbury, Earl of 索尔兹伯里伯爵, 16

Salisbury, John of 索尔兹伯里的约翰，1

Sanderson, John 约翰·桑德森，8 以下，324

Sanderson, R. R. 桑德森，44，329

Schelling, F. W. F. W. 谢林，243，246，252

Schiller, F. C. S. F. C. S. 希勒，373

Scott, R. F. R. F. 司各特，9 注

Selden, John 约翰·塞尔登，45 以下，328

Sergeant, John 约翰·萨金特，127—129，342

Seth, James 詹姆斯·塞思，373

Shaftesbury, first Earl of 第一代夏夫茨伯里伯爵，105 以下

Shaftesbury, third Earl of 第三代夏夫茨伯里伯爵，106，144，152，159—161，163 以下，188，300，345

Sherlock, W. W. 舍罗克，129，150，343

Sidhwick, H. H. 西奇威克，223 注，279—282，367

Sidney, Sir Philip 腓利普·锡德尼爵士，10

Simcox, Edith 伊迪丝·西姆科克斯，369

Smith, Adam 亚当·斯密，123，166，170，184，186—194，204，208，235，259 以下，351；《道德情操论》，186—189；《国民财富论》，187—194

Smith, John 约翰·史密斯，75，78，96—99，335

Smith, W. H. W. H. 史密斯，359

Sophia, Electress of Hanover, 汉诺威选帝侯夫人索菲亚，146

Sophia Charlotte, Queen of Prussia, 普鲁士王后索菲亚·夏洛特，146

Spedding, W. W. 斯波尔丁，364

Spencer, Herbert 赫伯特·斯宾塞，18，31 注

Spinoza, B. 斯宾诺莎，156 以下，296，298

Stanley, T. T. 斯坦利，46，334

Stephen, Sir J. F. J. F. 斯蒂芬爵士，259，367

Stephen, Sir L. L. 斯蒂芬爵士，276—277，369

Steuart, Sir James 詹姆斯·斯图尔特爵士，189 以下，352

Stewart, Dugald 杜格尔德·斯图尔特，161，187 注，207—209，253，356

Stillingfleet, Edwart 爱德华·斯蒂林弗利特，108 以下，127，342

Stirling, J. H. J. H. 斯特林，241，286—288，365

Stout, G. F. G. F. 斯托特，373

Strabo 斯特拉博，90

Stubbe, Henry 亨利·斯塔伯，335

Sully, James 詹姆斯·萨利，368

Taylor, Issac 艾萨克·泰勒，358

Taylor, Jeremy 杰利米·泰勒，44 以下，124，335

Taylor, Thomas 托马斯·泰勒，343

Taylor, T. （1758—1835）T. 泰勒（1758—

1835），355

Temple，William 威廉·坦普尔，9—12，323

Tenison，T. T. 特尼森，74，336

Tennyson，Lord 坦尼森勋爵，251

Thomson，W. W. 汤姆森，244，360

Thornton，W. T. W. T. 桑顿，260，361

Tillotson，J. J. 蒂洛森，145，150

Tindal，Matthew 马修·丁达尔，144，150 以下，153，163，341

Toland，John 约翰·托兰德，108，136，145—149，153，155，341

Tonnies，F. F. 托尼斯，50 注，56 注

Townsend，J. J. 汤森，233

Tracy，A. Destutt，Comte de A. 德斯杜特·特拉西伯爵，210，242

Tucker，A. A. 塔克，196 以下，231，352

Tuloch，J. J. 塔洛克，97，100 注，363

Turgot，A. R. J. A. R. J. 杜尔哥，187

Tyrrell，J. J. 蒂勒尔，337

Vane，Sir Walter 沃尔特·瓦奈爵士，106

Veitch，John 约翰·维奇，366

Venn，John 约翰·维恩，366

Voltaire 伏尔泰，152

Wallace，A. R. A. R. 华莱士，234，277

Wallace，R. R. 华莱士，233

Wallace，W. W. 华莱士，289 以下，368

Wallis，John 约翰·沃利斯，55 以下，

99，333

Walpole，A. A. 沃波尔，36

Walpole，Sir R. R. 沃波尔爵士，135

Warburton，W. W. 沃伯顿，154 以下，348

Ward，James 詹姆斯·沃德，295 以下，372

Ward，Seth 塞思·沃德，55 以下，334

Ward，W. G. W. G. 沃德，266，372

Watt，R. R. 瓦特，129 注

Whately，R. R. 怀特利，353，358

Whewell，W. W. 休厄尔，253 以下，360

Whichcote，B. B. 惠奇科特，75—77，99，160，342

Whiston，W. W. 惠斯顿，153，342

Whiteaker，W. W. 惠特克，9

White，Thomas 托马斯·怀特，101，333

Whitehall，J. J. 怀特霍尔，337

Whitegift，J. J. 怀特吉夫特，9

Wilkins，J. J. 威尔金斯，75，336

Wilson，Thomas 托马斯·威尔逊，14，323

Wollaston，W. W. 沃尔斯顿，151，158，346

Woolston，Thomas 托马斯·伍尔斯顿，144，344

Wordsworth，W. W. 华兹华斯，251

Worthington，J. J. 沃辛顿，75，334

Wren，Matthew 马修·雷恩，334

Wyclif，John 约翰·威克里夫，7

Wynne，John 约翰·温，109，342

译者再版后记

1. 上个世纪 70 年代末 80 年代初，中国社会科学院哲学研究所、西方哲学史研究室为了"弥补"我国西方哲学研究"近几十年"对于西方学者研究西方古典哲学原著的"专门性学术著作"翻译方面的"空白"，专门成立了《西方哲学研究翻译丛书》编委会，以组织和推动这方面的工作。该编委会以贺麟、洪谦、杨一之和温锡增为顾问，以汪子嵩、李泽厚、汝信、叶秀山、王玖兴、何兆武等著名学者和翻译家为委员。该丛书共含 12 种，于上个世纪 90 年代初在山东人民出版社相继出版。英国哲学家索利的《英国哲学史》作为该丛书中一种于 1992 年出版。

2. 当时，我在武汉大学正师从陈修斋先生和杨祖陶先生从事英国经验论和大陆唯理论研究，出于研究工作的需要，便承担了《英国哲学史》的翻译工作。

3. 这次再版，译者主要做了下述四个方面的改动：

首先，该译著初版时，我们曾将"参考文献"汉译了过来，这次再版时，我们恢复了其外文形式。我们之所以这样做，主要是出于方便读者进一步查找外文资料的考虑。

其次，该译著初版时，其"索引"中出现的是中译本页码，这次再版时，我们使用的是原著的页码，亦即译著的边码。其好处在于方便读者中英文版本对照阅读。

再次，对初版译著中的一些人名、著作名，特别是对"比较年表"中的一些人名、著作名做了改动。

　　最后，依据原著删除了初版译著正文中的小标题，以彰显译著的连贯性和整体性。

　　4. 在本译著即将付梓之前，我要特别向陈小文先生和王振华先生致以谢意。没有陈小文先生的鼓励和支持，没有王振华先生的精心编辑，该译著是不可能如此快地以现在这样的面貌呈现在读者面前的。

　　我还想借机向当年翻译此书时曾经给过我指导和帮助的陈修斋先生、钟宇人先生、余丽嫦先生和姚介厚先生等致以谢意。

　　5. 本译著若有不妥之处，恳请读者批评指正。

段德智

2015 年 12 月 15 日

于武昌珞珈山南麓

图书在版编目（CIP）数据

英国哲学史／（英）威廉·R.索利著；段德智译.
—北京：商务印书馆，2017
ISBN 978 - 7 - 100 - 12826 - 1

Ⅰ.①英…　Ⅱ.①威…　②段…　Ⅲ.①哲学史-英国
Ⅳ.①B561

中国版本图书馆 CIP 数据核字(2016)第 292451号

英国哲学史

〔英〕威廉·R.索利　著

段德智　译

陈修斋　校

商 务 印 书 馆 出 版
(北京王府井大街36号　邮政编码100710)
商 务 印 书 馆 发 行
北京市松源印刷有限公司印刷
ISBN　978 - 7 - 100 - 12826 - 1

2017 年 1 月第 1 版　　　开本 787×960　　1/16
2017 年 1 月北京第 1 次印刷　印张 25¾

定价:65.00 元